D1718705

buch + digital

Zusätzlich zu diesem Buch erhalten Sie:

- die Web-App
- die PDF-Version zum Download
- die App für Ihr iPad
- alle Kapitel für Ihren Kindle

Hier Ihr individueller Freischaltcode:

fpM-z9T-LA2

Um die digitalen Medien zu installieren, rufen Sie im Browser bitte folgende Seite auf:
www.symposion.de/freischaltcode

Excellence-Handbuch

**Grundlagen und Anwendung des
EFQM Excellence Modells**

Fraunhofer-Institu.
für Nachrichtentechnik
Heinrich-Hertz-Institut
-Bibliothek-
Einsteinufer 37 - ᴼ587 Berlin

Herausgegeben von
ANDRÉ MOLL, GABRIELE KOHLER

Mit Beiträgen von
ANA CAROLINA ALEX, OLIVER ALEX, BIRGIT BEHRENS-OTTO, TOBIAS BÖCKER,
FRAUKE CHRISTIANSEN, C.-ANDREAS DALLUEGE, FRANK DECKER,
JÜRGEN FREISL, GUNDEKAR FÜRSICH, KLAUS GARBERS, CORNELIA HOLLWECK,
MARTIN HOLZWARTH, FRANZ KNIST, STEPHAN-CHRISTIAN KÖHLER,
GABRIELE KOHLER, THOMAS KRAUS, GITTE LANDGREBE, RAINER LANGENBERG,
WALTER LUDWIG, ANDRÉ MOLL, HEIKE MÜHLBAUER, ANJA MÜLLER,
FRANK VON PABLOCKI, WOLFGANG PFEFFER, BERND REHBERG, LIANE RÖHRDANZ,
HEIKE SCHERENBERGER, RICHARD SCHIEFERDECKER, BRIGITTE SCHIRMER,
MATTHIAS SCHIRMER, ERNST SCHULTEN, FRANK SLAWIK, CHRISTIANE STENZEL,
KERSTIN THIES, HUBERT VOGL, SIEGFRIED WEBER

symposion

Impressum
Excellence-Handbuch
Grundlagen und Anwendung des
EFQM Excellence Modells

Herausgeber
ANDRÉ MOLL, GABRIELE KOHLER

Projektentwicklung
MARKUS KLIETMANN,
Symposion Publishing

Lektorat
MARKUS KLIETMANN,
STEFAN THISSEN

Satz
KAREN FLEMING,
MARTINA THORENZ
Symposion Publishing

Druck
CPI buch bücher.de
Frensdorf

Umschlaggestaltung
Symposion Publishing

Photo
© Sergey Galushko – Fotolia.com

ISBN 978-3-86329-634-6
2. Auflage 2013
© Symposion Publishing GmbH,
Düsseldorf
Printed in Germany

Redaktionelle Post bitte an
Symposion Publishing GmbH
Münsterstr. 304
40470 Düsseldorf

Bibliografische Information der Deutschen Bibliothek:
Die Deutsche Bibliothek verzeichnet diese Publikation
in der Deutschen Nationalbibliografie; detaillierte
bibliografische Daten sind im Internet über
http://www.ddb.de abrufbar.

Das Werk einschließlich seiner Teile ist urheber-
rechtlich geschützt. Jede Verwertung außerhalb der
engen Grenzen des Urheberrechtsgesetzes ist ohne
Zustimmung des Verlags unzulässig und strafbar.
Das gilt insbesondere für Vervielfältigungen,
Übersetzungen, Mikroverfilmungen und die
Einspeicherung und Verarbeitung in elektronischen
Systemen.

Alle in diesem Buch enthaltenen Angaben, Ergebnisse
usw. wurden von den Autoren nach bestem Wissen
erstellt. Sie erfolgen ohne jegliche Verpflichtung oder
Garantie des Verlages. Er übernimmt deshalb keinerlei
Verantwortung und Haftung für etwa vorhandene
inhaltliche Unrichtigkeiten.

Die Wiedergabe von Gebrauchsnamen, Handels-
namen, Warenbezeichnungen usw. in diesem Werk
berechtigt auch ohne besondere Kennzeichnung nicht
zu der Annahme, dass solche Namen im Sinne der
Warenzeichen- und Markenschutz-Gesetzgebung als
frei zu betrachten wären und daher von jedermann
benutzt werden dürften.

Excellence-Handbuch

Grundlagen und Anwendung des EFQM Excellence Modells

Alle Unternehmen stehen heute vor derselben Frage: Wie gelingt es, herausragende Ergebnisse zu erzielen und diese Fähigkeit dauerhaft in der Organisation zu verankern? Managementansätze, die nur auf vorübergehende Leistungsverbesserung im Tagesgeschäft abzielen, helfen hier nicht weiter. Nachhaltige Verbesserung ist gefragt.

Hierfür hat sich das EFQM Excellence Modell bewährt. Es unterstützt Führungskräfte dabei, die Stärken und Verbesserungspotenziale ihrer Organisation zu identifizieren, den eigenen Reifegrad zu bestimmen und dabei die Interessen aller Stakeholder zu berücksichtigen. Darüber hinaus findet das Modell Anwendung als externes Bewertungsinstrument. Dabei ist das Modell keineswegs starr, sondern wird regelmäßig weiterentwickelt, wie die aktuelle Revision zum EFQM Excellence Modell 2013 zeigt.

Dieses Handbuch erläutert anschaulich die Anwendung des EFQM Excellence Modells und erklärt die Bedeutung der Neuerungen der Version 2013. Dabei behandelt es u. a. folgende Themen:

⇨ Wie ist das EFQM Excellence Modell aufgebaut?
⇨ Was ändert sich mit der neuen Version 2013?
⇨ Wie lässt sich das EFQM-Modell als Bewertungsinstrument anwenden?
⇨ Welchen Beitrag leistet das Modell für Strategie, Organisation und Führung?
⇨ Einsatz des Modells in ausgewählten Branchen und Anwendungsfeldern.

Aktuelle Fallstudien illustrieren Good Practice, aber auch die Herausforderungen bei der Anwendung des Modells. Eine wertvolle Sammlung von Inspirationen, wie der Weg zur Excellence beschritten werden kann.

Add-on zum Download:
⇨ Original-Bewerbungsbroschüre für den Ludwig-Erhard-Preis 2012
⇨ Leitfaden zur Erstellung eines EFQM Management Dokuments
⇨ Kompetenz-/Prozessmatrix, Diagrammvorlage, Interessen-
  gruppenmatrix/-portfolio

Über Symposion Publishing

Symposion ist ein Fachverlag für Management-Wissen und veröffentlicht Bücher, Studien, digitale Fachbibliotheken und Onlinedienste.

Das Programm steht auch zum Download zur Verfügung – über das
Verlagsportal kann der Leser nach Kapiteln suchen und diese individuell zusammenstellen. Wissen ist damit blitzschnell verfügbar – je-
derzeit, praktisch überall und zu einem attraktiven Preis.

www.symposion.de

Hinweis:
Zugang zu der elektronischen Version des Buches sowie zu weiteren praktischen Tools (u. a. Original-Bewerbungsunterlage für den Ludwig-Erhard-Preis
2012, EFQM-Leitfaden zur Erstellung eines EFQM Management Dokuments)
erhalten Sie über die Seite www.symposion.de/freischaltcode.
Ihren persönlichen Freischaltcode finden Sie auf der ersten Seite dieses Buches.

Excellence-Handbuch

Grundlagen und Anwendung des EFQM Excellence Modells

Das Modell als Bewertungsinstrument

11

12

Anhang: Bewerbungsunterlage und Tools für die Anwendung

Herausgeber und Autoren

Herausgeber

ANDRÉ MOLL

Nach dem Studium der Chemie promovierte André Moll an der Universität Duisburg. Thema war die Erstellung keramischer Fasern. Anschließend arbeitete er als Leiter Produktentwicklung für ein mittelständisches Textilunternehmen. Dort befasste er sich mit der Einführung der EMAS 1.

Nach dem Wechsel zur Deutschen Gesellschaft für Qualität konzipierte er Trainings zum Thema Qualitätsmanagement und Excellence und arbeitete im Ehrenamt als Assessor für den Ludwig-Erhard-Preis.

In 2005 übernahm er die Leitung der Initiative Ludwig-Erhard-Preis. Als geschäftsführendes Vorstandsmitglied führte er die Initiative zur Anerkennung »Recognised for Excellence 5 Stars« und sie gewann bei Deutschlands Kundenchampion 2010. Als Mitglied des Core Teams der EFQM unterstützte er die Weiterentwicklung des Modells.

GABRIELE KOHLER

Dipl.-Betriebswirtin (FH) und Medienpädagogin (M.A. in Medien- und Bildungswissenschaften, Univ.) Gabriele Kohler leitet als Geschäftsführende Gesellschafterin ein IT-Unternehmen mit Sitz in Bayern, welches in 2012 die Anerkennung »Recognised for Excellence 4 Stars« erhielt. Als langjährige Assessorin berät und begleitet sie Organisationen bei Organisations- und Personalentwicklungsprozessen auf der Grundlage des EFQM-Modells, bei dessen Übersetzung sie im Rahmen der Modellrevision 2013 aktiv mitwirkte. Sie moderiert EFQM-Selbstbewertungen und führt Recognised- bzw. Committed-Verfahren durch. Darüber hinaus führt sie Trainings zur Anwendung und Umsetzung des EFQM-Modells durch.

Autoren

ANA CAROLINA ALEX

ist zurzeit duale Studentin an der DHBW Ravensburg und beschäftigt sich mit den Schwerpunkten strategischer Marketingprozess und besonders Kundenbegeisterung. Sie ist Tochter von Oliver Alex und beide diskutieren oft und gerne über zeitgemäße Managementsysteme.

OLIVER ALEX

Dipl.-Ing. der Elektrotechnik, Jahrgang 1956, hat sich nach 30 Jahren Erfahrung im internationalen Anlagenbau als Inhaber von Alex Consult auf Business Excellence spezialisiert und unterstützt Unternehmen der Investitionsgüterbranche dabei, den Wandel zu meis-

tern. Er sammelt seit 1996 Erfahrungen mit dem EFQM-Modell für Excellence als Coach und durch die EFQM bzw. ILEP zertifizierter Validator, Assessor und Trainer.

BIRGIT BEHRENS-OTTO

BSc, M.A. Birgit Behrens-Otto (BO Consult, Berlin) arbeitet seit 1997 freiberuflich als beratende Betriebswirtin und EFQM Assessorin. Sie wurde in Tübingen und Buckingham in Geschichte und BWL ausgebildet. Kundenprojekte umfassen Aufbau und Anwendung EFQM-basierter Managementsysteme inkl. Konzeption und Durchführung von Trainings. Sie ist EFQM Master Assessor und ASQ-Certified Quality and Excellence Manager und seit 1998 ehrenamtliche LEP und EEA

Assessorin. Seit 1996 hat sie einen Lehrauftrag an der Hochschule Heilbronn zur »Innovation des Managements«.

TOBIAS BÖCKER

Dr. Tobias Böcker, Dipl. Theologe (Univ), MBA Health Care Management ist seit 2005 als Geschäftsführer der Haus St. Marien gemeinnützige GmbH sowie seit 2007 als Geschäftsführer der TGE-gTrägergesellschaft mbH für die Einrichtungen der Schwestern vom Göttlichen Erlöser (Niederbronner Schwestern) Provinz Deutschland tätig.

FRAUKE CHRISTIANSEN

Dipl.-Kffr. Frauke Christiansen begann ihre Laufbahn in der Finanzindustrie und leitete dort zuletzt den Bereich TQM einer Großbank. Seitdem ist sie als Assessorin und Trainerin tätig. 2001 wechselte sie in eine internationale Beratung und leitete Projekte zur Restrukturierung und Organisationsentwicklung. 2010 gründete sie ihre eigene Firma und berät Klienten im In- und Ausland in Fragen der Organisation, Strategie und Business Excellence und unterstützt Führungskräfte als erfahrener Coach.

C.-ANDREAS DALLUEGE

Dipl-Kfm. C.-Andreas Dalluege (Jahrgang 1955) ist Gründer und Geschäftsführer der IBK - Management Solutions GmbH (Wiesbaden); Inhaber IBK - Institut für Betriebsanalyse und Kommunikationsforschung (Wiesbaden); Senior Partner der G4E Software Solutions (Riga), EFQM Licensed Advisor und Lead Assessor für den Europäischen Exzellenz-Preis der EFQM (Brüssel); Operating Partner der Initiative Ludwig-Erhard-Preis (ILEP) sowie freier Journalist und Vorsitzender von EAI&K (Europäischer Arbeitskreis für Information & Kommunikation e. V.).

FRANK DECKER

Dipl.-Ing. (Elektrotechnik) Frank Decker ist Leiter Qualitätswesen bei der Endress+Hauser Conducta GmbH+Co. KG, Gerlingen. Zudem ist Herr Decker EFQM-Assessor für den

Ludwig-Erhard-Preis, Auditor (Q, EH&S), Umweltbeauftragter/-auditor (TÜV), QS-Ingenieur (TAR) und Sicherheitsingenieur (BG-FE) sowie GMP-Beauftragter. Seine Arbeitsschwerpunkte liegen im Bereich standortübergreifender Managementsysteme (Qualität, Umwelt, Arbeitssicherheit, Energie).

JÜRGEN FREISL

Der promovierte Ingenieur und Fachautor begleitet als selbstständiger Unternehmensberater und Management-Coach zahlreiche Organisationen auf dem Weg zur Spitzenleistung. Nach seinem Erststudium sammelte er viele Jahre unternehmerische Erfahrung als Führungskraft und setzte sie in der Praxis erfolgreich um. Eine breite psychologische Zusatzqualifizierung und sein Masterstudium Ökonomie und Management bereicherten sein Expertenwissen für EFQM, Führungs- und Managementthemen.

GUNDEKAR FÜRSICH

Dipl. Rel.päd und M.A. »Management von Gesundheits- und Sozialeinrichtungen« Gundekar Fürsich ist seit 2005 bei der TGE-g Trägergesellschaft mbH als TQM-Gesamtkoordinator und Akademieleiter tätig. Er leitete mehrere Einrichtungen im Altenhilfe- und Tagungs- bzw. Bildungsbereich und ist ausgebildeter Qualitätsmanagementbeauftragter und EFQM-Assessor.

KLAUS GARBERS

leitet seit 2007 den Bereich Total Quality Management (TQM) & Corporate Social Responsibilty (CSR) bei Ricoh Deutschland. Nach dem Studium der Betriebswirtschaftslehre in Berlin und Oldenburg begann er 1997 seine berufliche Laufbahn bei der Ricoh Deutschland GmbH im Bereich Vertragsprüfung und Mahnwesen. Seit 2001 ist er als Beauftragter der Leitung für die Aufrechterhaltung und Weiterentwicklung des integrierten Managementsystems verantwortlich. Neben diesem Aufgabenschwerpunkt betreut er das Thema Business Excellence bei Ricoh. Als

16

Assessor der EFQM hat er im Rahmen des European Excellence Awards an unterschiedlichen Assessments bei führenden europäischen Organisationen teilgenommen.

CORNELIA HOLLWECK
Dipl. oec. troph Cornelia Hollweck ist seit 2008 als TQM-Koordinatorin und EFQM-Assessorin bei der TGE tätig. Sie war in verschiedenen Einrichtungen der Lebensmittelindustrie und schulischen Bildung im Bereich des Qualitätsmanagements tätig.

MARTIN HOLZWARTH
studierte an der TU Kaiserslautern und der Sheffield Hallam University und ist Dipl.-Wirtsch.-Ing. und European Master in TQM. Seit knapp 20 Jahren leitet und bearbeitet Herr Holzwarth nationale und internationale Projekte in den unterschiedlichsten Branchen. Seine Schwerpunkte liegen auf Themen wie ganzheitliche Unternehmensbewertung und -strategien, Prozessmanagement, Qualitätsmanagement, Organisationsentwicklung und Change Management. Herr Holzwarth agiert über seine »MAHO Consulting«. Zudem war er auch Gründungsmitglied und Geschäftsführer der h3 basis GmbH und Partner und Handlungsbevollmächtigter bei der Q4 GmbH. Seit einigen Jahren ist Herr Holzwarth als Assessor (Teamleiter) beim Ludwig-Erhard-Preis tätig und als Repräsentant und Partner der ILEP sowie seit 2007 als Lehrbeauftragter bei der Fern-Fachhochschule Nordhessen.

FRANZ KNIST
ist selbständiger Berater, Trainer und Coach mit Firmensitz in Köln. Seine Arbeitsschwerpunkte sind EFQM-orientierte Organisationsberatung, Führungskräfteentwicklung, Teamentwicklung, Kommunikations- und Konflikttrainings, Systemisches Coaching. Er ist Mitglied der ILEP und der EASC. Internet: www.knist.de

STEPHAN-CHRISTIAN KÖHLER
Dipl.-Betriebswirt Stephan-Christian Köhler ist Leiter Personalmanagement und Unternehmenskommunikation bei der Endress+Hauser Conducta GmbH+Co. KG, Gerlingen. Ferner ist Herr Köhler EFQM-Assessor für den Ludwig-Erhard-Preis sowie Mitglied im Bundesverband Personalmanager BPM. Seine Arbeitsschwerpunkte betreffen die Bereiche Personalbeschaffung, -entwicklung, -betreuung, externe und interne Kommunikation, Facility Management, Projektleitung Neubauten, Arbeits- und Gesundheitsschutz.

THOMAS KRAUS
Der 1966 geborene Thomas Kraus ist seit 1990 für TNT Express tätig und bekleidete in dieser Zeit verschiedene Management-Positionen. Durch seine langjährige Tätigkeit im Unternehmen verfügt der Vorsitzende der Geschäftsführung der TNT Express GmbH über fundierte Erfahrungen und Kenntnisse in der strategischen Unternehmensführung, in Vertrieb & Marketing sowie im operativen Bereich. Seit 2010 ist Thomas Kraus außerdem Vorsitzender des Vorstands der Initiative Ludwig-Erhard-Preis e.V.

GITTE LANDGREBE
Dipl. Päd. Gitte Landgrebe ist selbständige Organisationsberaterin, Trainerin und Coach mit Firmensitz in Luxemburg. Ihre Arbeitsschwerpunkte sind die Implementierung und Begleitung von EFQM-Prozessen und qualitätsorientierter Organisations- und Schulentwicklung, Durchführung von individuellen Trainings zu verschiedenen EFQM-Themen, Systemisches Coaching und Supervision. Sie ist Mitglied der ILEP.
Internet: www.gitte-landgrebe.lu

RAINER LANGENBERG
Prof. Dr. Rainer Langenberg ist Chemiker und seit 2007 selbständiger Berater rund um das Themenfeld Unternehmensqualität/Business Excellence. Gestützt u. a. auf langjährige Erfahrungen als Obere Führungskraft im Bayer-

Konzern mit Aufgaben in der Produktion, als Umweltschutz-Beauftragter und als Verantwortlicher für das (Qualitäts-)Managementsystem führt er schwerpunktmäßig Unternehmensbewertungen nach dem EFQM-Modell durch (u. a. als Assessment-Teamleiter beim Ludwig-Erhard-Preis) und berät Organisationen darauf basierend über Möglichkeiten zur weiteren Entwicklung.

WALTER LUDWIG
Dr. Walter Ludwig ist selbständiger Gutachter, Trainer und Berater im Bereich Business Excellence. Nach dem Abschluss in Biochemie sammelte er berufliche Erfahrung in mittelständischen Unternehmen der Pharmaindustrie und im Großkonzern BASF SE. Bis zur Pensionierung 2010 war er als Prokurist im zentralen Qualitätsmanagement der BASF SE tätig. Seit 1996 ist er als Teamleiter im EFQM Excellence Award sowie in den Anerkennungsverfahren R4E und C2E der EFQM tätig und zählt zu den erfahrensten und Dienstältesten Assessoren in Europa.

HEIKE MÜHLBAUER
studierte Pädagogik mit Schwerpunkt Erwachsenenbildung und BWL, insbesondere Personalwirtschaft & Organisation. Zunächst im Gesundheitswesen tätig, ist sie seit Anfang 2000 als Trainerin und Beraterin im Bildungs- und Gesundheitswesen, öffentlich-rechtlichen Einrichtungen und bei Dienstleistern tätig. Sie ist geschäftsführende Partnerin im excellence center nürnberg, Akademie, Beratung und Coaching. Die Umsetzung des Excellence-Ansatzes steht im Mittelpunkt ihrer EFQM-Assessments, Trainings und modularer Führungskräfteentwicklungen.

ANJA MÜLLER
Dipl. Journalistin, ist seit 2007 verantwortlich für die Presse- und Öffentlichkeitsarbeit der TGE-gTrägergesellschaft mbH.

FRANK VON PABLOCKI
ist Gesellschafter der Unternehmensberatung SP kommunikation beratung + coaching + training aus Schenefeld bei Hamburg. Als Diplom-Psychologe arbeitet er seit über zehn Jahren als Berater im deutschen Gesundheitswesen. Neben der generellen Organisations- und Prozessberatung unterstützt er Unternehmen in der Umsetzung des Business-Excellence-Gedankens. Frank von Pablocki ist Assessor für die Initiative-Ludwig-Erhard-Preis und Partner der Initiative.

WOLFGANG PFEFFER
Nach der Ausbildung zum Dipl.-Ing. (FH) Maschinenbau war er in der Industrie in verschiedenen Positionen tätig, zuletzt als Leiter Produktionslogistik. Neben verschiedenen Ausbildungen zum Schweißfachingenieur, Industrial Engineer, Sicherheitsingenieur, Executive Master of Business Administration ist er auch EFQM Excellence-Assessor und EFQM-Validator. Seit 2004 ist er bei Südwestmetall als Verbandsingenieur in der Betreuung der Mitgliedsfirmen in arbeitswissenschaftlichen Themen tätig.

BERND REHBERG
leitet die Strategieabteilung des SCM bei einem Konzern der Elektronikindustrie. Vor dieser Tätigkeit hat er Positionen wie Vertriebsleiter, Projektmanager für Prozessoptimierung und Leiter S&OP in verschiedenen Unternehmen bekleidet. Aktuell führt er u. a. interne EFQM Assessments durch und wirkt als Assessor für den »LEP«. Weitere Engagements liegen in der Begleitung von SCM Konferenzen als Chairman und Sprecher sowie in Beratungsleistungen zum Thema »Service Excellence«.

LIANE RÖHRDANZ
ist aktuell Programmverantwortliche für Qualität und Prozesse an der AutoUni in Wolfsburg und arbeitet seit über 15 Jahren im Volkswagen-Konzern in verschiedenen Bereichen und

Funktionen in den Themen Qualität, Prozesse und Excellence. Sie ist seit 2004 Assessorin im Ludwig-Erhard-Preis und ist dort als Assessorenteamleiterin tätig. Liane Röhrdanz bildet Assessoren und Auditoren aus und hat Selbstbewertungen im Unternehmen moderiert. Zudem ist sie Dozentin an der Leibniz Universität Hannover.

HEIKE SCHERENBERGER
ist Geschäftsführerin des Beratungsunternehmens atrato consulting. Als Bank- und Diplomkauffrau arbeitete sie viele Jahre als Beraterin des Vorstands und Teamleitung Unternehmensentwicklung in den Vereinigten Sparkassen Weilheim i.OB. Sie verantwortete die Teilnahme der Sparkasse am Ludwig-Erhard-Preis und war mehrfach als EFQM-Assessorin eingesetzt. Als Beraterin und Coach steht sie heute für die enge Verzahnung von Managementmethoden mit dem Erfolgsfaktor Mensch.

RICHARD SCHIEFERDECKER
Dr.-Ing. Richard Schieferdecker ist geschäftsführender Vorstand des Aachener Instituts für Mittelstandsentwicklung e. V. und beschäftigt sich seit über 15 Jahren in Forschung, Beratung und Praxis mit den Themen Betriebsorganisation, Unterstützung durch IT-Systeme und Business Excellence. Heute arbeitet er an der Beantwortung der Frage, wie man aus einer Geschäftsidee effizient ein funktionierendes und nachhaltig stabiles Unternehmen macht. Er studierte Maschinenbau an der RWTH Aachen.

BRIGITTE UND MATTHIAS SCHIRMER
sind Gründer und Geschäftsführer des Unternehmens Allresist GmbH. Bis 1992 arbeitete das Ehepaar als Diplomingenieurin bzw. -Chemiker in den Fotochemischen Werken Berlin. Dann gründeten sie das Unternehmen Allresist mit dem Ziel, das auf Weltniveau stehende Resist-Know-how des von der Schließung betroffenen Betriebes zu erhalten und mit spezialisierten Kollegen aus Resistfor-

schung und -produktion im eigenen Unternehmen erfolgreich weiter zu entwickeln. Beide führen das Unternehmen gemeinsam und teilen sich strategische und Führungsaufgaben. Zu ihren Tätigkeiten gehören z. B. der kaufmännische und Personalbereich, zu seinen der Forschungs- und Kundenbereich. Brigitte und Matthias Schirmer sind ausgebildete und aktive Assessoren im Qualitätspreis und Ludwig-Erhard-Preis sowie Bewerter der IHK für die Qualitätsauszeichnung B-BB.

ERNST SCHULTEN
Herr Dipl.-Betriebswirt (FH) Ernst Schulten wurde im Jahre 2000 angestellter Mitarbeiter des Labors für Wirtschaftsinformatik & Standardsoftware des Fachbereichs Ingenieurwissenschaften an der Hochschule Aschaffenburg. Der Aufbau eines SAP-Systems in Forschung und Lehre sowie die technische und inhaltliche Vorbereitung von SAP-Fallstudien und Vorlesungen gehörten bis Ende 2008 zu seinem Aufgabengebiet. Seit 2009 betreut Herr Schulten das Qualitätsmanagement und seit 2012 den Career Service der Hochschule Aschaffenburg. Zusammen mit zwei Mitarbeitern sorgt er für den lebendigen Austausch zwischen Hochschule, Weiterbildungsanbietern und Unternehmen in der Region Rhein-Main.

FRANK SLAWIK
ist einer der geschäftsführenden Gesellschafter der mib Management Institut Bochum GmbH und begleitet seit über 15 Jahren Unternehmen und Non-Profit-Organisationen bei der strategischen Weiterentwicklung orientiert am EFQM Excellence Modell. Bis heute hat er weit mehr als 200 Bewertungen in Unternehmen unterschiedlichster Größenordnungen und Branchen durchgeführt. Seit 1999 ist er Assessorenteam-Leiter beim Ludwig-Erhard-Preis.

CHRISTIANE STENZEL
ist studierte Diplom-Wirtschaftsingenieurin und seit 2008 EFQM-Projektleiterin bei der

ABB Stotz-Kontakt / Striebel & John Vertriebsgesellschaft mbH in Heidelberg. Diese Funktion umfasst alle Aufgaben rund um die interne Organisationsentwicklung der Unternehmung. Des Weiteren ist sie seit 2010 Assessorin für den Ludwig-Erhard Preis.

KERSTIN THIES

leitet seit 2007 den Bereich Corporate Social Responsibilty (CSR) bei Ricoh Deutschland und gehört dem Unternehmen seit 2001 an. Ihre Arbeitsschwerpunkte liegen in den Bereichen Umweltmanagement und produktbezogener Umweltschutz. Nach dem Studium der Chemie und Umweltchemie in Berlin und Jena war Kerstin Thies für ein Unternehmen im Energiesektor der Siemensgruppe tätig und betreute dort an unterschiedlichen Standorten die Implementierung und den Ausbau des Umweltmanagementsystems.

HUBERT VOGL

Dr.-Ing. Hubert Vogl, Jahrgang 1966, begann seine berufliche Tätigkeit nach dem BWL-Studium 1995 bei der Scherm-Gruppe. Im Rahmen der auf Wachstum ausgerichteten Unternehmensentwicklung hat er sich mit der Implementierung unternehmensspezifischer Managementsysteme beschäftigt. Seit 1999 leitet er den Geschäftsbereich Logistik mit heute knapp 1.000 Mitarbeitern. 2004 Leitung des Arbeitskreises »Logistikdienstleister« im VDA. 2010 erhielt er von der Dekra Akademie die Zulassung zum externen Auditor DIN ISO 9001. 2011 erfolgte die Promotion zum Dr.-Ing. an der BTU Cottbus.

SIEGFRIED WEBER

ist als Werksleiter des Standorts Albstadt der ASSA ABLOY Sicherheitstechnik GmbH tätig. Als staatl. gepr. Maschinenbautechniker »Fertigungstechnik« erreichte er unter anderem in 2004 den 1. Preis der Region Stuttgart »Konzept für Erwachsenbildung«. Herr Weber weist mehr als 20 Jahre Erfahrung als Führungskraft in leitenden Funktionen als Werkleiter, Prokurist und Geschäftsführer auf. Dies vornehmlich in der Automobilzulieferindustrie.

20

Bundesministerium
für Wirtschaft
und Technologie

Geleitwort

von Dr. Philipp Rösler
Bundesminister für Wirtschaft und Technologie

Die deutsche Wirtschaft ist auf den Weltmärkten außerordentlich erfolgreich. Diese Exportstärke und Wettbewerbsfähigkeit spiegelt die exzellente Arbeit wider, die in vielen deutschen Unternehmen geleistet wird. Hohe Qualität, Verlässlichkeit und ein ständiger Innovationsprozess sind das Markenzeichen unseres Standorts. Darauf wollen wir weiter aufbauen.

Ich bin der Initiative Ludwig-Erhard-Preis dankbar dafür, dass sie Betriebe und Organisationen mit viel Engagement bei der Stärkung entsprechender Schlüsselfähigkeiten unterstützt. Dazu gehört vor allem auch die Vermittlung von Strategien, um den Excellence-Ansatz optimal im unternehmerischen Alltag zu integrieren. Das vorliegende Handbuch leistet dazu einen wichtigen Beitrag. Es zeigt: Anspruchsvolle Qualitätsstrategien und die systematische Suche nach Optimierungspotenzialen im eigenen Unternehmen lohnen sich. So werden Spitzenleistungen im Wettbewerb möglich.

Ihr

Vorwort

Liebe Leserinnen und Leser,

der Wirtschaftsstandort Deutschland zeichnet sich durch ein hohes
Qualitätsniveau aus. Das Streben nach Excellence und kontinuierlicher
Verbesserung ist für viele deutsche Unternehmen und Organisationen
ein entscheidender Erfolgsfaktor, um sich im zunehmenden Verdrän-
gungswettbewerb zu behaupten. Das EFQM-Modell für Business Excellence der European Foundation for Quality Management (EFQM)
unterstützt diese dabei, ihre Produkt- und Servicequalität zu sichern
und ihre nachhaltige Entwicklung zu fördern.

Das Modell zeichnet sich dabei durch seinen ganzheitlichen Ansatz
für Excellence aus – der Schlüssel zur Zukunftsfähigkeit seiner Anwender. Denn es fördert ein unternehmerisches Handeln, das nachhaltige
Geschäftserfolge ermöglicht und die Belange von Umwelt und Gesellschaft, von Mitarbeitern und Kunden gleichrangig berücksichtigt.
In einem Umfeld, das von bestimmten Megatrends wie beispielsweise
Wachstumsphantasie, steigendem Ertrags- und Kostendruck, knapper
werdenden Ressourcen, Klimawandel, Engpassfaktor Fachkräfte und
höheren Ansprüchen an die Work-Life-Balance geprägt ist, wird ein
solch umfassendes Stakeholder-Verständnis immer wichtiger.

Im vorliegenden Excellence-Handbuch stellen Ihnen ausgewiesene
Experten Fallbeispiele vor, wie die Methoden und Vorgehensweisen
des EFQM-Modells in ihren Organisationen gelebt werden. Das Buch
ist damit ein wichtiges praxisorientiertes Grundlagenwerk zum Excellence-Ansatz.

Ich danke allen, die zum Gelingen dieses Buches beigetragen haben,
und wünsche Ihnen, liebe Leserinnen und Leser, eine unterhaltsame
Lektüre mit vielen neuen Erkenntnissen.

Thomas Kraus
(Vorsitzender der Initiative Ludwig-Erhard-Preis e. V.)

Vorwort: Excellence für Deutschland

Die Initiative Ludwig-Erhard-Preis e.V. verfolgt das Ziel, den Excellence-Gedanken in Deutschland zu verbreiten. Mit Hilfe ihrer Mitglieder hat sie nun dieses Werk veröffentlicht. Experten schreiben hier Beiträge zu spezifischen Facetten des Excellence-Ansatzes und berichten über ihre Erfahrungen bei der Umsetzung des EFQM Excellence Modells. (Im Folgenden auch EFQM-Modell genannt.)

Unter dem Motto »Excellence für Deutschland« möchte die Initiative mit dem vorliegenden Excellence-Handbuch Interessierten Einblicke in ihren Erfahrungsschatz bieten. Da das Themengebiet aufgrund der vielfältigen Ausprägungen, die Orga-

nisationen einnehmen können, sehr weitläufig ist, wurde das Autorenteam breit besetzt. Das Ziel dieses Buches ist es, relevante Aspekte sowohl aus Experten- als auch aus Anwendersicht darzustellen.

Die Initiative hat an der Konzeption und Übersetzung der aktuellen Modellversion 2013 mitgewirkt, daher beschreiben die Kapitel in diesem Buch den aktuellen Stand des Modells. Es ist so geschrieben, dass Sie als Leser dieses Buches die Grundlagen und weiterführende Aspekte des Systems nachvollziehen können. Um den höchstmöglichen Nutzen des Modells sicherzustellen wird empfohlen, das aktuelle Modell zu erwerben. [1]

Die Kapitel dieses Buches erläutern die einzelnen Abschnitte des Modells, ohne es umfänglich zu zitieren.

Als Partner der EFQM in Deutschland und in Zusammenarbeit mit der Standortinitiative der Bundesregierung »Deutschland – Land der Ideen« möchte die Initiative Ludwig-Erhard-Preis ihren Beitrag zur positiven Entwicklung des Standorts Deutschland leisten. Die Inhalte dieses Buches sollen nicht nur informieren, sondern auch inspirieren. Allen Autoren ist bewusst, dass es im Management nie die einzig wahre

Lösung, sondern immer auch Alternativen gibt. Deshalb finden Sie häufig auch Verweise auf andere Quellen, denn kaum ein Thema ist so plural wie die Gestaltung von Organisationen.

Herausgeber und Autoren freuen sich auch auf den Austausch mit Ihnen und allen anderen Lesern. Mit der Gruppe »Business Excellence Netzwerk« auf Xing.de existiert ein Forum, das Raum gibt, die Inhalte dieses Buches zu diskutieren oder ergänzende Informationen auszutauschen.

Das Autorenteam ist dankbar für konstruktive Hinweise aller Art.

Fast noch wichtiger erscheint es jedoch, dass Sie als Leser die Chance ergreifen, selbst aktiv zu werden, und in Ihrer Organisation Verbesserungen einführen, die die Wettbewerbsfähigkeit Ihrer Organisation erhöhen und dadurch zum Wohlstand und sozialen Frieden in unserem Land beiträgt, wie es schon Ludwig Erhard propagiert hat [2].

Die Initiative – vertreten durch ihren Geschäftsführer – ist stolz auf die Leistung der Excellence Community in Deutschland und dankt auf diesem Weg allen Autoren und der Mitherausgeberin Gabriele Kohler für die ehrenamtliche Unterstützung unserer Sache.

Oberursel im November 2012,
Dr. André Moll

geschäftsführendes Vorstandsmitglied
Initiative Ludwig-Erhard-Preis e.V.

Das EFQM Excellence Modell – Aufbau und die Neuerungen der Version 2013

Excellence – die Entwicklung in Deutschland seit 1995

Seit dem ersten EFQM-Forum in 1995 in Berlin ist viel passiert. Zwei Jahre danach wurde der Ludwig-Erhard-Preis ins Leben gerufen, 2001 das Bewertungsverfahren mit der RADAR-Methode eingeführt und 2007 erstmals die Enabler-Map eingesetzt. Mehrere Modellrevisionen wurden ins Deutsche übersetzt.

In diesem Beitrag erfahren Sie:
- Excellence für Deutschland ist der Claim der Initiative Ludwig-Erhard-Preis e.V., der synonym für die aktuelle Umsetzung des EFQM-Ansatzes steht.
- Über die letzten Jahre hat sich dieser Umsetzungsansatz massiv weiterentwickelt.
- Neu ist das EFQM Management Dokument.

ANDRÉ MOLL

Die Entwicklung des Excellence-Gedankens

Die Anfänge des Excellence-Gedankens liegen in der Mitte des letzten Jahrhunderts, als Vordenker wie William Edwards Deming sich mit der Weiterentwicklung der Qualitätsidee befasst haben. Der Begriff Total Quality Management (TQM) repräsentierte für eine längere Zeit das Konzept einer ganzheitlichen Betrachtung von Abläufen in Organisationen. Viele Unternehmen griffen die mit TQM verbundenen Ideen auf und setzen sie in die Praxis um. Dabei war der TQM-Gedanke häufig sehr vom Qualitätsmanagement geprägt: Die Fortsetzung des Qualitätsmanagements mit anderen Mitteln...

Diese Entwicklung wurde von verschiedenen meinungsprägenden Persönlichkeiten begleitet. Einer davon war Prof. Klaus Zink von der TU Kaiserslautern, der in Deutschland maßgeblich in den Neunzigerjahren publiziert hat. Es sei hier insbesondere auf sein Buch »TQM als integratives Managementkonzept. Das EFQM-Excellence Modell und seine Umsetzung« [3] verwiesen, welches 2004 noch einmal aufgelegt wurde.

Nach der Jahrtausendwende änderte sich das Bild, da die wirtschaftliche Entwicklung einen stärkeren Fokus auf Effizienz erforderte, den die frühen TQM-Ansätze nicht in dem notwendigen Maße beinhalteten. Der Begriff Excellence, den die EFQM eingebracht hatte, verdrängte den TQM-Begriff, der dadurch belastet worden war, dass Unternehmen in der Umsetzung teilweise einen zu großen Ressourceneinsatz in Kauf genommen hatten. Im Prinzip ist es der Zweck einer Organisation, die Erwartungen bestimmter, relevanter Interessengruppen zu erfüllen. Interessengruppen sind natürliche oder juristische Personen, die ein begründetes Interesse an der Organisation haben. Dazu können neben Kunden und Mitarbeitern auch Wettbewerber, Lieferanten und viele andere mehr gehören.

Im TQM wurde dieses Vorgehen sehr konsequent eingefordert. Das führte manche Anwender in das Dilemma, dass sich bestimmte Erwartungen im Widerspruch zu den Erwartungen anderer Interessengruppen darstellten. Ein Beispiel: Ein großes Dienstleistungsunternehmen war mit der Lohnerhöhungsforderung konfrontiert. Der Geschäftsführer erklärte seinen Mitarbeitern, dass die Kunden das Geld geben, von dem die Löhne bezahlt werden, und eine Lohnforderung in einem Maße erfolgen müsse, das eine Balance zwischen den Erwartungen der Kunden und denen der Mitarbeiter möglich werde. Daraufhin einigte man sich auf einen Kompromiss.

Die EFQM hat daher die Forderung formuliert, dass die Organisation eine Balance zwischen den Erwartungen der Interessenpartner erreichen soll. Die Absolutheit des Anspruchs, die Erwartungen der Interessengruppen zu erfüllen, war dadurch relativiert. Das Gedankenmodell wurde auf diese Weise realitätsnäher.

In den letzten Jahren wurde der EFQM-Ansatz nur durch die primäre Literatur der EFQM beschrieben. Das Modell selbst ist nicht selbsterklärend. Dieses Buch soll an die Vorarbeit von Prof. Zink anschließen und die aktuelle Sicht des Excellence-Gedankens in der Umsetzung beschreiben.

Die Entwicklung des EFQM-Modells

Das Modell wurde stufenweise entwickelt. Zunächst gab es nur das Kriterienmodell. Dieses besteht aus 9 Hauptkriterien, die mit insgesamt 32 Teilkriterien untergliedert sind. Es bildet eine Art Setzkasten, um alle Feststellungen einer Bewertung einem Themencluster zuordnen zu können. Darin liegt die Ursprungsidee des Modells. In einem separaten Kapitel dieses Werks wird das Kriterienmodell in Bedeutung und Anwendung vertieft.

Die RADAR-Bewertungslogik wurde erst zur Jahrtausendwende eingeführt. Sie ermöglicht eine am PDCA-Kreis angelehnte, strukturierte Bewertung einzelner Aspekte in einer Organisation, die zu einer Gesamtwertung aggregiert werden können. 2001 wurde das erste Mal auch im deutschen Ludwig-Erhard-Preis die RADAR-Bewertungslogik eingesetzt. Auch ihr ist ein eigenes Kapitel in diesem Werk gewidmet.

In 2003 wurde eine Version des Modells eingeführt, die neben dem *Kriterienmodell* und *RADAR* auch *Grundkonzepte der Excellence* enthielt.

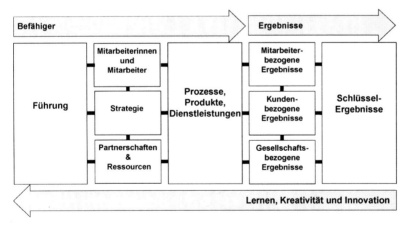

Abb. 1: *Das Kriterienmodell des Excellence-Modells – angelehnt an die Broschüre »Das EFQM Excellence Modell« [1]*

Diese beschreiben die dem EFQM-Ansatz zugrunde liegende Managementphilosophie und werden in einem der folgenden Kapitel vertieft.

Diese Version war die bis dahin beste Formulierung des Excellence-Gedankens und wurde über sieben Jahre ohne Anpassungen eingesetzt. In 2010 erfolgte eine große Revision, bei der gleichzeitig beschlossen wurde, das Modell zukünftig alle drei Jahre zu revidieren. Die Modellrevision 2010 perfektionierte die RADAR-Bewertungslogik und fokussierte das Thema Nachhaltigkeit, aber auch Marketing und Changemanagement.

Die Entwicklung der Anwendung des EFQM-Modells

Anfangs wurde das Modell in zwei Weisen genutzt: in der *Wettbewerbsform* in Gestalt eines komplexen, »klassischen« Verfahrens und im Rahmen von *Selbstbewertungen*. Während für den Wettbewerb ein verbindliches Verfahren zur Anwendung kam, entwickelten sich bei der Selbstbewertung verschiedene Durchführungsvarianten.

Das klassische Verfahren

Bis zum Jahr 2006 haben sich die Teilnehmer um den nationalen bzw. den europäischen Preis mit einer 75-seitigen Bewerbungsunterlage beworben. Ein Team von Assessoren analysierte dieses Dokument hinsichtlich der daraus erkennbaren Stärken und Verbesserungspotenziale. Die Jury nutzte diese Analyse, um über die Durchführung des Vor-Ort-Besuchs zu entscheiden. Nur wenn aufgrund der Bewertung des Dokuments eine für den Wettbewerb hinreichende Reife des Bewerbers zu erwarten war, wurde anschließend der Vor-Ort-Besuch durchgeführt. In allen anderen Fällen haben die Assessoren den Aufwand für das Briefing (die Einweisung in den Prozess) und einen Konsensworkshop zur Diskussion der Unterlage investiert, ohne je den Bewerber zu sehen. Damals wurde jede Organisation zum Preisverfahren zugelassen, so dass teilweise auch Organisationen am Start waren, die dem Anspruch eines Excellence-Preises gar nicht gerecht werden konnten. Diese sollten deshalb auch nicht besucht werden.

32

Seit 2007 werden im Ludwig-Erhard-Preis alle Bewerber besucht, weil durch einen Vorauswahlprozess nur die Bewerber übrigbleiben, welche die richtigen Voraussetzungen mitbringen. Die Enabler Map – eine Liste der Aktivitäten und Prozesse, die eine Art »Adressbuch« der Organisation darstellt, (auf der Homepage der Initiative kann eine Enabler Map beispielhaft betrachtet werden: www.ilep.de.) wurde ab 2004 entwickelt, um den Bewerbungsaufwand der teilnehmenden Unternehmen zu reduzieren. Diese tabellarische Darstellung wurde 2012 zum EFQM-Managementdokument weiterentwickelt. Diese Vorgabe der EFQM, die das Bewerbungsdokument eindeutig definiert, ist aktuell der Standard, an dem sich Organisationen orientieren können. Auch dieses wird auf der Homepage der Initiative zum Download angeboten. Damit ist das klassische Verfahren abgelöst und heute praktisch bedeutungslos.

Das Liga-Prinzip

Die Bewertung des Managementsystems einer Organisation soll ermitteln, inwieweit es geeignet ist, den Unternehmenserfolg zu ermöglichen. Ein kritisches Hinterfragen der Ist-Situation ist ein wichtiger erster Schritt auf einem langen Weg zur Excellence.

Die Ausgangssituation der Organisationen, die das EFQM-Modell einsetzen wollen, ist in der Regel sehr verschieden. Angefangen von Neugründungen, die sich schon in der Startphase mit dem Excellence-Ansatz befassen, bis hin zu reifen Organisationen, die aus bestehenden integrierten Managementsystemen heraus eine neue Stufe organisatorischer Reife erreichen wollen.

Vor 20 Jahren war nur durch die aufwendige Teilnahme an einem Preisverfahren zu ermitteln, wie weit die Reife des Managements schon gediehen ist. Heute dagegen wird Organisationen mit unterschiedlichem Entwicklungsgrad ein angemessenes Angebot unterbreitet. Dazu wurden unterschiedlich aufwendige Bewertungsverfahren entwickelt, die Organisationen unterschiedlicher Reife Erkenntnisse zur weiteren Verbesserung ermöglichen. Wenn eine Organisation sich noch nie aktiv mit dem Excellence-Ansatz befasst hat, finden versierte Assessoren sehr schnell Verbesserungspotenziale. Eine hoch entwickelte Organisation hat dagegen schon alle offensichtlichen Potenziale gehoben und der Aufwand, weitere zu finden, steigt.

Das EFQM Managementdokument ist dabei ein effizienter Weg, die eigene Organisation zu beschreiben. Es ermöglicht mit minimalem Aufwand die Struktur einer Organisation zu charakterisieren und somit die Voraussetzung für einen systematischen Bewertungsprozess zu schaffen.

Für Organisationen, die erst wenige Managementinstrumente im Einsatz haben und sich noch nicht mit einem umfassenden Managementansatz befasst haben, hat die EFQM das *Committed-to-Excellence-Verfahren (C2E)* entwickelt. Dieses ermöglicht schon in einer frühen Phase die Entwicklungsanstrengungen der Organisation zu bewerten. Der Aufwand dieses Verfahrens besteht in der Durchführung einer Selbstbewertung und der Realisation der daraus abgeleiteten Verbesserungsprojekte.

Mit *Recognised-for-Excellence (R4E)* steht ein Verfahren bereit, um die Leistungsfähigkeit der Organisation ganzheitlich zu betrachten. Ab einer gewissen Reife, die die Bewertungslogik mit 300 von 1000 Punkten angibt, erhält die Organisation eine Anerkennung für exzellente Leistungen.

Die *RADAR-Bewertungslogik* ermöglicht die qualitativen Erkenntnisse in Zahlenwerten zu quantifizieren. Damit können Organisationen auf einer Skala der Gesamtbewertung einem bestimmten Entwicklungsniveau zugeordnet werden.

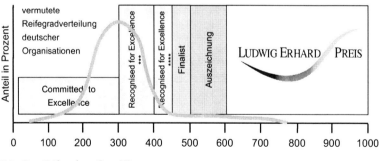

Abb. 2: *Reifegradverteilung [4]*

Das R4E-Verfahren bereitet eine Organisation auch gut auf die Teilnahme an einem Preisverfahren wie Ludwig-Erhard-Preis (LEP) oder EFQM Excellence Award (EEA) vor.

Was aber kann eine Organisation tun, wenn Zweifel bestehen, ob sie die 300 Punkte »auf die Waage bringt«?

Um diese Ungewissheit zu beseitigen, hat die Initiative Ludwig-Erhard-Preis e.V. eine eigene Anerkennung geschaffen, die die Lücke zwischen C2E und R4E schließt. Wenn es sich der Bewertung durch ein Assessorenteam stellt, erhält das Unternehmen – selbst wenn es nicht die 300-Punkte-Marke erreicht – ein Zertifikat der Initiative, das die erfolgreiche Anwendung des Excellence-Ansatzes attestiert. Ein Gesichtsverlust durch »leer Ausgehen« besteht somit nicht mehr.

Für Unternehmen, die wissen, dass die 300 Punkte im ersten Wurf nicht zu holen sind, wird das Anstreben dieses Zertifikats als sogenanntes »*Basis-Assessment*« kostengünstig als Einsteiger-Assessment angeboten, um eine spätere R4E-Begutachtung vorzubereiten.

Aussicht

Die Verbreitung des Excellence-Ansatzes in Deutschland gewinnt zusehends an Fahrt. Durch die Arbeit der Initiative und ihrer Partner hat sich die Zahl der Anwender deutlich erhöht. Durch das neue Modell 2013 wird dieser Trend unterstützt werden.

Literatur

[1]   EFQM-Modell für Excellence, Stand 2013: ISBN 978-90-5236-671-5

[2]   Roland Ermrich (Hrsg.): *100 Jahre Ludwig Erhard: das Buch zur sozialen Marktwirtschaft*

[3]   Klaus J. Zink: *TQM als integratives Managementkonzept. Das EFQM Excellence Modell und seine Umsetzung, 2. Auflage. 2004*

[4]   Wolfgang Kaerkes, André Moll: *Wege zum Erfolg – Zehn Jahre Ludwig-Erhard-Preis, Hanser 2006*

Zusammenfassung

Der Excellence-Ansatz ist in Deutschland seit fast 20 Jahren als Methode zur ganzheitlichen Entwicklung von Organisationen etabliert. Er bietet Organisationen jeglicher Größe und Art die Möglichkeit, den Entwicklungsstand des eigenen Managements strukturiert zu ermitteln. Daraus leiten sich einerseits Verbesserungspotenziale, aber auch Anerkennungen ab. Auf diese Weise erreichen Organisationen einer höhere Fortschrittsgeschwindigkeit.

Die Grundkonzepte
der Excellence

**Die Grundkonzepte der Excellence sind das Fundament
des Excellence-Ansatzes. Die acht grundlegenden Aussagen bieten eine Orientierung, worauf der Excellence-
Ansatz abzielt und welche Eigenschaften und Haltungen eine exzellente Organisation auszeichnet.**

In diesem Beitrag erfahren Sie:
- Die Grundkonzepte reflektieren eine Managementphilosophie.
- Sie dienen zur Erklärung des Excellence-Ansatzes,
  und als Raster für die Selbstbewertung.
- Sie bilden die Struktur der Zusammenfassung
  der Bewertung im Excellence-Preisverfahren.

ANDRÉ MOLL

Warum gibt es die Grundkonzepte?

Das EFQM Excellence Modell in der heutigen Form besteht aus drei
Komponenten:

⇨ Den *Kriterien,* die bereits in der Ursprungsfassung des Modells in
   ähnlicher Form eingesetzt wurden.

⇨ Der *RADAR-Bewertungslogik,* einem Managementinstrument zur
   systematischen Ermittlung qualitativer und quantitativer Aussagen
   zur Reife einer Organisation.

⇨ Und den *Grundkonzepten,* sie sind der jüngste Teil des Modells und
   werden im Folgenden näher erläutert.

EFQM
EXCELLENCE MODELL

Abb. 1: *Komponenten des Excellence-Modells (Quelle: Eigene Darstellung, aus der Vorlesung für die Hochschule Jena)*

RADAR
Bewertung

Kriterien
Raster

Grundkonzepte
Geisteshaltung

Während die Kriterien und RADAR-Bewertungslogik einen operativen Charakter besitzen, weil sie ganz konkret im Bewertungsgeschehen zum Tragen kommen, spielen die Grundkonzepte eine andere Rolle. Sie beschreiben zunächst eine Geisteshaltung zur Führung und Gestaltung einer Organisation. Die Anwendung des Excellence-Ansatzes durch die Leitung einer Organisation verknüpft sich im Idealfall mit dieser Geisteshaltung.

Die Aussagen der Grundkonzepte sind allgemeingültig und hochgradig konsensfähig. Wem diese Statements nicht zusagen, hat möglicherweise eine Haltung, bei der die Anwendung des Excellence-Ansatzes eher nicht zu empfehlen ist.

Es bietet sich an, die acht Grundkonzepte im Führungskreis gemeinsam zu reflektieren. Dabei ist zu hinterfragen, in welcher Ausprägung sich deren Aussagen in der eigenen Organisation widerspiegeln und wodurch diese Haltung – strategisch wie operativ – gelebt wird. Dazu bietet das Modell zu jedem Grundkonzept Ansatzpunkte an, die der Modellbroschüre [ISBN: 978-90-5236-671-5] entnommen werden können. Diese Anregungen sollen den Anwender auf Ideen bringen, die Konzepte individuell umsetzen zu können. Sie sind keineswegs eine Checkliste, deren komplette Abarbeitung »automatisch« zur exzellenten Organisation führt. Der Anwender sollte einerseits die Angemessenheit und Passung der dort vorgeschlagenen Ansatzpunkte kritisch prüfen, aber auch überlegen, ob es neben den genannten Punkten weitere gibt, die dort nicht genannt, aber gerade für die eigene Organisation besonders relevant sind. Das Modell ist »nicht-beschreibend«, weshalb die Freiheitsgrade höher sind als bei der ISO-Norm 9001:2008. Die genannten Konzepte sind in der Modellbroschüre so vertieft, dass die Aussagen für möglichst alle Organisationen zutreffend sein sollen. Daraus ergibt sich, dass nie alle Aussagen gleichermaßen für eine spezifische Organisation zutreffen können. Der Anwender kann einzelne Punkte als irrelevant oder nicht zutreffend verwerfen und genauso neue Aspekte hinzunehmen, die im Modell nicht genannt sind.

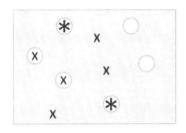

Abb. 2: *Gedankenansatz zur Relation realer Aktivitäten zu den Ansatzpunkten im Grundkonzept (aus dem ILEP Assessorentraining 2012)*

Wenn die Kreuze in der Abbildung 2 die Ansatzpunkte im Kontext der Aussagen eines bestimmten Grundkonzepts sind, symbolisieren die Kreise die tatsächlichen Merkmale, durch die dieses Grundkonzept in der Organisation umgesetzt ist. Es wird in der Abbildung deutlich, dass Übereinstimmungen wahrscheinlich sind, aber auch abweichende Merkmale das Konzept widerspiegeln können. Anwender merken schnell die Freiheitsgrade, die sich aus der Interpretation der Konzepte ergeben, um sinnvolle Strukturen in der eigenen Organisation anzulegen.

Wie lauten die Grundkonzepte?

Die folgenden acht Grundkonzepte charakterisieren den Excellence-Ansatz der EFQM.

Dauerhaft herausragende
Ergebnisse erzielen

Nutzen für Kunden schaffen

Die Zukunft nachhaltig
gestalten

Durch Mitarbeiterinnen und
Mitarbeiter erfolgreich sein

EFQM

Die Fähigkeiten der
Organisation entwickeln

Veränderungen aktiv managen

Mit Vision, Inspiration & Integrität führen

Innovation und Kreativität fördern

Abb. 3: *Die Grundkonzepte der EFQM (eigene Darstellung in Anlehnung an das EFQM Excellence Modell)*

»Dauerhaft herausragende Ergebnisse erzielen«

Jede Organisation strebt danach, ihre Ziele zu erreichen. Erfreulich ist es, wenn die Ziele übertroffen werden. Noch erfreulicher ist es, wenn das Erreichen der Ziele nicht nur in einem Jahr, sondern über mehrere Jahre hinweg gelingt – dauerhaft. Es sollte der Anspruch einer Organisation sein, solche Ergebnisse anzustreben, die die Erwartungen möglichst aller Interessengruppen berücksichtigen. Dabei spielt nicht nur die auf die Vision ausgerichtete Festlegung der Ziele eine exponierte Rolle, auch die klare Verknüpfung der Ziele mit der Strategie ist notwendig. Exzellente Organisationen sollten daran arbeiten sich weiter zu verbessern und die Ergebnisse so entwickeln, dass die Organisation auch mit großer Wahrscheinlichkeit zukünftige Erwartungen erfüllen kann. Ein transparentes Controlling unterstützt das Bewusstsein der eigenen Leistungsfähigkeit – Führungskräfte sollten in der Lage sein, aus dem Managementinformationssystem genau die Informationen beziehen zu können, die nötig sind, um die richtigen Entscheidungen zu treffen, die zum dauerhaften Erfolg führen.

»Nutzen für Kunden schaffen«

Die wichtigste Voraussetzung, um Nutzen für Kunden zu schaffen, ist
es seine Kunden zu kennen. Meistens hat eine Organisation mehrere
Kunden oder Kundengruppen mit differenzierten Erwartungen und
Anforderungen an die Leistungen/Produkte der Organisation. Diese zu
verstehen, zu antizipieren und in adäquate Leistungen umzumünzen
ist die wesentliche Botschaft dieses Konzepts. Da die Organisation von
ihren Kunden lebt, ist es nicht verwunderlich, dass ein auf langfristigen
Erfolg ausgelegtes Nutzenversprechen geschaffen werden muss. Durch
Innovation wird die Leistung der Organisation stetig aufgewertet, um
dem von Kano [1] beschriebenen Verfall der Begeisterung der Kunden
entgegen zu wirken. Durch eine systematische und intensive Kommunikation mit den Kunden entwickelt die Organisation ein tiefes Verständnis der aktuellen und zukünftigen Erwartungen und kann durch
systematisch erhobene Rückmeldungen die Wünsche der Kunden
rechtzeitig erkennen und nachhaltig erfüllen.

»Mit Vision, Inspiration und Integrität führen«

Dieses Konzept beschreibt, wie Führungskräfte die Zukunft der Organisation gestalten. Dazu zählt es, eine geeignete Kultur zu schaffen,
die den Erfolg der Organisation unterstützt. Durch vorgelebte Werte
und durch das Vermitteln einer klaren Richtung, durch Offenheit für
Neues und Flexibilität gestalten sie eine Kultur der Excellence. Gegenüber den Interessengruppen verhalten sie sich ethisch einwandfrei und
inspirieren die Mitarbeiter durch ihr vorbildliches Verhalten.

»Veränderungen aktiv managen«

Die Grundaussage des Konzepts lautet, dass bei schönem Wetter jeder
segeln kann. Exzellente Organisationen sind in der Lage, Chancen und
Risiken zu erkennen und entsprechend zu handeln. Durch gezielte
Prozessverbesserungen und ein strukturiertes Projektmanagement gelingt es diesen Organisationen effektiv auf Veränderungen im Umfeld
zu reagieren und diese im Idealfall früher zu erkennen als die Mitbe-
werber. Das durch Kennzahlen gesteuerte Prozessmanagement wird im

Modell als Voraussetzung gesehen und entwickelt sich stetig zum Hygienefaktor bei der Weiterentwicklung einer Organisation.

»Durch Mitarbeiterinnen und Mitarbeiter erfolgreich sein«

Die Mitarbeiter zu achten und den Ausgleich zwischen den Interessen der Mitarbeiter und jenen der Organisation zu erreichen, ist ein wesentlicher Gedanke dieses Konzepts. Es werden Themen wie Work-Life-Balance, Gender und neue Arbeitsweisen angesprochen. Neben der wirkungsvollen Kommunikation mit den Mitarbeitern soll eine «echte Partnerschaft» mit den Menschen angestrebt werden.

»Innovation und Kreativität fördern«

Die Wettbewerbsfähigkeit ergibt sich auch aus dem Mehrwert, den die Organisation stiften kann. Durch gezielte Innovation kann dieser Mehrwert gesteigert werden. Dazu können nicht nur die eigenen Mitarbeiter durch ihre Kreativität beitragen, sondern es ist für jede Interessengruppe zu hinterfragen, wie diese zur Steigerung des Mehrwerts durch ihr Wissen und ihr Verständnis beitragen kann. Dabei bezieht sich die Innovation nicht nur auf die primäre Leistung (Produkt oder Dienstleistung), sondern auf alle Leistungen der Organisation, die zur Steigerung der Wettbewerbsfähigkeit wichtig sind. Das Grundkonzept legt einen Prozess nahe, der die Bearbeitung kreativer Ideen bündelt und durch eine gezielte Priorisierung die Innovationsleistung der Organisation steigert.

»Die Fähigkeit der Organisation entwickeln«

Die Wettbewerbsfähigkeit ergibt sich direkt aus den Fähigkeiten der Organisation. In der Wertschöpfungskette effektiv und effizient zu arbeiten und das gegebene Nutzenversprechen zu erfüllen, sind dazu wichtige Voraussetzungen. Mit den richtigen Partnern werden die relevanten Leistungen erbracht. Die kontinuierliche Betrachtung möglicher Technologien und Mittel unterstützen die positive Entwicklung der Fähigkeiten der Organisation. Ziel ist die stetige Verbesserung der Leistungserbringung.

»Nachhaltig die Zukunft gestalten«

Einen positiven Einfluss auf die Gesellschaft auszuüben, ist der Anspruch einer exzellenten Organisation. Durch Konzepte, die Nachhaltigkeit in die Strategien und Handlungen der Organisation tragen, soll ein nutzenbasierter, positiver Effekt von der Organisation ausgehen. Die Handlungen der Organisation sollten weitere Interessengruppen ermutigen, sich für die sie umgebende Gesellschaft positiv zu engagieren. Im Dreiklang von ökonomischer, ökologischer und sozialer Nachhaltigkeit sollte die Organisation sich so ausbalancieren, dass sie ihre Wettbewerbsfähigkeit steigert und dabei trotzdem ökologisch verantwortlich agiert und die sie umgebenden Menschen achtet. Sie betrachtet die von ihr geschaffenen Produkte über ihren Lebenszyklus und erhebt die wesentlichen Auswirkungen ihres Handelns, um diese so gezielt bewerten zu können.

Welche Änderungen sind durch die Revision 2013 erfolgt?

Nachdem die acht Grundkonzepte der Excellence bereits im Rahmen der Revision in 2010 deutlich überarbeitet worden waren, wurden auch in der jüngsten Revision im englischen Original sechs der acht Konzepte hinsichtlich ihrer Benennung angepasst. In der deutschen Übersetzung wurden nach ausführlicher Diskussion nur vier der Änderungen wirksam, da die sprachlichen Unterschiede sich im Zuge der Übersetzung nicht sinnvoll abbilden ließen.

Das Konzept »*Ausgewogene Ergebnisse erzielen*« wurde im neuen Modell in »*Dauerhaft herausragende Ergebnisse erzielen*« umbenannt. Damit kommt einerseits die besondere Leistung besser zum Ausdruck und andererseits wird die Nachhaltigkeit dieser Leistung betont. Die Konzepte »*Nutzen für Kunden schaffen*« und »*Mit Vision, Inspiration und Integrität führen*« bleiben unverändert.

Das Konzept »*Mit Prozessen managen*« wird in »*Veränderungen aktiv managen*« gewandelt. Dabei verwendet die EFQM den Begriff »*Agility*«, dessen deutsche Fassung das Übersetzungsteam allerdings bewusst vermieden hat, da der Begriff »Agilität« nicht angemessen erschien.

Ziel des Übersetzungsteams war es, möglichst deutsche Begriffe zu benutzen. Also beispielsweise »handeln« statt »agieren«, um so die Verständlichkeit des Modells zu erhöhen.

Im englischen Original hat sich der Wortlaut des Konzepts »*Durch Mitarbeiterinnen und Mitarbeiter erfolgreich sein*« dadurch verändert, dass auch »the talent« – also das Talent – der Mitarbeiter referenziert wird. Dazu gab es nach ausführlicher Diskussion aller Optionen keine sinnvolle Übersetzung. Deswegen wurde diese Detailanpassung nicht in der deutschen Übersetzung umgesetzt.

Auch zum Konzept »*Innovation und Kreativität fördern*« fand im englischen Original eine minimale Anpassung statt, die das Übersetzungsteam nicht zum Anlass genommen hat, in der deutschen Version eine Änderung vorzunehmen. Lediglich die Reihenfolge wurde vertauscht.

Eine wesentliche Änderung erfuhr das Konzept »*Partnerschaften aufbauen*«. Mit »*Die Fähigkeit der Organisation entwickeln*« wird der Partnerschaftsaspekt um ein breiteres Spektrum weiterer Merkmale erweitert, die sich mit der Struktur des Geschäfts beschäftigen. Schließlich wurde aus »*Verantwortung für eine nachhaltige Zukunft übernehmen*« die neue Überschrift »*Nachhaltig die Zukunft gestalten*«. Die Grundaussage des Konzepts ist dabei unverändert.

Die in der darunterliegenden Ebene vorhanden Ansatzpunkte, die die jeweiligen Konzepte erläutern, wurden ebenfalls angepasst. Diese Anpassungen sind im Excellence-Modell 2013 publiziert und werden von der Initiative Ludwig-Erhard-Preis (www.ilep.de) in von der EFQM lizensierten Trainings vertieft.

Literatur

[1] QM-Lehrgangsblock der DGQ

[2] *EFQM EXCELLENCE MODELL (Broschüre). Diese Broschüre ist über die Initiative Ludwig-Erhard-Preis e. V. bestellbar (info@ilep.de).*

Zusammenfassung

Die acht Grundkonzepte der Excellence bieten einen ersten gedanklichen Zugang zum Excellence-Ansatz. Sie enthalten Aussagen zum Verhalten exzellenter Organisationen, die zu einer ersten Reflektion des eigenen Managementansatzes anregen. Die kritische Diskussion dieser Aussagen im Führungskreis bezogen auf die eigene Organisation ist sehr nützlich. Auch die Anwendung der Konzepte im Bewertungsprozess ermöglicht einen Perspektivwechsel. Das Loslösen von der operativen Ebenen des täglichen Handelns hin zu einer Hubschrauber-Perspektive, die die Zusammenhänge, aber auch die Lücken im Managementkonzept einer Organisation sichtbar macht, kann einen echten Erkenntnisgewinn für die Anwender darstellen.

Das Kriterienmodell 2013

Das Kriterienmodell ist eine der drei Säulen des EFQM Excellence Modells. Neun Hauptkritierien und 32 Teilkriterien erlauben eine logische Zuordnung aller Aktivitäten und Ergebnisse einer Organisation. Es bietet somit eine universelle Struktur, die bei einer Bewertung genutzt werden kann.

In diesem Beitrag erfahren Sie:
- aus welchen Kriterien das Modell aufgebaut ist,
- wie das Modell bei einer internen oder externen Bewertung sinnvolle Anhaltspunkte liefert,
- wie die Teilkriterien logisch miteinander verknüpft sind.

ANDRÉ MOLL, GABRIELE KOHLER

Das Kriterienmodell ist der Teil des EFQM Excellence Modells, der strukturgebend für die Bewertung ist. Bereits in der ersten Fassung des Modells wurde dieser Ansatz gewählt, um eine Vergleichbarkeit der Bewertungsergebnisse auch bei sehr unterschiedlichen Organisationen zu ermöglichen.

Das Kriterienmodell ähnelt dabei in seiner Funktion einem Setzkasten, der mit 32 Feldern eine logische Zuordnung aller realen Aktivitäten und Ergebnisse einer beliebigen Organisation erlaubt. Zunächst bilden neun Hauptkriterien eine Grobstruktur, die bei den fünf Kriterien der sogenannten Befähiger-Seite mit jeweils vier oder fünf Teilkriterien untersetzt sind. Auf der Ergebnis-Seite sind die zugehörigen vier Hauptkriterien mit jeweils zwei Teilkriterien untersetzt.

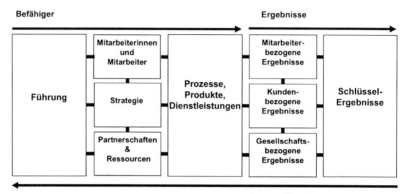

Abb. 1: *EFQM Excellence Modell (eigene Darstellung in Anlehnung an das EFQM Excellence Modell)*

In der Praxis nutzen Organisationen, die Informationen für einen Bewertungsprozess bereitstellen, diese Systematik bereits zur Strukturierung der Unterlagen für die Assessoren. Die Kriterien bilden damit eine Art EFQM-Code, den Organisationen wie Bewerter kennen und der die Kommunikation zwischen beiden erleichtert.

In der Vorbereitung einer Bewertung – sei es eine interne oder externe Bewertung – bilden die Kriterien einen sinnvollen Anhalt, um die Vollständigkeit der Informationen zu gewährleisten, die im Rahmen der Bewertung zu berücksichtigen sind. Das Kriterienmodell weist als dritte Ebene dazu Ansatzpunkte auf, die mögliche Ausprägungen der Inhalte des jeweiligen Teilkriteriums exemplarisch andeuten. Diese dürfen nicht als Checkliste missbraucht werden, da die Ansatzpunkte weder dem Anspruch der Vollständigkeit genügen, noch auf alle Organisationen gleichermaßen anwendbar sind.

Keinesfalls bildet das Kriterienmodell die Gestalt eines Managementsystems ab. Manche Anwender, die noch von den 20 Elementen der alten ISO 9001-Norm geprägt sind, könnten auf den Gedanken kommen, ihr Managementsystem ebenfalls nach den Kriterien aufzubauen. Das widerspricht jedoch dem prozessorientieren Ansatz und hat sich nicht bewährt.

Für oberflächliche Betrachtungen – beispielsweise von Organisationen, die ganz am Anfang der Excellence-Einführung stehen – reicht es manchmal sogar, nur die neun Hauptkriterien als Bewertungsrahmen zu nutzen.

Generell wird für jedes Teilkriterium die RADAR-Logik angewendet. Diese kann aus den Feststellungen zum jeweiligen Kriterium eine numerische Wertung dieses Kriteriums ableiten. So ist der Vergleich zwischen der Reife einzelner Kriterien unterschiedlicher Organisationen möglich. Beispielsweise kann das Kriterium 3a (Personalpläne erstellen) eines Dienstleistungsunternehmens mit demselben Kriterium eines Produktionsunternehmens verglichen werden.

Die Kriterien im Einzelnen

Die Teilkriterien bilden miteinander einen Gesamtzusammenhang. Jedes Teilkriterium ist mit mehreren anderen Teilkriterien logisch verknüpft. Als Anwender ist es wichtig, diese Verknüpfungen zu verstehen, um in der unternehmerischen Realität nach Ausprägungen der möglichen Wechselwirkungen zu suchen.

Im Folgenden werden die Kriterien und ihre Zusammenhänge kurz erläutert. Es erfolgt eine Diskussion der Bedeutung der einzelnen Teilkriterien. Zum vollständigen Verstehen dieser Argumentation sind in der Broschüre des EFQM Excellence Modells die Ansatzpunkte vollständig hinterlegt. Es empfiehlt sich, diese parallel zur Lektüre dieses Buches zu betrachten. Die Broschüre ist über die Initiative Ludwig-Erhard-Preis e.V. bestellbar (info@ilep.de).

Führung

Das Hauptkriterium »Führung« besteht aus fünf Teilkriterien, die in Abbildung 2 in ihren Relationen dargestellt werden. Das Kriterium ist allen Aktivitäten gewidmet, die von Führungskräften ausgehen. Es handelt sich um die Aktivitäten, die nicht oder nur schwer zu delegieren sind.

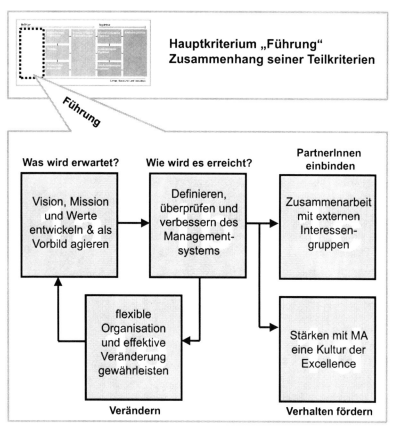

Abb. 2: *Zusammenhang der Teilkriterien des Hauptkriteriums »Führung« (angelehnt an eine Darstellung aus dem Assessorentraining der Quality Austria)*

Strategie

Das Hauptkriterium »Strategie« befasst sich in vier Teilkriterien mit dem Strategieprozess. Angefangen von den dazu zweckmäßigen Informationen, über die Erstellung, bis hin zur Umsetzung der Strategie wird ein generisches Konzept der Strategieentwicklung diesem Hauptkriterium zugrunde gelegt.
Die Abbildung 3 beschreibt diesen generischen Strategieprozess.

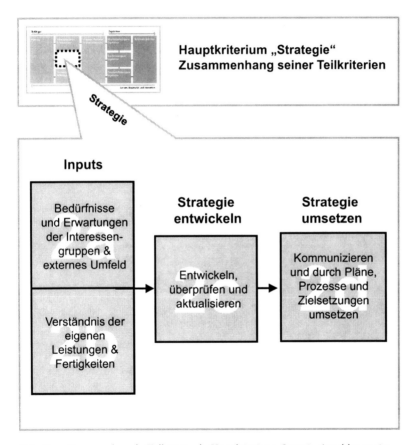

Abb. 3:   *Zusammenhang der Teilkriterien des Hauptkriteriums »Strategie« (angelehnt an eine Darstellung aus dem Assessorentraining der Quality Austria)*

Mitarbeiterinnen & Mitarbeiter

Die typischen Themenfelder der Personalarbeit werden im Hauptkriterium »Mitarbeiterinnen & Mitarbeiter« adressiert. Die fünf Teilkriterien gliedern die wesentlichen Aspekte in der in Abbildung 4 dargestellten Art und Weise.

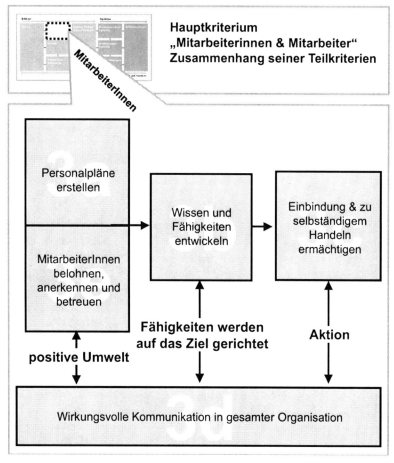

Abb. 4: *Zusammenhang der Teilkriterien des Hauptkriteriums »MitarbeiterInnen« (angelehnt an eine Darstellung aus dem Assessorentraining der Quality Austria)*

Partnerschaften & Ressourcen

Dieses Hauptkriterium umfasst eine Vielzahl unterschiedlicher Themenkreise. Es ist wesentlich heterogener als alle anderen Hauptkriterien. Neben dem Gestalten von Partnerschaften, dem Finanzmanagement und dem Management von Gebäuden und Ressourcen werden Themen wie Technologie- und Wissensmanagement beleuchtet.
Alle diese Aspekte haben gemein, dass sie mit der Strategie verknüpft sind. Die Abbildung 5 beschreibt diesen Zusammenhang.

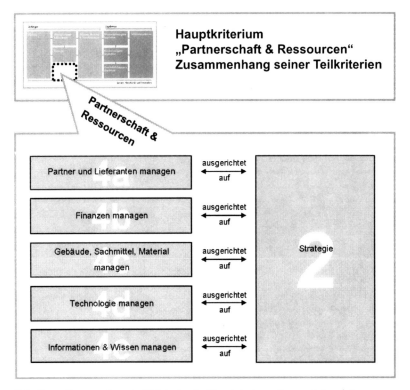

Abb. 5: *Zusammenhang der Teilkriterien des Hauptkriteriums »Partnerschaften & Ressoucen« (angelehnt an eine Darstellung aus dem Assessorentraining der Quality Austria)*

Prozesse, Produkte & Dienstleistungen

Das Hauptkriterium »Prozesse, Produkte und Dienstleistungen« ist hauptsächlich dem Wertschöpfungsgeschehen in der Organisation gewidmet. Dazu kommt ein Teilkriterium, welches das Prozessmanagement anspricht.

Die Wertschöpfung wird ausgehend vom Entwicklungsprozess über das Marketing und die Leistungserbringung bis hin zum Kundenkontakt abgebildet.

Die Abbildung 6 verdeutlicht diesen Zusammenhang.

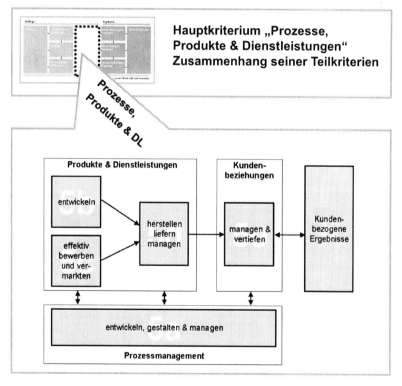

Abb. 6: *Zusammenhang der Teilkriterien des Hauptkriteriums »Prozesse, Produkte und Dienstleistungen« (angelehnt an eine Darstellung aus dem Assessorentraining der Quality Austria)*

Die Ergebniskriterien

Die vier Hauptkriterien der Ergebnisseite zerlegen die Ergebnisbetrachtung anhand der wichtigsten Interessengruppen. Dazu zählen die Mitarbeiter, die Kunden und die Gesellschaft, sowie die Shareholder als weitere interessierte Partei.

Für die drei Hauptkriterien zu den Interessengruppen Mitarbeiter, Kunden, und Gesellschaft gilt, dass jeweils Messungen der Leistung den korrespondierenden Messungen der Wahrnehmung gegenübergestellt sind. Dabei bilden die Messungen der Wahrnehmung jeweils die *a-Kriterien* und die Messungen der Leistung jeweils die *b-Kriterien*.

Von der Leistungsmessung kann auf die Wahrnehmung geschlossen werden. Jedes einzelne Teilkriterium kann nach RADAR bewertet werden. Die RADAR-Logik ist ein Instrument zur Bewertung von Abläufen und Ergebnissen. Sie erlaubt die Quantifizierung von Bewertungsergebnissen und damit den indirekten Vergleich von Bewertungsgegenständen (z. B. Prozesse). Damit können Kennzahlen nach einen

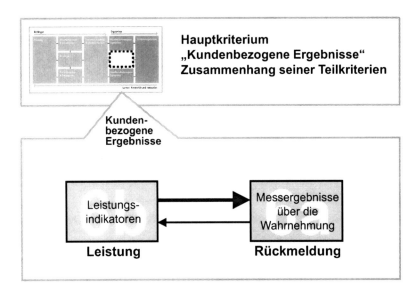

Abb. 7:   *Zusammenhang der Teilkriterien des Hauptkriteriums »Kundenbezogene Ergebnisse« (angelehnt an eine Darstellung aus dem Assessorentraining der Quality Austria)*

anderen Prinzip verglichen werden, als bei der klassischen betriebswirtschaftlichen Analyse.

Das Kriterium »Schlüsselergebnisse« beschreibt die Ergebnisse, die der Eigner einer Organisation betrachtet. In diesem Hauptkriterium wird die Leistung der Organisation auf Basis der Strategiearbeit analysiert. Schließlich werden die Erfolgsmessgrößen, welche die Umsetzung der Strategie widerspiegeln, im Licht der Betrachtung der Leistungsindikatoren gewürdigt.

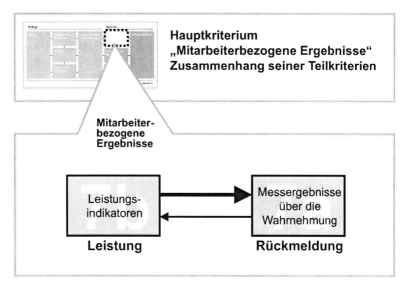

Abb. 8:   *Zusammenhang der Teilkriterien des Hauptkriteriums »Mitarbeiterbezogene Ergebnisse«
(angelehnt an eine Darstellung aus dem Assessorentraining der Quality Austria)*

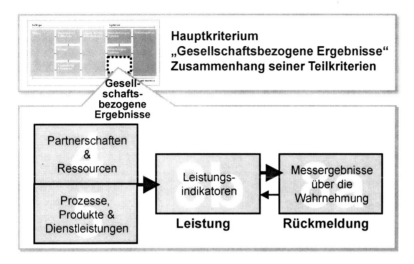

Abb. 9: *Zusammenhang der Teilkriterien des Hauptkriteriums »Gesellschaftsbezogene Ergebnisse«*
(angelehnt an eine Darstellung aus dem Assessorentraining der Quality Austria)

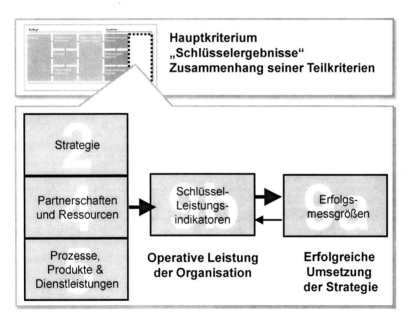

Abb. 10: *Zusammenhang der Teilkriterien des Hauptkriteriums Schlüsselergebnisse*
(angelehnt an eine Darstellung aus dem Assessorentraining der Quality Austria)

Fraunhofer-Institut
für Nachrichtentechnik
Heinrich-Hertz-Institut
-Bibliothek-
Einsteinufer 37 - 0587 Berlin

Inhaltsübersicht Kriterienmodell

Befähiger

Ergebnisse

Das Kriterienmodell

André Moll, Gabriele Kohler

Erläuterung zur Struktur

Jedes Teilkriterium wird in diesem Kapitel anhand einer standardisierten Struktur erläutert. Nach der namentlichen Benennung folgt eine kompakte Zusammenfassung der thematischen Schwerpunkte. Im Anschluss werden die primären Wechselwirkungen innerhalb des Modells dargestellt und die in der Praxis anzutreffenden Vorgehensweisen und Artefakte beispielhaft aufgezeigt. Abschließend werden zu beachtende Spezifika hinsichtlich der Bewertung nach RADAR herausgearbeitet.

Befähiger

Kriterium 1: Führung

Teilkriterium 1a: Leitbild, Grundsätze und Vorbildfunktion

1. Thematische Schwerpunkte:

Das Teilkriterium 1a umfasst alle Aspekte des normativen Managements. Dazu zählen neben der Gestaltung des Geschäftsmodells die Erarbeitung des Leitbilds und des Wertekanons sowie die wirkungsvolle Kommunikation der jeweiligen Inhalte. Im Rahmen dieses Teilkriteriums wird beleuchtet, inwieweit die Führungskräfte glaubhaft das Wertesystem nach innen vertreten, die Mitarbeiter durch ihr reflektiertes Verhalten zum Mittragen der Werte und Aufstellung der Organisation bewegen sowie eine positive Außenwirkung für die Organisation erzielen.

2. Wechselwirkungen:

Ausgehend von diesen Vorgehensweisen wird in 1b die nachhaltige Umsetzung des Geschäftsmodells geplant, in 2c die Umsetzung des Geschäftsmodells abgeleitet aus der Vision mittels Strategie strukturiert, in 2d die Operationalisierung des Geschäftsmodells entwickelt, in 3a die Planung der personellen Ressourcen zur Umsetzung des Geschäftsmodells vorgenommen, in 5c die Kommunikation der Geschäftsabsicht entwickelt, in 5d die Umsetzung der Geschäftsabsicht dokumentiert, in 8a die Messung der Außenwirkung dargelegt und in 9a die Messung des Erfolgs der Umsetzung der Geschäftsabsicht vorgestellt.

3. Vorgehensweisen:

Die Umsetzung erfolgt z. B. im Rahmen von Führungskräfteworkshops, -schulungen und -bewertungen, Zukunftskonferenzen, Wertediskussionen, Reflektions-Workshops zur Unternehmenskultur.

4. Artefakte:

Langfristige Geschäftspläne, Leitbild (Vision, Mission, Werte), Code of Conduct, Mitarbeiterfeedback zu Leitbild und Führungsverhalten, Unternehmensphilosophie und -kultur

5. Bewertung nach RADAR:

Vielfach existieren keine dokumentierten Verfahren zur Erarbeitung dieser Thematiken. Die Erfordernis solche Dokumente zu nutzen ist im Einzelfall kritisch zu beleuchten und nicht immer notwendig, um die angestrebten Ergebnisse zu erreichen. Im Gegensatz zur Tragfähigkeit des Geschäftsmodells ist das Geschäftsmodell an sich nicht in Frage zu stellen. Üblicherweise findet sich ein mehrjähriger Zyklus zur Anpassung des Leitbilds. Die Ergebnisse der Bewertung der Vorgehensweise und deren Umsetzung finden hauptsächlich attributiv statt, z. B. durch Wahrnehmungsmessungen.

Kriterium 1: Führung

Teilkriterium 1b: Systemgestaltung und operative Leistungsfähigkeit der Organisation

In 1b wird betrachtet, inwieweit es den Führungskräften gelingt, Impulse zur Gestaltung eines geeigneten Managementsystems zu setzen. Dieses System sollte durch eine hinreichende Leistungsfähigkeit geprägt sein, um die Erwartungen aller Interessengruppen zu erfüllen. Weiterhin ist zu betrachten, inwieweit dieses System nachhaltig diese Anforderungen erfüllt, wobei Führungskräfte einerseits geeignete Betrachtungen zur Einschätzung der Leistungsfähigkeit entwickeln und andererseits Chancen und Gefahren erkennen und in die Entscheidungsfindung einfließen lassen.

2. Wechselwirkungen:

Das Leitbild mit der Mission und Vision (1a) bildet den Rahmen zur Gestaltung des Managementsystems und das Prozessmanagement (5a) die prozessuale Umsetzung des Managementsystems, die in 9b als Messung der Leistung des Managementsystems dokumentiert wird.

3. Vorgehensweisen:

Die Umsetzung erfolgt z. B. im Rahmen von Changemanagement-Prozessen, Systemeinführungsprozessen, externen und internen Bewertungen und Zertifizierungsverfahren sowie Managementreviews.

4. Artefakte:

Strategiepapiere hinsichtlich Managementsysteme, Managementsystembeschreibungen, Handbücher, Zertifikate und Auszeichnungen, Review-Berichte

5. Bewertung nach RADAR:

Das Vorgehen hat hier häufig Projektcharakter, wobei Projektplanungsunterlagen gleichwertig zu Prozessplanungsunterlagen zu bewerten sind. Die Einführung von Managementsystemen ist eine einmalige Aktion und die Vollständigkeit ergibt sich aus der Anerkennung oder Zertifizierung des Systems. Häufig ist die Bewertung des einmaligen Geschehens relativ knapp gehalten. Eine Messung ist aufgrund des Projektcharakters nur eingeschränkt möglich. Beispielsweise zeigt die Zertifizierung nur das Erreichen eines Mindeststandards. Eine qualifizierte Bewertung des Ergebnisses aus den Handlungen ist schwierig bis unmöglich, da sich die Eignung und der Erfolg des Systemansatzes erst nach vielen Jahren zeigen.

Kriterium 1: Führung

Teilkriterium 1c: Externe Kontakte der Führungskräfte

1. Thematische Schwerpunkte:

Es ist zu hinterfragen, inwieweit die Führungskräfte die Organisation gegenüber den relevanten Interessengruppen angemessen vertreten. Außerdem wird beleuchtet, inwieweit Führungskräfte in der Lage sind, einen vertrauensvollen und offenen Umgang zu pflegen, der wiederum für eine konstruktive Zusammenarbeit förderlich ist. Es ist zu eruieren, inwieweit die Führungskräfte gegenüber den Interessengruppen ein seriöses und zukunftsgewandtes Bild der Organisation vermitteln und dafür sorgen, dass auch über alle anderen Kontaktpunkte und Kommunikationskanäle stringent dieses Bild vermittelt wird.

2. Wechselwirkungen:

Die externen Kontakte unterstützen die Erhebung der Erwartungen der Interessengruppen zum Auftreten der Organisation (2a), die Entwicklung der Kommunikationsstrategie und Kommunikationsplans (2d), die stringente Vermittlung des gewollten Auftretens der Organisation gegenüber Kunden (5e), das Erheben des Feedbacks der Kunden zum Auftreten der Organisation (in 5e als für 6a), das Feedback weiterer Interessengruppen zum Auftreten der Organisation (8a).

3. Vorgehensweisen:

Führungskräfte- und Kommunikationsworkshops dienen der Vorbereitung der Führungskräfte hinsichtlich der anfallenden Gespräche an unterschiedlichen Kontaktpunkten, Festlegung und Verbreitung von Kommunikationsleitlinien.

4. Artefakte:

Sichtbarkeit erlangen diese Vorgehensweisen in Kommunikationsleitfäden, -plänen, CI-Richtlinien

5. Bewertung nach RADAR:

Es existieren zum Teil recht durchdachte Konzepte zur Kommunikation. Die Betrachtung der Umsetzung ist durch die Brille des Assessors teilweise ausgesprochen schwierig, da die Ergebnisse der Kommunikationsaktivitäten nur punktuell sichtbar sind. Die Beurteilung des Umsetzungserfolges erfolgt im Wesentlichen über die Rückmeldungen der Kunden und Interessengruppen. Diese Rückmeldungen werden auch zur Verbesserung genutzt und liegen bei vielen der zu bewertenden Organisationen vor.

62

Kriterium 1: Führung

Teilkriterium 1d: Kultur der Excellence

1. Thematische Schwerpunkte:

Es ist zu betrachten, inwieweit es den Führungskräften gelingt, durch ihr Handeln eine positive Unternehmenskultur zu fördern. Dazu zählt u. a. die Achtung der Chancengleichheit, die Förderung der Kreativität der Menschen, die Betreuung der Mitarbeitenden, das Unterstützen von Lernaktivitäten sowie die Einbeziehung und Ermächtigung der Mitarbeiter.

2. Wechselwirkungen:

Die Vorgehensweisen haben einen Sinnzusammenhang zum Leitbild, welches die Grundlage für die Kultur bildet (1a). Weiterhin wird im Personalmanagement (3c) durch Einbindung und Betreuung (3e) die Kultur gestärkt. Ihr Erfolg wird in der Mitarbeiterbefragung (7a) hinterfragt.

3. Vorgehensweisen:

Typischerweise erarbeiten Führungskräfte einen gemeinsamen, stimmigen Ansatz, der beschreibt, wie das Miteinander und Handeln in der Organisation vonstatten-gehen soll. In Gesprächen, Meetings und Workshops wird dieser Ansatz in die Breite der Mitarbeiterschaft getragen. Teilweise werden Führungskräfte durch Trainings und Coachings dazu befähigt, diesen Ansatz wirkungsvoll umzusetzen.

4. Artefakte:

Handlungsleitfaden zum Umgang miteinander, Definition der Handlungsspielräume, Code of Conduct, Beschreibung der Unternehmenskultur, AGG-Umsetzung

5. Bewertung nach RADAR:

Das Vorgehen zu diesem Teilkriterium ist nur in den weit entwickelten Organisationen schriftlich festgelegt. Häufig tritt man im Mittelstand auf ein langjährig etabliertes Miteinander, welches auch ohne umfassende Verschriftlichung gut funktioniert. Es ist abzuwägen, zu welchem Grad eine schriftliche Definition nutzstiftend ist. In der Umsetzung erlebt ein Assessor diese Kultur in der Organisation während des Vor-Ort-Besuchs. In Gesprächen mit Mitarbeitern kann das Konzepte der Führungskräfte hinterfragt werden. Die Messung der Wirksamkeit des Ansatzes ist meist nur über die Mitarbeiterbefragung (z. B. Führungskräfteverhalten) möglich. Leistungsindikatoren werden üblicherweise nicht oder nur in Ansätzen vorgefunden.

Kriterium 1: Führung

Teilkriterium 1e: Changemanagement

1. Thematische Schwerpunkte:

Dieses Teilkriterium umfasst alle Schritte zur Vorbereitung und Umsetzung notwendiger Veränderungen. In diesem Kontext wird beleuchtet, inwieweit die Fähigkeit der Führungskräfte gegeben ist, notwendige Veränderungen zu erkennen, Wahrnehmungen der Interessengruppen dazu zu ermitteln, ihre Aus- und Wechselwirkungen zu hinterfragen, Lösungsansätze zu priorisieren und damit die Voraussetzungen für erfolgreiche Veränderungen zu schaffen. Mit den richtigen Methoden und Instrumenten werden Veränderungsprojekte erfolgreich ins Ziel gebracht und dabei auf nachhaltige Entwicklungen gesetzt. Die Inhalte des Teilkriteriums beziehen sich auf die Aktivitäten der Führungskräfte.

2. Wechselwirkungen:

Voraussetzung für den Veränderungsprozess ist der systemische Ansatz zum Managementsystem, der meist auch den Veränderungsgedanken in sich trägt (1b). Wechselwirkungen bestehen außerdem zum Prozessmanagement hinsichtlich der Veränderung von Prozessen (5a) und zur Bewertung des Veränderungserfolges durch die Messung der Leistung des Systems vor und nach der Veränderung, welche sich in den entsprechenden Ergebnissen widerspiegeln (9b).

3. Vorgehensweisen:

Häufig haben Organisationen dezidierte Ansätze zum Management von Veränderung. Meist handelt es sich um Varianten des Projektmanagements. Weniger häufig sieht man, dass Organisationen die Mitwirkung in Gremien und Verbänden oder die systematische Analyse von Informationsquelle nutzen, um differenzierte Informationen zu wesentlichen Veränderungstreibern (z. B. Änderung der Rechtslage) zu erlangen. Ganz selten werden durchdachte Szenarioanalysen angetroffen, die die Auswirkungen der Veränderung prognostizieren helfen.

4. Artefakte:

Projektmanagementansatz, Changemanagement-Konzepte/-Prozess, Szenario-Beschreibungen, Business-Intelligence-Auswertungen, SWOT-Analysen

5. Bewertung nach RADAR:

Zum Vorgehen finden sich oft Beschreibungen des Changemanagement-Geschehen, teilweise als Prozess, meist eher als Cluster von Methodenbeschreibungen und individuelle Maßnahmenkonzepte aus SWOT-Analysen. In der Umsetzung wird oft die klare Linie der einzelnen Instrumente durchbrochen und es finden sehr individuelle Abläufe statt. Die Ergebnisse dieser Abläufe werden häufig nicht sinnvoll durch Messungen hinterfragt.

Kriterium 2: Strategie

Teilkriterium 2a: Externe Erwartungen und Umfeldanalyse

1. Thematische Schwerpunkte:

Es ist im Kontext dieses Teilkriteriums zu ermitteln, welche Vorgehensweisen die Organisation gestaltet und umgesetzt hat, um die Erwartungen der wesentlichen Interessengruppen zu ermitteln. Weiterhin ist die Frage, wie die Organisation ein valides und differenziertes Bild ihrer Umgebung gewinnt. Dazu legt das Modell nahe, dass sich die Organisation mit Methoden befasst, mit denen ein Blick auf die kurz-, mittel- und langfristigen Trends im Umfeld erlangt werden kann. Voraussetzung hierfür ist die Kenntnis, was zum Umfeld dazu gehört und welche Interessengruppen relevant sind.

2. Wechselwirkungen:

Die in diesem Teilkriterium erhobenen Erkenntnisse sind ein Input zur Strategiearbeit (2c). Die Erkenntnisse ergeben sich aus den Wahrnehmungen der Kunden (6a), der Mitarbeiter (7a) sowie sämtlicher weiterer, relevanter Interessengruppen (8a).

3. Vorgehensweisen:

Das Konzept der Erhebung von Informationen zur Strategiearbeit wird normalerweise im Strategieprozess definiert. Operativ finden klassische Befragungen aber auch z. B. Anwendertreffen, Kundenevents, Lieferantenparlament, Arbeitsgruppen, Gremien- oder Verbandsarbeit, Auswertung der Fachpresse Anwendung zur Erkenntnisgewinnung.

4. Artefakte:

Interessengruppenportfolio mit Wechselwirkungsanalyse, Umfeldanalyse, primäre und sekundäre Marktforschungsanalyse, SWOT-Analyse und Auswertungen zur Wahrnehmung der Interessengruppen

5. Bewertung nach RADAR:

Der wesentliche Punkt hinsichtlich des Vorgehens ist das Verständnis der Struktur der Interessengruppen und des Umfelds. Dazu sollte eine fundierte Vorgehensweise existieren. Operativ kommen in der Umsetzung oft viele Informationen zusammen, deren Prioritäten häufig nicht ganz nachvollziehbar sind. Eine Hinterfragung des Erfolgs der Analysen und der Vollständigkeit der erschlossenen Informationsquellen existiert oft nicht.

Kriterium 2: Strategie

Teilkriterium 2b: Interne Leistungsfähigkeit

1. Thematische Schwerpunkte:

Im Kontext dieses Teilkriteriums steht die Frage im Mittelpunkt, wie die Organisation die eigene Leistungsfähigkeit ermittelt. Dazu könnten verschiedene Methoden der Datenanalyse Anwendung finden. Vergleiche zu anderen Organisationen qualifizieren die eigene Leistungsfähigkeit. Diese ergibt sich auch im Zusammenspiel mit den Fähigkeiten von Partnern, die beispielsweise neue Technologien mit einbringen.

2. Wechselwirkungen:

Die in diesem Teilkriterium ermittelte Leistungsfähigkeit ist ein Input für die Strategiearbeit (2c). Die Inputs für die Leistungsmessungen der Organisation (6b, 7b, 8b, 9b) ergeben sich aus 4d (technologische Fähigkeiten) und 5d (Technologie und Leistung der Schlüsselprozesse).

3. Vorgehensweisen:

Das Controlling der Organisation stiftet oft den größten Beitrag zur Leistungsermittlung. Daneben werden spezifische Leistungen prozessbezogen ermittelt – häufig vollautomatisch. Die Technologie und Fähigkeit der Organisation wird dagegen oft weniger strukturiert betrachtet. In Dienstleistungsunternehmen hat diese Betrachtung oft den Bezug zu Methoden der Dienstleistungserbringung (z. B. Pflegekonzepte).

4. Artefakte:

Kennzahlensystem, BSC, Technologieportfolio, Kompetenz-/Fähigkeitsanalyse, Trendanalyse der Leistungssteigerung

5. Bewertung nach RADAR:

Das Vorgehen begrenzt sich auf die Auswahl der geeigneten Leistungsindikatoren und der Wege zur Ermittlung der Fähigkeit der Organisation. In der Umsetzung sind viele Organisationen so aufgestellt, dass ein Satz von Leistungsindikatoren betrachtet wird, um die operative Leistungsfähigkeit zu ermitteln. Meist liegen Verbesserungspotenziale dort vergraben, wo es um die Bewertung der Vollständigkeit und Aussagekraft der gewählten Kennzahlen geht. Einen systematischen Review zu diesem Aspekt haben nur ganz wenige Organisationen.

66

Kriterium 2: Strategie

Teilkriterium 2c: Strategieprozess

1. Thematische Schwerpunkte:

Im Kontext dieses Teilkriteriums wird die Eignung des Strategieprozesses betrachtet. Dieser soll der Organisation eine Richtung weisen und die Nachhaltigkeit der Organisation fördern. Es werden die Wege gesucht, um die aus der Mission und Vision abgeleiteten Ziele zu erreichen. Dazu gilt es im Rahmen dieses Prozesses die wesentlichen Kompetenzen der Organisation zu erkennen und auszubauen. Aus der Nutzung dieser Kompetenzen ergibt sich die Zielerreichung und damit der Unternehmenserfolg. Die dabei ggf. auftretenden Risiken sind zu betrachten und in der Planung zu berücksichtigen.

2. Wechselwirkungen:

Ausgehend vom Leitbild (1a) wird die Strategie entwickelt. Diese wird über Prozesse und Projekte umgesetzt (2d). Die Erfolge der Strategieumsetzung ergeben die Schlüsselergebnisse der Organisation (9a).

3. Vorgehensweisen:

Die Erarbeitung des Strategieprozesses ist häufig bei der Geschäftsführung oder einer direkt zuarbeitenden Stabsstelle bzw. Organisationsentwicklungsabteilung angesiedelt. Gerade in Großunternehmen und Konzernen sind Strategieprozesse klar getaktet, hinsichtlich Beteiligter und relevanter, komprimiert aufbereiteter Inputs durchgestylt und teilweise akademisch geprägt. Diese starre Vorgehensweise ist in kleineren und mittleren Unternehmen oft weniger ausgeprägt anzutreffen, da hier zum Teil schon auf kleine Veränderungen im Umfeld – also bei Bedarf auch außerhalb eines festgeschriebenen Zyklus – aufgrund größerer Abhängigkeiten oder geringerer Robustheit reagiert wird bzw. reagiert werden muss.

4. Artefakte:

Strategieprozess, Strategiekompass, Strategietage und -workshops, Strategiepapiere

5. Bewertung nach RADAR:

Bezüglich des Vorgehens finden sich detaillierte Prozessbeschreibungen, die mit den dazugehörigen methodischen Vorgehensweisen bzw. zum Einsatz kommenden/anzuwendenden Instrumenten unterfüttert sind, bis hin zu allgemein gehaltenen Ablaufplänen oder Matrizen, die zumindest Zeitpunkt und Beteiligte enthalten. In der Umsetzung wird sich mehr oder weniger akribisch an diesem Vorgehen festgehalten. Strategische Ziele werden zumeist SMART formuliert wobei es teilweise an der konsequenten Kaskadierung der Ziele mangelt. Die Ergebnisse des Strategieprozesses müssen sich bei Zeiten – durch die Konfrontation mit der Realität bzw. nahen Zukunft – beweisen. Die Vorgehensweise der Strategiefindung werden häufig gar nicht oder nur in Ansätzen hinterfragt.

Kriterium 2: Strategie

Teilkriterium 2d: Strategieumsetzung

1. Thematische Schwerpunkte:

Im Rahmen dieses Teilkriteriums wird betrachtet, inwieweit es der Organisation gelingt, die festgelegte Stoßrichtung in die Tat umzusetzen. Hierbei gilt es, stimmige Ziele zu erarbeiten (vgl. hierzu auch Artikel Zielfindungsprozess), Maßnahmen abzuleiten und umzusetzen, aktuell erforderliche Mittel zur Verfügung zu stellen bzw. zukünftig erforderliche zu sichern und die benötigten Informationen entsprechend zu verteilen. Die an den Tag gelegte Umsetzungsgeschwindigkeit spielt eine wesentliche Rolle, damit die auf die aktuelle Entscheidungsgrundlage ausgerichteten Überlegungen und Aktivitäten auch die zu erzielenden Effekte nach sich ziehen.

2. Wechselwirkungen:

Die Strategieumsetzung wird aus der Strategieentwicklung (2c) gespeist. Daraus ergeben sich Teilstrategien, die im Idealfall alle Teilkriterien der Kriterien 3, 4 und 5 mit Zielstellungen und Prioritäten versehen.

3. Vorgehensweisen:

Die Ziele- und Maßnahmenerarbeitung finden häufig in dafür fest installierten, oft workfloworientierten und abteilungsübergreifenden Gremien statt. Die Umsetzung erfolgt in entsprechend zusammengesetzten Projektteams.

4. Artefakte:

Finanz-, Maßnahmen-, Projekt-, Personal-, Kommunikationsplanung, Technologieportfolio, Besprechungsprotokolle, Balanced Scorecard, Schlüsselprozesse

5. Bewertung nach RADAR:

Die Festlegung der Zielgrößen erfolgt häufig als reine Fortschreibung bekannter Werte oder ergibt sich durch fixe Vorgaben von außen. Die wenigsten Organisationen reflektieren ihre Vorgehensweise zur Zielfindung. Die Umsetzungsphase – überwacht durch Maßnahmen- und Projektpläne – kann geprägt sein von Verzögerungen und Widerständen. Die Ursachen sind zwar zumeist bekannt und werden im Sinne von »lernen« häufig auch für zukünftige Projekte dokumentiert, die möglichen Konsequenzen bezüglich des zu erzielenden Effekts werden aber kaum hinterfragt.

Kriterium 3: MitarbeiterInnen

Teilkriterium 3a: Personalplanung

1. Thematische Schwerpunkte:

In diesem Teilkriterium wird beleuchtet, inwieweit strategische Anpassungen in den Strukturen vorgenommen und in der Personalplanung berücksichtigt werden. Betrachtung findet darüber hinaus, wie die Personalplanung mit Blick auf die heute und zukünftig erforderlichen Mitarbeiterkompetenzen aus der Strategie abgeleitet wird und in einen von Chancengleichheit geprägten Personalbeschaffungs- und -entwicklungsprozess mündet. Hinterfragt wird auch, inwieweit Mitarbeiter und Mitarbeiterinnen in die Entwicklung und Verbesserung der Personalstrategie, -politik und -planung einbezogen werden.

2. Wechselwirkungen:

Die Personalplanung ergibt sich aus der Personalstrategie (2c, 2d). Diese wird über die anderen Teilkriterien des Kriteriums 3 umgesetzt. Der Erfolg der Personalplanung sollte durch eine Schlüsselkennzahl hinterfragt werden, die in 7b gemessen wird.

3. Vorgehensweisen:

Die Umsetzung der Themen dieses Teilkriteriums erfolgen z. B. im Rahmen von Personalabteilungsbesprechungen oder -workshops, Planungsrunden, Team-meetings, Personalgesprächen, Mitarbeiterbefragungen.

4. Artefakte:

Personalpläne, Nachfolgeplanung, Kompetenz-/Sollprofile z. B. in Form von Kompetenzprofilen oder -matrizen

5. Bewertung nach RADAR:

Die Vorgehensweisen der Personalabteilung und zuständigen Stellen zur Ableitung aus strategischen Überlegungen sind zumeist nicht explizit schriftlich festgelegt. Bei der Ausarbeitung von Personal- und Nachfolgeplanung steht häufig die Anzahl zu schaffender bzw. zu besetzender Stellen mit den bekannten Anforderungsprofilen im Mittelpunkt. Künftige Anforderungen z. B. basierend auf der Veränderung der Aufgabengebiete durch Umstrukturierung oder Prozessanpassung sowie der Arbeitsinhalte z. B. durch die Einführung technologischer Neuerungen werden oft erst reaktiv berücksichtigt, wenn diese aktuell geworden sind. Einen systematischen Review zu diesem Aspekt haben nur ganz wenige Organisationen.

Kriterium 3: MitarbeiterInnen

Teilkriterium 3b: Kompetenzmanagement und Mitarbeiterbindung

1. Thematische Schwerpunkte:

Dieses Teilkriterium betrachtet das Themengebiet des Kompetenzmanagements, in dessen Kontext die Organisation vor der Herausforderung steht, die Lücken zwischen aktuell und zukünftig erforderlichen und vorhandenen Kompetenzen zu ermitteln und im Rahmen der Personalbeschaffung bzw. -entwicklung zu schließen. Einen weiteren Punkt dieses Teilkriteriums bildet die Gewährleistung der dauerhaften Eignung zur Wahrnehmung des Aufgabenspektrums. Weiterhin wird hinterfragt, wie die an Personen gebundenen Kompetenzen für die Organisation erhalten werden können.

2. Wechselwirkungen:

Aus der Strategie (2c, 2d) heraus ergibt sich der Personalbedarf (3a) und wo dieser nicht mit den Idealkompetenzen zu besetzen ist, der Weiterbildungsbedarf, der in diesem Teilkriterium beschrieben ist. Dieser sollte sich in Kennzahlen in 7b wiederspiegeln und aus Sicht der Mitarbeiter in 7a erfragt werden.

3. Vorgehensweisen:

Mit Hilfe von Tests und Gesprächen werden definierte Soll- und aktuelle Ist-Profile abgeglichen. Dabei findet sich ein breites methodisches Spektrum zwischen Fremd- und Selbstbewertung, computer- oder personengestützten Verfahren und simulations- bzw. realitätsbasierten Szenarien. Die Auswahl der methodischen Vorgehensweisen ist häufig an die zu besetzende Stelle bzw. das Arbeitsumfeld angepasst. Angesichts sich verschärfender Bedingungen auf dem Arbeitsmarkt verfügen Organisationen zusehends über Konzepte zur frühzeitigen bzw. nachhaltigen Personalbindung.

4. Artefakte:

Prozessbeschreibungen, wie z. B. Personalentwicklungs- und -beschaffungsprozess, Ergebnisse aus der Gegenüberstellung von Selbst- und Fremdbewertung z. B. auf einer Kompetenzspinne, Ergebnisse aus Reaktionstests; Beurteilungen aus dem Assessmentcenter, Arbeitsprobenbewertungen und Feedbacks zukünftiger Arbeitskollegen, Karriereplanung, Verträge

5. Bewertung nach RADAR:

Das Vorgehen zur Erheben von Bildungsbedarfen z. B. bei bestehendem Personal oder Eignungsfeststellungen z. B. bei Stellenneubesetzungen basiert oft auf aktuell üblichen Standardvorgehensweisen des Personalmanagements. Bei der Umsetzung wird oft das standardisierte Vorgehen akribisch eingehalten – nicht zuletzt auch, um gerade bei Einstellungsverfahren Rechtssicherheit zu erlangen. Die Vorgehensweisen werden nur selten nach ihrer Validität ausgewählt und im Nachgang auch nur selten diesbezüglich überprüft.

Kriterium 3: MitarbeiterInnen

Teilkriterium 3c: Mitarbeiterpartizipation

1. Thematische Schwerpunkte:

Dieses Teilkriterium umfasst alle Maßnahmen zur Partizipation der und Verantwortungsübernahme durch Mitarbeiter. Es ist in diesem Kontext zu beleuchten, inwieweit Handlungsspielräume zusammen mit Mitarbeitern definiert und deren Nutzung im Rahmen selbständigen Handelns und kreativer Beteiligung gefördert bzw. gefordert werden.

2. Wechselwirkungen:

Die Einbindung der Mitarbeiter wird in der Unternehmenskultur angelegt (1a, 1d). Der Erfolg des Vorgehens wird in der Mitarbeiterbefragung überprüft (7a).

3. Vorgehensweisen:

Stellenbeschreibung und Personalgespräche dienen dazu, Freiheitsgrade zu vermitteln bzw. diese immer wieder neu zu definieren. Manchmal wird in einem Treppenmodell die Befugnis der Mitarbeiter sukzessive erweitert. Mit steigender Kompetenz und steigendem Vertrauen in den Mitarbeiter wird der Person auch Entscheidungsbefugnis zugesprochen, bis der Endzustand des Unternehmers im Unternehmen erreicht ist.

4. Artefakte:

Stellenbeschreibungen mit Ausführungen zu Aufgaben, Kompetenz und Verantwortung, Ideenmanagement, Kompetenzbewertungen und flexible Befugnisfestlegungen

5. Bewertung nach RADAR:

Neben den traditionellen Stellenbeschreibungen, die meist anzutreffen sind, ist zu klären, ob innovativere Vorgehen implementiert wurden, die das kreative Potenzial aller Mitarbeiter mobilisieren. Dabei wird die Frage, ob die Mitarbeiter auch die Fähigkeiten haben, der übertragenen Verantwortung gerecht zu werden, nur selten gestellt. Die Übersicht der Kompetenzen ist eine Voraussetzung für die systematische Entwicklung. Oft werden die Kompetenzen nur einzeln, aber nicht im Zusammenhang betrachtet.

Kriterium 3: MitarbeiterInnen

Teilkriterium 3d: Organisationsinterne Kommunikation

1. Thematische Schwerpunkte:

Dieses Teilkriterium beschäftigt sich mit der internen Kommunikation. Die Fragestellung lautet, inwieweit die richtigen bzw. für den Unternehmenserfolg erforderlichen Informationen zielgerichtet von den Adressaten für die entsprechenden Adressaten im angemessenen Zeitraum zur Verfügung gestellt bzw. weitergegeben werden und dafür die geeigneten Strukturen geschaffen sind.

2. Wechselwirkungen:

Ausgehend von der Kommunikationsstrategie (2c, 2d) und der Kommunikation der Führungskräfte (1d) ergibt sich das Vorgehen zu diesem Teilkriterium. Die Eignung der internen Kommunikation wird oft in 7a hinterfragt.

3. Vorgehensweisen:

Um die unterschiedlichen Kommunikations- und Informationsbedarfe in der Organisation zu bedienen, werden häufig verschieden Kanäle genutzt. Neben der persönlichen Kommunikation in Besprechungen dienen elektronische bzw. IT-gestützte Medien, wie Unternehmensplattform, Intranet, Arbeitsgruppen-Wiki und analoge Lösungen, wie gedruckte Mitarbeiterzeitungen, schwarze Bretter, Übersichts- oder Anschlagtafeln dem Austausch und Informationsfluss.

4. Artefakte:

Besprechungsprotokolle, Online-Beiträge und -Kommentare, Aushänge, Anschläge, Zugriffszahlen

5. Bewertung nach RADAR:

Viele Kommunikationskanäle haben sich über Jahre etabliert und werden oft unreflektiert beibehalten. Die Auswahl neuer Medien ist häufig – soweit vorhanden – bei der IT-Abteilung angesiedelt, durch welche dann zumeist auch im Rahmen der Einführung die Schulung durchgeführt wird. Es ist festzustellen, dass anonyme, unidirektionale Kanäle weit weniger häufig auf Nutzung und Wirksamkeit hin überprüft werden, als z. B. bidirektionale Besprechungsstrukturen.

Kriterium 3: MitarbeiterInnen

Teilkriterium 3e: Anerkennung von und Fürsorge für Mitarbeiter

1. Thematische Schwerpunkte:

Innerhalb dieses Teilkriteriums gilt es zu hinterfragen, inwieweit sich die Grundsätze und strategischen Vorgaben in den Arbeitsentgelten und v. a. den freiwilligen Sozialleistungen wiederspiegeln, Bemühungen der Mitarbeiter honoriert bzw. das Einbringen von Neuerungen und Vorschlägen zur Optimierung gefördert werden. Daneben ist zu beleuchten, wie die Organisation dafür Sorge trägt, dass Arbeits- und Privatleben in Einklang gebracht werden, Teamgeist gelebt und die Unterschiedlichkeit der Akteure respektiert und als Chance wahrgenommen wird.

2. Wechselwirkungen:

Die Grundlage für diese Vorgehensweisen bildet das Leitbild (1a). Davon ausgehend wird über die Personalstrategie (2c, 2d) ein Vorgehen für dieses Teilkriterium entwickelt, welches in 7b quantitativ gemessen und in 7a in der Mitarbeiterbefragung hinterfragt wird.

3. Vorgehensweisen:

Die Gestaltung der Entgeltmodelle ist in den allermeisten Organisationen ausdifferenziert. Auch die betriebliche Gesundheitsförderung ist durch die Forderungen der BG im Fokus. Wenn Organisationen einen Diversity-Management-Ansatz entwickelt haben, oder auch Ideen zur Integration erziehender Mütter, dann gehört diese zu den zeitgemäßen Organisationen.

4. Artefakte:

Belegschaftsaktien, Prämienauszahlung, Betriebskindergärten, persönliches Lob in Besprechungen, Urkunden z. B. in Form von »Mitarbeiter des Monats« oder »Idee des Monats«, Diversity Policy

5. Bewertung nach RADAR:

Das Vorgehen muss konsistent zum Leitbild der Organisation sein. Der Fokus sollte auf der Betrachtung der Umsetzung liegen, die sich wiederum in den Ergebnissen äußert, speziell den Wahrnehmungsergebnissen der Mitarbeiter zur Sache.

73

Kriterium 4: Partnerschaften & Ressourcen

Teilkriterium 4a: Partner- und Lieferantenmanagement

1. Thematische Schwerpunkte:

Dieses Teilkriterium widmet sich den Partnern und Lieferanten. Zentrale Fragestellung ist, wie die Organisation mit Blick auf ihre strategische Ausrichtung und Wertehaltung geeignete Partner und Lieferanten findet, diese auswählt, bewertet bzw. priorisiert, im Sinne einer Win-win-Situation entwickelt, einen partnerschaftlichen Umgang pflegt und sich schließlich auch würdig von Partnern und Lieferanten trennt, die nicht mehr zur Wertschöpfung beitragen können.

2. Wechselwirkungen:

Ausgehend von der Strategieentwicklung (2c, 2d), die auch eine Partner- und Lieferantenstrategie enthalten sollte, wirkt sich dieses Teilkriterium auf die Gestaltung der Leistungserbringungsprozese (5d) aus. Führungskräfte unterstützen persönlich als Ansprechpartner die Kontaktprozesse (1c). Die Rückmeldungen der Partner werden in 8a dokumentiert und deren Leistung in 9b erhoben.

3. Vorgehensweisen:

Die Suche nach Lieferanten und Partnern erfolgt häufig durch den Einkauf über Netzwerke und Internetrecherchen. Bei der Auswahl ist ein breites Spektrum an Vorgehensweisen zu finden. Neben schriftlichen Lieferentenauskünften zur Vorselektion wird anschließend teilweise ein hoher Aufwand betrieben, z. B. in Form von (teils mehrfachen) Vor-Ort-Besuchen. Bewertungen finden oftmals routinemäßig statt und über Priorisierung wird versucht einzuschätzen, wie viel in die Beziehung investiert werden sollte, was dann z. B. in (regelmäßigen) Partner-/Lieferantentreffen oder auch gemeinsame Entwicklungen oder Pilotprojekte mit Qualifizierungsanteil münden kann.

4. Artefakte:

Kontaktbörse, Rechercheplan, Partner- und Lieferantenportfolios, Kommunikations- und Aktionsplan, Projektdokumentationen, Vorgehen zur Lieferantenbewertung, Vorgehen zur Lieferantenbefragung/Partnerbefragung

5. Bewertung nach RADAR:

In der Praxis finden sich oftmals klar definierte Vorgehensweisen zur Partner- und Lieferantenakquise und -bewertung, wobei der Unterschied zwischen Partnern und Lieferanten manchmal nicht klar herausgearbeitet ist. Teilweise erfolgt die Akquise weniger strategisch als eher unter dem Vorzeichen der Zufälligkeit. Eine differenzierte Lieferantenbewertung ist v. a. in Branchen wie Gastronomie, Handel und im Automotive-Sektor anzutreffen. Die Priorisierung der Lieferanten und Partner erfolgt nur in wenigen Unternehmen mit Blick auf die strategische Relevanz und Ersetzbarkeit, wobei nicht immer Konsequenzen daraus abgeleitet werden.

Kriterium 4: Partnerschaften & Ressourcen

Teilkriterium 4b: Finanzmanagement

1. Thematische Schwerpunkte:

Dieses Teilkriterium fokussiert sich auf die Planung und Steuerung der Finanzen. In den Fokus rückt, inwieweit es der Organisation gelingt ihre Finanzen mit der notwendigen Aktualität im Blick zu haben und auf finanzielle Mittel in angemessenem bzw. erforderlichem Umfang gezielt zurückgreifen zu können. Des Weiteren ist zu betrachten, welche Mechanismen hinsichtlich eines langfristigen Werterhalts oder -zuwachses zum Tragen kommen und wie Investition getätigt bzw. liquide Mittel nachhaltig frei gemacht werden.

2. Wechselwirkungen:

Die Planung der Finanzen ist Teil der strategischen Planung (2c, 2d). Sie reflektiert sich in den Ergebnissen – im Schwerpunkt in 9a als finanzielle Schlüsselergebnisse. Aber teilweise auch als Kostenkennzahl in den Kriterien 6b, 7b, 8b, 9b.

3. Vorgehensweisen:

Je nach Art der Organisation kommen unterschiedliche Ansätze der Buchhaltung zum Einsatz. In Behörden ist die Kameralistik üblich, während in der Privatwirtschaft die Doppik den Normalfall darstellt. Exzellente Unternehmen haben einen »Day-to-Year-Abschluss« und können so tagesaktuell eine Aussage über den Geschäftserfolg machen.

4. Artefakte:

Wirtschafts- und Finanzplanung, Forecast, Betriebswirtschaftliche Auswertung (BWA), Offene-Posten-Übersicht, Investitionsplan, Jahresabschluss, Bilanz

5. Bewertung nach RADAR:

Die Bewertung der Finanzprozesse kann nur eine Person durchführen, die auch über das nötige Hintergrundgrundwissen verfügt. Diese sollte darauf achten, dass die Schnelligkeit der Finanzanalyseprozesse angemessen für die Notwendigkeiten der Organisation ist. Eine Vertriebsorganisation muss da viel zeitnähere Kenntnisse erhalten als ein Amt. Die Erfahrung zeigt, dass viele Organisationen standardisierte Vorgehen zum Finanzmanagement umsetzen. Es ist schwierig substanzielle Unterschiede zu ermitteln.

Kriterium 4: Partnerschaften & Ressourcen

Teilkriterium 4c: Immobilien und Material

1. Thematische Schwerpunkte:

Dieses Teilkriterium befasst sich mit der Bewirtschaftung der Werte der Organisation. Dazu zählen neben den Assets der Organisation (Immobilien, Grundstücke, etc.) vor allem die Güter und Materialen (Gebrauchsgüter und Verbrauchsmaterialien).
Dadurch ergibt sich auch die Umweltauswirkung der Organisation, die es zu minimieren gilt. Für die Emission von Schadstoffen sind ggf. Grenzwerte einzuhalten.
Die Einhaltung aller gesetzlichen Anforderungen sind eine Basiserwartungen an deutsche Organisationen. Den Stand der Technik auch dann anzustreben, wenn die gesetzliche Forderung nicht so weitreichend ist, zeichnet die exzellente Organisation aus.

2. Wechselwirkungen:

Das Teilkriterium hängt eng mit der Strategie (2d) zusammen. Eine Beschaffungsstrategie ist bei vielen Organisationen gegeben. Die behördlichen Anforderungen werden dabei üblicherweise ermittelt (2a). Die Verbrauchsmaterialien fließen meist in die Leistungsprozesse ein (5d). Die Bestände werden in diesem Kontext über Systemansätze (5a) wie Kan-Ban optimiert. Die Messung der Umweltauswirkungen wird in 8b dokumentiert.

3. Vorgehensweisen:

Viele Organisationen haben ein Beschaffungsmanagement, welches sich schon vor der Beschaffung Gedanken zur Aufbewahrung, Verwendung und Entsorgung einer Sache über den gesamten Lebenszyklus hinweg macht. Das Facility-Management kommt immer dann zum Tragen, wenn Organisationen eigene Immobilien besitzen oder leasen/mieten. Viele Organisationen haben relativ wenig Fokus auf dem Facility-Management.

4. Artefakte:

Bestandslisten, Produktdatenblätter-Verwaltung, differenzierte Entsorgungswege, Kan-Ban-Vorgehensweisen, 5S-Aktivitäten, Instandhaltungspläne, Lean-Management-Ansätze

5. Bewertung nach RADAR:

Das Vorgehen zum Material- und Facility-Management sollte in der Planung bereits verdeutlichen, wie durch das Vorgehen alle relevanten Erwartungen und Anforderungen verwirklicht werden. Die Umsetzung ist flächendeckend zu hinterfragen. Die Messung der Umweltauswirkungen sollten an den relevanten Stellen gemessen werden.

Kriterium 4: Partnerschaften & Ressourcen

Teilkriterium 4d: Technologiemanagement

1. Thematische Schwerpunkte:

Das Teilkriterium umfasst die Entwicklung und Nutzung der technologischen Möglichkeiten der Organisation. Dabei ist zu hinterfragen, wie neue Technologien erkannt und bestehende bewertet werden. Bei Dienstleistern werden bestimmte bekannte Verfahrensweisen, wie z. B. Expertenstandards zu bestimmten Themen (Wundmanagement oder Sturzprophylaxe) als Technologien angesehen. Das Arbeiten mit diesen Technologien ist also auch für Dienstleister relevant. Schließlich adressiert das Teilkriterium auch die Technologie, die für interne Prozesse benötigt wird, z. B. IT Technologien.

2. Wechselwirkungen:

Das Teilkriterium ist durch die Strategie beeinflusst. Teilweise kommt durch den Produktentwicklungsprozess (5b) Bedarf zur Erweiterung des Technologieportfolios auf. Die Leistungserbringung (5d) ist maßgeblich durch die verfügbare Technologie beeinflusst. Die Ergebnisse des Technologiemanagements finden sich im Teilkriterium 9b.

3. Vorgehensweisen:

Neben dem geplanten Besuch relevanter Messen und dem systematischen Kontakt zu den Lieferanten ist es wichtig, alle relevanten Medien zu beobachten. Die regelmäßige Bewertung der Technologie ist ebenfalls Teil des in diesem Teilkriterium beschriebenen Themenkreises.

4. Artefakte:

Technologieportfolio und -trendanalysen, Technologiebewertungen, Lebenszyklusbetrachtung

5. Bewertung nach RADAR:

Das Vorgehen sollte dazu geeignet sein, die Aktualität der verfügbaren Technologie zu gewährleisten. Die Umsetzung sollte die fachkundigen Personen einbinden, d.h. im Idealfall dezentral angesiedelt sein. Die Bewertung des Technologieportfolios sollte in einem quantifizierbaren Ergebnis münden.

77

Kriterium 4: Partnerschaften & Ressourcen

Teilkriterium 4e: Wissen und Erfahrung managen

1. Thematische Schwerpunkte:

Dieses Teilkriterium rückt die Aktivitäten der Organisation in den Mittelpunkt, die dazu führen, dass das Wissen und die Erfahrung der Mitarbeiter und Führungskräfte nutzbringend der Organisation zur Verfügung stehen, um optimal das eigene Handeln zu steuern. Dazu gehört auch die Sicherheit der Informationen gegen Missbrauch und gegen Verlust (technisch, aber auch durch personelle Ereignisse).

2. Wechselwirkungen:

Zum Thema Wissen sollten die Organisation eine Strategie besitzen (2c, 2d), die das intellektuelle Kapital betrifft. Teilweise sollte auch das Personalmanagement (3, speziell 3a und 3b) dieses Vorgehen speisen. Technisch kann 4d einen engen Bezug zu diesem Teilkriterium haben. Die Ergebnisse dieses Teilkriteriums können sowohl unter 7b (personell) als auch unter 9b (technisch) erscheinen.

3. Vorgehensweisen:

Während in der Vergangenheit technische Lösungen im Vordergrund standen, sind aktuell umfassende Konzepte typisch. Dazu gehört eine Kompetenz-Übersicht gepaart mit Vorgehensweisen zum Erfahrungsaustausch und Kompetenzaufbau jüngerer Mitarbeiter. Es geht aber aktuell immer mehr Aufmerksamkeit in Richtung der Vermeidung des Diebstahls intellektuellen Eigentums (Betriebsspionage und Hackerangriffe) und nach wie vor steht die Vermeidung von Datenverlusten auf der Agenda der Organisationen.

4. Artefakte:

Wissensdatenbanken, Kompetenzmatrizen, Wissensbilanzen, etc.

5. Bewertung nach RADAR:

Dieses Vorgehen hat je nach Branche eine unterschiedliche Bedeutung. Diese gilt es als Erstes zu hinterfragen. Daraus leitet sich die Wertung für das Vorgehen ab. Die Umsetzung lässt sich nur schwer, meist anhand von Artefakten belegen. Nur sehr gute Organisationen haben Kennzahlen zum Wissensmanagement.

Kriterium 5: Prozesse, Produkte, Dienstleistungen

Teilkriterium 5a: Prozessmanagement

1. Thematische Schwerpunkte:

Dieses Teilkriterium umfasst alle Aspekte der Gestaltung der Ablauforganisation. Üblicherweise gestalten Organisationen dazu Prozesse, die die wesentlichen Abläufe beschreiben. Die Schlüsselprozesse sind davon wiederum die für den Erfolg der Organisation wichtigsten. Die Abläufe können dabei auch über die Grenzen der Organisation hinaus reichen. Die Organisation sollte sich Gedanken machen, wie die Prozessleistung ermittelt wird und daran arbeiten, diese zu verbessern, um eine optimale Wettbewerbsfähigkeit zu erreichen.

2. Wechselwirkungen:

Die Inhalte dieses Kriteriums leiten sich direkt aus dem Kriterium 1b ab, in dem Führungskräfte ihre Überlegungen zur Gestaltung der Organisation darlegen. Das Prozessmanagement wirkt sich direkt auf alle Leistungsprozesse aus, die in 5b bis 5e beschrieben sind und konzeptionell auch auf viele weitere Prozesse, z. B. denen der Kriterien 2, 3 und 4.

3. Vorgehensweisen:

Oft werden die üblichen Vorgehen des Prozessmanagements angewendet. Diese werden in Form von Abbildungen und Steuerungskennzahlen gestaltet, so dass eine Optimierung der Prozesse möglich wird und Prozessleistung transparent nachgewiesen werden kann.

4. Artefakte:

Prozesslandkarte, Prozessbeschreibung, Flussdiagramm, Turtles (Automobil), Prozesskennzahlencockpit

5. Bewertung nach RADAR:

Da das Teilkriterium eine hohe Bedeutung für die Konzeption vieler Abläufe hat, kann erwartet werden, dass sich die Organisation dazu dezidiert Gedanken gemacht hat. Vergleiche mit Standards (ISO 9001) sind Basiseigenschaften. Gute Organisationen machen Prozessaudits und vergleichen ihre Prozessvitalität mit anderen relevanten Organisationen.

Kriterium 5: Prozesse, Produkte, Dienstleistungen

Teilkriterium 5b: Produkt- und Dienstleistungsentwicklung

1. Thematische Schwerpunkte:

Dieses Teilkriterium befasst sich mit dem Vorgehen zur Entwicklung neuer Produkte und Leistungen, die Kundenerwartungen erfüllen und zur Kundenbindung beitragen. Dabei ist zu klären, inwieweit Marktforschungsaktivitäten und Kundenfeedback zur Definition der Kundenerwartungen herangezogen werden. Daraus ergeben sich evtl. auch Erkenntnisse hinsichtlich der Notwendigkeit zukünftiger Produktentwicklungen zum Ersatz bestehender Produkte, deren Produktlebenszyklus endet.

2. Wechselwirkungen:

Das Kriterium steht in engem Zusammenhang zur Strategie (2d). Die Produktstrategie wird durch die neuen Produkte teilweise umgesetzt. Die neuen Produkte werden oft im Anschluss beworben. Manchmal allerdings findet auch erst Werbung statt, ehe ein Produkt entwickelt wird. Die Innovationsleistung ist bei vielen Organisationen ein Schlüsselleistungsindikator und wird in 9b dargestellt.

3. Vorgehensweisen:

Viele Organisationen haben einen Produktentwicklungsprozess gestaltet, der in einem Meilensteinverfahren die Innovation lenkt. Die Herausforderung ist dabei das Multiprojektmanagement, wenn eine Organisation jede Produktentwicklung als Projekt wertet. Es werden daher oft Projektmanagementtools eingesetzt, um den Produktentwicklungsprozess zu steuern.

4. Artefakte:

Produktentwicklungspläne, Projektlisten, Projektdokumentationen, ein dokumentierter Produktentwicklungsprozess

5. Bewertung nach RADAR:

Die besondere Bedeutung des Attributs »fundiert« wird in diesem Teilkriterium deutlich, wenn man bedenkt, dass der Prozess geeignet sein soll, Anforderungen zu erfüllen. Dazu zählen beispielsweise die Anforderungen der Kunden, aber zeitlich und preislich oft auch Erwartungen des Vertriebs. Die Umsetzung des Prozesses hängt mit der Kompetenz der handelnden Personen zusammen. Manchmal arbeiten fachkundige Personen mit Projektmanagementtools, ohne diese zu beherrschen. Definierte Vorgehensweisen zur Entwicklung von Dienstleistungen sind weit weniger häufig anzutreffen, als zur Produktentwicklung.

Kriterium 5: Prozesse, Produkte, Dienstleistungen

Teilkriterium 5c: Marketing

1. Thematische Schwerpunkte:

In diesem Teilkriterium werden die Aspekte des Marketings adressiert. Dabei geht es um bestehende und potenzielle Kunden und deren Bedürfnisermittlung. Aus den Erkenntnissen leitet die Organisation Nutzenversprechen für die Kundengruppen ab. Aspekte wie Alleinstellungsmerkmale (USPs), Märkte, Zielgruppen, Absatzwege usw. werden hier hinterfragt. Marketingstrategien und Überlegungen zur Bewerbung der Leistungen können in diesem Teilkriterium beleuchtet werden.

2. Wechselwirkungen:

Das Teilkriterium leitet sich direkt aus der Strategie ab (2d), die als einen Teil eine Marketingstrategie ergeben kann. Daneben wirkt es sich auf die Leistungserbringung (5d) aus, da es durch das Nutzenversprechen Erwartungen in Anforderungen überführt. Der Erfolg bildet sich in Schlüsselkennzahlen ab, die in 9a oder 9b zu finden sind.

3. Vorgehensweisen:

In der Praxis wird eine Marketingstrategie entwickelt und es findet ein Abgleich zwischen den Fähigkeiten der Organisation und den Erwartungen der Kunden statt. Häufig haben Organisationen eigene Abteilungen, um das Marketing zu betreiben. In der Praxis werden oft Überlegungen zum Absatz und zur Bewerbung der Produkte und Dienstleitungen entwickelt. Differenziertere Überlegungen zum optimalen Mix möglicher Kommunikationsinstrumente findet man v. a. in größeren Unternehmen.

4. Artefakte:

Marketingstrategie, Kundenportfolio, Leistungsportfolio, etc.

5. Bewertung nach RADAR:

Die Bewertung kann nur mit einem engen Bezug zur Strategie valide sein. Die operative Umsetzung ist meist weniger interessant als die Stringenz der Umsetzung der Grundidee der Organisation. Die Messung des Erfolgs ist in diesem Kriterium unerlässlich. Besonders die Definition der Kennzahlen ist ein Erfolgsmerkmal, neben der kurzschrittigen Adaption des Vorgehens in volatilen Märkten.

Kriterium 5: Prozesse, Produkte, Dienstleistungen
Teilkriterium 5d: Leistungserbringung für den Kunden

1. Thematische Schwerpunkte:

Das Teilkriterium befasst sich mit der eigentlichen Leistungserbringung für den Kunden. Das kann je nach Organisation eine materielle Wertschöpfung sein, kann aber auch eine Dienstleistung oder eine rein virtuelle Leistungserbringung sein. Allen gemein ist, dass das Nutzenversprechen, welches die Organisation ihren Kunden gegeben hat, eingelöst wird. Dazu benötigt die Organisation die Prozesse der Wertschöpfungskette, die dazugehörigen Kompetenzen und Mittel und das Wissen, um die Fähigkeiten vergleichbarer Wettbewerber, um dem Anspruch der Wettbewerbsfähigkeit genügen zu können.

2. Wechselwirkungen:

Die Leistungserbringungsprozesse stehen im Einklang zur Mission der Organisation (1a) und werden durch ein Managementsystem gesteuert (5A), welches von Führungskräften konzipiert wurde (1b). Die Ergebnisse haben eine hohe strategische Bedeutung, weshalb die Organisation diese gezielt steuert (2d), um das gegebene Nutzenversprechen (5c) umzusetzen. Die Ergebnisse der Prozesse gehen als Schlüsselleistungsindikatoren in 9b oder 6b ein und bilden die Grundlage für den Geschäftserfolg (9a).

3. Vorgehensweisen:

Ein abgestimmter Satz von Wertschöpfungsprozessen (meist Kern- oder Leistungsprozesse) generiert die Schlüsselleistungen der Organisation.

4. Artefakte:

Produktionsanlagen, Kernprozesse, Score-Card-Prozesse, Schlüsselprozesse, Wertstromdesign, etc.

5. Bewertung nach RADAR:

Es ist abzugleichen, inwieweit das Vorgehen den in 5c versprochenen Nutzen generiert. Die Messung ist mit den Indikatoren in 9b abzugleichen. Die Verknüpfung der Messgrößen mit den strategischen Schlüsselindikatoren gibt einen Anhalt über die Integriertheit des Vorgehens. Da dieses Kriterium extrem zum Geschäftserfolg der Organisation beiträgt, sollte hier mehr als in anderen Teilkriterien der Fokus der Assessoren liegen, ohne in ein Audit zu verfallen.

Kriterium 5: Prozesse, Produkte, Dienstleistungen

Teilkriterium 5e: Kundenmanagement

1. Thematische Schwerpunkte:

Das Teilkriterium befasst sich mit allen Aspekten des Kundenmanagements. Dabei ist die Beziehung zu allen Interessengruppen, die die Rolle von Kunden einnehmen, adressiert. Angefangen von der Ermittlung der Anforderungen, über die Kommunikation und das Erheben von Kundenfeedback, bis hin zum After-Sales-Service sind alle Aspekte dieses Themenkreises angesprochen.

2. Wechselwirkungen:

Ausgehend vom Engagement der Führungskräfte für Kunden (1c) und der strategischen Vorgehensweise zum Umgang mit Kunden (2d) ist dieses Kriterium eng mit der eigentlichen Leistungserbringung (5d) verknüpft. Die Ergebnisse der Kommunikation, die durch die Erhebung als Kundenbefragung ermittelt werden, sind in 6a dargestellt.

3. Vorgehensweisen:

Die meisten Organisationen haben eine ausgeprägte Kundenorientierung und demgemäß dezidierte Vertriebs- und Kundenbeziehungsprozesse. Beschwerdemanagement und ähnliche Ansätze ergänzen das Ensemble der kundenbezogenen Kommunikationsprozesse. Die Kundenbefragung als Prozess als Teil des Kundenkommunikationsprozess wird in diesem Prozess betrachtet. Die Kombination von statistisch fundierten Auswertungen der Kundenwahrnehmung und stichprobenartig erhobenen Kundengesprächen können genutzt werden, um die Bedürfnisse und Erwartungen der Kunden zu hinterfragen.

4. Artefakte:

Call Center, CRM-Tools, Online-Kommunikationsmedien, Kundenbefragungsvorgehen, etc.

5. Bewertung nach RADAR:

Zur Bewertung dieses Teilkriteriums ist zu klären, welche Interessengruppe die Kundenrolle einnimmt. Teilweise können mehrere Gruppen Kundencharakter haben. Dann ist eine Gewichtung vorzunehmen. Klassische Vertreter mit mehreren Kundengruppen sind die medizinischen Einrichtungen, die neben dem Patienten als Kunden auch den Kostenträger als Kunden sehen.

Ergebnisse

Kriterium 6: Kundenbezogene Ergebnisse

Teilkriterium 6a: Wahrnehmungen

1. Thematische Schwerpunkte:

In diesem Teilkriterium werden alle Kundenwahrnehmungen betrachtet. Dazu zählen neben Kundenbefragungen auch andere Feedbacks aus Kundensicht, wie z. B. strukturierte Projektfeedbacks.

2. Wechselwirkungen:

Die Wahrnehmungen ergeben sich wesentlich aus den kundenorientierten Prozessen und deren Leistungen (5b bis 5e sowie 6b). Das Vorgehen zur Befragung von Kunden ist im Teilkriterium 5e angelegt.

3. Vorgehensweisen:

Neben gewöhnlichen Kundenbefragungen, die auf unterschiedlichste Weise erfolgen können, können auch andere Mechanismen zu Erhebung von Kundenfeedback zum Tragen kommen. Insbesondere wenn die Zahl der Kunden sehr klein ist (z. B. Zulieferer der Automobilindustrie oder Großanlagenbauer), sind statistische Auswertungen nicht sinnvoll. In solchen Fällen ist zu bewerten, inwieweit es der Organisation gelingt, ein nützliches Feedback vom Kunden zu gewinnen. Im Einzelfall ist auch qualitatives Feedback akzeptabel, wenn beispielsweise ein Dienstleister Atomkraftwerke baut und nur zwei Kunden besitzt. Es ist allerdings in manchen Fällen schwierig, statistisch valide Daten zu erheben. Diese Tatsache darf allerdings nicht dazu führen, dass sich die Organisation der systematischen (numerischen) Erhebung von Kundenwahrnehmungen verschließt.

4. Artefakte:

Auswertungen von Kundenbefragungen (selbstdurchgeführt oder fremdvergeben), Kundenfeedback aus Projekten, Feedback potenzieller Kunden, Feedback ehemaliger Kunden

5. Bewertung nach RADAR:

Zur RADAR-Bewertung gilt es zunächst die Kundengruppen zu analysieren. Daraus ergibt sich die Relevanz der gezeigten Wahrnehmungen. Die Erfahrung hat gelehrt, dass Kundenfeedback auch in nicht-anonymer Form valide erhoben werden kann. Die Aussagekraft der dargestellten Ergebnisse ergibt sich häufig auch aus der Segmentierung nach Produkten/Leistungen und nach Kundengruppen/Märkten.

Kriterium 6: Kundenbezogene Ergebnisse

Teilkriterium 6b: Leistungsindikatoren

1. Thematische Schwerpunkte:

In diesem Kriterium werden die Leistungsindikatoren betrachtet, die sich aus den kundenorientierten Prozessen ergeben sowie die, die Kundenverhalten beschreiben.

2. Wechselwirkungen:

Die Basis für die Ergebnisse bilden die in Kriterium 5 beschriebenen Vorgehensweisen, insbesondere 5b bis 5e. Die Leistungsindikatoren beschreiben die Fähigkeit der Organisation, für den Kunden die richtigen Leistungen zu erbringen.

3. Vorgehensweisen:

Aus der Messung der Prozessleistungen der kundenbezogenen Prozesse ergeben sich wesentliche Inhalte des Teilkriteriums. Daneben wird durch Marktbeobachtung und CRM Datenmaterial erhoben, welches das Kundenverhalten definiert.

4. Artefakte:

Kundenbindung, Cross-Selling-Rate, Durchschnittsumsatz pro Kunde, Stammkundenanteil, Anzahl Kundenbeschwerden

5. Bewertung nach RADAR:

Um die Leistungsindikatoren richtig bewerten zu können, sollte man zuvor die Instrumente des Kundenmanagements betrachtet haben. Eine isolierte Betrachtung dieser Ergebnisse ergibt wenig Mehrwert. Zu den Schlüsselleistungen in diesem Teilkriterium ist es besonders wichtig, Vergleiche anzustellen, da dieses Kriterium eine direkte Aussage über die Wettbewerbsfähigkeit der Organisation erlaubt.

Kriterium 7: Mitarbeiterbezogene Ergebnisse

Teilkriterium 7a: Wahrnehmungen

1. Thematische Schwerpunkte:

Im Mittelpunkt stehen die Wahrnehmungen der Mitarbeiter zur Organisation. Die numerische Auswertung dieser Wahrnehmungen soll eine Aussage über die Entwicklung der Mitarbeiterwahrnehmung über die Zeit ermöglichen. Das Modell basiert darauf, dass die Wahrnehmungen nicht qualitativ, sondern quantitativ ausgewertet werden.

2. Wechselwirkungen:

Die Wahrnehmungen ergeben sich aus dem Handeln der Führungskräfte (1d), aus dem Image der Organisation, das dem Leitbild entspringt (1a) und aus den Personalmanagementprozessen (3). Das Vorgehen zur Erhebung der Wahrnehmungen wird in 3a beschrieben.

3. Vorgehensweisen:

Die häufigste Form der Ermittlung ist die anonyme Mitarbeiterbefragung. Durch die Anonymität ist es wahrscheinlich, dass man ein reales Bild der Wahrnehmungen der Mitarbeiter erhält. Manche Organisationen erheben Mitarbeiterwahrnehmungen im Rahmen von Ziel- und Fördergesprächen. Das kann im Einzelfall zu validen Ergebnissen führen, je nach Kultur der Organisation auch zu Artefakten führen. Schwieriger ist zu bewerten, wie sehr kleine Organisationen mit der Erfassung der Mitarbeiterwahrnehmungen umgehen. Bei einer sehr geringen Mitarbeiterzahl (kleiner 10 Mitarbeiter) wird eine statistische Befragung sinnlos, da die Einzelwahrnehmung massiv das Ergebnis beeinflusst. Dann muss die Organisation andere Instrumente finden, um die Wahrnehmungen der Mitarbeiter zu erheben. Die Bewertung dieses Vorgehens bedarf einer freieren Interpretation des Modells, dass in solchen extremen Fällen kreativ genutzt werden kann.

4. Artefakte:

Auswertungen von Mitarbeiterbefragungen oder Mitarbeitergesprächen

5. Bewertung nach RADAR:

Zur Bewertung der Mitarbeiterwahrnehmungen ist die Integrität von besonderer Bedeutung. Aus der Frage, wie die Wahrnehmungen erhoben wurden, lässt sich meist auch die Segmentierung ermitteln. Wesentlich ist auch, inwieweit die Fragen alle relevanten Aspekte abdecken. Dabei ist es durchaus legitim, Prioritäten zu setzen, da zu umfangreiche Befragungen zu wenig Akzeptanz haben. Von Interesse ist weiterhin, welche Größen die Organisation in dieser Hinsicht als Schlüsselergebnisse sieht.

Kriterium 7: Mitarbeiterbezogene Ergebnisse

Teilkriterium 7b: Leistungsindikatoren

1. Thematische Schwerpunkte:

Das Teilkriterium beschreibt die Ergebnisse, die sich aus den für Mitarbeiter erbrachten Leistungen ergeben sowie Ergebnisse, die das Verhalten und spezifische Aspekte bezüglich der Mitarbeiter beschreiben. Es sind ausschließlich Leistungsmessungen zu betrachten.

2. Wechselwirkungen:

Die Leistungsmessungen beziehen sich im Schwerpunkt auf die Vorgehensweisen, die im Kriterium 3»Mitarbeiter« des Modells dargestellt sind. Daneben werden auch Leistungen der Führungskräfte der Mitarbeiter betrachtet, die sich aus dem Teilkriterium 1d ergeben können. Die objektiven Leistungen sind Grundlage für die Wahrnehmungen der Mitarbeiter. Eine exzellente Organisation hat den Zusammenhang zwischen diesen Leistungsindikatoren und den in 7a erfassten Wahrnehmungen der Mitarbeiter verstanden.

3. Vorgehensweisen:

Im Rahmen des Personalmanagements werden Kennzahlen erhoben. Diese sollten ein vollständiges Bild der Leistungen der Organisation für Mitarbeiter widerspiegeln. Es handelt sich also um die Prozessleistungsindikatoren des Personalmanagements und die Messungen hinsichtlich der Mitarbeiter (Kompetenzen, Anwesenheitszeiten, Überstunden, ...).

4. Artefakte:

In der Praxis sind häufig folgende Ergebniskenngrößen anzutreffen:
Bezüglich Personalprozesse, Weiterbildungsangebote pro Mitarbeiter, Weiterbildungsbudget pro Mitarbeiter, Zuwendungen und Sozialleistungen je Mitarbeiter.
Bezüglich der Mitarbeiter, Krankenquote, Überstunden pro Mitarbeiter, Mitarbeit in Verbesserungsteams

5. Bewertung nach RADAR:

Zunächst sollte die Relevanz der gezeigten Messergebnisse bezogen auf die Strategie bewertet werden. Oft zeigen Unternehmen »Allerweltskennzahlen«, die wenig oder keinen Bezug zum Unternehmen haben. Hinsichtlich der Leistungen ist besonders die Klärung der Tragfähigkeit der gezeigten Ergebnisse interessant, um jenseits des Offensichtlichen eine Rückmeldung geben zu können.

Kriterium 8: Gesellschaftsbezogene Ergebnisse

Teilkriterium 8a: Wahrnehmungen

1. Thematische Schwerpunkte:

Das Kriterium befasst sich mit der Auswertung der Wahrnehmungen der Interessengruppen (außer Kunden und Mitarbeiter), die die Gesellschaft für die Organisation darstellen. Dabei geht es um die Auswertung der Wahrnehmungen zu den Auswirkungen des Handelns der Organisation und dem daraus resultierenden Ansehen bei den Interessengruppen. Zudem werden Auszeichnungen, die die Organisation für ihr Handeln erhalten hat – als non-verbales Feedback. Auch den Wahrnehmungen von Partnern und Lieferanten fallen in dieses Kriterium, genauso wie die Wahrnehmungen der Mitglieder eines Vereins.

2. Wechselwirkungen:

Die in 8b gemessenen Leistungen werden hinsichtlich der Wahrnehmungen dieser Interessengruppen hinterfragt. Deren Herkunft ist bei 8b beschrieben.

3. Vorgehensweisen:

Die Wahrnehmungen werden nicht nur über Fragebögen erhoben, sondern oft auch in persönlichen Gesprächen ermittelt. Das Ergebniskriterium lebt von der Validität der ermittelten Werte. Dabei sollte der Fokus auf alle Interessengruppen liegen, die für die Organisation die »Gesellschaft« ausmachen. Im praktischen Handeln spielt die abstrakte »Gesellschaft« keine Rolle, sondern nur real greifbare Interessengruppen können bei der Ausgestaltung der Strategie bedacht werden, wozu diese Wahrnehmungsergebnisse beitragen.

4. Artefakte:

In der Praxis sind häufig folgende Ergebniskenngrößen anzutreffen:
Imagebefragungen, Nachbarschaftbefragungen, Partner- und Lieferantenbefragungen

5. Bewertung nach RADAR:

Grundvoraussetzung für eine sinnvolle Bewertung ist die Kenntnis des Interessengruppenportfolios der zu betrachtenden Organisation. Die Relevanz der dargelegten Ergebnisse kann anhand dieses Portfolios bewertet werden. Daneben werden häufig Aspekte benannt, wie z. B. Anerkennungen und Preise. Diese können nicht mit der Bewertungslogik für Ergebnisse im engeren Sinne der Bedeutung bewertet werden. Es bedarf des fairen Umgangs mit den vorgelegten Daten, um eine treffliche Bewertung zu erreichen.

Kriterium 8: Gesellschaftsbezogene Ergebnisse

Teilkriterium 8b: Leistungsindikatoren

1. Thematische Schwerpunkte:

Dieses Teilkriterium umfasst die Messung von Leistungen, die sich anderen Interessengruppen widmen, als Kunden und Mitarbeiter. Dazu zählen diverse Interessengruppen, die in Summe die Gesellschaft für die Organisation bilden. Für diese Interessengruppen könnten Leistungen erfasst werden, die – neben dem Einhalten gesetzlicher Anforderungen – auch die Effekte von Maßnahmen und Projekten betrachten, die sich positiv auf das Umfeld / die Gesellschaft auswirken. Es können auch kollaterale Wirkungen sein, die die Organisation aus ihren Kernleistungen heraus entwickelt. Beispielsweise transportiert TNT für die Tafeln Lebensmittel als Beitrag für die Gesellschaft.

2. Wechselwirkungen:

Aus den strategischen Ansätzen heraus (2c) wird in den Vorgehen der Organisation (Kriterien 4 und 5) Leistungen erbracht. Die Wahrnehmungen der adressierten Interessengruppen werden in 8a analysiert.

3. Vorgehensweisen:

Dieses Teilkriterium wird meist mit den Ergebnissen des Umweltmanagements gespeist und mit Leistungsindikatoren, die sich aus Aktivitäten ergeben, deren Ergebnisse für Gruppen der Gesellschaft relevant sind, oder die das Verhalten dieser Gruppen charakterisieren.

4. Artefakte:

Umweltkennzahlen, Presse-Clipping, Leistungskennzahlen für soziale Aktivitäten

5. Bewertung nach RADAR:

Die meisten Organisationen haben keine differenzierte Strategie, wie man die sonstigen Interessengruppen mit positiven Leistungen für sich einnehmen möchte. Es gilt hier »Opportunitätskennzahlen« von strategisch angelegten Kennzahlen zu unterscheiden.
Weiter ist die Frage der Tragfähigkeit zu klären. Diese ergibt sich dadurch, dass häufig diese Kennzahlen nicht durch Maßnahmen zu Zielen getrieben werden und somit unklar ist, ob die Größe im kommenden Jahr noch das angemessene Niveau hat.

Kriterium 9: Schlüsselergebnisse

Teilkriterium 9a: Erfolgsmessgrößen

1. Thematische Schwerpunkte:

Die in diesem Teilkriterium erwarteten Ergebnisse sollen die erfolgreiche Umsetzung der Strategie belegen. Die Ergebnisse beziehen sich auf die Mission der Organisation und zeigen, dass die wesentlichen Zielstellungen erreicht wurden. Diese können sowohl finanzielle als auch nicht-finanzielle Größen repräsentieren. Beispielsweise kann eine Vertriebsorganisation ihren Erfolg in Umsatz und Gewinn messen, während ein gemeinnütziger Verein das Erreichen seines satzungsgemäßen Zwecks verifiziert.

2. Wechselwirkungen:

Die in diesem Teilkriterium erzielten Ergebnisse resultieren aus der Geschäftsidee (1a), der daraus abgeleiteten (2c) und operationalisierten (2d) Strategie, den Wertschöpfungsprozessen (5d) und den Leistungsindikationen, die Treiber dieser Ergebnisse sind (9b).

3. Vorgehensweisen:

Während fast alle Organisationen systematisch die finanziellen Ergebnisse ermitteln und controllen, sind aussagekräftige Sets von nicht-finanziellen Schlüsselergebnissen meist nur in Teilen anzutreffen. Die Unterscheidung zwischen Schlüsselleistungsindikator und Schlüsselergebnis ist dabei von Bedeutung: Während das Schlüsselergebnis eine Summengröße für den Unternehmenserfolg ist, die üblicherweise binnen Jahresfrist bewertet wird, ist der Schlüsselleistungsindikator eine Größe, die sich unterjährig – im Idealfall täglich – bewerten lässt, um das Erreichen des Schlüsselergebnisses zu sichern.

4. Artefakte:

In der Praxis sind häufig folgende Ergebniskenngrößen anzutreffen:
Umsatz, Rendite, EBIT, Marktanteil, Erreichen des Unternehmenszwecks

5. Bewertung nach RADAR:

Durch die Analyse der strategischen Ziele ergibt sich ein Anhalt zum Umfang der relevanten Ergebnisse. Die Integrität der finanziellen Größen wird im Normalfall durch eine Prüfungsorganisation sichergestellt. Die Ergebnisse dieser Prüfung werden im Assessment als richtig angenommen. Solche Berichte geben meist eine differenzierte Aussage zur Professionalität des Finanzmanagements und der sich daraus ergebenden Integrität der Ergebnisse. Ein wichtiger Aspekt ist die Betrachtung der Schlüsselergebnisse der Organisation im Kontext. Beispielsweise sind solche Ergebnisse stark beeinflusst von wirtschaftlichen Trends. Die Bewertung der Schlüsselergebnisse darf nicht entkoppelt von den Rahmenbedingungen der Organisation stattfinden.

Kriterium 9: Schlüsselergebnisse

Teilkriterium 9b: Schlüsselleistungsindikatoren

1. Thematische Schwerpunkte:

Die Schlüsselleistungsindikatoren sind die Kenngrößen der Organisation, die die wesentliche operative Leistungserbringung charakterisiert. Dazu zählen einerseits die Finanzgrößen, die den Aufwand für die Erstellung messen. Andererseits die Prozessleistungsindikatoren der Schlüsselprozesse. Daneben subsummiert dieses Teilkriterium aber auch die Leistungsmessungen der Partner und Lieferanten, die sich auf die Leistungserbringung der Organisation auswirken. Es werden zudem die Messungen hinsichtlich des Technologieeinsatzes und die Messungen zur Verfügbarkeit von Informationen und Wissen diesem Teilkriterium zugeordnet.

2. Wechselwirkungen:

Letztere entspringen den Teilkriterien 4d und 4e. Die wesentlichen Leistungen sind in den meisten Fällen in 5d zu beschreiben, es können jedoch im Einzelfall Schlüsselleistungen auch in anderen Kriterien angesiedelt sein (z. B. im Personalbereich, wenn dieser eine außerordentlich große Bedeutung hat). Die Definition, was eine Schlüsselgröße ist, basiert auf den Festlegungen in der Strategie. Daher ist ein Bezug zu 2d klar gegeben. Die Messwerte aus 9b sollen wiederum eine Vorhersage auf die Erfolgsmessgrößen in 9a ermöglichen und somit die Grundlage für die operative Steuerung der Organisation sein.

3. Vorgehensweisen:

Die Kennzahlen werden am Kernprozess und bei allen weiteren Schlüsselprozessen erhoben. Oft sind die Indikatoren exponiert in der Balanced Scorecard zu finden.

4. Artefakte:

In der Praxis sind häufig folgende Ergebniskenngrößen anzutreffen: Herstellkosten/Einheit, Kosten je Arbeitsgang, Kosten je Vorgang, Personalkosten je Einheit, Durchlaufzeit je Vorgang, Produktionsleistung je Stunde, First-Pass-Yield, Fehler- und Ausschussanteil, Lieferqualität der Lieferanten, Liefertreue der Lieferanten, Kostenanteil der gelieferten Produkte an den Herstellkosten, Verfügbarkeit von Geräten, Kosten je Maschine, Wartungskosten, Bearbeitungsdauer interner Verwaltungsvorgänge, Zugriffszeiten auf wichtige Information

5. Bewertung nach RADAR:

Zunächst ist die Referenz der vorhandenen Messgrößen zur Strategie zu betrachten. Die Relevanz der Größen zu kritisch zu diskutieren. Evtl. ist der damit verbundene Umfang der Größen zu erweitern oder zu mindern. Grade die Größe »Umfang« zielt in diesem Bezug auf Vollständigkeit, nicht auf eine möglichst große Zahl von Messgrößen. Ein Zuviel an Messgrößen zeugt häufig davon, dass die Organisation es nicht versteht, Prioritäten zu setzen. Die Bewertung der weiteren Attribute erfolgt wie bereits beschrieben.

91

Die RADAR-Bewertungslogik 2013

Von den drei Teilen des EFQM Excellence Modells besitzt die vom PDCA-Kreis abgeleitete RADAR-Logik eine herausgehobene Bedeutung. Sie ermöglicht die nachvollziehbare, faktenbasierte Bewertung von Prozessen über Teilkriterien, Kriterien, Teilen von Organisationen bis hin zu kompletten Organisationen.

In diesem Beitrag erfahren Sie:
- Die RADAR-Logik ist ein Instrument zur Bewertung von Abläufen und Ergebnissen.
- Durch das Ergebnis einer RADAR-Bewertung kann eine Organisation einem Leistungsniveau (z. B. R4E, LEP-Preisträger) zugeordnet werden.

André Moll

Die Struktur der RADAR-Logik

Die RADAR-Bewertungslogik ist der Bewertungsansatz des EFQM-Modells. Zu jedem der 9 Hauptkriterien und insgesamt 32 Teilkriterien kann diese Bewertungslogik angewendet werden. Damit lassen sich einerseits qualitative Aussagen zu Stärken und Potenzialen einer Organisation ermitteln und andererseits diese Erkenntnisse nutzen, um ihre Reife auch quantitativ zu definieren.

Die RADAR-Logik gliedert sich in Elemente und zugehörige Attribute. Die Elemente sind übergeordnete Bewertungsaspekte. Es werden auf der Seite der Befähiger »Vorgehen«, »Umsetzung« sowie »Bewertung & Verbesserung« unterschieden. Auf der Seite der Ergebnisse heißen die Elemente »Relevanz & Nutzen« sowie »Leistung«. Damit in der Anwendung eine größere Klarheit hinsichtlich der Zuordnung entsteht, sind die Elemente jeweils in zwei bis vier Attribute gegliedert.

Die Attribute sind die unterste Ebene der Betrachtung. Um die Attribute zu definieren, bietet die RADAR-Logik zu jedem Attribut eine kurze Beschreibung.

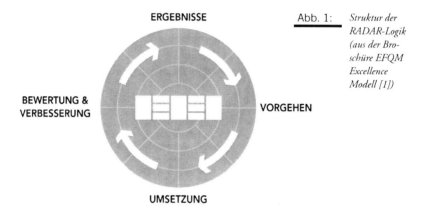

Abb. 1: *Struktur der RADAR-Logik (aus der Broschüre EFQM Excellence Modell [1])*

Die Attribute richtig zu interpretieren ist eine wichtige Voraussetzung für die erfolgreiche Anwendung der RADAR-Logik. Jeder Anwender sollte die Bewertungsmatrizen – die in der Broschüre des EFQM Excellence Modells abgedruckt sind – so lange benutzen, bis die Bedeutung der Attribute verinnerlicht ist.

Die Abbildungen 2 und 3 bilden den dreistufigen Aufbau der RADAR-Bewertungslogik ab. Hinsichtlich der Befähiger-Seite zeigt die Abbildung 2 die insgesamt sieben Attribute der Bewertungslogik. In der dritten Ebene werden die Attribute definiert. Die dritte Ebene erklärt dem Anwender, welche Aspekte mit einem bestimmten Attribut angesprochen sind.

Analog zeigt die Abbildung 3 den Aufbau für die Ergebnisseite. Die beiden Elemente der Ergebnisseite gliedern sich ebenfalls in sieben Attribute. Deren Beschreibung in der dritten Ebene definieren in gleicher Weise die zu betrachtenden Aspekte.

Die Bedeutung der Attribute wird durch deren beispielhafte Anwendung deutlich. Der Vertriebsprozess einer Organisation hängt über

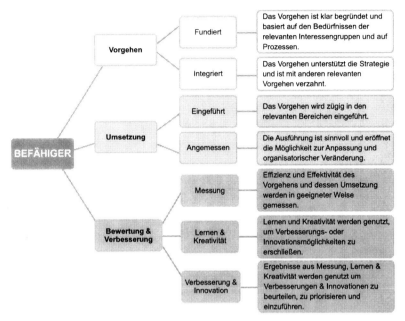

Abb. 2:   *Die Elemente und Attribute der RADAR-Bewertungslogik für die Befähiger*

seine Zielsetzung mit der Strategie der Organisation zusammen. Diese Zielsetzung bildet den Ausgangspunkt der Bewertung. Um diese nachzuvollziehen, bietet sich das Bild einer liegenden Acht (siehe Abb. 4) an. Den Ausgangspunkt einer jeden Anwendung von RADAR bildet das Verständnis der Zielsetzung der betrachteten Abläufe. Die Zielsetzung prägt, wie Abläufe geplant werden.

Im ersten Schritt wird die »Fundiertheit« des Elements »Vorgehen« – also der Planung – betrachtet. Dazu ist das Verständnis der Zielsetzung unerlässlich. Es ist die Frage zu beantworten, welche Interessengruppen Profiteure des zu betrachteten Ablaufs sind und in wie weit bereits die Planung deren Erwartungen berücksichtigt und den optimalen Nutzen herbeiführt. Letztendlich wird so betrachtet, ob die Planung grundsätzlich geeignet ist, die Zielsetzung zu erreichen.

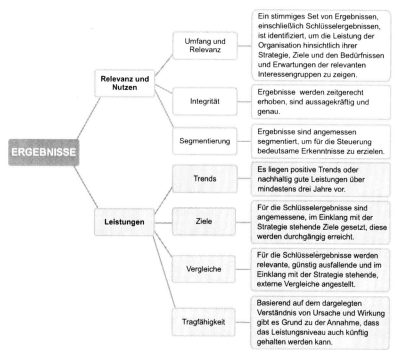

Abb. 3: *Die Elemente und Attribute der RADAR-Bewertungslogik für die Ergebnisse – aus dem Assessorentraining der QualityAustria*

Als weiteres Attribut charakterisiert »integriert« die Reife des Vorgehens. Hier wird betrachtet, in wie weit das Vorgehen die Strategie unterstützt und mit anderen relevanten Aktivitäten verknüpft ist. Wenn das Vorgehen auf ein Ziel ausgerichtet ist, das einen klaren Bezug zur Strategie hat, ist das bereits ein wichtiger Anhaltspunkt für dieses Attribut. Die Einbindung des betrachteten Vorgehens in die Gesamtplanung ist ein weiterer Aspekt. Beispielsweise könnte das Vorgehen des Vertriebsprozesses über die Prozesslandkarte oder die Balanced Scorecard in die Organisation eingebunden sein.

Hinsichtlich des in der Chronologie folgenden Elements »Umsetzung« stellt sich zunächst die Frage, ob das Vorgehen »eingeführt« ist.

Abb. 4:   *Interpretation der RADAR-Logik (aus dem Online-Training der Initiative Ludwig-Erhard-Preis)*

Dabei ist nicht gemeint, dass irgendetwas eingeführt ist, sondern dass der Zusammenhang zwischen der zuvor betrachteten Planung des Vertriebsprozesses, was im Rahmen des Prozesses geschehen soll und dem was tatsächlich geschieht, offensichtlich ist. Die meisten Assessoren werten hier nicht konsequent. Eine wesentliche Festlegung sagt aus, dass die Gesamtbewertung nicht höher als die Bewertung des Vorgehens sein darf. Hintergrund ist die Überlegung, dass beispielsweise ein wenig durchdachter Vertriebsprozess durch eine vollständige Umsetzung nicht zu einem guten Vertriebsprozess werden kann.

Ergänzend fragt die RADAR-Logik danach, ob die Umsetzung »Angemessen« ist. Dazu sind zwei Überlegungen zu betrachten: Einerseits ist die Frage zu klären, ob die Umsetzung im Kontext der realen Umgebung sinnvoll zustande gekommen ist. Andererseits ist zu fragen, ob in angemessener Weise die Möglichkeit zu Veränderung und Anpassung auf neue Gegebenheiten möglich ist. Der Vertriebsprozess kann beispielsweise in der Urlaubszeit mit weniger Personal durchgeführt werden, während in saisonalen Hochphasen die Leistung des Vertriebsprozesses durch zusätzliche Kräfte gestärkt wird.

Das Element »Bewertung & Verbesserung« ist ein Schlüsselelement. In der Interpretation als ,liegende Acht' bildet das Attribut »Messung« den Kreuzungspunkt zur Ergebnisseite. Das Attribut »Messung« der Befähigerseite hinterfragt die Messung der Effektivität und Effizienz.

Um die daraus resultierenden Leistungen bewerten zu können, müssen vorher »Umfang und Relevanz« der Messungen betrachtet werden. Damit geht die Betrachtung nahtlos auf die Ergebnisseite über. Ein gutes Assessment wird so durchgeführt, dass bei der Diskussion der Befähigerseite immer der Brückenschlag zur Ergebnisseite gesucht wird. Die weiteren Attribute des Elements »Relevanz & Nutzen« charakterisieren die Eignung der Messergebnisse als eine Basis für Managemententscheidungen. So ist die »Integrität« ein oft unterschätzter Aspekt. Wenn die Messung keine glaubwürdigen Ergebnisse produziert, hat das direkte Auswirkungen auf die Interpretation der damit erfassten »Leistung« – dem zweiten Element der Ergebnisseite. Ein bekannter englischer Vordenker zum Excellence-Ansatz prägte schon in 2009 die Aussage »Shit in, shit out!«. Wenn also die Messung kein verlässliches Ergebnis bringt, kann auf eine Interpretation der Ergebnisse weitgehend verzichtet werden, da die Unwägbarkeit des Messfehlers der erkannten Leistung viel Gewicht nimmt. Im Falle des Vertriebsprozesses steht die Betrachtung des Konzepts zur Messung der Prozessleistung im Rahmen des Attributs im Fokus. Es geht nicht darum einfach nur zu schauen, ob eine Messung stattfindet, sondern ob eine Messung stattfindet, die eine qualifizierte Aussage zur Effektivität und Effizienz des Vertriebsprozesses erlaubt.

Wenn für den Vertriebsprozess dargestellt wird, dass dessen Effizienz gemessen wird, dabei aber nur der Mittelwert der Effizienz der Einzelprozesse einer ganzen Prozesskette, von dem der Vertriebsprozess ein Teil ist, vorliegt, so wird die Bewertung aussagen, dass zwar eine Messung durchgeführt wird, diese jedoch nur indirekt den Prozess betrifft. Es müsste eine spezifische Messung bezogen auf den Vertriebsprozess eingeführt werden, die die Effizienz dieses Prozesses ermittelt.

Diese Messung könnte beispielsweise nach Märkten, Kundengruppen oder Produkten segmentiert sein. In der Regel sind Gesamtwerte über alles wenig geeignet, um damit operativ zu steuern. In der Praxis liegen häufig segmentierte Werte vor. Diese werden jedoch selten in Unternehmensbeschreibungen oder Bewerbungsbroschüren transparent dargestellt.

Erst wenn »Nutzen und Relevanz« eindeutig geklärt sind, beginnt die Interpretation der Leistung. Die RADAR-Logik macht die Leistung am »Trend«, an der »Ziel«-Erreichung, an günstigen »Vergleichen« und an der »Tragfähigkeit« der Ergebnisse fest. Auch wenn eine Trendanalyse im ersten Schritt trivial erscheint, so sind Kenntnisse der Branche, der außergewöhnlichen Ereignisse (z. B. Zukäufe, Abspaltungen, etc.) wichtig. Die RADAR-Logik betrachtet, um Erfolg von Glück zu unterscheiden, standardmäßig eine Periode von vier Jahren. Nur mit einer profunden Kenntnis der Ereignisse im Betrachtungszeitraum kann eine aussagekräftige Interpretation entstehen. Oft kommt es vor, dass die Organisation durch außergewöhnliche Ereignisse zu einigen Messungen keine vier vergleichbaren Jahreszeiträume zeigen kann. Im Falle des Vertriebsprozesses kann das beispielsweise die Integration der Vertriebsaktivitäten eines zugekauften Mitbewerbers in den eigenen Vertriebsprozess sein. Dann werden 5 Jahreszeiträume betrachtet und die Trendentwicklung im Jahr des Übergangs wird in der Betrachtung ausgespart.

»Ziele« und »Vergleiche« werden nur für Schlüsselergebnisse betrachtet. Der Begriff Schlüsselergebnis ist dabei so zu interpretieren, dass damit die Messergebnisse gemeint sind, denen die Organisation selbst eine besondere Bedeutung zuspricht. Sie beziehen sich meist auf die Strategie oder haben eine direkte Verknüpfung zum Erfolg der Organisation. Die Organisation kann im Umkehrschluss so viele Kennzahlen mit Zielen belegen, wie sie möchte. Es werden schlichtweg nur die Ziele und Vergleiche für die wichtigsten Ergebnisse betrachtet. Im Falle des Vertriebsprozesses kann beispielsweise der durchschnittliche Umsatz je Kunde eine Schlüsselkennzahl sein. Diese Festlegung kann jede Organisation allerdings – begründet – selbst treffen. Hintergrund der seit 2010 gültigen Regelung ist, dass in der Zeit vor 2010 für alle Ergebnisse Ziele und Vergleiche erfragt wurden. Das führte wiederum bei vielen Anwendern zu begründeter Frustration, weil es schlichtweg keinen Sinn macht, für alle Ergebnisse Ziele und Vergleiche zu erheben. In der aktuellen Regelung kann eine Organisation ihre Prioritäten selbst festlegen und ist erst dann angehalten die Aspekte, die sie für prioritär hält, auch mit Zielen und Vergleichen eng zu steuern.

Aus der Interpretation der Leistung leitet die Organisation über »Lernen und Kreativität« Möglichkeiten zu »Verbesserung & Innovation« ab.

Der Ringschluss ergibt sich, wenn aus den Erkenntnissen ein angepasstes Vorgehen entsteht, welches neue Ziele unterstützt.

Die Anwendung der RADAR-Logik

Die Anwendung der RADAR-Bewertungslogik ist wie eingangs erwähnt auf unterschiedlichen Ebenen möglich: Angefangen bei einzelnen Tätigkeiten und Abläufen, über Prozesse bis hin zur Gesamtorganisation. Dabei werden jedoch grundsätzlich zwei Situationen unterschieden: Entweder die eigenen Führungskräfte einer Organisation wenden die RADAR-Logik an – in dem Fall spricht man von einer Selbstbewertung – oder externe Gutachter (Assessoren) arbeiten mit der RADAR-Logik. Diese Bewertung wird Fremdbewertung genannt. Diese kann wiederum Teil eines Preisverfahrens sein oder als »friendly assessment« ausschließlich dem Erkenntnisgewinn dienen.

Unabhängig von der Art der Anwendung beruht die Bewertung zunächst auf einer Anzahl von Feststellungen, die der Anwender hinsichtlich des Betrachtungsgegenstandes getroffen hat. Die Feststellung haben unterschiedliche Ausprägungen. Einige beschreiben sehr positive Eigenschaften und werden als »Stärken« tituliert. Viele beschreiben die Normalität und sind weder gut noch schlecht.

Einige wiederum beziehen sich auf Aspekte, deren Verbesserung die Organisation leistungsfähiger bzw. erfolgreicher machen würde. Diese Feststellungen werden Verbesserungspotenziale genannt. Der EFQM-Ansatz spricht bewusst nicht von Schwächen oder dazu synonymen Begriffen. Hintergrund ist die Erkenntnis, dass eine negativ belegte Benennung eher dazu führt, dass derlei Aspekte gar nicht zur Sprache kommen. Die Verantwortlichen könnten sich angegriffen fühlen – »Das, was Sie die letzten Jahre gemacht haben, ist schlecht!« – und

100

würden nach Wegen suchen, ein solches Feedback zu vermeiden, statt an der Verbesserung zu arbeiten.

Die Anwendung in der eigenen Organisation

Im Kontext der Selbstbewertung wird die RADAR-Logik häufig nur qualitativ angewendet, um den Konflikten auszuweichen, die sich ergeben, wenn quantitative Wertungen abgegeben werden sollen. In dem gruppendynamischen Prozess der Interpretation der Feststellungen hin zu Stärken und Potenzialen gibt es häufig Polarisierungstendenzen, die dazu führen, dass die Betrachtung entweder zu wohlwollend stattfindet (Nabelschau – alles ist gut!) oder in die zu kritische Gegenrichtung geht (Alles ist schlecht! Wir stehen noch ganz am Anfang.).

Deshalb bietet es sich an, immer wieder zu reflektieren, ob man noch ‚neutral' bewertet. Meist ist es sogar besser, einen externen Moderator für die Bewertung zu engagieren. Fatal ist es, wenn ein Qualitätsmanager die eigene Geschäftsleitung in einer Selbstbewertung moderiert. Damit kann sich der Systemverantwortliche in kritische Situationen bringen, wenn sich die Geschäftsführung angegriffen fühlt. Für die Selbstbewertung gibt es wiederum mehrere Methoden, die an anderer Stelle noch beleuchtet werden.

Die Anwendung im Preisverfahren

Die ‚Königsklasse' der Anwendung der RADAR-Logik ist der Einsatz im Preisverfahren. Während die Vergleichbarkeit eines Selbstbewertungsergebnisses mit dem Ergebnis einer anderen Organisation nur begrenzt wichtig ist, wird im Preisverfahren die RADAR-Bewertungslogik eingesetzt, um den Vergleich von Organisationen zu erreichen. Hier besteht ganz konkret die Absicht, die im Sinne des Excellence-Gedankens beste Organisation zu identifizieren. Hierzu bedarf es einer Kalibrierung der bewertenden Assessoren in der Anwendung der RADAR-Logik. Dazu wird in Trainings und Briefings mit den Assessoren die Anwendung der Bewertungsmethode geübt.

Im Preisverfahren werden jeweils Teams eingesetzt, die von erfahrenen Assessorenteamleitungen geführt werden. Aus der Pluralität der einzelnen Wahrnehmungen, Interpretationen und Wertungen entsteht ein ‚Konsens‘, der eine größere Aussagekraft als das Feedback einer Einzelperson hat. Eine Jury betrachtet zu einem späteren Zeitpunkt die Ergebnisse der bewerteten Organisationen und bestimmt daraus die Preisträger. Aus einer neutralen Perspektive kompensiert die Jury durch die intensive Betrachtung der Arbeitsergebnisse der Einzelteams eventuell auftretende Abweichungen.

Punktwertung

Zu jedem Element wird eine Punktwertung erzeugt. Dazu erarbeitet sich der Assessor mit Hilfe der Bewertungsmatrix eine Wertung zu den jeweiligen Attributen und mittelt daraus eine Wertung für das Element. Daraus wiederum errechnet sich die Bewertung in Gänze. Dabei sind zwei wichtige Einschränkungen hinsichtlich des Mittelns von Zahlen vorgegeben. So kann der Wert von »Relevanz & Nutzen« nie höher sein als der Wert von »Umfang & Relevanz«. Das ist darin begründet, dass die Aussagekraft der Messung sich durch mangelnde »Integrität« und mangelnde »Segmentierung« zwar mindern, sich aber nicht der Mangel an relevanten Messgrößen durch deren integere Messung und Segmentierung beheben lässt.

Weiterhin begrenzt die Fundiertheit der Planung grundsätzlich die Wertung für ein Kriterium der Befähigerseite. Wenn es kein Konzept gibt, wie eine Zielsetzung erreicht werden soll, ist ein ungeplanter Aktionismus der Organisation keine Ausprägung von Excellence.

Um die Punktwertung zu beherrschen, bedarf es der Kenntnis von Referenzen. In den Assessorentrainings der Initiative Ludwig-Erhard-Preis wird anhand von aktuellen Unterlagen, die Bewerber der Initiative freundlicherweise zur Verfügung stellen, die Relation zwischen einer Wertung auf der Hunderterskala und der realen Situation in der Organisation hergebracht. Je mehr Kenntnisse früherer Bewertungen ein Assessor besitzt, umso trefflicher kann diese Person einen Sachverhalt bewerten. Ein erfahrener Assessor sollte mindestens 5 bis 10 Assessment durchlaufen haben, ehe er das numerische Werten als Teamleiter moderieren kann.

Die Änderungen im Rahmen der Revision 2013

Auf der Ebene der Elemente der RADAR-Logik gibt es im Zuge der Revision 2013 keine Änderungen. Allerdings wurden zwei Attribute umbenannt, um den Sinn dieser Attribute besser zu verdeutlichen. Auf der Befähiger-Seite wird das Attribut »Systematisch« im neuen Modell »Angemessen« genannt. Es wird damit zum Ausdruck gebracht, dass betrachtet werden soll, ob die eingeführte Umsetzung angemessen ist. Also ob die Einführung sinnvoll ist und so gestaltet ist, dass Änderungen möglich sind bzw. man auf organisatorische Anpassungen reagieren kann.

Auf der Ergebnisseite wird das Attribut »Ursachen« in »Tragfähigkeit« umbenannt. Neben dem Verständnis des Ursachen-Wirkungs-Zusammenhangs wird damit zum Ausdruck gebracht, dass die gezeigte Leistung Grund zur Annahme gibt, dass die Organisation auch zukünftig erfolgreich sein kann.

Insgesamt wurden die Hinweise zu RADAR gestrafft und die RADAR-Bewertungsmatrix grafisch vereinfacht.

Damit soll die Diskussion der Bewertenden ein wenig von der reinen Diskussion von Zahlen weg, hin zur Diskussion der Feststellungen entwickelt werden. Am Ende der Bewertung ist der besonders wertschöpfende Teil die Sachinformation hinsichtlich der Verbesserungspotenziale. Die Einschätzung anhand der Numerik ist nur ein Add on zu dieser Information.

Literatur

[1]   *Broschüre EFQM Excellence Modell*
       Diese Broschüre ist über die Initiative Ludwig-Erhard-Preis e.V. bestellbar (info@ilep.de).

Zusammenfassung

Die RADAR-Bewertungslogik ist eine Schätzung. Nicht allen Anwendern ist das klar. Daraus leitet sich ab, dass jedes Bewertungsergebnis nur ein Anhalt für die Reife einer Organisation ist. Der wahre Nutzen der RADAR-Bewertung liegt in der strukturierten Analyse von Sachverhalten und in der Breite der Anwendbarkeit. Aus den Preisverfahren ist klar, dass eine Abweichung von bis zu 20 Punkten zwischen zwei unabhängigen Wertungen unterschiedlichen Organisationen noch kein Grund zur Annahme ist, dass ein signifikanter Unterschied vorliegt.

Das Arbeiten mit den Attributen ist der entscheidende, nutzenstiftende Aspekt der RADAR-Logik. Grundfrage ist: »Haben wir einen plausiblen Weg erarbeitet, um das Ziel zu erreichen?« Die Anwendung bereits in der Planungsphase im Sinne der Grundfragerage generiert einen erheblichen Nutzen für die Organisation. Durch eine systematische Anwendung der RADAR-Logik auf Prozessebene haben viele Organisationen ihre Leistungsfähigkeit massiv erhöht.

Der Zweck der RADAR-Logik wird deutlich, wenn man sie von KVP abgrenzt. Während der KVP nach den inkrementellen Verbesserungen sucht, sucht die RADAR-Logik nach umfassenden Verbesserungsmöglichkeiten, die teilweise zu neuen Vorgehensweisen führen. Die Priorisierung der erkannten Verbesserungspotenziale und deren Nutzung zur Weiterentwicklung der Organisation ermöglichen großschrittige Veränderungen. Darin liegt die Chance der Anwendung von RADAR!

Die Neuerungen des EFQM Excellence Modells 2013

Das EFQM Excellence Modell wird regelmäßig revidiert, zuletzt 2010. Damals war klar, dass nach drei Jahren die nächste Aktualisierung des Modells ansteht. Die Initiative Ludwig-Erhard-Preis hat aktiv an der Überarbeitung mitgewirkt und beschreibt hier die Bedeutung der Änderungen aus ihrer Sicht.

In diesem Beitrag erfahren Sie:
- was die wesentlichen Änderungen bei der RADAR-Logik sind,
- welche Veränderungen im Kriterienmodell vorgenommen wurden,
- inwiefern sich die Grundkonzepte des EFQM-Modells geändert haben.

ANDRÉ MOLL, GABRIELE KOHLER

Die Änderung in der RADAR-Logik

Das EFQM Excellence Modell 2013 bildet die Grundlage für die Preisverfahren der EFQM aber auch aller nationalen Partner – z. B. der Initiative Ludwig-Erhard-Preis als deutscher Partner der EFQM. Die Eignung des Modells als methodische Grundlage eines Preisverfahrens ergibt sich durch die Treffsicherheit der Anwendung der RADAR-Logik. Je komplizierter diese konzipiert ist, je eher kommt es bei der Anwendung zu Fehlern. Auch bei der Selbstbewertung kommt in manchen Fällen die Numerik der RADAR-Logik zum Einsatz, um Vergleiche mit anderen Organisationen anstellen zu könnten. Die Beteiligten einer Selbstbewertung haben meist keine vertiefte Kenntnis des Modells. Daher ist es in diesem Kontext umso wichtiger, dass das Modell nicht unnötig komplex ist.

Im Modell 2010 hatte die RADAR-Matrize für jedes Element eine Zeile mit den Zahlenwerten der Wertung des Elements.

	0%	25%	50%	75%	100%
Vorgehen:					
Fundiert: • Vorgehen ist klar begründet. • Vorgehen basiert auf definierten Prozessen. • Vorgehen ist auf Bedürfnisse der Interessengruppen ausgerichtet. • Vorgehen wurde im Laufe der Zeit bewusst weiterentwickelt.	Kein Nachweis oder anekdotisch	Einzelne Nachweise	Nachweise	Klare Nachweise	Umfassende Nachweise
Integriert: • Vorgehen unterstützt die Strategie. • Vorgehen ist, wo notwendig, mit anderen Vorgehen verzahnt.	Kein Nachweis oder anekdotisch	Einzelne Nachweise	Nachweise	Klare Nachweise	Umfassende Nachweise
Wertung für Vorgehen	0 5 10	15 20 25 30 35	40 45 50 55 60	65 70 75 80 85	90 95 100
Umsetzung:	0%	25%	50%	75%	100%
Eingeführt: • Vorgehen ist in den relevanten Bereichen eingeführt.	Kein Nachweis oder anekdotisch	eingeführt in 1/4 der relevanten Bereiche	eingeführt in 1/2 der relevanten Bereiche	eingeführt in 3/4 der relevanten Bereiche	eingeführt in allen relevanten Bereiche
Systematisch: • Vorgehen ist zeitlich und strukturell plangemäß umgesetzt; mit der Fähigkeit zur situativen Anpassung an das Umfeld.	Kein Nachweis oder anekdotisch	Einzelne Nachweise	Nachweise	Klare Nachweise	Umfassende Nachweise
Wertung für Umsetzung	0 5 10	15 20 25 30 35	40 45 50 55 60	65 70 75 80 85	90 95 100

Abb. 1: Alte RADAR-Bewertungsmatrix 2010 – Befähiger (aus der Broschüre »EFQM Excellence Modell 2010«)

Bewertung & Verbesserung:	0%			25%					50%					75%					100%		
Messung: • Effizienz und Effektivität des Vorgehens und dessen Umsetzung werden regelmäßig gemessen. • Die gewählten Messgrößen bzw. Kennzahlen sind geeignet.	Kein Nachweis oder anekdotisch			Einzelne Nachweise					Nachweise					Klare Nachweise					Umfassende Nachweise		
Lernen und Kreativität: • Durch Lernen werden interne und externe gute Praktiken und Verbesserungsmöglichkeiten identifiziert. • Durch Kreativität wird ein neues und verbessertes Vorgehen geschaffen.	Kein Nachweis oder anekdotisch			Einzelne Nachweise					Nachweise					Klare Nachweise					Umfassende Nachweise		
Verbesserung und Innovation: • Schlussfolgerungen aus Messung und Lernen werden zur Identifikation, Priorisierung, Planung und Einführung von Verbesserungen genutzt. • Ergebnisse von Kreativität werden bewertet, priorisiert und verwendet.	Kein Nachweis oder anekdotisch			Einzelne Nachweise					Nachweise					Klare Nachweise					Umfassende Nachweise		
Wertung Bewertung und Verbesserung	0	5	10	15	20	25	30	35	40	45	50	55	60	65	70	75	80	85	90	95	100
GESAMTWERTUNG	0	5	10	15	20	25	30	35	40	45	50	55	60	65	70	75	80	85	90	95	100

Abb. 1a: *Alte RADAR-Bewertungsmatrix 2010 – Befähiger (aus der Broschüre »EFQM Excellence Modell 2010«) (Fortsetzung)*

107

Relevanz und Nutzen:	0%	25%	50%	75%	100%

Umfang und Relevanz:
• Der Umfang der gezeigten Ergebnisse:
  • bezieht sich auf die Bedürfnisse und Erwartungen der relevanten Interessengruppen,
  • ist konsistent zur Strategie und den Leitlinien der Organisation.
• Beziehungen und Beeinflussung zwischen den relevanten Ergebnissen werden verstanden.
• Die Schlüsselergebnisse sind identifiziert und priorisiert.
	Relevanz wird nicht gezeigt oder anekdotische Ergebnisse	Relevante Ergebnisse werden für 1/4 der betrachteten Bereiche gezeigt	Relevante Ergebnisse werden für 1/2 der betrachteten Bereiche gezeigt	Relevante Ergebnisse werden für 3/4 der betrachteten Bereiche gezeigt	Relevante Ergebnisse werden für alle betrachteten Bereiche gezeigt

Integrität: Ergebnisse sind zeitgerecht erhoben, aussagekräftig und genau.	Kein Nachweis für Integrität oder anekdotische Informationen	Zeitgerecht, aussagekräftig und genau für 1/4 der gezeigten Ergebnisse	zeitgerecht, aussagekräftig und genau für 1/2 der gezeigten Ergebnisse	zeitgerecht, aussagekräftig und genau für 3/4 der gezeigten Ergebnisse	zeitgerecht, aussagekräftig und genau für alle gezeigten Ergebnisse
Segmentierung: Ergebnisse sind angemessen segmentiert.	Keine Segmentierung	Geeignete Segmentierung für 1/4 der Ergebnisse	Geeignete Segmentierung für 1/2 der Ergebnisse	Geeignete Segmentierung für 3/4 der Ergebnisse	Geeignete Segmentierung für alle Ergebnisse
Wertung für Relevanz und Nutzen*	0 5 10	15 20 25 30 35	40 45 50 55 60	65 70 75 80 85	90 95 100

* Anmerkung: Die Wertung für „Relevanz und Nutzen" darf nicht die Wertung für „Umfang und Relevanz" übersteigen.

Abb. 2: *Alte RADAR-Bewertungsmatrix 2010 – Ergebnisse (aus der Broschüre »EFQM Excellence Modell 2010«)*

Leistungen:	0%	25%	50%	75%	100%
Trends: • Ergebnisverläufe sind positiv und/oder zeigen nachhaltig gute Leistungen.	Keine Ergebnisse oder anekdotische Informationen	Positive Trends und/oder nachhaltig gute Leistungen für 1/4 der Ergebnisse über die letzten 3 Jahre	Positive Trends und/oder nachhaltig gute Leistungen für 1/2 der Ergebnisse über die letzten 3 Jahre	Positive Trends und/oder achhaltig gute Leistungen für 3/4 der Ergebnisse über die letzten 3 Jahre	Positive Trends und/oder nachhaltig gute Leistungen für alle Ergebnisse über die letzten 3 Jahre
Ziele: • Für die Schlüsselergebnisse sind Ziele gesetzt. • Ziele sind angemessen. • Ziele werden erreicht.	Keine Ziele oder anekdotisch Informationen	Gesetzt, angemessen und erreicht für 1/4 der Schlüsselergebnisse	Gesetzt, angemessen und erreicht für 1/2 der Schlüsselergebnisse	Gesetzt, angemessen und erreicht für 3/4 der Schlüsselergebnisse	Gesetzt, angemessen und erreicht für alle Schlüsselergebnisse
Vergleiche: • Für die Schlüsselergebnisse werden Vergleiche angestellt. • Die Vergleiche sind angemessen. • Die Vergleiche sind günstig.	Keine Vergleiche oder anekdotische Informationen	Durchgeführt, angemessene und günstige Vergleiche für 1/4 der Schlüsselergebnisse	Durchgeführt, angemessene und günstige Vergleiche für 1/2 der Schlüsselergebnisse	Durchgeführt, angemessene und günstige Vergleiche für 3/4 der Schlüsselergebnisse	Durchgeführt, angemessene und günstige Vergleiche für alle Schlüsselergebnisse
Ursachen: • Der Zusammenhang zwischen den erzielten Ergebnissen und ihren Befähigern wird verstanden und verfolgt. • Die Annahme, dass die Leistung positiv auch zukünftig erzielt wird, ist begründet.	Keine Nachweise oder anekdotische Informationen	Zusammenhang zu den Befähigern deutlich für 1/4 der Ergebnisse und einige Nachweise, dass die Leistung auch zukünftig erzielt wird	Zusammenhang zu den Befähigern deutlich für 1/2 der Ergebnisse und Nachweise, dass die Leistung auch zukünftig erzielt wird	Zusammenhang zu den Befähigern deutlich für 3/4 der Ergebnisse und klare Nachweise, dass die Leistung auch zukünftig erzielt wird	Zusammenhang zu den Befähigern deutlich für alle Ergebnisse und umfassende Nachweise, dass die Leistung auch zukünftig erzielt wird
Wertung für Leistung:	0 5 10	15 20 25 30 35	40 45 50 55 60	65 70 75 80 85	90 95 100
GESAMTWERTUNG:	0 5 10	15 20 25 30 35	40 45 50 55 60	65 70 75 80 85	90 95 100

Abb. 2a: *Alte RADAR-Bewertungsmatrix 2010 – Ergebnisse (aus der Broschüre »EFQM Excellence Modell 2010«) (Fortsetzung)*

109

Im Rahmen der Überarbeitung hat man diese Zeilen weggelassen. Dadurch ist der Anwender genötigt, seine Wertung (meist angedeutet durch Kreuzchen) in die 5 Segmente der Ausprägung der Wertung einzutragen. Er hat immer noch die Möglichkeit, Tendenzen anzudeuten, indem er das Kreuzchen mehr rechts oder links im jeweiligen Feld macht. Die Diskussion der Anwender soll dadurch weniger Zahlenbezug haben, sodass mehr die Logik (»gesunder Menschenverstand«) statt der Arithmetik die Wertung dominiert.

Ein wesentliches Problem der letzten Zeit war die Anwendung der RADAR-Logik auf herausragende Organisationen. Das führt unter Umständen zu extremen Wertungen. Der Fachmann spricht von »Randeffekten« einer Skala. Deshalb wurde die höchste Wertung nicht mehr mit »umfassende Nachweise« betitelt, sondern mit »durchgängig vorbildlich«, um herauszuarbeiten, dass diese Spalte nur dann adressiert wird, wenn tatsächlich ein Zustand vorzufinden ist, der für die meisten anderen Organisationen beispielgebend ist. In der Praxis werden Besuche bei solchen Organisationen durchgeführt, um die beispielgebenden Praktiken anderen Organisationen zugänglich zu machen.

Ferner wurden zwei Attribute neu benannt. Einerseits hat man auf der Befähigerseite das Attribut »systematisch« in »angemessen« umgetauft, ohne den intendierten Sinn des Attributs zu ändern. Hintergrund war, dass das Wort »systematisch« von vielen Anwendern – gerade Neueinsteigern – häufig missinterpretiert wurde. Es geht nicht darum, Aktivitäten systematisch im Sinne von »regelmäßig in der gleichen Art und Weise« zu tun, sondern darum, dass die Umsetzung geeignet ist, den geplanten Zweck zu erreichen, und Adaptionen zulässt. Daraus ergibt sich auch die Verknüpfung zur Kompetenz der Menschen, die im Prozess arbeiten. Nur wer sein Handeln überblickt, kann situativ richtig reagieren.

Auf der Ergebnisseite wurde «Ursachen» in «Tragfähigkeit» umbenannt. Diese Änderung betont die Aussage, die in der RADAR-Logik erklärend zu diesem Attribut benannt ist: »Neben dem Verständnis des Ursachen-Wirkungs-Zusammenhangs wird damit zum Ausdruck gebracht, dass die gezeigte Leistung Grund zur Annahme gibt, dass die

110

Vorgehen / Attribute	Keine Nachweise	Einzelne Nachweise	Nachweise	Klare Nachweise	Durchgängig vorbildlich
fundiert — Das Vorgehen ist klar begründet und basiert auf den Bedürfnissen der relevanten Interessengruppen und auf Prozessen.					
integriert — Das Vorgehen unterstützt die Strategie und ist mit anderen relevanten Vorgehen verzahnt.					
Umsetzung	Keine Nachweise	Einzelne Nachweise	Nachweise	Klare Nachweise	Durchgängig vorbildlich
eingeführt — Das Vorgehen wird zügig in den relevanten Bereichen eingeführt.					
angemessen — Die Ausführung ist sinnvoll und eröffnet die Möglichkeit zur Anpassung und organisatorischer Veränderung.					
Bewertung & Verbesserung	Keine Nachweise	Einzelne Nachweise	Nachweise	Klare Nachweise	Durchgängig vorbildlich
Messung — Effizienz und Effektivität des Vorgehens und dessen Umsetzung werden in geeigneter Weise gemessen.					
Lernen & Kreativität — Lernen und Kreativität werden genutzt, um Verbesserungs- oder Innovationsmöglichkeiten zu erschließen.					
Verbesserung & Innovation — Ergebnisse aus Messung, Lernen & Kreativität werden genutzt um Verbesserungen & Innovationen zu beurteilen, zu priorisieren und einzuführen.					
Maßstab / Gesamtwertung	0%	25%	50%	75%	100%

Abb. 3: *Neue RADAR-Bewertungsmatrix 2013 – Befähiger (aus der Broschüre »EFQM Excellence Modell«)*

Relevanz & Nutzen	Attribute	Keine Nachweise	Einzelne Nachweise	Nachweise	Klare Nachweise	Durchgängig vorbildlich
Umfang & Relevanz	Ein stimmiges Set von Ergebnissen, einschließlich Schlüsselergebnissen, ist identifiziert, um die Leistung der Organisation hinsichtlich ihrer Strategie, Ziele und den Bedürfnissen und Erwartungen der relevanten Interessengruppen zu zeigen.					
Integrität	Ergebnisse werden zeitgerecht erhoben, sind aussagekräftig und genau.					
Segmentierung	Ergebnisse sind angemessen segmentiert, um für die Steuerung bedeutsame Erkenntnisse zu erzielen.					
Leistung		Keine Nachweise	Einzelne Nachweise	Nachweise	Klare Nachweise	Durchgängig vorbildlich
Trends	Es liegen positive Trends oder nachhaltig gute Leistungen über mindestens drei Jahre vor.					
Ziele	Für die Schlüsselergebnisse sind angemessene, im Einklang mit der Strategie stehende Ziele gesetzt diese werden durchgängig erreicht.					
Vergleiche	Für die Schlüsselergebnisse werden relevante, günstig ausfallende und im Einklang mit der Strategie stehende, externe Vergleiche angestellt.					
Tragfähigkeit	Basierend auf dem dargelegten Verständnis von Ursache und Wirkung gibt es Grund zu der Annahme, dass das Leistungsniveau auch künftig gehalten werden kann.					
Maßstab		0%	25%	50%	75%	100%
Gesamtwertung						

Abb. 4: Neue RADAR-Bewertungsmatrix 2013 – Ergebnisse »EFQM Excellence Modell«.

Organisation auch zukünftig erfolgreich sein kann.« Die Erkenntnis, dass die Ergebnisse auf das Handeln der Organisation zurückzuführen sind – in Abgrenzung zu Glück oder Zufall – ist nämlich nur ein Teilbereich der Betrachtung. Wesentlicher ist die Überlegung, ob die Messung den Schluss zulässt, dass die Handlung jetzt und in der absehbaren Zukunft geeignet ist, den Erfolg der Organisation zu sichern. Im Kontext der Core-Teams der EFQM hat sich dafür der Begriff «Future Focus» etabliert. Was hilft es, den positiven Trend der letzten vier Jahre zu betrachten, wenn für die nahe Zukunft eine negative Entwicklung erkennbar ist. Diese Überlegung ist vergleichbar mit einem Floßfahrer, der voller Stolz darauf zurückblickt, wie gut er die letzten Stromschnellen gemeistert hat, während er auf den Wasserfall zufährt.

Die Änderungen im Kriterienmodell

Auf der Ebene der Haupt- und Teilkriterien gibt es in der deutschen Version des Kriterienmodells keine Änderungen. Im englischen Original wurde der Begriff »Key Results« in »Business Results« umbenannt. Diese Änderung wurde jedoch im Konsens der deutschsprachigen Partner der EFQM – Quality Austria (Österreich), SAQ (Schweiz) und ILEP (Deutschland) – nicht in der deutschen Übersetzung umgesetzt. Hintergrund dieser Entscheidung war die Tatsache, dass im deutschsprachigen Raum viele nicht gewinnorientierte Organisationen das Modell benutzen, die sich mit dem Wort »Geschäftsergebnisse« nicht identifizieren können. Zudem hat sich bei vielen Nutzern des Modells das Verständnis des Begriffs »Schlüsselergebnisse« im Sinne von »wichtigste Ergebnisse« der Organisation etabliert. Eine Änderung wäre daher sehr erklärungsbedürftig und ohne erkennbaren Mehrwert.

Auf der Ebene der Ansatzpunkte wurden diverse Änderungen vorgenommen, die neben Anpassungen im Sprachgebrauch auch Aktualisierungen in thematischer Hinsicht umfassen. Diese im Einzelnen zu erläutern, würde hier zu weit führen. Generell steht jedoch ein Mindset hinter dem Modell, was in Teilen durch die Grundkonzepte abgebildet wird.

Grundsätzlich ist das Modell so angelegt, um Managementleistung messbar zu machen und Verbesserungen zu motivieren. Messbar in dem Sinne, dass die Betrachtung und Bewertung des Zustands einer Organisation ein verständliches, valides und motivierendes Bild vermittelt, das den Menschen der betrachteten Organisation Orientierung gibt und ermutigt, sich weiter positiv zu entwickeln. Verbesserungen motivieren, indem nicht der Fehler gesucht wird, sondern die Zweckmäßigkeit, Abläufe und Strategien zu optimieren. Das neue Modell möchte dazu auch den Level der Betrachtung noch einmal deutlicher in die Managementebene ziehen. Die Anwendung dieses Führungsmodells ist nicht angelegt, um als Alternative zum Audit verstanden zu werden.

In Abgrenzung zu den operativen Betrachtungen soll das Kriterienmodell eine strategische Betrachtung ermöglichen. Deshalb wurden teilweise die Formulierungen dahingehend optimiert, damit klar wird, dass es beispielsweise nicht darum geht zu hinterfragen, ob ein einzelner Prozess zu einem Zeitpunkt die gewünschten Ergebnisse bringt, sondern wie die Organisation es schafft, die Eignung der Ergebnisse valide zu messen, und ob diese Messung und die Entwicklung der Leistung des Prozesses geeignet sind, dauerhaft – nachhaltig – die Erwartungen der relevanten Interessengruppen zu erfüllen.

Die Änderungen der Grundkonzepte

Die umfänglichsten Änderungen fanden im Bereich der Grundkonzepte statt. Der Grund der Änderungen liegt in der oben beschriebenen Argumentation. Begriffe wie »Partnerschaften managen« oder »mit Prozessen managen« hinterlassen bei vielen Führungskräften den Eindruck, dass diese Themen für die Fachabteilung gedacht sind. Mit den neuen Begriffen wird deutlich, dass übergeordnete Konzepte gemeint sind, die sich nicht aus dem Tagesgeschäft ergeben.

»Veränderungen aktiv managen« hat den deutlichen Anschluss an der Teilkriterium 1e, welches das durch Führungskräfte getriebene Veränderungsmanagement der Organisation adressiert. Der Bezug zur konzeptionellen Arbeit wird unmittelbar deutlich. Auch das Konzept

114

»Die Fähigkeiten der Organisation entwickeln« benennt die Aufgabe der Führung zu überlegen, inwieweit man bestimmte Schlüsselkompetenzen selbst besetzt und welche Kompetenzen von Partnern und Lieferanten genutzt werden, um die Wertschöpfungskette zu gestalten.

Dauerhaft herausragende Ergebnisse erzielen

Nutzen für Kunden schaffen

Die Zukunft nachhaltig gestalten

Durch Mitarbeiterinnen und Mitarbeiter erfolgreich sein

EFQM

Die Fähigkeiten der Organisation entwickeln

Veränderungen aktiv managen

Mit Vision, Inspiration & Integrität führen

Innovation und Kreativität fördern

Abb. 5: *Die Grundkonzepte der Excellence (aus der Broschüre »EFQM Excellence Modell«)*

Schlussfolgerung

Das neue EFQM Excellence Modell bietet dem Anwender eine angemessene methodische Grundlage zur Anwendung des Excellence-Gedankens sowohl in als auch außerhalb seiner Organisation. Die Änderungen sollen die Akzeptanz des Modells auch auf höheren Managementebenen steigern. Das neue Assessorentraining setzt Managementkompetenzen voraus. Es ist so gestaltet, dass die Kreativität in der Betrachtung der Organisation gefördert wird. Mit dem Modell soll nicht festgestellt werden, was günstig oder ungünstig ist, sondern welche Sinnzusammenhänge es gibt und welche Verbesserungsoptionen sich daraus ergeben.

Literatur

[1] *Broschüre EFQM Excellence Modell*
Diese Broschüre ist über die Initiative Ludwig-Erhard-Preis e.V. bestellbar (info@ilep.de).

Zusammenfassung

Das EFQM-Modell hat seine Existenzberechtigung als Führungsinstrument oberhalb des operativen (Qualitäts-)Managements der Organisation. Es soll der Führung Orientierung geben, welche Maßnahmen und Initiativen zur Verbesserung im Kontext des Leitbildes und der Strategie der Organisation besonders sinnvoll erscheinen. Das neue Modell 2013 bietet hierzu einen Satz von Konzepten, die dem Führungskreis die grundsätzliche Haltung zur Weiterentwicklung der Organisation mit dem Ziel der Excellence bzw. Spitzenleistung im Wettbewerb nahe bringt. Dieses Bild ist im neuen Modell prägnanter dargestellt als in der Version 2010.

Daneben bietet das neue Kriterienmodell auf der Ebene der Ansatzpunkte aktuelle Ideen zur Gestaltung des Managementsystems. Es lohnt sich daher, das Modell unter diesem Aspekt zu lesen und sich von dem einem oder anderen Konzept inspirieren zu lassen.

Die neue RADAR-Logik motiviert zur angemessenen Betrachtung der Organisation auf einer Flughöhe, die den Blick auf grundsätzliche Problemstellungen richtet und nicht durch operatives Klein-Klein verstellt. Die Vereinfachung der Matrize soll dazu beitragen, dass eine Sachdiskussion, keine Zahlendiskussion geführt wird.

Für erfahrene Anwender ist die Modellrevision eine generische Weiterentwicklung des bestehenden Modells. Für Neueinsteiger erleichtert sie den Zugang zum Modell.

Das Modell als Bewertungsinstrument

EFQM als Bewertungsinstrument

Wie gut oder schlecht eine Organisation funktioniert, hängt insbesondere von ihren Prozessen ab. Das EFQM-Modell lässt sich als sehr nützliches Bewertungsverfahren für Prozesse nutzen – vorausgesetzt es wird richtig angewandt. Doch wie fängt man an?

In diesem Beitrag erfahren Sie:
- wie sich das EFQM-Modell als Bewertungsinstrument nutzen lässt,
- welche Voraussetzungen für eine erfolgreichen Einsatz von (Selbst-) Bewertungen bestehen,
- warum es drei verschiedene Bewertungsstufen gibt und wann der Einsatz welcher Stufe sinnvoll ist.

C.-ANDREAS DALLUEGE

Die Übersetzung von EFQM in den Alltag

Ein wichtiger Aspekt bei der Einführung des EFQM-Modells ist die individuelle Anpassung der Selbstbewertung durch die Organisation selbst. Hierbei tritt das Problem auf, dass, zumindest anfangs, die meisten involvierten Personen zwar Experten ihres Fachbereichs aber (noch) Laien in Sachen »Exzellenz« sind. Hier muss zunächst ein Verständnis für Fachbegriffe wie Strategie, Evaluation, Benchmarking usw. geschaffen werden, die manchmal nicht vermeidbar sind.

Bewährte Selbstbewertungsstrategien finden in zum Teil sehr unterschiedlichen Ausprägungen statt. Sie reichen von

⇨ der individuellen Befragung oder Selbstbefragung der Führungspersonen

⇨ über Workshops mit unterschiedlichen Beteiligungsreichweiten innerhalb der Organisation oder einzelner Bereiche der Organisation:

das Spektrum reicht von »ausschließlich Führungskräfte« bis hin zu »alle Mitarbeiter«

⇨ bis zu individuellen, anonymen, alle Beschäftigten einbeziehenden Befragungen mit einem die gesamte Organisation beschreibenden Fragebogen.

Die aufwändigste Form ist die dabei Selbstbewertung als Simulation einer Bewerbung für den LEP oder den EFQM Excellence Award.

Die Fragen oder Aussagen, die in den Modellbroschüren vorgestellt werden, sind notwendigerweise sehr allgemeiner Natur, weil sie für Organisationen und Wirtschaftsunternehmen unterschiedlichster Couleur anwendbar sein müssen. Um aber als Selbstbewertungsinstrument für eine möglichst breite Einbeziehung der Belegschaft brauchbar zu sein, bedürfen viele Fragen einer Übersetzung in die konkrete Fachsprache der jeweiligen Branche – teilweise sogar in die spezifische Fachsprache eines einzelnen Betriebs.

Darüber hinaus unterscheiden sich die Abläufe und die sie beschreibende Sprache in kleinen Betrieben von denen in großen Unternehmen, die vor dem Hintergrund erheblich stärker ausgeprägten Arbeitsteilungen, Verantwortlichkeiten und Aufgabenbereichen agieren.

Deshalb existiert in der Praxis nicht nur der Einsatz des vollen EFQM-Exzellenz-Modells, sondern auch ein skalierbares Vorgehen bei der Umsetzung, bei dem die Komplexität der Analyse mit dem Reifegrad der Exzellenz in der jeweiligen Organisation steigt. Entscheidend ist,

⇨ dass die mit der Selbstbewertung verbundene Quantifizierung von qualitativen Urteilen, Stärken und Verbesserungsmöglichkeiten auf Anhieb leichter sichtbar und erkennbar wird;

⇨ dass sie ein Bewertungsplateau schafft, dessen Entwicklung im Zeitverlauf, d. h. bei in regelmäßigen Abständen wiederholten Selbstbewertungen, Verbesserung messbar macht.

Diese Bewertung soll von allen Befragten aus Kopf und Bauch heraus vorgenommen werden, d. h. nach fachlich-sachlichem Wissenstand ebenso wie nach subjektiver Zufriedenheit. Mit der Zeit wird sowohl die Fähigkeit zur realistischen Selbsteinschätzung wachsen als auch die Fähigkeit, konstruktiv mit den Verbesserungsmöglichkeiten bei erkannten Schwächen umzugehen.

Wie anfangen?

Exzellenz beginnt da, wo sie gewollt wird. Und dort, wo damit begonnen wird. Das kann überall in einer Organisation sein; da wir jedoch von der Exzellenz von Organisationen sprechen, müssen deren Verantwortliche von Beginn an willige Weggefährten sein und auf Dauer die Vorhut übernehmen.

Es gibt also einige Grundregeln, die man immer bedenken sollte, und sie beginnen alle an der Spitze der Organisation!

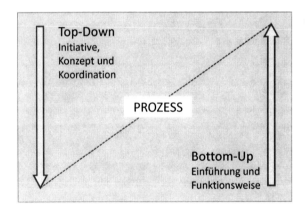

Abb. 1: *Top-down und Bottom-up*

Der Anfang ist immer Top-down. Dabei gehen wir davon aus, dass die Entscheidung für das Excellence-Modell von EFQM schon gefallen ist. Sonst hätte diese Entscheidung zu den allgemeinen Grundregeln gehört. Es bleiben also folgende allgemeine Regeln.

⇨ Die Leitung des Unternehmens muss den Einsatz des Modells wollen und wissen, warum bzw. wozu sie die Qualität ihres Managements verbessern möchte. Die wichtigsten Ziele sollten allen

Beteiligten klar sein und wenn es dann auch noch eine konkrete Vorstellung einer geeigneten Strategie gibt, umso besser.

⇨ Für einen solchen Prozess benötigt man eine Person, die den Prozess überschaut, weiß worauf es ankommt und möglichst große methodische Erfahrung hat, wie man eine Strategie umsetzen kann.

⇨ Das Gerüst der Prozessorganisation, das den Einführungsprozess bis zur ersten Selbstbewertung tragen und strukturieren soll, muss klar sein: mindestens ein Steuerkreis samt dessen funktionaler Besetzung. Alles Weitere hängt von der Größe und Gliederung der Organisation ab.

⇨ Wenn es noch keine solche Stelle gibt, ist das genau der Moment, in dem ein Verantwortlicher (z. B. Qualitätsmanagementbeauftragter, Exzellenz-Koordinator, …), der auch der interne Ansprechpartner für den Prozess ist, benannt und beauftragt werden muss. Diese Person muss der Leitung angehören oder zugeordnet sein (Stabsstelle) und braucht u. U. Assistenz (personelle und Zeitressourcen). Dieses Team hat zuvorderst die Aufgabe, Beteiligung zu mobilisieren, zu erleichtern und zu organisieren.

⇨ Schließlich wird ein ungefährer Zeitplan benötigt, was wie bis wann geschehen sein soll. Dazu nimmt man am besten schon die begleitende/beratende Person (Coach) und den/die QMB mit ins Boot. Eine projektförmige Organisation ist ratsam.

⇨ Jede Veränderung weckt Ängste und Widerstände. Als QMB (oder als Coach) sucht man sich anfangs am besten diejenigen Personen oder Bereiche in der Organisation aus, die ein wie auch immer geartetes eigenes Interesse haben, solche Veränderungen voranzubringen. Wer verändern will, braucht Freunde. Gleiches gilt für die Auswahl von Pilotbereichen für konkrete Verbesserungsprojekte.

Zur Top-down-Phase gehört selbstverständlich auch noch der Vollzug der zur Vorbereitung der Bottom-up-Phase erforderlichen Schritte, wie die Einrichtung eines Steuerkreises und dessen theoretische und praktische Schulung in der Anwendung des EFQM-Instrumentariums. Aufgaben des Steuerkreises sind dann:

⇨ die Vorbereitung und Verabschiedung des Selbstbewertungsinstruments;
⇨ die Einigung über die Reichweite der Beteiligung:
  - Wer wird befragt?
  - Wer bewertet wen und was?
⇨ die Einigung über die konkrete Form und den Ablauf der Selbstbewertung;
⇨ die Einigung, wie die Auswertung erfolgt und wie anschließend mit den Ergebnissen verfahren wird;
⇨ die Einigung, wie Verbesserungsvorschläge umzusetzen sind.

Grundkonzepte der Exzellenz als Basis einer ersten Selbstbewertung

Gemäß der Definition der EFQM beinhaltet Exzellenz vorbildliche Vorgehensweisen in der Führung der Organisation und beim Erzielen von Ergebnissen unter Berücksichtigung aller Interessengruppen. Um dies in der Umsetzung zu unterstützen, hat die EFQM gemeinsam mit ihren Mitgliedern die acht Grundkonzepte der Exzellenz definiert. Sie sind so etwas wie der rote Faden, der sich durch das gesamte Modell hindurch zieht. Hier wird der Vorschlag gemacht, sie zum Einstieg als Basis für eine erste Selbstbewertung zu nutzen.

Die Grundkonzepte stehen gleichwertig nebeneinander stellen eine Art Leitfaden für eine fruchtbare Nutzung des Instruments der Selbstbewertung nach dem EFQM-Modell dar. Die sogenannte »Selbst-

Abb. 2: *Die Grundkonzepte der EFQM, Quelle: EFQM [3]*

bewertung« ist das Hauptwerkzeug der EFQM-Umsetzung, quasi ihr Motor, die Grundlage von Lernen und (Selbst-) Verbesserung. Das Ziel einer solchen Selbstbewertung ist die Überprüfung der eigenen Leistung und ein Anstoß zur kontinuierlichen Verbesserung der Unternehmensaktivitäten. Dazu bedarf es der systematischen und regelmäßigen Bewertung der Tätigkeiten und Ergebnisse einer Organisation. Hierbei bewertet die Organisation sich selbst und setzt sich kritisch mit ihren Stärken und Schwächen auseinander, um hieraus notwendige Maßnahmen zur kontinuierlichen Verbesserung zu vereinbaren.

»Systematisch« heißt aber nicht, dass man immer gleich das ganze Modell in seiner vollen Komplexität und der umfassendsten und ausführlichsten Analysetiefe anwenden muss. Es gibt viel mehr Sinn, den Umfang der Selbstbewertung an den jeweiligen Reifegrad der Unternehmung anzupassen. Für den Anfang heißt dies, es kann eine vereinfachte Version für die erste Selbstbewertung genutzt werden, solange sichergestellt wird, dass alle Aspekte des Exzellenz-Modells Berücksichtigung finden. Hierdurch wird eine praktische Grundlage geschaffen dafür, dass:

⇨ »Insellösungen« integriert werden und eine gemeinsame Ausrichtung aller Aktivitäten erfolgt

⇨ Wissen und Erfahrungen in der Organisation transferiert werden

⇨ das Bewusstsein für den Exzellenzansatz in der ganzen Organisation erweitert wird

⇨ die Basis für Vergleiche der Ergebnisse mit anderen Organisationen geschaffen werden

Es besteht die Möglichkeit, die Grundkonzepte selbst für eine vereinfachte, erste und schnell umzusetzende Selbstbewertung einzusetzen. Die EFQM hat hierzu einen Leitfaden entwickelt, bei dem der Reifegrad beurteilt wird, mit dem die Organisation das jeweilige Grundkonzept der Exzellenz lebt [3]. Mit einem einfachen Tool kann dies umgesetzt werden. Zu jedem der acht Grundkonzepte wird dabei die Frage gestellt: »Wie weit sind wir?« Und jedes einzelne Mitglied des beteiligten Managements muss diese Frage für sich beantworten und kurz belegen, wie es zu dieser Einschätzung gekommen ist. Weiterhin wird seine oder ihre Meinung abgefragt, was der nächste wichtige Schritt ist, der auf diesem Weg erfolgen sollte. Wenn nur vier bis fünf Personen dies für alle acht Grundkonzepte durchführen, dann ergibt das nicht nur 32 – 40 thematisch sortierte Beschreibungen des Ist-zustandes, sondern auch mindestens ebenso viele Vorschläge für anstehende Verbesserungsmaßnahmen.

Die Führungskräfte und Mitarbeiter erhalten hieraus Antworten auf folgende Fragen:

⇨ Wie »funktioniert« unsere Organisation?
⇨ Wie gut sind wir überhaupt?
⇨ Wie gut sind wir im Vergleich mit Anderen?
⇨ Wie gut wollen/müssen wir sein?
⇨ Was muss sich dazu verändern/verbessern/weiterentwickeln?
⇨ Wo und wie fangen wir am wirkungsvollsten an?

Skalierbarkeit der Selbstbewertung

Der Grundgedanke hinter dem von IBK in zahlreichen EU-Forschungsprojekten entwickelten und ständig verbesserten Lösungsansatz ist die Skalierbarkeit des Selbstbewertungs- und Verbesserungsprozesses. [1]

Viele Neu-Anwender des Exzellenzgedankens lassen sich von der vermeintlichen Komplexität des Modells verunsichern. Aber ist die komplette Anwendung des Modells immer nötig? Die Erfahrung zeigt: nein!

In Einzelfällen konnte sogar nachgewiesen werden, dass die sofortige Verwendung des kompletten Modells eher negative Folgen hat, da sich die Anwender überfordert fühlen. [2]

Es gilt dabei zu bedenken, warum eine Organisation einen Managementansatz wie das Exzellenzmodell einführt. Im Wesentlichen stehen dabei zwei Argumente im Vordergrund: a) Man möchte einen besseren Überblick über den Status und die Potenziale der Firma erhalten und b) sollen Verbesserungsmöglichkeiten aufgedeckt und mög-

125

lichst zielführend umgesetzt werden. Dabei sollte festgelegt werden, welche Maßnahmen als Nächstes zu ergreifen sind.

Zur Verdeutlichung sei die Führung eines Unternehmens mit der eines Fahrzeugs verglichen. Als Firmeninhaber sind Sie sozusagen bereits Besitzer eines Führerscheins und möchten nun eine Rennfahrerlizenz erwerben. Der Kurs hierzu sieht vor, dass Sie unter anderem lernen, wie spät man die Kurve anbremst und wie früh Sie wieder herausbeschleunigen können. Um dies auch ausprobieren zu können, fahren Sie die Strecke erst ein-, zweimal (Assessment) ab, um sie kennenzulernen und um dann Ihre gesammelten Erkenntnisse umzusetzen und sich von Runde zu Runde zu verbessern (Continuous Improvement). Ein DTM- oder Formel-1-Fahrer würde die Strecke aber nicht mit dem Wagen abfahren – selbst wenn er sie bereits vom Vorjahr kennt –, sondern sie mit dem Fahrrad oder sogar zu Fuß erkunden, um sich selbst kleinste Details einzuprägen. Natürlich könnten Sie dies auch machen, aber dann wäre bereits ein großer Teil Ihres Trainingswochenendes vertan – und was hilft es Ihnen zu wissen, ob die dritte Kurve am Außenrand um ein Grad ansteigt oder abfällt? Dies sind Details, die zu kennen erst nützlich – und nötig! – sind, wenn Sie auf Weltmeisterschaftsniveau um die hundertstel Sekunde ringen! Bei Ihnen geht es aber erst einmal darum, überhaupt den Unterschied zwischen Straßenverkehr und Rennbetrieb kennenzulernen.

Genauso verhält es sich mit dem Einsatz des Exzellenzgedankens: Am Anfang genügt es, eine etwas gröbere Übersicht zu haben. Die Feinheiten werden erst wichtig, wenn Sie die Basis beherrschen. Die Zeit und Ressourcen, die Sie durch eine vereinfachte Selbstbewertung einsparen, sind viel besser eingesetzt, wenn Sie sie für die Umsetzung von Verbesserungsmaßnahmen verwenden.

Dementsprechend wurde in den zuvor benannten EU-Projekten ein dreistufiger Ansatz zur Selbstbewertung entwickelt, der auf die unterschiedlichen Entwicklungsstufen bei der Umsetzung der Exzellenz-Methodik Rücksicht nimmt.

Am Anfang steht das Easy Assessment, bei dem der Fragenkatalog zur Selbstbewertung auf unter 100 Fragen reduziert wird, und die

Bewertungsskala auf zwei Dimensionen: »Wo stehen wir?« und »Wie dringend müssen wir hieran etwas ändern?«

Eine weitere »Vereinfachung« besteht darin, dass die verwendeten Fragen nicht mehr allgemeingültig sind, sondern einen generellen Branchenbezug haben und somit einfacher zu verstehen und zu beantworten sind.

Die nächsthöhere Bewertungsstufe nennt sich Exzellenz Check-up und verfügt über einen Fragenkatalog von mehr als 150 Fragen, die bereits nach der RADAR-Logik der EFQM beantwortet werden – also jede Frage bezüglich Vorgehen, Umsetzung sowie Bewertung & Verbesserung, bzw. Relevanz & Nutzen sowie Leistungen. In der Praxis heißt dies, dass nicht 150 Aspekte Ihrer Organisation betrachtet werden müssen, sondern 3 x 150! Der Sprung von Easy Assessment auf Exzellenz Check-up ist somit erheblich aufwendiger als der Anstieg von 100 auf 150 Fragen!

In der dritten Stufe, dem vollen EFQM-Assessment, scheint erst einmal die Anzahl der Fragen zu sinken, da hier »nur noch« die 32 Teilkriterien der EFQM zugrunde liegen. Jedes Teilkriterium enthält

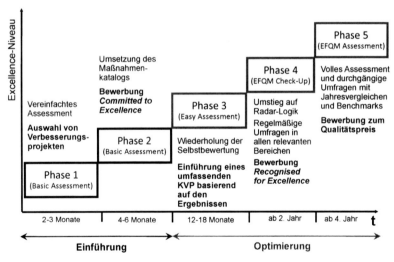

Abb. 3: *Schritt für Schritt zur Excellenz*

127

jedoch eine große Anzahl von Ansatzpunkten, die hier aber nicht mehr in Form konkreter Einzelfragen vorliegen, sondern von jeder Organisation firmenspezifisch selbst definiert werden müssen. Hinzu kommt, dass die RADAR-Logik noch eine zweite Ebene besitzt, die hier zum Einsatz kommt.

Diese detaillierte Betrachtungsweise entspräche dann dem Abgehen der Rennstrecke zu Fuß, um jedes noch so kleine Detail zu erkennen. Sie ist somit primär ein Werkzeug für erfahrene »Rennfahrer«, die auf dem Weg zu einem Meisterschaftstitel sind.

Literatur

[1]   EU – FORSCHUNGSPROJEKTE DER IBK ZUM THEMA »EFQM«

ACES – SELF-ASSESSMENT AS A BASIS FOR ACCREDITATION AND CERTIFICATION IN THE EDUCATIONAL SECTOR, UK/11/LLP-LDV/TOI-41

ANAFACT – ANALYSIS OF HUMAN FACTORS IN TOTAL QUALITY MANAGEMENT, ESPRIT #22237

D4E – DESIGN FOR EXCELLENCE – DESIGN, IMPLEMENTATION & VALIDATION OF BLENDED LEARNING FOR PROFESSIONAL EDUCATION AND TRAINING ON SUSTAINABLE EXCELLENCE IN SME, 2011-1-PT1-LEO05-08596

EVET – IMPROVING EUROPEAN ECONOMICS THROUGH EXCELLENCE IN VOCATIONAL EDUCATION AND TRAINING, 2011-1-CH1-LEO05-00035

HRM-WORKBENCH – A HUMAN RESOURCE MANAGEMENT WORKBENCH FOR SMEs, IPS-2000-059

TELEBEN – TELEMATIC SUPPORTED BUSINESS EXCELLENCE NETWORK, TEN/TELECOM PROJEKT # C 26814

TQM-NET – TQM TRAINING, IMPLEMENTATION AND SUPPORT NETWORK FOR SMEs, IPS-1999-00028

SAETO – SELF-ASSESSMENT FOR EDUCATIONAL AND TRAINING ORGANISATIONS, LEONARDO DA VINCI LI-05-B-F-PP-164510

TRANS-SATO – TRANSFER OF SAETO RESULTS TO NEW REGIONS WITH A STRUCTURED DEPLOYMENT IN LIECHTENSTEIN AND OTHER PARTS OF EUROPE, LLP-LDV-TOI-2008-LI-164.603

[2]   IQM – INTEGRIERTES QUALITÄTSMANAGEMENT IN DER AUS- UND WEITERBILDUNG, 3. AUFLAGE, BERTELSMANN 2011, FALLSTUDIE 13: *Universität Stuttgart – Institut für Industrielle Fertigung und Fabrikbetrieb, S. 214ff.*

[3]   *Diese Broschüre ist über die Initiative Ludwig-Erhard-Preis e.V. bestellbar (info@ilep.de).*

Unternehmensbewertung als Basis für die Strategieplanung

Heutzutage müssen Unternehmen immer schneller und flexibler agieren, ohne dabei ihre strategische Ausrichtung aus den Augen zu verlieren. Voraussetzung dafür ist die genaue Kenntnis des Reifegrads des Unternehmens. Eine Unternehmensbewertung nach dem EFQM Excellence Modell hilft hierbei.

In diesem Beitrag erfahren Sie:
- warum eine Unternehmensbewertung anhand des EFQM Excellence Modells wichtig für die strategische Unternehmensplanung ist,
- welche Methoden sich für Selbst- und Fremdbewertungen anwenden lassen,
- welche Vorteile und Risiken sich daraus ergeben.

FRANK SLAWIK

Wozu Unternehmensbewertungen?

Eine Unternehmensbewertung orientiert am EFQM Excellence Modell wird mittlerweile von vielen Organisationen eingesetzt. Sie dient dazu, den aktuellen Reifegrad auf dem Weg zur Erreichung der strategischen Unternehmensziele zu bestimmen, Verbesserungspotenziale zu erkennen und geeignete Verbesserungsmaßnahmen in Verbindung zu den strategischen Zielen zu identifizieren und umzusetzen. Stattfinden sollte diese Bewertung einige Tage bis Wochen vor der eigentlichen Unternehmensplanung, die heutzutage in der Regel jährlich bzw. in einigen Unternehmen sogar häufiger als einmal im Jahr durchgeführt wird. Generisch betrachtet lässt sich eine Unternehmensbewertung in Verknüpfung zum Strategie- und Zielplanungsprozess wie in Abbildung 1 darstellen.

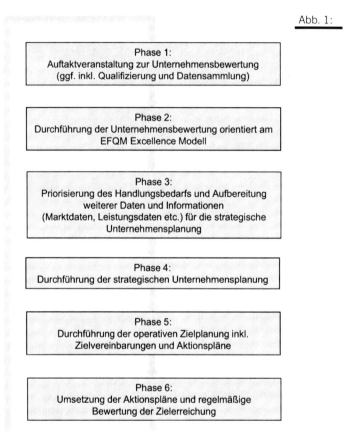

Abb. 1: *Ver-knüpfung Unter-nehmens-bewertung mit der Strategie- und Ziel-planung*

Die Unternehmen durchlaufen den dargestellten Prozess einmal jährlich, wobei in der Praxis die Unternehmensbewertung auf Basis des EFQM Excellence Modells alle zwei bis drei Jahre unter aktiver Beteiligung der Führungskräfte durchgeführt wird.

Nachfolgend werden verschiedene von Unternehmen erfolgreich implementierte Verfahren von Unternehmensbewertungen auf Basis des EFQM Excellence Modells vorgestellt. Hierbei erhebt der Beitrag keinen Anspruch auf Vollständigkeit, sondern zeigt eine Auswahl am

Markt bewährter Vorgehensweisen. Grundsätzlich lassen sich Unternehmensbewertungen auf Basis des EFQMExcellence Modells dabei in die beiden Kategorien Selbst- und Fremdbewertung unterteilen.

Methoden der Selbstbewertung

Fragebogenmethode

Ausgangspunkt dieser Form der Unternehmensbewertung ist ein Fragebogen, der sich an den Inhalten des EFQM Excellence Modells orientiert. Mit ihm nehmen die Führungskräfte und gegebenenfalls weitere Mitarbeiter des Unternehmens eine Einschätzung/Einstufung des Reifegrades vor. Abbildung 2 zeigt ein Beispiel zur möglichen Gestaltung eines Fragebogens auf Basis des EFQM Excellence Modells.

Führung		Bedeutung/ Wichtigkeit					Zustimmung/ Erfüllungsgrad				
		1	2	3	4	5	1	2	3	4	5
1	Mission und Werte des Unternehmens werden durch die Führungskräfte vorgelebt und unterstützen eine leistungsförderliche Kultur im Unternehmen										
2	Die Wirksamkeit des eigenen Führungsverhaltens wird regelmäßig überprüft (Führungsfeedback) und verbessert										
3	....										
4	Lernprozessese und die Umsetzung der daraus gewonnenen Erkenntnisse werden durch die Führungskräfte unterstützt.										
5	....										

Legende:
1: keine Bedeutung fürs Unternehmen; kein Erfüllungsgrad
2: geringe Bedeutung; geringer Erfüllungsgrad
3: mittlere Bedeutung; mittlerer Erfüllungsgrad
4: hohe Bedeutung; hoher Erfüllungsgrad
5: sehr hohe Bedeutung; beispielhafter Erfüllungsgrad

Abb. 2:   *Fragebogen zur Unternehmensbewertung (Auszug Kriterium Führung)*

Wesentliche Vorteile dieses Verfahrens:
⇨ Schnelle und einfache Anwendung.
⇨ Viele Mitarbeiter können problemlos einbezogen werden.

Wesentliche Risiken:
⇨ Es wird nur eine Einschätzung abgegeben, keine Auflistung konkreter unternehmensbezogener Stärken und Verbesserungspotenziale.
⇨ Die Genauigkeit der Resultate ist entscheidend von der Qualität der Fragen abhängig.
⇨ Es besteht eine hohe Gefahr, dass die Beteiligten den Reifegrad des eigenen Unternehmens überschätzen.

Aufgrund der genannten Vorteile und Risiken wird die Fragebogenmethode vielfach nur bei der erstmaligen Unternehmensbewertung anhand des EFQM Excellence Modells genutzt. Spätestens ab der zweiten Bewertung wenden Unternehmen meistens tiefergehende Methoden an.

Workshopmethode

Bei einer Unternehmensbewertung im Rahmen eines Workshops auf Basis des EFQM Excellence Modells erfolgt durch die Workshopteilnehmer eine Reifegradbewertung, gegliedert nach konkreten Stärken und Verbesserungsbereichen. Die Teilnehmer setzen sich aus Mitgliedern des Führungskreises des Unternehmens sowie gegebenenfalls aus ausgewählten Mitarbeitern und Mitarbeitervertretern zusammen. Die Anzahl der Personen sollte nicht zu groß sein, um alle angemessen im Workshop beteiligen zu können. In der Praxis ist oft eine Teilnehmerzahl von acht bis zwölf Personen anzutreffen. Abbildung 3 zeigt den grundsätzlichen Ablauf des Verfahrens.

Auftaktveranstaltung zur Unternehmensbewertung inkl. Qualifizierung der Beteiligten Dauer: i.d.R. ein Tag

Abb. 3: *Beispielhafter Ablauf der Unternehmensbewertung mittels Workshopmethode*

Vorbereitung des Selbstbewertungsworkshops Dauer: i.d.R. ein bis zwei Tage pro Teilnehmer

Durchführung des Selbstbewertungsworkshops Dauer: meistens zwei Tage

Priorisierung des Handlungsbedarfs und Aufbereitung der Ergebnisse für die strategische Unternehmensplanung

Während des Selbstbewertungsworkshops wird je Kriterium bzw. Teilkriterium des EFQM Excellence Modells wie folgt verfahren:

⇨ Erläuterung der wesentlichen Inhalte des Kriteriums/Teilkriteriums durch ein Mitglied des Führungsteams,

⇨ Präsentation der im Vorfeld zu diesem Kriterium erarbeiteten wesentlichen unternehmensspezifischen Informationen für die anderen Workshopteilnehmer, gegliedert nach Stärken und Verbesserungsbereichen,

⇨ Analyse mit allen Workshopteilnehmern, ob die aufgeführten Stärken und Verbesserungsbereiche zutreffend sind und ob für das Teilkriterium relevante Aspekte gegebenenfalls zu ergänzen sind,

⇨ Diskussion und Einigung zu Stärken und Verbesserungsbereichen (inhaltlicher Konsens),

⇨ Einzelbewertung durch die Workshopteilnehmer entsprechend der RADAR-Logik des EFQM Excellence Modells (Punktbewertung),

⇨ Austausch der einzelnen Punktbewertungen mit gegebenenfalls Konsensgespräch hinsichtlich der einzelnen Punktbewertungen,

133

⇨ erste grobe »Vorpriorisierung« wesentlicher Stärken und Verbesserungsbereiche als Information für die strategische Unternehmensplanung.

Am Ende des Selbstbewertungsworkshops erarbeiten die Beteiligten auf Basis der Vorpriorisierung sogenannte Schlüsselthemen, die als Handlungsoptionen wichtige Hinweise für die strategische Unternehmensplanung liefern.

Wesentliche Vorteile dieses Verfahrens:
⇨ Die Diskussion und der Konsensfindungsprozess im Team unterstützen die Bildung einer gemeinsamen Sichtweise auf den Reifegrad des Unternehmens.
⇨ Die Identifikation der Mitglieder des Führungskreises mit den Ergebnissen erleichtert die Vorpriorisierung von Schlüsselthemen für die strategische Unternehmensplanung.

Wesentliche Risiken:
⇨ Persönliche aktuelle Wahrnehmungen können eine realistische Bewertung erschweren.
⇨ Gerade bei kritischen Themen müssen die Workshopteilnehmer über eine gewisse kulturelle Reife im Umgang miteinander verfügen, um mögliche Eskalationen im Workshop zu vermeiden.

Um die Risiken abzuschwächen, bedarf es einer exzellenten Vorbereitung und Moderation des Workshops. In der Praxis werden Selbstbewertungsworkshops meistens von ein bis zwei externen Moderatoren begleitet, die der zu bewertenden Organisation nicht angehören und eine Fachexpertise im Hinblick auf das EFQM Excellence Modell nachweisen können. Diese Moderatoren beteiligen sich auch inhaltlich an der Unternehmensbewertung.
  Die Unternehmensbewertung mittels Workshopmethode ist momentan sicherlich das in der Praxis am häufigsten genutzte Verfahren.

Sie wird in verschiedensten Varianten in kleinen, mittleren und größeren Unternehmen unterschiedlichster Branchen angewendet.

Neben den bisher aufgeführten Methoden werden von der EFQM
noch weitere Selbstbewertungsmethoden mittels Matrixdiagramm oder
auch mithilfe einer Unternehmensbeschreibung genannt, die an dieser
Stelle aber nicht näher ausgeführt werden sollen.

Fremdbewertungen

Bei der Fremdbewertung wird die Unternehmensbewertung nicht
durch Führungskräfte und gegebenenfalls Mitarbeiter der Organisation

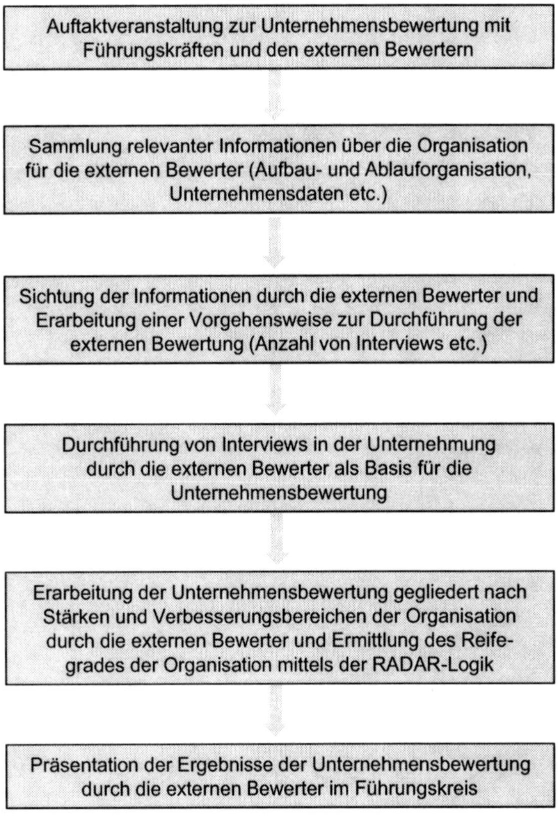

Auftaktveranstaltung zur Unternehmensbewertung mit
Führungskräften und den externen Bewertern

Sammlung relevanter Informationen über die Organisation
für die externen Bewerter (Aufbau- und Ablauforganisation,
Unternehmensdaten etc.)

Sichtung der Informationen durch die externen Bewerter und
Erarbeitung einer Vorgehensweise zur Durchführung der
externen Bewertung (Anzahl von Interviews etc.)

Durchführung von Interviews in der Unternehmung
durch die externen Bewerter als Basis für die
Unternehmensbewertung

Erarbeitung der Unternehmensbewertung gegliedert nach
Stärken und Verbesserungsbereichen der Organisation
durch die externen Bewerter und Ermittlung des Reifegrades der Organisation mittels der RADAR-Logik

Präsentation der Ergebnisse der Unternehmensbewertung
durch die externen Bewerter im Führungskreis

Abb. 4: *Beispielhaf-
ter Ablauf
bei einer
Fremdbe-
wertung
auf Basis
des EFQM
Excellence
Modells*

135

durchgeführt, sondern durch externe, der Unternehmung nicht angehörende Personen. Abbildung 4 stellt den Ablauf beispielhaft dar.

In Unternehmen, in denen das Verfahren der Fremdbewertung etabliert ist, erfolgt die Bewertung in der Regel durch zwei bis vier externe Bewerter, die gegebenenfalls sogar aus anderen Unternehmensteilen stammen können. Die Durchführung der Interviews mit Führungskräften und Mitarbeitern ohne Führungsverantwortung wird vielfach mit ein bis zwei Tagen angesetzt.

Wesentliche Vorteile dieses Verfahrens:

⇨ Der Zeitaufwand für die Führungskräfte und Mitarbeiter des Unternehmens ist im Vergleich zu den Selbstbewertungsverfahren meistens geringer.
⇨ Die Unternehmensbewertung erfolgt objektiv und kann durch die Erfahrung der externen Bewerter mit Good Practices angeregt werden.

Wesentliche Risiken:

⇨ Die Identifikation mit den Ergebnissen der Unternehmensbewertung kann bei den Führungskräften geringer ausfallen, da sie nicht an der eigentlichen Bewertung beteiligt gewesen sind.
⇨ Wesentliche strategisch relevante Aspekte werden durch die externen Bewerter möglicherweise nicht identifiziert, da ihnen hierzu die entsprechende Branchen-/Unternehmenskenntnis fehlt.

Die Unternehmensbewertung durch externe Bewerter hat in den letzten Jahren zugenommen. Drei Gründe werden hierfür immer wieder durch Unternehmensvertreter genannt:

⇨ Reduzierung des internen Zeitaufwandes,
⇨ objektive valide Bewertung ergänzt durch Good Practices der Bewerter,
⇨ Verknüpfung mit den Anerkennungsverfahren »Recognised for Excellence« und Anerkennung erster Erfolge durch die EFQM bzw. die Initiative Ludwig-Erhard-Preis.

Fazit

Eine Unternehmensbewertung orientiert am EFQM Excellence Modell ersetzt nicht die bisherige Vorbereitungsphase der strategischen Unternehmensplanung. Markt- und Kundenanalysen, Portfolioanalysen, Risikobewertungen, Wettbewerberbetrachtungen im Verhältnis zur eigenen Leistungsfähigkeit und weitere relevante Aspekte sind weiterhin durchzuführen. Bei der strategischen Positionierung des Unternehmens, der Ableitung der Strategie sowie der Ziele und Maßnahmen liefern die vorab dargestellten Bewertungsverfahren dem Führungskreis jedoch eindeutige Erkenntnisse über den Reifegrad des eigenen Unternehmens. Dies führt zu fundierteren und auch realistischeren Entscheidungen durch den Führungskreis hinsichtlich der zukünftigen nachhaltigen Ausrichtung des Unternehmens. Beispiele für den Nutzen der Verzahnung einer solchen Unternehmensbewertung mit dem Strategie- und Zielplanungsprozess liefern jährlich die Unternehmen und Organisationen, die sich erfolgreich am Ludwig-Erhard-Preis bzw. EFQM Excellence Award beteiligen. Gerade die Geschäftsergebnisse dieser Unternehmen und Organisationen weisen über Jahre Ergebnisse auf, die vielfach über dem Branchendurchschnitt liegen.

Literatur

[1] EFQM: *EFQM Excellence Modell 2010*

[2] THE CENTRE OF QUALITY EXCELLENCE, THE UNIVERSITY OF LEICESTER: *Studie Auswirkungen einer wirksamen Implementierung von Excellence-Strategien im Unternehmen auf die Schlüsselleistungsergebnisse. Gesponsert durch EFQM und BQF, 2005*

[3] DGQ E.V.: *Wege zu umfassendem Qualitätsmanagement, Ausgabestand 12/2010*

[4] ZINK, K. J.: *TQM als integratives Managementkonzept: Das EFQM Excellence Modell und seine Umsetzung, Carl Hanser Verlag, 2004*

Zusammenfassung

Für eine fundierte strategische Unternehmensplanung sowie die sich dadurch ergebene notwendige Planung von Zielen und Veränderungen ist es von zentraler Bedeutung, dass das Managementteam die Situation und den Reifegrad des Unternehmens kennt. Eine Unternehmensbewertung orientiert am EFQM Excellence Modell bietet sich hierfür im Vorfeld der Planung als zentrale Analyse an. Grundsätzlich lassen sich solche Unternehmensbewertungen dabei als Selbst- und/oder Fremdbewertung durchführen. Dabei können unterschiedliche Verfahren, wie Fragebogen- und Workshopmethoden, zum Einsatz kommen, mit jeweiligen Vorteilen und Risiken.

Vorbereitung von Fremdbewertungen

Wer sich z. B. für die Teilnahme am »Recognised for Excellence«-Verfahren bewerben will, muss ein entsprechendes Bewerbungsdokument einreichen. Die Herausforderung: Die Vorgehensweisen und Ergebnisse einer Organisation sind so darzustellen, das sie als Basis für jede Selbst- und Fremdbewertung genügen.

In diesem Beitrag erfahren Sie:
- wie sich die Bedeutung des Bewerbungsdokuments im Laufe der Jahre verändert hat,
- vor welchen Herausforderungen Assessoren wie auch bewerbende Organisationen stehen,
- welche Vorteile der Leitfaden »EFQM Management Dokument« bietet.

Walter Ludwig

Der Wandel des Bewerbungsdokuments

Bei Fremdbewertungen beurteilen externe Assessoren die sich zur Bewertung stellende Organisation. Historisch stehen dabei die nationalen und europäischen Qualitäts- bzw. Exzellenzwettbewerbe im Vordergrund. Seit 2001 gibt es Anerkennungen für Organisationen (Recognised for Excellence, R4E, mit den Niveaus 3, 4, 5 Sterne), die sich auf dem Weg zu exzellenten Leistungen befinden. Im R4E-Verfahren sind mindestens 2 externe Assessoren eingebunden.

Für die Bewerbung um die Anerkennung ist ein Dokument zu erstellen, das die Vorgehensweisen und Ergebnisse der Organisation im Kontext der 9 Kriterien bzw. 32 Teilkriterien des EFQM-Kriterienmodells darstellen soll. Seit Beginn des europäischen Wettbewerbs bis heute besteht als anerkanntes Dokument die Beschreibung der Organisation nach den 32 Teilkriterien auf maximal 75 Seiten mit definierter Mindestschriftgröße.

Zu Beginn des europäischen Wettbewerbs hatte dieses Schriftstück eine zentrale Bedeutung. Die Punktbewertung – die Reife der Organisation – erfolgte vorab auf Basis der Beschreibung. Zwar besuchten die Assessoren die Organisation und klärten durch Interviews bestehende Fragen, ausschlaggebend war jedoch der Inhalt des Dokuments. *Bewertet wurde das Dokument*, nicht notwendigerweise die Organisation, insbesondere wenn das Dokument schlecht erstellt war.

Seit Mitte der 1990er Jahre nahm die Bedeutung des Dokuments für die Bewertung der Organisation ab und die Informationen aus den Interviews erhielten immer mehr Gewicht. Sofern es überhaupt zu einem Firmenbesuch kam, denn eine schlechte Beschreibung der Organisation und das Unterschreiten einer Mindestpunktzahl im Vorfeld führte dazu, dass der Aufwand eines Besuchs vor Ort nicht betrieben wurde. Leider stellte sich in einer Reihe von Fällen heraus, dass die jeweilige Organisation sehr wohl exzellente Leistungen besaß, nur nicht bei der Erstellung des Dokuments.

In 2005 wurde auf europäischer Ebene ein nahezu radikaler Wandel vorgenommen, nachdem eine ganze Reihe von Organisationen den Aufwand zur Erstellung der 75 Seiten Bewerbungsbroschüre als wenig Nutzen stiftend und kontraproduktiv für eine Teilnahme am Wettbewerb bewerteten. Daraufhin wurde die »kompakte« Dokumentation entwickelt, die heute von der EFQM propagiert und auch von der Mehrzahl der Bewerber im europäischen Wettbewerb genutzt wird.

In einem von der EFQM Ende 2011 herausgegebenen Leitfaden »EFQM Management Dokument« (EMD) sind die Erfahrungen mit den verschiedenen Arten der kompakten Dokumentationen zusammengefasst und in eine Grundstruktur eingebettet:

Das EMD besteht aus 3 Teilen:

⇨ *Schlüsselinformationen:* Zusammenfassung der operativen Umgebung der Organisation, Struktur, Interessengruppen und strategische Ziele (ca. 5–10 Seiten),

⇨ *Befähiger-Teil:* tabellarische Zusammenfassung der wesentlichen Aktivitäten der Organisation zum Erreichen der strategischen Ziele (ca. 10–15 Seiten),

⇨ *Ergebnis-Teil:* Überblick der wesentlichen Ergebnisse der Organisation über die vergangenen Jahre und die daraus abgeleitete Planung zum Erreichen der strategischen Ziele (ca. 5–10 Seiten).

Seit 2007 wird das *Bewerbungsdokument als Eintrittskarte für die Organisation* verstanden, während die Assessoren dann das bewerten, was sie vor Ort durch Interviews mit Mitarbeitern der Organisation vorgefunden haben. Der abschließende Bericht der Bewertung (Feedbackbericht) hat sich grundsätzlich nicht verändert, nur der Weg dorthin und die Basis der Fakten.

Die Herausforderung für die Assessoren

Die Möglichkeit, sich direkt auf ein zentrales Dokument beziehen zu können, ist sicherlich eine große Hilfestellung für den Assessor. Da eine Reihe von Assessoren bereits seit Jahren tätig ist, fällt das »Loslassen« von einer guten und gleichsam für sie mundgerecht geschriebenen Unterlage natürlich schwer.

Durch die Anforderung, sich die Informationen aus dem Dialog mit der Organisation zu holen, hat sich auch die Rolle und der Anspruch an Assessoren geändert. Statt einer Analyse von Texten und dem Einholen ergänzender Informationen durch Interviews gilt es jetzt, die wesentlichen Themen zu identifizieren, die man mit den Menschen in der Organisation besprechen will, in professionell geführten Gesprächen diese Informationen zu erhalten und neue Aspekte gleichzeitig einzubauen. Auch muss sich der einzelne Assessor vermehrt im Assessorenteam austauschen, um die eigene Wahrnehmung zu kommunizieren, abzusichern oder zu modifizieren. Natürlich enthält das Bewerbungsdokument wichtige Informationen, auf die zurückgegriffen werden kann, und es werden auch Daten von der Organisationen bereitgestellt. Wichtig ist jedoch, dass der Kontext erst im Dialog mit der Organisation hergestellt wird.

Berufserfahrung, Hineindenken in neue Konstellationen, rasche Auffassungsgabe und die Fähigkeit zum Dialog sind jetzt die Kompetenzen, die von Assessoren erwartet werden.

Die Herausforderung für die Organisation

Sich selbst aus der Außensicht zu beschreiben, war schon immer eine Herausforderung für eine Organisation. Entsprechende Ressourcen wurden deshalb eingesetzt, häufig gruppiert um »Champions« für ein Teilkriterium. Die vielen Informationen dann auf »nur 75 Seiten« einzudampfen, stellt eine nicht minder große Herausforderung für die Organisation dar. Hierarchische Aspekte und die besondere Bedeutung der eigenen Aufgabe fließen ein, wodurch die Ausgewogenheit und objektive Darstellung leiden kann. Je größer die Organisation, desto anspruchsvoller die Aufgabe und schlussendlich muss das Ganze auch noch EFQM- und assessorengerecht geschrieben sein.

Tabellarische Darstellungen können die Aufgabe erleichtern – vorausgesetzt, man kommt an die relevanten Inhalte heran; die Tabellenform allein macht es noch nicht.

Weitere wesentliche Impulse für die Dokumentation hat die Modellrevision 2010 gebracht. Als Bestandteil der RADAR-Logik wird auf relevante Kennzahlen (Strategie, Kerntätigkeiten) sowie verstärkt auf das Verständnis von Ursache-Wirkungsbeziehungen zwischen Vorgehen und Ergebnissen abgestellt (Angemessenheit von Zielen und Vergleichen bei wesentlichen Ergebnissen). Das gilt nicht nur für die Historie von mindestens 4 Jahren, sondern auch für die Planung/Ziele der Zukunft, die über das laufende Jahr hinaus in der Regel den Ausblick auf 3 Jahre umfasst. Von einigen Assessoren als unmöglich (der berühmte »Blick in die Glaskugel«) eingestuft, ergeht jetzt als Anforderung an die Organisation, die Logik und Plausibilität der Annahmen für die Zukunft durch die Leistungen und das Lernen aus der Vergangenheit darzustellen, d. h. die *Tragfähigkeit* der Annahmen zu belegen.

Mit dieser Anforderung ändert sich auch der Fokus der Beschreibung. Es geht nicht mehr allein um die Prozesse der Organisation, die mit Ergebnissen in mehr oder weniger engen Zusammenhang stehen.

Die Organisation muss vielmehr deutlich machen, wie ihr Kerngeschäft samt Partnern strukturiert ist, welche Kunden und Wettbewerber sie hat, in welchen Märkten sie tätig ist oder tätig sein will und wo ihre Herausforderungen liegen. Diese Darstellungen in den »Schlüsselinformationen« gilt es, mit den relevanten Kennzahlen in Beziehung zu setzen. Wichtig ist dabei die Sichtweise der Dynamik – Entwicklung in der Vergangenheit und in die Zukunft –, um die Plausibilität der »Tragfähigkeit« abschätzen zu können.

Diese Sicht kann nur von der Leitung der Organisation kommen. Je nach Situation sind sich die Mitglieder der Leitung einig und haben rasch ein konsistentes Bild erstellt, oder es entsteht eine Diskussion, da verschiedene Meinungen vorliegen. Bereits die Diskussion mit einem hoffentlich eindeutigen Ergebnis ist ein »Lernen« der Leitung, induziert durch die Beschäftigung mit dem EFQM-Thema.

Die Beschreibung der Vorgehensweisen/Prozesse der Organisation, idealerweise strukturiert nach der RADAR-Logik für Befähiger (Vorgehen, Umsetzung, Bewertung/Verbesserung, Bezug zu Kennzahlen), rundet das gesamte Bild der Organisation ab. Hierbei ist es sinnvoll und gewünscht, sich auf bestehende Beschreibungen in der Organisation zu stützen.

Die Vorteile des EFQM Management Dokuments

Mit dem EMD ist nicht nur eine Struktur definiert, sondern auch eine Empfehlung zur Erarbeitung und Darstellung der wesentlichen Daten und Fakten der Organisation gegeben worden. Eigentlich handelt es sich um die knappe Darstellung des »Eingemachten« einer Organisation – deshalb auch der Titel »Management Dokument«.

Die Darstellung der Daten und Fakten einer Organisation nach diesem Leitfaden stellt die Basis für jede Selbst- und Fremdbewertung einer Organisation dar. Zu Beginn der Exzellenzreise kann ein im Umfang reduziertes EFQM-Kriterienmodell Awendung finden, um die Organisation in diesem Entwicklungsstand mit der gesamten Breite des Kriterienmodells nicht zu überfordern. Nach erfolgreicher Weiterentwicklung der Organisation kann sie dann auch die volle Bandbreite des Kriterienmodells einsetzen und zu ihrem Nutzen verwenden. Dieses Dokument kann in dieser Struktur vom Beginn an über die verschiedenen Reifegrade (R4E 3, 4, 5 Sterne) bis hin in die nationalen und europäischen Wettbewerbe genutzt und fortgeschrieben werden. Die EFQM empfiehlt allen Bewerbern die Nutzung von solchen Dokumentationen und möchte auf die klassische »75-Seiten-Dokumentation« in Zukunft verzichten. Der Leitfaden »EFQM Management Dokument« ist über die Initiative Ludwig-Erhard-Preis (ILEP) zu erhalten.

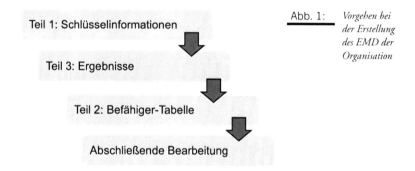

Abb. 1: *Vorgehen bei der Erstellung des EMD der Organisation*

Zusammenfassung

Unternehmen und Organisationen, die sich um eine Fremdbewertung und Anerkenung in den nationalen/europäischen Wettbewerben oder »Recognised for Excellence« (R4E) bewerben wollen, müssen bislang ein Bewerbungsdokument vorlegen, in dem die Vorgehensweisen und Ergebnisse der Organisation nach den 32 Teilkriterien auf maximal 75 Seiten zu beschreiben sind. Spielte dieses Dokument in der Vergangenheit eine zentrale Rolle bei der Bewertung durch die Assessoren, kommt ihm heutzutage mehr die Funktion einer Eintrittskarte für die sich bewerbende Organisation zu. Die eigentliche Bewertung erfolgt heute nach Vor-Ort-Besuchen der Assessoren bei der Organisation. Die EFQM rät heute, auf die klassische 75-Seiten-Dokumenten zu verzichten, und empfiehlt die Erstellung eines Management-Dokuments, das über die verschiedenen Reifegrade (R4E 3, 4, 5 Sterne) bis hin in die nationalen und europäischen Wettbewerbe genutzt und fortgeschrieben werden kann.

Kennzahlen – Erfahrungs- bericht eines EFQM-Assessors

Ohne Kennzahlen gibt es für Unternehmen keine Möglichkeit einer Standortbestimmung. Doch wie stellt man sicher, dass die Kennzahlen auch tatsächlich die Realität im Unternehmen abbilden? Der Beitrag erläutert Risiken bei der Nutzung von Kennzahlen und gibt Hinweise für ein gelungenes Kennzahlenmanagement.

In diesem Beitrag erfahren Sie:
- warum Kennzahlen nicht immer zur Bewertung der Unternehmensqualität beitragen,
- wie sich Kennzahlen bewerten lassen,
- was die zentralen Voraussetzungen für die erfolgreiche Nutzung von Kennzahlen sind.

RAINER LANGENBERG

Anzahl und Auswahl der Kennzahlen

Zunächst einmal geht es um die Frage, wie viele bzw. konkret welche Kennzahlen eine Organisation haben sollte. Jedes Unternehmen möchte in quantifizierter Form wissen, wo es steht und wie gut es in der Lage ist, sich erfolgreich weiterzuentwickeln. Aus diesem Grundsatz lässt sich ableiten, dass diejenigen Messgrößen als Schlüsselkennzahlen anzusehen sind, aus denen die Qualität der Strategieumsetzung erkennbar wird, oder anders: die die wesentlichen Zielgrößen beschreiben.

Bei der Revision des EFQM Excellence Modells auf die 2010er Version wurde besonders betont und für die Bewertung verbindlich festgeschrieben, dass die Kennzahlen für das Unternehmen und seinen Erfolg, sprich für die Umsetzung der Strategie, eine besondere Relevanz haben müssen. Seien die Ergebnistrends auch noch so zeitnah,

147

verlässlich, genau und schön segmentiert, ohne strategische Relevanz haben sie keinen Wert für die nachhaltige Unternehmenssteuerung – und liefern natürlich auch keinen positiven Beitrag zur Bewertung der Unternehmensqualität in einem EFQM-Assessment.

Trotzdem lassen sich immer wieder die folgenden Beobachtungen machen:

⇨ *Es gibt zu viele, zudem nicht angemessen sortierte Kennzahlen ohne zugehörige Relevanzbewertung.*
Es ist wie mit allen Dingen im Leben: Maximum und Optimum sind in der Regel verschiedene Dinge. Wenn man zu viele Messwerte als Schlüsselkennzahlen gepflegt haben will und mit Zielen verknüpft, führt das irgendwann zwangsläufig dazu, dass die betreffenden Mitarbeiter die Orientierung verlieren.
Weil ungünstige Veränderungen dann gegebenenfalls nicht mehr ernst genommen werden, wird im Endeffekt keine echte Verbesserung erreicht.

⇨ *Oft fehlt eine Verzahnung der Kennzahlen mit den unternehmensinternen Prozessen.*
Die in den Ergebniskriterien ausgewiesenen Kennzahlen finden in der Darstellung der Arbeitsweisen der Organisation (d. h. in den Befähiger-Kriterien) keinen Raum. Kennzahlen, die nicht im Unternehmen »gelebt« werden, sind aber nicht nur wertlos, sondern irritieren die Mitarbeiter und vernebeln so den Blick auf das Wesentliche.
Umgekehrt fehlen häufig Kennzahlen für als wichtig beschriebene strategische Ziele – was in gleicher Weise gegen die Durchgängigkeit des Managementsystems spricht.

⇨ *Nicht alle für das Unternehmen strategisch wichtigen Aspekte werden abgebildet (Beschränkung auf vermeintliche Standardwerte).*
Bei der Darstellung der Unternehmensergebnisse geht es nicht darum, zu jedem Kriterium ein paar Standarddaten auszuweisen. Der Erfolg bei der Umsetzung der Strategie soll gemessen und ausgewiesen werden, und zwar bei allen strategisch wichtigen Aspekten.

So findet man in der Praxis wiederholt im Kriterium 9 fast ausschließlich Finanzkennzahlen, obwohl es doch viele andere wichtige Ergebnisse außerhalb der Kriterien 6 bis 8 gibt (z. B. bezüglich der Effizienz der Prozesse), die für den Unternehmenserfolg wichtig sind.

Bewertung der Kennzahlen

Die erfolgreiche Nutzung von Kennzahlen ist natürlich abhängig von einer qualifizierten Bewertung der jeweiligen Daten bzw. des unternehmensbezogenen Entwicklungsprozesses. Daraus leiten sich die zwei bekannten EFQM-Bewertungskriterien ab:

⇨ *Nutzung von Benchmarks: Wie sind die Kennzahlen der Organisation im Vergleich mit entsprechenden Daten von Topunternehmen zu bewerten?*

Leider werden Benchmarks bei der Darstellung der Ergebnisse oft nur in untergeordnetem Maße ausgewiesen, insbesondere wenn man die Anforderung konkret so versteht, wie sie gemeint ist. Das Aufzeigen vergleichbarer Werte von Organisationen z. B. aus dem gleichen Konzern vermag durchaus Hinweise zur Bewertung zu geben, ist aber nicht gleichzusetzen mit dem Vergleich mit anerkannten Topunternehmen (best in class, world class etc.) wie z. B. aktuellen Ludwig-Erhard-Preisträgern. Wenn es um die Auszeichnung von Topleistungen gehen soll – ob beim »Recognised for Excellence« (R4E)-Verfahren oder gar beim EFQM Excellence Award –, sind ambitionierte Messlatten unumgänglich.

⇨ *Analyse der erzielten Veränderungen: Welche Trends weisen die Kennzahlen auf?*

Idealerweise gibt es – jeweils über die letzten Jahre – eine angemessen schnelle positive Entwicklung bzw. gleichbleibend gute (Spitzen-)Werte, wobei der Erfolg der Organisation natürlich auf eigene Aktivitäten zurückzuführen sein soll. Diese Anforderung bedeutet konkret, dass Organisationen ihre Schlüsselkennzahlen konstant und vergleichsrichtig über längere Zeiträume erfassen und jeweils auch bewerten müssen. Erst die konsequente systematische, über längere Zeiträume positive Entwicklung ist ein belastbarer Indikator für Spitzenleistungen im Wettbewerb. Ohne eine zweifelsfrei als erfolgreich erkennbare Historie kann ein Excellence-Assessment deshalb auch nicht zu Topergebnissen führen.

Unternehmensinternes Arbeiten mit Kennzahlen

Die qualifizierte Bewertung der jeweiligen Daten bzw. des unternehmensbezogenen Entwicklungsprozesses ist der erste Schritt zur erfolgreichen Nutzung von Kennzahlen für die positive Weiterentwicklung eines Unternehmens. Weitere Voraussetzungen hierfür sind:

⇨ *Die Mitarbeiter müssen das Kennzahlensystem leben (können).*
Kennzahlensysteme müssen so logisch und übersichtlich aufgebaut sein, dass sie von den Mitarbeitern verstanden und akzeptiert werden. Schließlich sollen die Mitarbeiter nicht nur das System ernst nehmen und mit Daten füttern, sondern auch Erkenntnisse daraus ableiten und diese in Verbesserungsmaßnahmen umsetzen. Und das erfordert auch, dass die Ergebnisse in klarer Form z. B. in einem Cockpit (periodisiert, segmentiert, übersichtlich) kommuniziert werden.

⇨ *Veränderungen in den Kennzahlen müssen verstanden und die ableitbaren Erkenntnisse auch wirklich gewonnen und genutzt werden.*
Die Notwendigkeit, relevante Kennzahlen mit dem Maßnahmen- und dem Zielmanagement zu verknüpfen, ist zumindest als Forderung trivial. Aber gerade bei Organisationen mit »unübersichtlich vielen« Kennzahlen stößt man oft auf das Problem, dass die Zieldefinitionen entweder nicht angemessen oder nicht nachvollziehbar sind – dann häufig mit der Folge, dass sich die Aktivitäten eher auf ein Monitoring des Messwertes beschränken und der Verbesserungsprozess nicht gerade dynamisch wirkt.

⇨ *Es ist regelmäßig zu prüfen, ob die Kennzahlen wirklich noch die erforderlichen Informationen liefern (kontinuierliche Nutzenoptimierung).*
Gerade wenn sich die Reife einer Organisation sukzessiv verändert, entstehen auch neue Fragestellungen und ein Bedarf an anderen Kennzahlen. Bei allem Plädoyer auch für eine Konstanz in der

Vorgehensweise ist es deshalb bisweilen erforderlich, eine andere Messlatte anzulegen. So weisen viele Organisationen die Zahl von Kundenbeschwerden als Key Performance Indicator (KPI) aus, manche Topunternehmen sind hingegen bereits so weit, dass sie das Ausbleiben von Beschwerden nicht mehr als Ziel, sondern als Null-linie definieren.

Angemessene Darstellung des erreichten Leistungsstandes

Abschließend noch ein paar Hinweise für das Schreiben einer Excellence-Dokumentation, sei es eine Bewerbungsbroschüre oder auch »nur« eine Arbeitsgrundlage für ein gutes Management-Review.

Kennzahlen müssen die Realität im Unternehmen abbilden – viele Manager (auch Qualitätsmanager!) neigen aber dazu, sie zur positiven Darstellung der eigenen Leistung zu missbrauchen. Es kommt immer wieder vor, dass man sich darauf beschränkt, aus eigentlich guten Mitarbeiterbefragungen positive Einzelaspekte herauszuziehen – unter Verlust anderer, viel wichtigerer Hinweise auf wertvolles Entwicklungspotenzial. Zu positive, »geschönte« Darstellungen sind aber weder für den kontinuierlichen Verbesserungsprozess (KVP) noch für eine Bewerbung um die R4E-Auszeichnung oder Excellence-Wettbewerbe förderlich.

Auch Messwerte, die keine gelebte Bindung zu den Kernprozessen eines Unternehmens aufweisen, sollten nicht als Schlüsselkennzahlen dargestellt werden (unabhängig davon, wie gut die Werte gerade sind). Aktuell eher unwichtige Kennzahlen darzustellen, um beispielsweise mit der Vielzahl zu beeindrucken oder auch nur, weil diese Zahlenwerte gerade einen schönen Trend haben, wirft vielmehr die Frage auf, ob die Organisation sich wirklich auf die Essentials fokussiert und die kausalen Zusammenhänge klar erfasst und »im Griff hat«.

Eine gewisse Eitelkeit ist menschlich – die Spitzenunternehmen können es sich aber leisten, ein realistisches Bild von sich zu zeichnen. In diesem Sinne ist ein echtes Topunternehmen manchmal eher weniger an aktuell guten Finanzergebnissen zu erkennen als an der gelebten

Fähigkeit, auf sich abzeichnende Veränderungen schnell und zielsicher zu reagieren. Was somit interessant ist, ist nicht nur das bessere Ergebnis, sondern die Fähigkeit, eine derartige Topposition positiv weiterzuentwickeln. Dies durch geeignete Kennzahlen zu erfassen, ist wirklich gehobenes Niveau.

Zusammenfassung

Ohne Kennzahlen gibt es keine Möglichkeit einer Standortbestimmung für ein Unternehmen – und damit auch keine Chance, eine Organisation qualifiziert und nachhaltig erfolgreich zu steuern. Das gilt in gleicher Weise sowohl für die erzielten Unternehmensergebnisse als auch für die Qualität der Verfahren, mit denen die Organisation erfolgreich arbeiten will.

Obwohl die Notwendigkeit geeigneter Kennzahlen unstrittig ist, zeigt die bei Assessments gewonnene Erfahrung deutlich, dass selbst bei Spitzenunternehmen im Kennzahlenmanagement oft noch deutliches Entwicklungspotenzial gegeben ist. Daher werden in diesem Beitrag aus der Erfahrung gewonnene, wertvolle Hinweise zu Anzahl, Auswahl und Bewertung von Kennzahlen sowie zum unternehmensinternen Arbeiten mit Kennzahlen dargestellt. Dabei zeigt sich:
⇨ Die Mitarbeiter müssen das Kennzahlensystem leben (können).
⇨ Veränderungen in den Kennzahlen müssen verstanden und die ableitbaren Erkenntnisse auch wirklich gewonnen und genutzt werden.
⇨ Es muss regelmäßig überprüft werden, ob die Kennzahlen tatsächlich noch die erforderlichen Informationen liefern.

Das Preisverfahren –
Beispiel Ludwig-Erhard-Preis

**Die Teilnahme an einem Preisverfahren wird von vielen
Organisationen als Abschluss einer längeren Entwicklung gewählt. Die typischen Taktiken, um daraus den
optimalen Nutzen zu ziehen, illustriert dieser Beitrag
am Beispiel des Ludwig-Erhard-Preises.**

In diesem Beitrag erfahren Sie:
- Preisverfahren ermöglichen die Einordnung der
  eigenen Organisation.
- Die Wettbewerbsteilnahme soll den Erfolg der
  Excellence-Bemühungen fördern.
- Sie kann zu hochwertigem Feedback gepaart mit
  einer externen Anerkennung führen.

ANDRÉ MOLL

Der Nutzen von Preisverfahren

In Deutschland allein gibt es über 500 verschiedene Preise für Unternehmen. Die meisten sind Jury-Preise und werden nur aufgrund der
Reputation von Organisationen vergeben. Aus diesen Preisteilnahmen
ziehen die Organisationen zwar einen Image-, jedoch keinen besonderen Erkenntnisgewinn. Nur wenige Preise vermitteln im Rahmen des
Bewertungsverfahrens einen Mehrwert. Dazu zählen die Preise, deren
Vergabe von der Ausprägung einer oder mehrerer Eigenschaften einer
Organisation abhängen (höchste Kundenzufriedenheit/-bindung,
größte Mitarbeiterzufriedenheit, erfolgreichste Innovation, etc.). Nur
ganz wenige Preisverfahren betrachten alle Eigenschaften einer Organisation als Grundlage der Preisvergabe. Qualitäts- und Excellence-Preise
haben typischerweise eine ganzheitliche Sicht auf die sich bewerben-
den Organisationen. Dabei ist der Mehrwert um so höher, wenn eine

Begutachtung vor Ort stattfindet, statt einer reinen Dokumentenprüfung. So entsteht ein nützliches Feedback zur Reife der Vorgehensweisen der Organisation, das auch den deutschen Ludwig-Erhard-Preis auszeichnet, ein typisches Preisverfahren, welches einen großen inhaltlichen Mehrwert für die Organisation bereithält.

Die Voraussetzung zur Teilnahme

Da die Preisverfahren die bewertete Organisation mit anderen Organisationen vergleichen, sollte ein Interessent so weit die Anforderungen erfüllen, dass die Teilnahme nicht zum Misserfolg wird. Wenn also beispielsweise eine Organisation eine Bewerbung um den Ludwig-Erhard-Preis anstrebt, so ist es empfehlenswert, sich vorab ein Bild der eigenen Reife (Wettbewerbsfähigkeit) zu machen.

Wenn als Bewertungsmaßstab das EFQM Excellence Modell festgelegt ist, so kann sich der Führungskreis entweder selbst mit dem Modell befassen und eine Selbstbewertung durchführen. Alternativ könnte sich die Organisation durch externe Assessoren bewerten lassen und mit dem Ergebnis dieser Fremdbewertung in die Projektplanung eintreten.

Die Teilnahme am Ludwig-Erhard-Preis als Projekt

Der Normalfall ist, dass eine Organisation nicht ad hoc am Preisverfahren teilnimmt. Nach einer ersten Analyse beginnt die Organisation zunächst mit der Projektplanung. Diese sollte eine realistische Zeitachse enthalten. Ein überhastetes Vorgehen hat schon mehr als einer Organisation eine erfolglose Teilnahme beschert.

Aus der ersten Analyse ergeben sich Verbesserungspotenziale. Diese könnten vor Wettbewerbsbeginn bereits angegangen werden. Es bietet sich an, die Quick-Wins auszunutzen und damit die Organisation schon vor der Teilnahme zu stärken.

Zur Bewerbung um den Ludwig-Erhard-Preis muss eine Bewerbungsunterlage erstellt werden. Dazu gibt es einerseits eine Anleitung (EFQM Management Dokument) und auch Beispiele. Wenn die Organisation sich anhand dieser Beispiele mit der Struktur der Bewerbungsunterlage befasst, werden teilweise Lücken in der eigenen Struktur bereits in dem Moment klar, indem es schwer fällt, zu bestimmten Managementaspekten Vorgehensweisen in der eigenen Organisation zu benennen. Die erste Bewertung sollte daher so dezidiert durchgeführt worden sein, dass das Ergebnis der Bewertung ausreichend detailliert ist, um daraus die Bewerbungsunterlage abzuleiten.

Manche Organisationen, die mit einer Selbstbewertung ins Projekt gestartet sind, haben ein Jahr später mit einem rudimentären Stand der Bewerbungsunterlage eine Fremdbewertung durchführen lassen oder mit eigenen Führungskräften simuliert. Aus diesem Schritt ergibt sich die Erkenntnis, wie verständlich die Bewerbungsunterlage ist und in wie weit es gelingt, die Vorgehensweisen zu verdeutlichen. Hierbei werden nicht geschlossene Regelkreise sichtbar und fehlende Elemente der RADAR-Bewertungslogik fallen auf. Wenn beispielsweise zu einem wichtigen Vorgehen keine Leistungsmessung stattfindet, so wird das in der Struktur der Unterlage sichtbar.

Der Nutzen der Bewertung durch das Assessorenteam steigt, wenn die für die Führungskräfte der Organisation offensichtlichen Potenziale bereits gehoben worden sind. Im Sinne des Johari-Fensters liegt der Mehrwert der Bewertung in denjenigen Aspekten, die den Assessoren auffallen, jedoch den Führungskräften der Organisation unbekannt

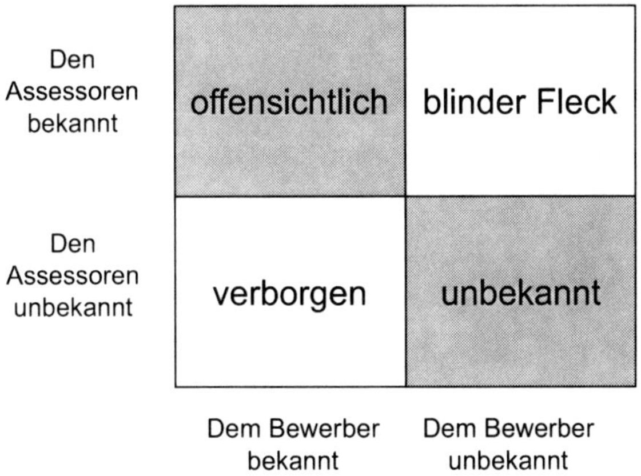

Abb. 1: *Johari-Fenster*

sind. Je weniger Potenziale verbleiben, die den Führungskräften der Organisation bekannt sind, umso größer die Chance, Potenziale zu erfahren, die den Führungskräften unbekannt sind.

Zur Vorbereitung der Bewertung sollten alle Führungskräfte zumindest grob über das EFQM-Modell und seine Bewertungsmethodik Bescheid wissen. Das Projektteam selbst muss sich detailliert kundig gemacht haben.

Die kurzfristige Vorbereitung

Mit dem Assessorenteam wird ein Zeitplan vereinbart, der aussagt, wann welche Person als Gesprächspartner über welchen Themenkreis Auskunft gibt. Dabei sollte die Organisation selbst darauf achten, dass alle relevanten Themen in diesem Zeitplan unterkommen. Im Ludwig-Erhard-Preis wird besonders aus diesem Grund ein frühes Treffen im Rahmen der Kalibrierung der Assessoren organisiert (Briefing-Treffen). Die Abstimmung der Themen mit den Assessoren ist ein wichtiger Meilenstein, der mit der Vorstellung der Organisation und einem ersten Austausch im Rahmen dieses ersten Treffens zusammenfällt.

Im Sinne einer Checkliste sind folgende Punkte zu beachten:
1. Powerpoint-Präsentation, die anhand des EFQM-Modells kurz durch die Organisation führt
2. Informationsmaterial, um die Leistungen der Organisation zu verdeutlichen (Anschauungsobjekte)
3. Vorschlag zum Zeitplan (Dauer, Inhalt, Verfügbarkeit der Gesprächspartner)
4. Explizite Wünsche, was sich die Assessoren unbedingt anschauen sollten

Nach dem Briefing, sobald die Zeitplan steht, sollte die Organisation überlegen, welche Detailthemen die einzelnen Gesprächspartner vermitteln müssen. Dazu kann die Organisation die erkannten Stärken so auf die Gesprächspartner aufteilen, dass nach Möglichkeit keine der Stärken in den Gesprächen mit den Assessoren unerwähnt bleibt.

Die Kommunikation der Teilnahme

Es hat sich bewährt, nicht über die ungelegten Eier zu gackern. Daher kommunizieren viele Organisationen im Vorfeld nur mit Bedacht über ihre Teilnahme. E.L Kersten aus den USA hat den Spruch geprägt *»Exceeding success by lowering expectations«*. Wenn eine Organisation beispielsweise ansagt, dass sie gerne Finalist im Ludwig-Erhard-Preis werden möchte, kann das ein machbares Ziel sein. Organisationen, die vorschnell den Gewinn des Preises als Ziel ausgegeben haben, bereiten sich selbst Probleme, weil einerseits ein Druck entsteht, der das Projekt meist eher negativ beeinflusst (sich selbst und das Assessorenteam unter Druck setzt), und andererseits ein davon abweichendes Ergebnis die Organisation in Erklärungsnotstand bringen kann.

Nutzen der Teilnahme erschließen

Neben dem – hoffentlich – erfreulichen Ergebnis sollte die Organisation Nutzen aus dem Verfahren ziehen. Im Ludwig-Erhard-Preis gehen keine Verlierer vom Feld.

Für jedes Bewertungsergebnis gibt es eine Anerkennung. Angefangen vom Preisträger, über die Auszeichnung (Zweitplatzierung), den Finalisten-Status (den theoretisch jeder Teilnehmer erreichen kann), der Anerkennung »Recognised for Excellence« der EFQM (ab 301 Punkte auf der 1000er-Skala), bis hin zur ILEP-Anerkennungsurkunde, die analog einer Teilnahmebescheinigung die Anwendung des Excellence-Ansatzes attestiert, erhält jeder Teilnehmer eine angemessene Reputation.

Inhaltlich erhält jede teilnehmende Organisation einen 40-seitigen Ergebnisbericht. Dieser Report sollte der Startpunkt einer Ergebnisauswertung sein, die zu weiteren Verbesserungen führt. Die Initiative Ludwig-Erhard-Preis versendet die Berichte ganz bewusst als Word-Dokument. Damit kann der Führungskreis der Organisation die

relevanten Stärken und (vor allem) Verbesserungspotenziale heraus-
kopieren, um diese mit der Teamleitung des Assessorenteams im Rahmen eines Nachgesprächs noch einmal zu reflektieren. In dem Falle,
dass es sich um unbekannte Verbesserungspotenziale handelt (siehe
Johari-Fenster), kann es sein, dass eine Diskussion der Feststellungen
der Assessoren im Nachgang dazu führt, dass ein Verständnis der Sicht
der Assessoren im Führungskreis der Organisation entsteht. In einigen
Fällen wird der Führungskreis bei der bisherigen Sicht verweilen. Es
ist aber immer eine Chance, eine fremde Wahrnehmung der eigenen
gegenüberzustellen.

Fazit
Durch die Bewerbung um den Ludwig-Erhard-Preis kann die Motivation der Mitarbeiter positiv stimuliert werden. Der sichtbare Erfolg
und die Teilnahme des Teams an der Preisverleihung erzeugen erfahrungsgemäß bei den Beteiligten ein positiveres Selbstbild.

Eine erfolgreiche Bewerbung führt zu einer Aufwertung der Reputation der Organisation bei Kunden, Partnern und Lieferanten. Es
entsteht ein Alleinstellungsmerkmal durch die Anerkennung und ein
Wettbewerbsvorteil durch die zusätzlichen Impulse aus der Bewertung.

Wichtig ist jedoch, die Motivation zur stetigen Verbesserung langfristig hoch zu halten und den Schwung aus der Bewerbung in eine
dauerhaft raschere Organisationsentwicklung umzumünzen.

Dadurch erst entwickelt sich die Teilnahme zu einem wirklichen
Erfolg, selbst wenn die Organisation nicht gleich als Preisträger vom
Feld geht.

Zusammenfassung

Viele Organisationen profitieren regelmäßig von der Teilnahme an Wettbewerben. Am Beispiel des Ludwig-Erhard-Preises wird klar, dass zwei wesentliche Effekte von der Teilnahme am Preisverfahren ausgehen: Eine Steigerung der eigenen Reputation und ein inhaltlicher Nutzen. Dieser Nutzen ergibt sich allerdings nur dann, wenn die Organisation einige Voraussetzungen beachtet:

⇨ die angemessene begleitende Kommunikation
⇨ die optimale Vorbereitung
⇨ die nutzenoptimierte Nachbereitung

Nutzen des Modells für Strategie, Organisation und Führung

Warum EFQM,
wenn es Normen gibt?

Ohne Normen wäre selbst das Einkaufen im Baumarkt schwierig. Normen helfen jedoch nicht nur im technischen Bereich, sondern besonders auch im Management. Ein Beleg für den Siegeszug der Managementnormen ist ihre starke Verbreitung. Wozu braucht man dann eigentlich noch das EFQM-Modell?

In diesem Beitrag erfahren Sie:
- welche Bedeutung Normen heute für das Management von Unternehmen besitzen,
- welche Gründe dafür sprechen, sich nicht ausschließlich auf Managementnormen zu verlassen, sondern auch das EFQM-Modell zu nutzen.

WALTER LUDWIG

Die Normen der ISO 9000er Reihe haben weltweit heute das erreicht, wozu sie Ende der 80er in Europa geschaffen wurden: *Unterstützung des freien Warenverkehrs.*

Sie bekämpfen die »Babylonische Sprachverwirrung«, indem sie Begriffe klären und grundlegende Vorgehensweisen in den Geschäftsbeziehungen von Organisationen beschreiben.

Darüber hinaus thematisieren die Normen weitere Dimensionen wie *»aus Fehlern lernen«* und *»Fehler vermeiden«,* letztere ganz wesentlich bei Geschäftsfeldern wie Automobil, Luftfahrt, Atomenergie, Lebensmittel, Pharmazeutika etc. die Fehler erst gar nicht entstehen lassen dürfen.

Im Fokus der inzwischen vielfältig angewachsenen *»Managementnormen«* steht der operative Bezug zu einer bestimmten Interessengruppe der Organisation wie Kunden (ISO 9001), Lieferanten (ISO TS

16949), Gesellschaft/Umwelt (ISO 14001), Gesellschaft/Mitarbeiter (Arbeitssicherheit, OSHAS 18001), um nur einige der weltweit am weitesten verbreiteten Regelungen zu nennen.

War die Zertifizierung nach einer Managementnorm einst ein Wettbewerbsvorteil, ist sie heute zur Teilnahme am internationalen Geschäft (inkl. Ausschreibungen der öffentlichen Hand) bereits Bedingung. (Mindestanspruch ISO 9001)

EFQM – Stärkung und langfristige Sicherung der Wettbewerbsfähigkeit

Fast gleichzeitig zu den Managementnormen wuchs in Europa die Erkenntnis, dass man die Grundsätze von »*Total Quality Management*« *(TQM)* den Europäischen Organisationen zur Stärkung und langfristigen Sicherung der Wettbewerbsfähigkeit vermitteln sollte. Dazu gründeten einige Unternehmen die mitgliederbasierte EFQM. Seit 1992 wird jährlich der Wettbewerb des »*Europäischen Qualitätspreises*« (EQA, jetzt *EFQM Excellence Award, EEA)* ausgerichtet.

Seit 2001 sind unterhalb des EEA angesiedelte Anerkennungsverfahren der EFQM nach Committed to Excellence *(C2E)* und Recognized for Excellence *(R4E)* eingeführt, die Organisationen auf dem Weg zu hervorragenden Leistungen unterstützen sollen. Diese zwei Jahre gültigen Auszeichnungen werden von vielen Trägerorganisationen der öffentlichen Hand als Nachweis für »*bestehende Managementsysteme*« anerkannt.

ISO oder EFQM?

Betrachtet man ausschließlich die weltweite Verbreitung, haben die Regelungen der ISO-Normen die Nase vorn. Warum also sollte eine Organisation ihre wertvollen Ressourcen für den Parallelbetrieb von zwei Systemen einsetzen, wenn EFQM ganz eindeutig das weniger verbreitete System darstellt? Rufen wir uns noch einmal kurz die Fakten in Erinnerung:

⇨ Eine ISO-Norm (samt ihren branchenspezifischen Ablegern) ist ein weltweit geforderter Mindeststandard, der eine Grundlage für

166

die Kunden-Lieferanten-Geschäftsbeziehung darstellt. Ausgerichtet sind Normen auf die operativen Abläufe bezogen auf ganz bestimmte Interessengruppen wie Kunden und Teile der Gesellschaft (Umwelt, Arbeitssicherheit, Gesundheit etc.). Immer häufiger müssen sie in Kombination eingesetzt werden, um am »Geschäft« teilnehmen zu können *(integrierte Managementsysteme)*.

⇨ In Normen werden Begriffe und grundlegende Abläufe definiert, samt der Fähigkeit aus Fehlern zu Lernen oder diese grundsätzlich zu vermeiden.

⇨ Die Anwendung von Normen stellt für die Wettbewerbsfähigkeit keinen Vorteil mehr dar, im Gegensatz zum EFQM-Modell und seinen Verfahren, das explizit darauf abzielt.

⇨ Lediglich das EFQM-Modell bietet einen Ansatz, der auf der *Integration* der *relevanten Interessengruppen* unter operativen und strategischen Aspekten basiert.

⇨ *Nachhaltige Ansätze* wie *Integration* von *ökonomischen, ökologischen und sozialen* Aspekten – den relevanten Interessengruppen der Organisation – bietet ebenfalls lediglich das EFQM-Modell, das langfristig orientierte Wettbewerbsfähigkeit darin einschließt.

Der Blick auf die heutige Welt zeigt: Verlässlichkeit bei der strategischen Planung und ein klares Verständnis von heutigen und zukünftigen Märkten und Wettbewerbern samt stabilen gesellschaftlichen Entwicklungen gehören der Vergangenheit an – die Krisen der Weltwirtschaft und des Euro lassen grüßen. Viele Führungskräfte verspüren daher ein ungutes Gefühl, wenn sie sich fragen, welchen Weg sie einschlagen sollen. Selbstverständlich besteht in dieser Lage immer die Möglichkeit, sich in das operative Tagesgeschäft (der Managementsysteme) zu stürzen, aber spätestens bei der Aufgabe, Ziele festzulegen (für Qualität, Umwelt etc. und nicht zu vergessen des Umsatzes und Ergebnisses für Aktionäre, Anteilseigner und Träger der Einrichtungen), stehen Führungskräfte wieder vor dem Dilemma: wie und auf welcher Grundlage sollen Ziele gesetzt, sinnstiftend kommuniziert und verfolgt werden?

An einer Zusammenführung von »*Pflicht*« *(Managementsysteme)* und *Kür (EFQM-Ansatz)* kommen die Organisationen kaum noch vorbei. Die Herausforderung für die Geschäftsleitung ist, dass die Delegation dieser Aufgabe an eine Einheit nicht mehr funktioniert. Sie muss höchstpersönlich die Verantwortung übernehmen und dabei Wege finden, das Handeln verschiedener Einheiten der Organisation aufeinander abzustimmen und zu effektiv zu synchronisieren. Dabei ist es erfahrungsgemäß sinnvoll, Fachleute zu engagieren, die bei dieser Aufgabe unterstützen und Führungskräfte qualifizieren. Aber ohne die Bereitschaft selbst ans Eingemachte gehen, helfen die besten Spezialisten nichts. Es geht um die ureigenen Belange der Organisation und ihrer Führung samt Mitarbeiter.

Die Frage ISO und/oder EFQM kann man auch umformulieren: *Delegation an Fachabteilungen mit Managementbeteiligung* oder *Führung durch das Management mit konzertierter Zusammenarbeit aller Abteilungen.*

Dynamik des EFQM-Ansatzes durch PDCA und RADAR-Logik

Die Definition von Prozessen, Regeln und Strukturen zum Management der Anforderungen der Interessengruppen (z. B. Kunden bei der ISO 9001) bildet die eher strukturierende und bewahrende Komponente der Managementsysteme.

Die eher dynamische Komponente liefert der Ansatz plan, do, check, act (PDCA), in der ISO 9001 versteckt als Fußnote im Prozessansatz zur Strukturierung des Managementsystems.

Auch EFQM verwendet einen PDCA-Ansatz, der als RADAR-Logik weiter verfeinert wurde. Die vielen verschiedenen Elemente mögen zu Beginn etwas abschrecken, liefern aber bei der Anwendung auf Vorgehen und Ergebnisse klare Hinweise, wo genau in der Organisation der »Schuh« drückt:

⇨ Vorgehen:
- Bezug zur Strategie schaffen
- Verzahnung mit anderen Vorgehensweisen/Prozessen
- Umsetzung in den relevanten Bereichen, angemessene Anwendung
- Messung von Effektivität und Effizienz
- Lernen und Kreativität bei Verbesserungen
- Priorisierung und Nutzung von Innovation bei Verbesserungen

⇨ Ergebnisse:
- Relevante und nützliche Ergebnisse, zeitgerecht, aussagekräftig, segmentiert
- Günstige Trends
- Angemessene, erreichte Zielen mit Bezug zur Strategie
- Angemessene, günstige Vergleiche mit Bezug zur Strategie
- Bestehen von Ursache-/Wirkungsbeziehungen zwischen Vorgehensweisen/Prozessen und Ergebnissen, Tragfähigkeit für die Zukunft

Die Struktur der RADAR-Logik macht deutlich, dass eine relativ starre, auf bestehende Produkte/Dienstleistungen und das laufenden Geschäft fokussierte Organisation mit EFQM kaum etwas anfangen kann.

Der EFQM-Ansatz erwartet von einer Organisation Klarheit und Transparenz: strategische Ziele, deren Annäherung/Erreichen über Messungen verfolgt werden sowie Leistungsmessungen bei den Vorgehen, basierend auf klaren Zielen. Diese Binnensicht wird ergänzt durch die Aufnahme der heutigen und zukünftigen Erwartungen der relevanten Interessengruppen und Nutzung zur Ausrichtung der Strategie.

Über die fundierten Leistungen bei den Kernaktivitäten hinaus zielt der EFQM-Ansatz auf eine dynamische Kultur der Organisation – den unternehmerischen Blick und das unternehmerische Verhalten – *Veränderungen aktiv managen*. Dabei fördert die RADAR-Logik durch Betonung von Lernen, Kreativität und Innovation sowie tiefes Verständnis von Ursache-/Wirkungsbeziehungen den proaktiven Ansatz in der Organisationsentwicklung und das Erschließen der Potenziale der Organisation. Organisationen mit einer solchen Kultur haben die Szenarien von heute und der Zukunft durchdacht, sich vorbereitet und setzen die situativ nötigen Veränderungen zügig um, während andere noch analysieren oder den Richtungswechsel gar nicht erkannt haben.

Der EFQM-Ansatz ist umfassend, die Normen bilden die Basis

Eine Gegenüberstellung und Abschätzung der Gemeinsamkeiten führt für die 32 Teilkriterien des EFQM Modells (100%) zu folgenden ungefähren Anteilen der ISO 9001:

Tabelle 1: Abschätzung des ISO 9001 Beitrags zu den 32 EFQM Teilkriterien				
Anteil der Gemeinsamkeiten	über 40%	bis zu 40%	bis zu 15%	keine
Anteil an den EFQM-Teilkriterien	13%	10%	45%	32%

Beispielhaft sei hier ein wichtiger Themenbereich angesprochen, der von der ISO 9001 lediglich im Ansatz adressiert wird, die »weichen Faktoren« in der Organisation. Damit sind die emotionalen Anteile an der Zukunftsausrichtung der Organisation, Rolle und Vorbildverhalten der Führungskräfte, die vertrauensvolle Zusammenarbeit der Führungskräfte mit den Mitarbeitern sowie die engagierten sich persönlich einbringenden Mitarbeiter gemeint. In der ISO 9001 darf Kompetenz bei den Mitarbeitern sein, dann hört es bereits auf; die Kompetenz der »obersten Leitung« spielt überhaupt keine Rolle. Gerade bei den »weichen Faktoren« zeigen die von der EFQM hoch ausgezeichneten Organisationen hervorragende Leistungen, die trotz Benchmarking, Industriespionage und IT-Daten-Hacking praktisch nicht zu kopieren und direkt für die eigene Organisation zu nutzen sind. Harte und weiche Faktoren gilt es ausgewogen zu managen, wobei die weichen Faktoren am Ende die wirklich schwer zu knackenden Nüsse sind. In Sachen Beeinflussbarkeit stellen sie die die eigentlich »harten Faktoren« dar.

Überlegungen zum validen Zielsetzungsprozess

Eine der schwierigsten Fragestellungen bei der Strategiearbeit von Organisationen ist die Festlegung angemessener Ziele. Dazu gibt das EFQM-Modell zwar Hinweise im Kriterium »Strategie« und in der RADAR-Logik, aber dennoch besteht bei vielen Organisationen kein systematisches Vorgehen zur Zielsetzung.

In diesem Beitrag erfahren Sie:
- welcher Zusammenhang zwischen Zielsetzungen und Strategie besteht,
- wie sich der Zielfindungsprozess planvoll gestalten lässt,
- wo die Grenzen und die Trefflichkeit von Zielsetzungen liegen.

André Moll

Zusammenhang zwischen Strategie und Zielsetzungen

Von Clausewitz beschrieb die Strategie als »Weg zum Ziel« [1]. Danach sind die Zielsetzungen den Wegen zur Umsetzung vorgelagert. Dieser Sachverhalt kann jedoch nicht für alle Zielsetzungen so gesehen werden. Vielmehr gilt es, übergeordnete Schlüsselkennzahlen aus dem Set der Kennzahlen zu priorisieren, die aufgrund ihrer vorrangigen Bedeutung an erster Stelle zu betrachten sind.

Diese Schlüsselkennzahlen werden aus dem Leitbild einer Organisation abgeleitet und anschließend festgelegt. Der Spielraum zur Festsetzung der Ziele für Schlüsselkennzahlen wird dabei durch die Erwartungen der relevanten Interessengruppen und die Fähigkeiten der Organisation eingegrenzt. Im Kontext der Schlüsselkennzahlen können insbesondere die Ansatzpunkte der Teilkriterien 2a (Externe Erwartungen und Umfeldanalyse) und 2b (Interne Leistungsfähigkeit)

hinsichtlich der Relevanz interessante Hinweise geben. Allein die be-
gründete Priorisierung von Schlüsselkennzahlen ist in diesem Kontext
eine Herausforderung. Manche Organisationen nutzen das Konzept
der Balanced Scorecard, um diese Prioritäten aus dem Ursachen-Wir-
kungs-Diagramm heraus zu erkennen. Dadurch entwickelt sich oft ein
Finanzfokus der Schlüsselkennzahlen. Die Beantwortung der Frage,
welche faktische Leistung für die Interessengruppen jeweils im Fokus
steht, kann der Organisation bei der Klärung der Priorisierung ebenfalls nützlich sein.

Aus dem Priorisieren und durch die Betrachtung der Erwartungen
(auch der Shareholder) ergeben sich Zielsetzungen, die – wenn sie mit
den Fähigkeiten der Organisation im Einklang stehen – die Basis für
die Strategie bilden. Die Organisation erarbeitet auf Basis dieser Festlegungen, die meist auch durch verbal ausgeführte strategische Ambitionen ergänzt sind, die Kaskadierung der Ziele. Diese entstehen häufig
zusammen mit den Überlegungen zu Projekten und Maßnahmen, die
nötig sind, um die Ziele der Schlüsselergebnisse zu erreichen.

Die Kaskadierung der Ziele

Die Struktur des Kennzahlensystems ist der entscheidende Ausgangspunkt für die Kaskadierung der Ziele. Die Schlüsselergebnisse werden
durch Schlüsselleistungsindikatoren beeinflusst. Diese Treiber des
Erfolgs werden im zweiten Schritt definiert. Ziele werden so bis auf
die Teilprozessebene heruntergebrochen. Je nach Bedeutung lassen
sich diese Indikatoren über eine Ebene oder sogar über zwei Ebenen
definieren (z. B. bis auf die Produkt- oder Arbeitsebene). Die Plausibilität der Zielkaskade wird oft durch die Einbindung der Mitarbeiter
sichergestellt. In Abstimmung mit ihnen loten die Führungskräfte realistische Ziele aus. Um deren Erreichung zu motivieren, werden diese
Ziele später im Rahmen von Zielvereinbarungsgesprächen jeweiligen
Zielverantwortlichen zugeordnet.

172

Grenzen der Zielsetzung

Das EFQM Excellence Modell hat mit der Revision 2010 eine wesentliche Änderung erfahren. Während vor 2010 alle Kennzahlen gemäß der RADAR-Logik mit Zielen gesteuert werden sollten, ist seither die Haltung in der RADAR-Logik derart festgeschrieben, dass nur für die wichtigen Kennzahlen (Schlüsselkennzahlen) Ziele zu setzen sind. Das heißt im Umkehrschluss aber nicht, dass nicht auch für andere Kennzahlen Ziele sinnvoll sind. Allerdings gab es in der Vergangenheit Fälle, in denen Organisationen einen unverhältnismäßigen Aufwand getrieben haben. Ein Mehr an gesetzten Zielen ist jedoch nicht gleichzusetzen mit einer höheren Qualität der Planung. Umgekehrt gibt es eine – in jedem Einzelfall zu ermittelnde – Mindestzahl von Zielen, die nötig ist, um eine Organisation zu steuern. In der Regel reichen – je nach Größe und Komplexität der Organisation – 8 bis 20 Kennzahlen. Dieses Kennzahlen-Cockpit steht meist im Mittelpunkt des Interesses der Geschäftsführung.

Trefflichkeit der Zielsetzung

Wenn eine Kennzahl neu eingeführt wird, ist die Zielsetzung eher eine grobe Schätzung. Erst nach einem Jahr kann von dem ersten Ergebnis und der Erfahrung mit der Größe ein validerer Zielwert ermittelt werden. Dabei ist zu diskutieren, ob ein einziger Zielwert tatsächlich seriös eine Aussage über die gewünschte Größe der Kennzahl treffen kann. Aktuell praktizieren einige innovative Organisationen ein neues Vorgehen zur Zielsetzung. Dabei definieren sie einen unteren Zielwert und einen optimalen oberen Zielwert. Somit wird ein Intervall festgelegt, in dem das Ergebnis zu erwarten ist. Die Ergebnislage lässt sich dadurch wesentlich differenzierter interpretieren, als wenn nur ein Zielwert gesetzt ist und das Ergebnis nur über oder unter dem Ziel liegen kann. Manche Organisationen halten den Fall, dass das Ergebnis unter dem Ziel liegt, für nicht schlimm, weil eine geringfügige Unterschreitung des Zielwerts ohne Auswirkung sei. Mit einem unteren und einem oberen Ziel kann das untere Ziel so definiert sein, dass dessen Unterschreitung definitiv zu einer Maßnahme führen muss, da es so gelegt ist, dass eine Unterschreitung den Erfolg der betrachteten Aktivität infrage stellen muss. Ebenfalls können Ergebnisse, die oberhalb des oberen Zielwertes liegen, als unerwartet identifiziert werden. Somit lassen sich unberücksichtigte Einflussfaktoren erkennen und für zukünftige Planungen einbeziehen.

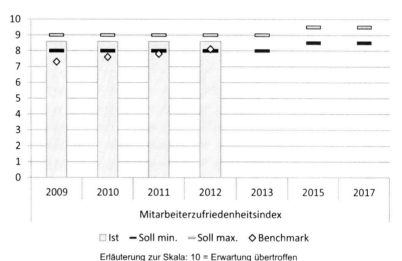

Abb. 1:   *Beispiel für eine Zielsetzung [2]*

Review

Die allermeisten Organisationen befassen sich mit dem Review ihrer Leistungen (z. B. Management-Review der ISO 9001) und interpretieren die Ergebnisse im Kontext der Zielsetzungen. Allerdings befassen sich nur wenige exzellente Unternehmen in diesem Kontext mit der Ebene, die der Excellence-Ansatz motiviert: kritisch zu beleuchten, ob das Vorgehen zur Zielfindung angemessen ist! Wenn die Führungskräfte sich aus der Mikroebene der Prozesse und Abläufe lösen und sich auf der Makroebene mit der Gesamtsicht befassen, entsteht ein Erkenntnisgewinn, der großschrittige Entwicklungen ermöglicht.

174

Der Excellence-Ansatz sieht den Strategieprozess als Dreh- und Angelpunkt der unternehmerischen Aktivitäten einer Organisation. Die Zielfindungsaktivitäten sind in diesem Kontext wiederum ein erfolgsentscheidender Aspekt. Ein planvolles Vorgehen wie der hier beschriebene Prozess, eine zeitgerechte Durchführung und eine zielgerichtete Hinterfragung der Eignung des Vorgehens sichern den Erfolg des Zielfindungsprozesses ab.

Literatur

[1]   V. OETINGER, B.; V. GHYCZY, I H.; BASSFORD, CH.: *Clausewitz: Strategie denken. Deutscher Taschenbuch Verlag, 2. Aufl. 2003*

[2]   INITIATIVE LUDWIG-ERHARD-PREIS: *EFQM-Fallstudie »cmxKonzepte GmbH & Co. KG«, 2012*

Zusammenfassung

Die Bedeutung des Zielfindungsprozesses wird im Kontext der Strategieentwicklung nicht von allen Organisationen gleichermaßen erkannt. Während manche Organisationen sehr durchdacht Ziele für die wesentlichen Größen ermitteln, behandeln viele andere die Zielfindung eher stiefmütterlich, da sie den Fokus auf eine nicht numerisch angelegte Strategieentwicklung legen. Die daraus resultierenden Zielsetzungen sind dann oft lediglich Extrapolationen der bisherigen Trendentwicklung und es fehlt insgesamt ein durchgängiges Verständnis der Wechselwirkungen in der Zielsetzung. Die Risiken, die von »intuitiver« Zielfindung ausgehen, werden teilweise unterschätzt, sie zeigen sich aber darin, dass die Organisation oft nur begrenzte Kenntnisse über die relevanten Entwicklungen hat, die Einfluss auf die Zielerreichung haben. Die im Beitrag vorgestellte differenzierte Betrachtung – Priorisierung, Kaskadierung, Zielwertermittlung und Review – der Zielsetzung bietet eine Chance, den Zielfindungsprozess signifikant aussagekräftiger zu gestalten.

Der Beitrag des EFQM-Modells für die Strategieentwicklung

»Neue Zusammenhänge entdeckt nicht das Auge, das über ein Werkstück gebeugt ist, sondern jenes, das in Muße den Horizont absucht.« Diese Worte C. F. von Weizsäckers´ unterstreichen die Bedeutung von Weitsicht. Sie gelten auch in Organisationen, die ihre Gegenwart und Zukunft strategisch planen wollen.

In diesem Beitrag erfahren Sie:
- welche Bedeutung die Entwicklung einer Strategie für eine Organisation besitzt,
- was eine Strategie ausmacht,
- wie eine Strategie entwickelt wird und welchen Beitrag das EFQM-Modell dabei leisten kann.

Heike Mühlbauer

Kriterium 2: Strategie – ein Fokus des EFQM-Modells

Die Entwicklung oder Neuausrichtung einer Unternehmensstrategie zählt zu den grundlegenden Aufgaben eines Unternehmens. Um hier erfolgreich zu sein, sind Kenntnisse der Bedürfnisse der Interessengruppen, der zukünftigen Systemumwelt und der Stärken und Schwächen der Organisation unverzichtbar. Bei der Strategieentwicklung sind Führungskräfte gefordert, kurz- und mittelfristige Ziele der Organisation zu entwickeln und zu operationalisieren. Das EFQM-Modell greift insbesondere die Frage der Strategieentwicklung auf:

> **Kriterium 2 Strategie:** Exzellente Organisationen verwirklichen ihre Mission und erreichen ihre Vision, indem sie eine auf die Interessengruppen ausgerichtete Strategie entwickeln. Leitlinien, Pläne, Zielsetzungen und Prozesse werden entwickelt und umgesetzt, um diese Strategie zu realisieren. (Originaltext EFQM Excellence Modell)

Organisationen müssen sich mehr denn je mit komplexen Anforderungen auseinandersetzen. In Zeiten kontinuierlichen Wandels, volatiler Märkte, anspruchsvoller Kunden und Erfolgserwartungen der Auftraggeber ist häufig eine schnelle Anpassung der eigenen Strategie erforderlich. Langfristig erfolgreiche Organisationen zeigen zudem unternehmerischen Weitblick und beziehen bewusst den Aspekt der ökonomischen, ökologischen und sozialen Nachhaltigkeit in ihre Strategie mit ein. Das Grundkonzept der Excellence »*Die Zukunft nachhaltig gestalten*« wird somit auch im Strategieprozess aufgegriffen.

Das EFQM-Modell fokussiert die systematische Strategieentwicklung und -umsetzung in der Organisation auf Basis ihrer Mission und Vision, von der Definition der Strategie bis hin zu deren Operationalisierung und Messung. Alle weiteren acht EFQM-Kriterien nehmen Rückbezug auf die Strategie. Die Vorgehensweisen einer Organisation, die EFQM anwendet, werden somit systematisch an der Strategie ausgerichtet. Auch die RADAR-Systematik betrachtet und beurteilt die Leistungen der Organisation im Bezug zur Strategie.

Strategie und strategische Ziele

Was aber ist eine Strategie und wie kommt man dazu? Das Wort Strategie stammt aus dem Griechischen und bedeutet so viel wie »ein Heer führen« (stratos = Heer, agein = führen, leiten). Strategie bezieht sich auf die Ausrichtung der Organisation in Bezug auf ihre Umwelt. Hier wird die Umwelt nicht etwa als unkalkulierbare Bedrohung gesehen, sondern als potenzielle Chance. Dazu gehört auch, sich der vorhandenen Risiken bewusst zu sein, um diesen vorbeugen zu können. Strategisches Management bedeutet, die Organisation gezielt an ihrer zukünftigen Umwelt und den organisationsspezifischen Besonderheiten auszurichten. Ziel ist es, nicht auf Entwicklungen zu reagieren, sondern diese vorausschauend zu erkennen und im Sinne einer aktiven Marktgestaltung zu berücksichtigen.

Die strategischen Ziele bestimmen, wo das Unternehmen innerhalb eines bestimmten Zeitraums unter Berücksichtigung der zu erwartenden Umweltbedingungen und seiner eigenen Stärken und Schwächen stehen will. Die Mission und die Vision des Unternehmens bestimmen den Rahmen.

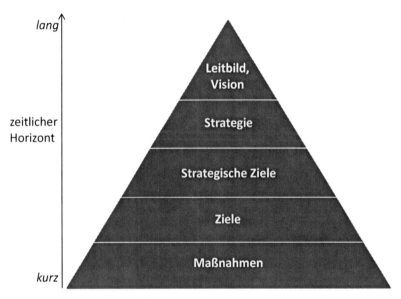

Abb. 1:   *Top-down-Prinzip*

Entwicklung der Strategie

Zunächst formuliert die Organisation ihre grundsätzliche Strategie, abgeleitet aus der Mission und Vision des Unternehmens.

> **Mission und Vision**
>
> Mission (lat. missio = das Entsenden) ist der Unternehmenszweck in Form eines Nutzenversprechens.
>
> Vision (lat.: videre = sehen; frz.: vision = Sichtweise, Traumbild) ist die Vorstellung der Organisation, wo sie in unbestimmter Zukunft stehen wird.

Diese übergeordnete Strategie ist zunächst allgemein formuliert. Konkretisiert wird sie erst im weiteren Verlauf nach dem Top-down-Prinzip, d. h. von oben nach unten abgeleitet durch Formulierung konkreterer strategischer Ziele (vgl. Abbildung 1).

Zur Ableitung der strategischen Ziele ist die SWOT-Analyse ein geeignetes Instrument. SWOT steht für Stärken (Strength), Schwächen (Weakness), Chancen (Opportunities) und Gefahren (Threats). Wenn das Unternehmen strategische Ziele formulieren will, muss sie ihre Stärken und auch ihre Grenzen kennen, um diese bereits in der Zielformulierung entsprechend zu berücksichtigen.

Umweltanalyse

> **EFQM-Kriterium 2a:** Die Strategie beruht auf dem Verständnis der Bedürfnisse und Erwartungen der Interessengruppen und des externen Umfelds. (Originaltext EFQM Excellence Modell)

Die Bedürfnisse und Erwartungen der Interessengruppen und deren Veränderungen sind wichtiger Input für die Strategie der Organisation. Die Ergebnisse von Befragungen, Rückmeldungen, Beschwerden und Reklamationen, Nutzerkonferenzen, Gremien sowie sonstige Rückmeldungen und Informationen werden von einer exzellenten Organisation kontinuierlich erhoben, ausgewertet und in die Strategieentwicklung einbezogen.

Durch eine Umweltanalyse identifiziert die Organisation Chancen und Risiken, die sich aus dem zu erwartenden zukünftigen Umfeld für eine nachhaltige Entwicklung ableiten lassen. Veränderungen und Trends im technologischen, politisch-rechtlichen, ökologischen, makroökonomischen und soziokulturellen Umfeld werden verstanden und antizipiert.

Organisationsanalyse

EFQM-Kriterium 2b: Die Strategie beruht auf dem Verständnis der eigenen Leistungen und Fertigkeiten. (Originaltext EFQM Excellence Modell)

Die Organisation identifiziert ihre individuellen Stärken und Schwächen durch eine Organisationsanalyse. Mit einer EFQM-Selbstbewertung können die Stärken (Strength) und Schwächen (Weakness) der Organisation in allen neun Kriterien abgebildet werden. Stärken können sowohl zur Nutzung potenzieller Chancen als auch zur Abwehr von Risiken verwendet werden. Schwächen lassen sich entweder eliminieren, um neue Möglichkeiten zu nutzen oder aber die Organisation entwickelt ein Vorgehen, damit die Schwächen für sie nicht zur Bedrohung werden.

SWOT-Analyse	Interne Analyse	
	Stärken (Strengths)	**Schwächen (Weaknesses)**
E x t e r n e **A n a l y s e** **Chancen (Opportunities)**	*S-O-Strategien*: Verfolgen von neuen Möglichkeiten, die gut zu den Stärken des Unternehmens passen.	*W-O-Strategien*: Schwächen eliminieren, um neue Möglichkeiten zu nutzen.
Gefahren (Threats)	*S-T-Strategien*: Stärken nutzen, um Bedrohungen abzuwenden.	*W-T-Strategien*: Verteidigungen entwickeln, um vorhandene Schwächen nicht zum Ziel von Bedrohungen werden zu lassen.

Abb. 2:   *SWOT-Analyse, Quelle [5]*

EFQM-Kriterium 2c: Die Strategie und unterstützende Leitlinien werden entwickelt, überprüft und aktualisiert, um ökonomische, gesellschaftliche und ökologische Nachhaltigkeit sicherzustellen. (Originaltext EFQM Excellence Modell)

Mit der SWOT-Analyse werden strategische Ziele unter Einbezug wirtschaftlicher, gesellschaftlicher und ökologischer Nachhaltigkeit aus der Gesamtstrategie abgeleitet. Begreifen Sie die Bildung dieser Ziele als einen kreativen Prozess, indem alle Führungskräfte z. B. im Rahmen eines moderierten Workshops eingebunden sind. Als Ergebnis erarbeiten die Teilnehmer des Strategieworkshops zu den Stärken und Schwächen der Einrichtung und auf die Erfordernisse der Umwelt und Bedürfnisse der Interessengruppen abgestimmte strategische Ziele. Achten Sie dabei auf ein sinnvolles Verhältnis zwischen der Anzahl dieser Ziele und der Größe und den Möglichkeiten der Organisation. Für eine Organisation mittlerer Größe sind 3-4 strategische Ziele völlig ausreichend. Die Ziele dürfen sich nicht widersprechen, sondern sollten wechselseitig aufeinander bezogen sein.

Das EFQM-Modell fordert unternehmerischen Weitblick, nur wer nachhaltig und sozial verträglich wirtschaftet, ist langfristig erfolgreich.

Implementierung der Strategie

EFQM-Kriterium 2d: Die Strategie und die unterstützenden Leitlinien werden kommuniziert und durch Pläne, Prozesse und Zielsetzungen umgesetzt. (Originaltext EFQM Excellence Modell)

Die mehrdimensionale Balanced Scorecard (BSC) ermöglicht, die Strategie zu konkretisieren, erforderliche Maßnahmen, Leistungsindikatoren und Ziele zu definieren. Sie misst den Erfolg nicht nur auf finanzieller Ebene, sondern bezieht auch weitere, nichtfinanzielle Perspektiven, auch Dimensionen genannt, mit ein. Die Begründer der BSC, Kaplan und Norton, schlagen vier Dimensionen vor, die Finanzperspektive, Kundenperspektive, Prozessperspektive und Innovations- und Lernperspektive. Jeder Organisation kann jedoch diese Dimensionen entsprechend der eigenen Erfordernisse umbenennen oder durch eine weitere Perspektive zu ergänzen. Grundsätzlich sollten Sie auf die Ausgewogenheit und Übersichtlichkeit der Dimensionen achten. Bei EFQM finden sich diese Perspektiven bei den Ergebniskriterien wieder.

Die Ziele und Maßnahmen werden nun auf alle Ebenen heruntergebrochen und kommuniziert, d. h. von der obersten Organisationsebene über Abteilungen bzw. Bereiche bis hin zur Mitarbeiterebene.

Hier sind die Führungskräfte gefragt, zu deren Aufgaben die Begleitung und Steuerung ihrer Mitarbeiter gehört. Sie müssen diese Organisationsziele bis auf die Mitarbeiterebene übersetzen, so dass alle Beteiligten wissen, welchen Beitrag sie zur Umsetzung der Ziele leisten sollen. Die Zielkaskade reicht von den Strategischen Zielen bis hin zu den Mitarbeiterzielen, Prozesse und Organisationsstrukturen werden mit der Strategie abgestimmt.

Im Gesamtblick werden die Kennzahlen der verschiedenen BSC-Dimensionen mit den vier Ergebniskriterien des EFQM-Modell mehrdimensional betrachtet und nach der RADAR-Logik bewertet.

Ausblick

Finanzielle und personelle Ressourcen werden knapper, die Anforderungen an die Organisation komplexer. Um wettbewerbsfähig am Markt zu agieren wird es immer wichtiger, Strategien gezielt zu planen und umzusetzen Die jährliche Aktualisierung der Organisationsstrategie bezieht die zu erwartende Umwelt und die Stärken und Schwächen der Organisation ein, legt die individuelle Strategie fest und operationalisiert diese. Dies gewährleistet eine kontinuierliche Weiterentwicklung der Organisation unter Einbezug sozialer, ökonomischer und ökologischer Nachhaltigkeit.

Literatur

[1]   EHRMANN, HARALD: *Kompakt Training. Strategische Planung. Kiehl: Ludwigshafen 2006*

[2]   HERWIG R. FRIEDAG/WALTER SCHMIDT): *Balanced Scorecard. 2. Aufl., Taschen Guide München: Haufe 2004*

[3]   HORVÁTH & PARTNERS (HRSG.): *Balanced Scorecard umsetzen. 4. Aufl., Stuttgart: Schäffer-Poeschel 2007*

[4]   KAPLAN, ROBERT S./NORTON, DAVID P. : *Die strategiefokussierte Organisation. Führen mit der Balanced Scorecard Stuttgart: Schäffer-Poeschel 2001*

[5]   HERMANN SIMON, ANDREAS VON DER GATHEN: *Das große Handbuch der Strategie – Instrumente, campus Verlag, 2002, S. 222*

EFQM in der Strategieplanung

**Die Strategieplanung kann die Existenz langfristig
sichern, oder aber, wenn sie fehlerhaft ist, auch das
schnelle Ausscheiden aus dem Markt bedeuten. Das
EFQM-Modell widmet sich mit einer Kombination von
Kriterien dem Thema Strategie und bietet die Chance
zu einer systematischen Strategieplanung.**

....

In diesem Beitrag erfahren Sie:
- Die Strategie muss die Integration externer und
  internen Ressourcen berücksichtigen.
- Strategieplanung ist ein kontinuierlicher Prozess.
- Wesentlicher Bestandteil sind Alternativen zur
  Risikominimierung: Langfristig wirksame Allein-
  stellungsmerkmale.

....

BERND REHBERG

Der Strategiebegriff
»Strategie ist die Kunst und Wissenschaft, alle Kräfte eines Unternehmens so zu entwickeln und einzusetzen, dass ein möglichst profitables,
langfristiges Überleben gesichert ist.« [1]

Diese Definition von Hermann Simon drückt den Strategiebegriff voll-
umfänglich aus und hebt insbesondere seine Bedeutung für die dauerhafte Existenz eines Unternehmens hervor. Basierend auf dem Begriff
existieren heutzutage noch zwei Denkansätze bzw. unterschiedliche
Auslegungen:
1. Externe Auslegung: Die Strategie basiert auf externen Faktoren und
   ist darauf ausgerichtet, Kundenbedürfnisse besser als der Wettbewerb zu befriedigen.

2. Interne Auslegung: Eigene Ressourcen bilden die Grundlage der Strategie. Hier geht es darum, Kernkompetenzen zu erwerben, die der Wettbewerb nicht besitzt.

Die Frage, welche der beiden Auslegungen die richtige ist, beantwortet die EFQM in ihrem Modell. Sie sieht jeden Ansatz isoliert gesehen als zu einseitig an und verfolgt einen integrativen Ansatz, nach dem die Strategie externe Chancen und interne Ressourcen berücksichtigen sollte. Diese Erkenntnis wird im Strategiekriterium (2a-d) des Models ausgewiesen.

Kriterium 2 sollte allerdings nicht isoliert betrachtet werden, sondern zur optimalen Ausrichtung des Unternehmens immer im Kontext mit mindestens 1a/e, 4b/d, 5b/d und 9a/b gesehen und analysiert werden. Hinweise zur Verknüpfung der jeweiligen Kriterien/Teilkriterien folgen im weiteren Textverlauf.

Von der Vision zum Strategieprozess

Bevor die eigentliche Strategiearbeit im Unternehmen beginnen kann, ist es zunächst Aufgabe der Geschäftsleitung (1a) die
⇨ Vision (was will das Unternehmen erreichen?)
⇨ Mission (warum existiert das Unternehmen?)
⇨ Werte (woran glaubt das Unternehmen?)
zu entwickeln und im Unternehmen zu verankern.

Die Strategie beschreibt sodann den Weg, wie die Vision unter Berücksichtigung der Werte realisiert werden soll; dies umfasst die Planung und die Ergebniserwartungen in finanzieller Hinsicht (4b), der Bogen spannt sich aber weiter bis hin zur Erfüllung der Ziele und Erwartungen aller Interessengruppen (4a).

In vielen Unternehmen wird die Strategie auch heute noch als notwendiges Übel und eher langfristiges Instrument zur Sicherung von Wettbewerbsvorteilen gesehen. Die Folge ist, dass sie, einmal definiert, über längere Zeit stabil bleibt und sich kaum an äußeren Einflüssen orientiert. Nach der aktuellen Lehre ist Strategie jedoch weder zeitlos

186

Kriterium	Teilkriterium
1. Führung	a) Führungskräfte entwickeln die Vision, Mission, Werte und ethische Grundsätze und sind Vorbilder.
	d) Führungskräfte stärken zusammen mit den Mitarbeiterinnen und Mitarbeitern der Organisation eine Kultur der Excellence.
	e) Führungskräfte gewährleisten, dass die Organisation flexibel ist und Veränderungen effektiv gemanagt werden.
2. Strategie	a) Die Strategie beruht auf dem Verständnis der Bedürfnisse und Erwartungen der Interessensgruppen und des externen Umfelds.
	b) Die Strategie beruht auf dem Verständnis der eigenen Leistungen und Fertigkeiten.
	c) Die Strategie und unterstützende Leitlinien werden entwickelt, überprüft und aktualisiert, um ökonomische, gesellschaftliche und ökologische Nachhaltigkeit sicherzustellen.
	d) Die Strategie und die unterstützenden Leitlinien werden kommuniziert und durch Pläne, Prozesse und Zielsetzungen umgesetzt.
4. Partnerschaften und Ressourcen	a) Partner und Lieferanten werden zu nachhaltigem Nutzen gemanagt.
	b) Finanzen werden zum nachhaltigen Nutzen gemanagt.
	d) Technologie wird gemanagt, um die Realisierung der Strategie zu unterstützen.
5. Prozesse, Produkte und Dienstleistungen	c) Produkte und Dienstleistungen werden effektiv beworben und vermarktet.
	b) Produkte und Dienstleistungen werden entwickelt, um optimale Werte für Kunden zu schaffen.
	d) Produkte werden erstellt, geliefert und gemanagt, um den laufenden Erfolg der Organisation zu sichern.
9. Schlüsselergebnisse	a) Erfolgsmessgrößen: Finanzielle- und nichtfinanzielle Ergebnisse, die den Erfolg der Umsetzung der Strategie zeigen.
	b) Schlüsselleistungsindikatoren: Finanzielle- und nichtfinanzielle Indikatoren, die verwendet werden, um die operative Leistung der Organisation zu messen.

Abb. 1: *Die wichtigsten EFQM-Teilkriterien zur Unterstützung der Strategieplanung*

187

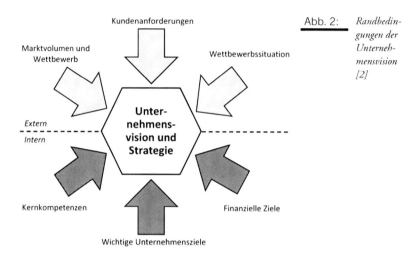

Abb. 2: *Randbedingungen der Unternehmensvision [2]*

noch stabil (2c), da sich strategische Fragestellungen aufgrund der Dynamik der externen und internen Faktoren ändern. Die Strategiearbeit wird daher zu einem kontinuierlichen Prozess (gegenüber einmaligem Event), in dem sensibel auf sich ändernde Kontexte reagiert wird.

Die Hauptverantwortung liegt deutlich beim Führungskreis (1e), der jedoch die Mitarbeiter (1d) einbeziehen sollte. Man könnte den Mitarbeiter mit dem Navigator eines Schiffes oder Flugzeuges vergleichen, der den Kapitän kontinuierlich auf durch Strömung, Wind oder interne Defekte notwendig werdende Kursänderungen aufmerksam macht.

Die Abbildung 3 »Beispiel eines Strategieplanungszyklus im Jahresverlauf« zeigt, wie ein systematischer Strategieprozess aufgebaut werden kann. In diesem Beispiel sind den Quartalen klar definierte Aktivitäten zugeordnet. Basierend auf der Vision & Mission (1a), den bisher erzielten Ergebnissen (9a/b), sowie den weiteren internen und externen Faktoren, wird der Strategieplan entwickelt und kommuniziert.

Hat das Führungsteam die Strategie unter Einbeziehung der Mitarbeiter erstellt, ist bereits die Grundlage für den Entwurf einer Scorecard mit Kennzahlen (5a) und Zielen gelegt. Im weiteren Schritt wird die Balanced Scorecard (9a/b), die die finanziellen und nichtfinanziel-

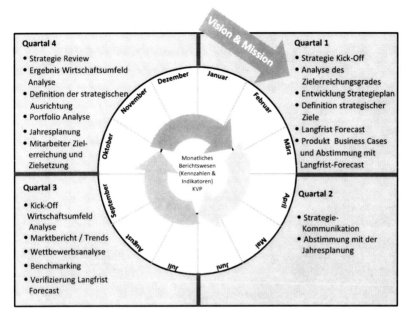

Quartal 4
- Strategie Review
- Ergebnis Wirtschaftsumfeld Analyse
- Definition der strategischen Ausrichtung
- Portfolio Analyse
- Jahresplanung
- Mitarbeiter Zielerreichung und Zielsetzung

Quartal 3
- Kick-Off Wirtschaftsumfeld Analyse
- Marktbericht / Trends
- Wettbewerbsanalyse
- Benchmarking
- Verifizierung Langfrist Forecast

Quartal 1
- Strategie Kick-Off
- Analyse des Zielerreichungsgrades
- Entwicklung Strategieplan
- Definition strategischer Ziele
- Langfrist Forecast
- Produkt Business Cases und Abstimmung mit Langfrist-Forecast

Quartal 2
- Strategie-Kommunikation
- Abstimmung mit der Jahresplanung

Dezember, Januar, November, Oktober, September, August, Juli, Juni, Mai, April, März, Februar

Vision & Mission

Monatliches Berichtswesen (Kennzahlen & Indikatoren) KVP

Abb. 3: *Beispiel eines Strategieplanungszyklus' im Jahresverlauf*

len Kriterien beinhaltet, entwickelt. Sie reflektiert die Unternehmensstrategie.

Die Kennzahlen werden kontinuierlich und systematisch mit denen anderer Unternehmen verglichen (5d), um ein Verständnis dafür zu generieren, wie das Unternehmen im Wettbewerbsvergleich steht, und um daraufhin die eigene Leistungsfähigkeit zu erhöhen. Benchmarking findet bisher in Unternehmen allerdings noch wenig Anwendung. Es herrscht oftmals »Scheuklappendenken« und die Offenheit gegenüber besseren Prozessen ist noch nicht ausgeprägt. Hat sich die Unternehmensführung für Benchmarking entschieden, ist die Auswahl geeigneter Partner wichtig.

Dauerhafte Alleinsteinstellungsmerkmale zur Risikominimierung

Die Assessment-Praxis zeigt, dass ein Teil der Unternehmen jedoch erst in Krisenzeiten an Änderungen denken, während exzellente Unternehmen (2c) permanent auf der Suche nach neuen Wegen der Wertschöpfung (5c) sind und neue Leistungsstandards setzen. Der Fokus bei der Suche nach einer strategischen Differenzierung sollte hierbei nicht ausschließlich auf das reine Produkt oder die Dienstleistung bezogen, sondern deutlich weiter gesetzt werden. Dies liegt darin begründet, dass sich die Entwicklungszeiten durch die Einführung neuer Techniken (z. B. Simultaneous Engineering oder Computergestütze Konstruktion) in den letzten Jahren deutlich reduziert haben. Dadurch lassen sich technische Produkteigenschaften relativ schnell kopieren. Auch die zunehmende Globalisierung und der zum Teil rechtswidrige Umgang mit »geistigem Eigentum« bzw. Urheberrechten spielt eine immer größer werdende Rolle.

Untersuchungen belegen, dass die Dauerhaftigkeit von wettbewerbsrelevanten Merkmalen umso ausgeprägter ist, je schwerer das zugrunde liegende Know-how vom Wettbewerb imitiert werden kann. Damit wird deutlich, dass ein dauerhafter Wettbewerbsvorteil nicht ausschließlich durch eine Produktinnovation erzielt werden kann, sondern dass es darüber hinaus weitere Alleinstellungsmerkmale (5c) geben muss, um das langfristige Überleben des Unternehmens sicherzustellen. Einen wesentlich besseren Schutz vor Imitation liefern zum Beispiel realisierte Logistikkonzepte und »gelebte« Werthaltung. Während heute zum Beispiel Produkte in der Elektronikindustrie in 1 – 1,5 Jahren imitiert werden können, erfordert der Aufbau eines »State-of-the-art-Logistiksystems« mindestens drei bis fünf Jahre. Bis sich eine »Führungsphilosophie« durchgesetzt hat, kann sogar noch mehr Zeit vergehen. Unumstritten ist auch die Erkenntnis, dass Änderungen in der Unternehmenskultur etliche Jahre in Anspruch nehmen.

190

Daher kann Werthaltung im gesamten Unternehmen nur durch kontinuierliche und systematische Anstrengungen über viele Jahre erreicht werden.

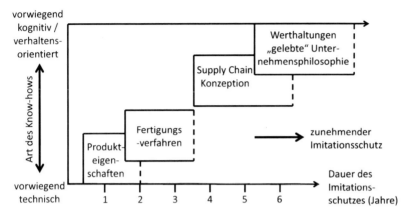

Abb. 4:   *Entwicklung von schwer imitierbarem Know-how [3]*

Ein weiterer, nicht weniger wichtiger Aspekt liegt in der Risikominimierung (2a/c) durch die Bildung strategischer Alternativen. Die Globalisierung und zunehmende Verlagerung von Wertschöpfungsbestandteilen in die Supply Chain führen zu einer steigenden Komplexität der logistischen Netzwerke. Zwischen den Unternehmen entwickeln sich Abhängigkeiten, dadurch steigt die Anfälligkeit gegenüber externen Risiken, wobei insbesondere die Versorgungssicherheit gefährdet wird (z. B. politische Einflussfaktoren oder Umweltkatastrophen wie Erdbeben und Überschwemmungen). Weitere potenzielle Risikotreiber können auch Zentralisierung, Outsourcing oder Reduzierung der Lieferantenzahl (4a) darstellen. In vielen Fällen wurde erst durch die Auswirkung einer eingetretenen Begebenheit deutlich, wie verwundbar oder sicher die Unternehmen sind.

Resümee

Es gibt noch eine Vielzahl von Unternehmen, in denen die Strategie-arbeit nur einen untergeordneten Stellenwert genießt. Dies zeigt sich daran, dass ein systematischer Prozess zur Strategieentwicklung nicht eingeführt ist und wesentliche Elemente wie strategische Alternativen zur Risikominimierung oder auch Benchmarking nicht umgesetzt werden. Die Erkenntnis, dass es bei dem Thema um nichts weniger, als das langfristige Überleben des Unternehmens geht, ist hier noch nicht verbreitet. Für die Führungskräfte, die der Strategie in Zukunft einen höheren Stellenwert beimessen möchten, bildet das EFQM-Modell eine ausgezeichnete Grundlage, da es in Kombination der Kriterien alle wesentlichen Aspekte der Strategiearbeit berücksichtigt.

Literatur

[1]   SIMON, HERMANN: *Integrative Strategie, in »Die besten Management Tools 1: Strategie und Marketing«, Handelsblatt Management Bibliothek Band 8*

[2]   COHEN, SHOSHANAH & ROUSSEL, JOSEPH: *»Strategisches Supply Chain Management«, Springer 2006*

[3]   SCHULTE, CHRISTOF: *»Logistik – Wege zur Optimierung der Supply Chain«, Vahlens Handbücher, 5. Auflage*

EFQM und BSC im Vergleich

Die Balanced Scorecard (BSC) ist ein zahlenbasiertes Managementsystem zur Umsetzung einer Unternehmensstrategie. Das EFQM-Modell hingegen wurde von Anfang an als wertebasiertes Managementsystem entworfen, das strategischen Erfolg auf Basis sozialer, ökonomischer und ökologischer Nachhaltigkeit erzielt.

> **In diesem Beitrag erfahren Sie:**
> - BSC wie EFQM setzen Strategie, Leistung und Erfolg in einen Ursache-Wirkungs-Zusammenhang.
> - BSC steht für ein kennzahlenbasiertes Managementsystem.
> - EFQM steht für ein wertebasiertes Managementsystem.

BIRGIT BEHRENS-OTTO

BSC – mehr als Finanzkennzahlen

Im Januar 1992 veröffentlichten der Harvard Professor Robert S. Kaplan und der IT-Experte David P. Norton im Harvard Business Review (HBR) das Forschungsergebnis einer einjährigen Untersuchung zukunftsträchtiger Kennzahlensysteme von zwölf Organisationen [1]. »Unser ursprünglicher Antrieb war es, den ausschließlichen Gebrauch finanzieller Messgrößen für die Motivation und Leistungserbringung in Frage zu stellen«, schreiben die Autoren in ihrem 2008 veröffentlichten Buch »The Execution Premium: Linking Strategy to Operations for Competitive Advantage« rückblickend [2]. Sie kamen zu der Überzeugung, dass Manager eine Balanced Scorecard (BSC) benötigen, um Unternehmen erfolgreich zu steuern. Darunter verstanden die Autoren einen Kennzahlensatz, durch den sich die Unternehmensleitung rasch einen Überblick über die aktuelle Geschäftslage verschaffen und

193

so künftige Entwicklungen besser einschätzen kann. »Die BSC enthält finanzielle Messgrößen, welche über Aktivitäten Auskunft geben, die bereits abgeschlossen sind. Und sie ergänzt diese [...] um operative Messgrößen [...], welche Treiber künftiger Finanzergebnisse sind.«

Ohne Strategie bleibt das Zahlenwerk sinnlos

Der von den Autoren gezogene Vergleich einer BSC mit einem Cockpit überzeugte viele Manager. Die Visualisierung der BSC mit den vier Perspektiven motivierte viele Unternehmen dazu, ihre eigene BSC zu entwickeln. Nicht wenige übersahen die wichtigen Hinweise für den erfolgreichen Aufbau einer BSC, welche zwar schon im ersten Artikel angerissen, aber von Kaplan und Norton erst in den nachfolgenden Büchern weiter ausgebaut wurden. Eine BSC wirkt nur unter folgenden Bedingungen als erfolgreiches Cockpit-Instrumentarium:

1. Die Kennzahlen werden von messbaren Zielen abgeleitet,
2. hinter diesen Zielen steckt eine Strategie,
3. der Wirkzusammenhang aller Ziele wird erkannt,
4. im Gesamtergebnis ist die Organisation erfolgreicher als vorher.

Im Idealfall ist die BSC Teil des Managementinformationssystems (MIS). Damit können Entscheider die verdichteten Informationen in der BSC bei Bedarf schnell detaillieren lassen und aufgrund der Datenanalyse entscheiden. Etwa zeitgleich mit der Geburt der BSC boten Softwareanbieter umfangreiche MIS-Softwarepakete an, was bei mangelnder Verknüpfung der Kennzahlen mit einer Strategie nicht selten zu weitgehend sinnfreien Präsentationen mit bunten Grafiken führte.

Bereits in der HBR-Veröffentlichung vermerkten die Erfinder der BSC, dass die Teilnehmer ihres Forschungsprojektes, in erster Linie Controller und Finanzvorstände, nicht in der Lage gewesen waren, eine BSC aufzubauen, ohne die gesamte oberste Leitung einzubeziehen. Sie folgerten richtig, dass die klassische Überwachung einer möglichst perfekten Umsetzung der Planung (durch Controller), wie das Industriezeitalter sie ausgeprägt hatte, mit dem beginnenden Netzzeitalter nicht mehr zeitgemäß sei. Die klassische Überwachung wird durch eine *systemische Herangehensweise zur Unternehmenssteuerung* abgelöst. Nicht die perfekte Planüberwachung ist Aufgabe von Managern, sondern rechtzeitiges Bemerken von Veränderungen im Gesamtkontext. »Die BSC stellt die Strategie in den Mittelpunkt, nicht die Überwachung«, folgerten Kaplan und Norton am Ende ihres berühmt gewordenen Artikels. »Sie legt Ziele fest, aber geht davon aus, dass sich die Menschen angemessen verhalten und richtig handeln würden, um diese Ziele zu erreichen.« [3] Trotz dieser visionären Erkenntnis benötigten die Forscher noch mehrere Forschungsprojekte und Veröffentlichungen, um die BSC (1992) zu einem Managementsystem (2008) zu erweitern.

EFQM – mehr als Prozessverbesserung

1988 gründeten 14 große Unternehmen die European Foundation for Quality Management (EFQM) als gemeinnützige Mitgliederorganisation mit dem Ziel, die Wettbewerbsfähigkeit europäischer Unternehmen durch progressives Management zu stärken. Vorbildliche Lösungen sollten ihm Rahmen eines Wettbewerbs anerkannt werden und zur Nachahmung inspirieren. Um Vorbildliches auszeichnen zu können, muss allerdings erst einmal festgelegt werden, was vorbildlich ist. Das ist der Ursprung des EFQM Excellence Modells mit den 8 Grundkonzepten, dem Kriterienmodell und der RADAR-Methode. [4] Das Entwicklungsteam des EFQM-Modells stand in regem Austausch mit Dr. Curt Reimann, dem ersten Direktor des Malcom Baldrige National Quality Award (MBNQA), dem amerikanischen Bruder des EFQM-Modells. Die sehr ähnliche Gestaltung der Befähigerseite in beiden Modellen geht auf diese bis heute gute, amerikanisch-europäische Zusammenarbeit zurück. Doch anders als der ältere Bruder betonte das EFQM-Modell von Anfang an die logische Verknüpfung von Vorgehen und Ergebnis. Die Anleihe an das fast zeitgleich von Kaplan/Norton entwickelte BSC-Set ist unverkennbar. [5]

Was EFQM und BSC vereint

Beide Denkmodelle stellen traditionelles Denken auf den Prüfstand. Während die BSC operativem Controlling-Denken die Stirn bietet, fordert EFQM operatives KVP-Denken heraus. Aktivitäten, sei es Umsetzen eines Plans oder Verbessern eines Prozesses, werden *ins Verhältnis zur Strategie einer Organisation* gesetzt: *Wie* ein Plan umgesetzt oder ein Prozess verbessert wird, um ein bestimmtes Ziel zu erreichen, das scheint erfolgreiche von erfolglosen Organisationen zu unterscheiden. Nicht das Tun an sich wird gewürdigt, sondern die Art und Weise, wie das Tun ein erwünschtes Ergebnis zeitigt.

Eine weitere Gemeinsamkeit ist der *Blick von außen nach innen.* Sowohl BSC als auch EFQM fordern ihre Anwender auf, sich zu informieren, wie Interessensgruppen außerhalb der Organisation diese wahrnehmen. Die BSC-Autoren nennen Kunden und Aktionäre. EFQM schließt auch Mitarbeiter (Kriterium 7) und Teile der Öffentlichkeit (Kriterium 8) mit ein.

Beide Schulen sind sich darin einig, dass der *Strategieprozess eine Endlosschleife* ist, also Tagesgeschäft auf einer höheren Aggregatstufe. Die Lösungen sind unterschiedlich. Kaplan/Norton entdeckten erfolgreiche Unternehmen, die zur Strategieumsetzung eine operative Funktion »Office of Strategic Management« (OSM) einrichteten. Für EFQM wird der Prozess durch die regelmäßige Überprüfung des Zusammenspiels von Vorgehensweisen und Ergebnissen im Rahmen von Assessments angetrieben. Es muss kritisch angemerkt werden, dass die dabei erkannten Stärken und Verbesserungspotentiale nicht automatisch in budgetierte Aktionspläne überführt werden. Vielleicht wäre ein »Office of Assessment Management« die Lösung?

Wo sich EFQM und BSC gut ergänzen

Beide Systeme basieren auf der Strategieumsetzung als geschlossenen Kreislauf. Dem EFQM-Grundgedanken »EFQM shares what works« folgend werden erfolgreiche Instrumente innerhalb der Excellence Community, einer Management-Lerngemeinschaft, geteilt. Kaplan/ Norton empfehlen Werkzeuge, welche sie durch ihre Forschungs- und

Beratungstätigkeit über die Jahre als vorbildlich erkannt haben. Sie bieten dem Anwender unter den Stichworten Strategy Map, Strategic Theme, STRATEX oder Strategic Initiatives also weitere »good practice« an.

Bei der Erfolgsmessung betonen beide Systeme die Notwendigkeit zur Auffächerung um nicht-finanzielle Kennzahlen sowie den vorsichtigen Blick auf künftige Entwicklungen. EFQM arbeitet die Wirkzusammenhänge besonders klar heraus: Leistungsindikatoren sind Vorboten für die Wahrnehmung durch Kunden (6b>6a), Mitarbeiter (7b>7a), Gesellschaft (8b>8a) und für den künftigen Erfolg (9b>9a).

Worin sich EFQM und BSC unterscheiden

In den Werten, die den formulierten Managementsystemen zugrunde liegen und im Umgang mit den Menschen, welche sie beleben, unterscheiden sich beide Ansätze. Die BSC-Autoren richten ihr Augenmerk ausschließlich auf die Strategie. Ihr Managementsystem ist bewusst werteneutral. »Alignment« aller Einheiten und Menschen und ein OSM garantieren den Erfolg einer wie auch immer gearteten Strategie [6]. Dieser mathematisch-logischen Verknüpfung stellen Anwender des EFQM-Modells ihre Verpflichtung zu den Grundkonzepten für nachhaltigen Erfolg entgegen. EFQM-Anwender legen dadurch verbindlich fest, welche Themen in ihrer Strategie berücksichtigt werden (z. B. Vielfalt, Gleichberechtigung, Ausgewogenheit von Arbeits- und Freizeit, Ressourcenschonung). Sie messen den Reifegrad ihres Managementsystems hinsichtlich der erfolgreichen Umsetzung einer Strategie zu Gunsten aller Interessensgruppen auf Basis dieser Grundkonzepte. Diese emotionale und moralische Komponente macht das wertebasierte EFQM-Modell einzigartig. Anwender müssen sich die Frage stellen, inwieweit sie bereit sind, dieses Wertemodell zu leben.

Literatur

[1]   KAPLAN, ROBERT S. UND NORTON, DAVID P.: *The Balanced Scorecard. Measures that drive performance. In: Harvard Business Review 1992. http://hbr.org/1992/01/the-balanced-scorecard-measures-that-drive-performance/ar/1, Stand: 19.07.2012.*

[2]   KAPLAN, ROBERT S. UND NORTON, DAVID P.: *The Execution Premium. Linking Strategy to Operations for Competitive Advantage, Boston: Harvard Business School Publishing Corporation 2008, kindle Version, Position 234. Übersetzung der Autorin.*

[3]   KAPLAN, ROBERT S. UND NORTON, DAVID P.: *The Balanced Scorecard. Measures that drive performance. In: Harvard Business Review 1992. http://hbr.org/1992/01/the-balanced-scorecard-measures-that-drive-performance/ar/1, Stand: 19.07.2012., S. 8. Übersetzung der Autorin.*

[4]   GAELLE LAMOTTE UND GEOFF CARTER. *Are the Balanced Scorecard and the EFQM Excellence Model mutually exclusive or do they work together to bring added value to a company? Version 3 of a paper initially prepared for the EFQM Common Interest Days of 1 December 1999 & March 2000, S. 6. http://www.paceperformance.co.im/documents/Link%20b%20EFQM%20and%20Balanced%20Scorecard%20V5.pdf, Stand: 13.08.2012*

[5]   *Nach Einschätzung von Chris Hakes, Teammitglied der ersten EFQM-Excellence Modellversion 1991, entwickelten sich zwischen den Erfindern des jeweiligen Ansatzes über die Jahre keine freundschaftlichen Bande wie zwischen EFQM und MBNQA. E-Mail Anfrage am 01.08.2012. Bestätigt durch Robert S. Kaplan auf eine E-Mail Anfrage am 02.08.2012: »There was no specific link« (Wir waren nicht verbunden).*

[6]   ROBERT S. KAPLAN UND DAVID P. NORTON: *Alignment: Using the Balanced Scorecard to Create Corporate Strategies, Boston: Harvard Business School Publishing Corporation 2006*

EFQM und Mitarbeiterführung

Es ist die wichtigste Aufgabe der Führungskräfte, die Zukunft ihrer Organisation zu gestalten. Hierzu reicht die Entwicklung einer Vision und einer Strategie nicht aus. Die Operationalisierung der Strategie ist die besondere Herausforderung. Sie bietet die Chance, Mitarbeiter persönlich zu erreichen.

In diesem Beitrag erfahren Sie:
- wie stark die Excellenz eines Unternehmens von seiner Führung abhängt,
- warum Entscheidungen der Führungskräfte nachvollziehbar sein müssen,
- wie mithilfe einer Strategie-Werte-Matrix die Operationalisierung der Vision gelingt.

C.-ANDREAS DALLUEGE

Es sind die Führungskräfte, die eine Organisation ausrichten, damit nachhaltig gute Ergebnisse erzielt werden können. Sie nehmen daher eine herausragende Stellung bei der Unternehmensentwicklung ein. Im EFQM Excellence Modell spiegelt sich dies wider, indem »Führung« nicht nur das erste Kriterium ist, sondern auch eines der Grundkonzepte, auf dem das Modell basiert: Mit Vision, Inspiration und Integrität führen.

Übersetzt heißt dies, es ist die Aufgabe der Führungskräfte, die Zukunft ihrer Organisation zu gestalten und zu verwirklichen, und dabei sollen sie als Vorbilder für Werte und Moral dienen.

Dies ist leichter gefordert als umgesetzt. Denn es reicht nicht, wenn Führung sich darauf beschränkt, »nur« gut zu handeln, ohne dies auch nachhaltig zu kommunizieren – und hiermit ist nicht die »Selbstvermarktung« gemeint.

Die Kommunikationsforschung betrachtet jede Kommunikation vor dem Hintergrund der folgenden drei Perspektiven:
⇨ was wird gesagt (Inhalt),
⇨ wie wird es gesagt (Kommunikationskanal, Ausdrucksweise) und
⇨ in welchen Zusammenhang wird es gesagt (Kontextanalyse).

In die Unternehmensrealität umgesetzt heißt dies, nicht nur die Aussage selber ist wichtig, sondern auch wie sie zustande gekommen ist, wie sie »kommuniziert« wird und wie ihre Umsetzung vorgelebt wird.

So darf z. B. »Verantwortung übernehmen« nicht nur gefordert werden, sondern muss ständig vorgelebt werden, indem die Führungskräfte als Vorbilder in Bezug auf Integrität, soziale Verantwortung und ethisches Verhalten sowohl innerhalb als auch außerhalb der Organisation agieren.

Entscheidungen der Führungskräfte müssen nachvollziehbar sein

Dies bedeutet nicht, dass der Geschäftsführer oder Vorstandsvorsitzende permanent jedes einzelne Detail einer Entscheidung der Belegschaft oder anderen Anspruchseignergruppen (Stakeholder) offenlegen muss, sondern dass die zugrundeliegenden Mechanismen klar definiert und eingehalten werden. Dies umfasst auch die Kenntnis, welche Interessensgruppen wann und inwieweit Einfluss auf eine Entscheidung haben:
⇨ Wer liefert Informationen und wie verlässlich sind diese?
⇨ Wer hat eine berechtigte Stimme bei dieser Entscheidung und wurde dies genutzt?
⇨ Wurden alle Einflussgrößen berücksichtigt?
⇨ Sind die späteren Auswirkungen analysiert worden?
⇨ Wurde die Entscheidung sorgfältig oder unter Zeitdruck vorbereitet?

Wenn dies berücksichtigt wird, dann besteht seitens der Betroffenen auch Vertrauen in die Entscheidungen und sie bilden die Grundlage für eine klare Richtung und einen strategischen Fokus, um den Zweck und die Ziele der Organisation zu unterstützen und zu verwirklichen.

200

Doch all dies allein ist nicht ausreichend, um eine gute Führung zu einer exzellenten zu machen. Hierzu benötigt die Organisation einen durchgehenden roten Faden, der vom obersten Leitungskreis bis in den letzten Winkel der Firma reicht.

Dieser rote Faden besteht aus der Vision, Mission und den Werten der Firma und die müssen erst einmal umfassend, transparent und allgemeinverständlich erarbeitet und kommuniziert werden; und Letzteres führt uns dann wieder zur oben dargestellten Dreiteilung der Kommunikation.

Aber bleiben wir erst einmal bei der Ausarbeitung; hier ist es wichtig, dass die jeweiligen Stakeholder eingebunden werden, um so den Anforderungen aller betroffenen Anspruchseigner gerecht zu werden und nicht nur den Eigentümern (Shareholder) und ggf. noch der Belegschaft. Nur so lässt sich eine Nachhaltigkeit erreichen.

Ob die Führung dies nun durch Konsultation oder durch Workshops mit den Repräsentanten aller Gruppen erreicht, bleibt ihr offen – wichtig ist nur, dass a) tatsächlich alle wesentlichen Einflussfaktoren abgefragt werden und b) diese auch transparent gemacht werden, um so das Vertrauen in die Vision, Mission und Werte zu erhöhen.

Darüber hinaus sollte jedes auch noch so langfristige ausgerichtete Entwicklungsbild auch eine Komponente zur regelmäßigen Korrektur und Aktualisierung enthalten.

Wenn diese Ausarbeitung erfolgt ist, startet die große Aufgabe der Kommunikation der Vision, Mission und Werte. Viele Organisationen glauben dies bereits dann erfolgreich umgesetzt zu haben, wenn die Vision als Leitspruch in der Eingangshalle hängt, die Mission im Geschäftsplan steht und die Werte als Plakat in jedem Büro sichtbar werden.

Zu dieser Kommunikation gehört aber auch die Einarbeitung in den Kontext und das heißt hier die Operationalisierung der Vision, Mission und Werte.

Die Strategie/Werte-Matrix

Wie sollen die einzelnen Punkte gelebt werden, wie umgesetzt?

Dies auszuarbeiten ist eine Aufgabe für die Führung, bei der es wiederum des Einbezugs aller Betroffenen bedarf. Ein einfacher Weg ist die Umsetzung mithilfe eines Workshops, er lässt sich wie folgt darstellen:

Jede Organisation kann aufbauend auf ihrem Leitbild, ihren Werten oder ihren strategischen Feldern oder Zielen eine 2-3-dimensionale Matrix erstellen. Aus Gründen der Übersichtlichkeit beschränken wir uns in der grafischen Darstellung auf zwei Dimensionen, hier: strategische Felder und Werte der Organisation.

Werte ➡ ⬇ Strategien	Innovativ	Zuverlässig	Freundlich	Ökonomisch	...
Kunden-fokus					
Partner-schaften					
Effizienz					
...					

Abb. 1: *Die Strategie/Werte Matrix [1]*

Diese lassen sich in einer Tabelle auflisten (Abb. 1) und erzeugen so eine Matrix, in der jedem Strategiefeld der Wert einzeln zuordenbar ist. In dieser Tabelle lassen sich in einem nächsten Schritt Schlüsselindikatoren (SI) zuordnen (Abb. 2), die messbar machen, wie der jeweilige Wert in dem einzelnen Strategiefeld operationalisiert und in Zahlen ausgedrückt werden kann.

Werte ➡ Strategien ⬇	Innovativ	Zuverlässig	Freundlich	Ökonomisch	...
Kunden- fokus	SI-01, SI02	SI-03, SI-04, SI-05	SI-06	SI-07, SI-08	SI-xa
Partner- schaften	SI-09, SI-10, SI-11, SI-12	SI-13	SI-14, SI-15	SI-16, SI-17	SI-xb
Effizienz	SI-18	SI-19, SI-20, SI-21	SI-22, SI23, SI-24, SI-25	SI-26	SI-xc
...	SI-ay	SI-by	SI-cy	SI-dy	SI-xy

Abb. 2: *Definieren von Messgrößen*

Anschließend können die existierenden Kern- und Schlüsselprozesse auf diese Matrix gespiegelt werden um aufzuzeigen, welcher Prozess welche Schlüsselkennzahlen liefert.

Dabei wird auffallen, dass manche Kennzahlen doppelt verwendet/ geliefert werden und andere gewünschte Kennzahlen bislang aus keinem Einzigen der vorhandenen Prozesse bedient werden. Dies erlaubt eine Korrektur, bzw. Ergänzung der existierenden Prozesslandschaft, um diese Indikatoren ebenfalls einzubinden. Unter Umständen kann es auch passieren, dass die Organisation feststellt, dass eine bestimmte Strategie/ Werte-Paarung nur auf dem Papier Sinn gibt und in der Realität der Organisation nicht sinnvoll umgesetzt werden kann. Im grafischen Beispiel wäre dies zum Beispiel der Schlüsselindikator SI-26 (Abb. 4).

Diese Operationalisierung der Strategie erlaubt es nun auch, deren Inhalte optimal zu kommunizieren, denn die Indikatoren und Prozesse lassen sich über die Prozessstruktur der Organisation in beliebiger Tiefe auflösen, bis hin zu einer Kenngröße für jeden einzelnen Arbeitsplatz oder Prozessschritt.

Dem einzelnen Mitarbeiter wird somit klar verdeutlicht, wie das jeweilige Strategiefeld auf ihn und seine Aufgabe wirkt und welche Wert-

Werte → / ↓ Strategien	Innovativ	Zuverlässig	Freundlich	Ökonomisch	...
Kunden-fokus	SI-01, SI02	SI-03, SI-04, SI-05	SI-06	SI-07, SI-08	SI-xa
Partner-schaften	SI-09, SI-10, SI-11, SI-12	SI-13	SI-14, SI-15	SI-16, SI-17	SI-xb
Effizienz	SI-18	SI-19, SI-20, SI-21	SI-22, SI23, SI-24, SI-25	SI-26	SI-xc
...	SI-ay	SI-by	SI-cy	SI-dy	SI-xy

Abb. 3: *Vorhandene Prozesse mit Messpunkten verbinden*

Werte → / ↓ Strategien	Innovativ	Zuverlässig	Freundlich	Ökonomisch	...
Kunden-fokus	SI-01, SI02	SI-03, SI-04, SI-05	SI-06	SI-07, SI-08	SI-xa
Partner-schaften	SI-09, SI-10, SI-11, SI-12	SI-13	SI-14, SI-15	SI-16, SI-17	SI-xb
Effizienz	SI-18	SI-19, SI-20, SI-21	SI-22, SI23, SI-24, SI-25	SI-26	SI-xc
...	SI-ay	SI-by	SI-cy	SI-dy	SI-xy

Abb. 4: *Strategische Prozesse ableiten*

schöpfung er persönlich zur Erreichung des jeweiligen Ziels beisteuert – der erste Schritt zur gefühlten Mitverantwortung ist somit getan. Dies führt nach und nach zu einem eigenverantwortlichen Handeln, bei dem die Leitung auf der Personalebene primär durch Vorbildfunktion und nicht mehr durch ständige Überwachung »führt«.

Literatur
Quellen zur Strategie/Werte-Matrix:

[1]   DALLUEGE, C.-ANDREAS: *Wirtschaft im Wandel – Strategieentwicklung als Konkrete Aufgabe,* Controller-Magazin 11/2011, Seite 9-17

[2]   DALLUEGE, C.-ANDREAS: *Mit individuellen Messgrößen zum Erfolg, Softwarekompendium 2012, Seite 14-19*

[3]   DALLUEGE, C.-ANDREAS: *Schlüssel zum Erfolg, Industrie-Anzeiger 19/2011, Seite 16-17*

[4]   DALLUEGE, C.-ANDREAS: *Ergebnisse wollen geplant sein, QZ 4/2011, Seite 2-3*

EFQM und Organisationsentwicklung

In Zeiten rapiden und dynamischen Wandels sind Unternehmen und Organisationen mehr denn je gefordert, sich ständig weiterzuentwickeln. Hier erweist sich das EFQM-Modell als nützliches Instrument, um den Prozess der Organisationsentwicklung dauerhaft auszurichten und zu fördern.

In diesem Beitrag erfahren Sie:
- inwiefern das EFQM-Modell Prozesse der Organisationsentwicklung voranbringt,
- warum eine ganzheitliche Unternehmensbewertung dabei den Ausgangspunkt bildet,
- dass Unternehmertum im Unternehmen und ständiges Lernen OE-Prozesse etablieren können.

MARTIN HOLZWARTH

Organisationsentwicklung – altbekannter Begriff und doch topaktuelles Thema

Organisationen müssen sich angesichts der Dynamik des heutigen Wandels nahezu permanent weiterentwickeln. Gleiches gilt auch für Konzepte der Organisationsentwicklung (OE), auch wenn es im Grunde keine empirischen Untersuchungen gibt, die den Vorzug eines spezifischen OE-Konzepts nachweisen (z. B. rollenbasiert, systemisch, strategisch, mikropolitisch). Tendenziell lassen sich folgende Megatrends erkennen, die sowohl den Wandel von Organisationen fordern, als auch Auswirkungen auf die OE haben.

Globalisierung

Die Globalisierung führt zu einer weltweiten Verteilung von Wertschöpfungsketten. Dadurch sind Organisationen gezwungen, Umwelteinflüsse (z. B. die Entwicklung des Marktes, Rolle der Wettbewerber) sehr viel stärker als früher in ihrer Strategieentwicklung zu berücksichtigen. Traditionell hat sich die OE vornehmlich auf die Binnensicht der Organisation konzentriert, sie hat deren Struktur und Kultur thematisiert. Gegenwärtig ist es aber notwendig, bei der gezielten Weiterentwicklung von Organisationen die rasche Veränderung der Umweltbedingungen und deren Wechselwirkung mit den Elementen der Organisation intensiv einzubeziehen.

Dienstleistungsgesellschaft

Die Entwicklung von der Produktions- zur Dienstleistungsgesellschaft bringt eine stärkere Orientierung am Kunden und dessen individuellen Wünschen mit sich. Dies erfordert eine zunehmend flexible Organisationsform, die den Ablauf stärker in den Blick nimmt als den Aufbau, den Prozess anstelle der Hierarchie. In diesem Kontext ist die Veränderung der Betriebs- und Arbeitsorganisation von einer funktions- und berufsbezogenen hin zu einer prozessorientierten Ausrichtung zu beobachten. Dementsprechend müssen sich die Ansatzpunkte für Veränderungsstrategien vergleichsweise stärker auf diese Prozessorientierung verlagern.

Prozessorientierung

Prozessorientierte Arbeitsorganisationen beinhalten eine intensivere Kommunikation im Arbeitsalltag: Arbeit in Gruppen bzw. Teams nimmt zu, erhöhte fachübergreifende soziale Kompetenzen der Beschäftigten werden erforderlich und eine abteilungs- und bereichsübergreifende Interaktion und Kooperation gewinnt an Bedeutung. Dementsprechend ist die Teamentwicklung zu einem immer bedeutsameren Thema der OE geworden.

Informations- und Kommunikationstechnologie

Durch die weltweite Verbreitung von Informations- und Kommunikationstechnologien sowie die damit einhergehende steigende Wissensintensität von Arbeitsprozessen werden Arbeitsprozesse immer abstrakter und komplexer. Zugleich beschleunigen sich Ablauf- und Entscheidungsprozesse nachhaltig. Der Umgang mit Wissen und die Entwicklung der Kompetenzen der Mitarbeiter sind insofern ebenfalls als ein zentrales Thema von OE anzusehen.

Bevor auf den Nutzen des EFQM Excellence Modells für diese veränderten Rahmenbedingungen von OE eingegangen wird, sollen im Folgenden zuerst einige wesentliche Aspekte der OE aufgezeigt werden.

Beleuchtung zentraler OE-Aspekte

OE beschreibt im Allgemeinen die Entfaltung aller organisatorischen Aspekte eines Unternehmens, die seine Chancen zur Zielerreichung verbessern. OE ist meist nach innen gerichtet und ergänzt somit die Umsetzung der strategischen Ziele der Unternehmensentwicklung. Zudem ist sie ein komplexer Veränderungsprozess, bei dem etablierte Strukturen zwar nicht außer Kraft gesetzt werden, dessen Ziel aber gerade in der Erneuerung und damit im Umbau eingefahrener Muster und Regeln besteht.

Die *Weiterentwicklung von Organisationen ist dabei als permanenter Prozess* zu sehen. Im engeren Sinn wird erst dann von OE gesprochen, wenn damit ein zielgerichteter und geplanter Veränderungsprozess unter Einbeziehung der Mitarbeiter verbunden ist. Sinnvollerweise verknüpft man damit ein komplexeres Verständnis von Wandel, bei dem Wechselwirkungsprozesse und Rückkoppelungsschleifen eingebunden sind.

Quer zu einzelnen Entwicklungstrends zeigt sich, dass sich die Dynamiken des Wandels der Märkte und Organisationen immer weiter beschleunigen. Gleichzeitig werden wachsende Lerngeschwindigkeiten von Organisationen immer bedeutsamer, was wiederum in sich verändernde Rahmenbedingungen fließt und auch Auswirkungen auf die OE hat. Dabei ist es schwer, eine einheitliche Definition bzw. ein Model von OE darzustellen. Schon 1982 hat Trebesch 50 OE-Definitionen zusammengetragen [22]. Die Anzahl von Definitionen und

Modellen hat seither deutlich zugenommen. Im Folgenden seien daher nur einige wesentliche Gesichtspunkte herausgegriffen.

OE-Grundmodell nach Lewin

Als klassisches *Grundmodell ist das dreiteilige Episodenschema nach Kurt Lewin* anzusehen. Es entspringt einem Gleichgewichtsdenken. Der Ausgangszustand ist stabil: Veränderungshemmende und veränderungsfördernde Kräfte sind im Gleichgewicht. Eine Störung des Gleichgewichts erfolgt durch »Auftauen« (unfreezing). Die entstandene Energie kann in der »Bewegen«-Phase (move) in neue Verhaltensweisen einfließen, die ausprobiert und ausgebaut werden. Die »Einfrieren«-Phase (refreezing) dient der Schaffung eines neuen Gleichgewichts auf einem »höheren« Niveau, wo sich das veränderte Verhalten stabilisieren kann.

Die klassische OE, skizziert über den Idealtypus der Formel von Kurt Lewin, hat solche Interventionsformen als begrenzte Sonderfälle konzipiert, die sich oft nur auf einzelne Themen bezogen. Heute ist die Notwendigkeit eines kontinuierlichen und häufig auch grundlegenden Wandels viel stärker zu betonen.

Zukunftsorientierung

Zudem scheint allein aufgrund der Geschwindigkeit des Wandels ein Perspektivwechsel bei Veränderungsprozessen notwendig zu sein: Es geht weniger um eine rückwärtsgewandte Problemfokussierung und eine damit verbundene intensive Analyse der Vergangenheit, sondern vielmehr rücken *die Zukunftsperspektiven (der Visionen oder mittelfristigen Unternehmensstrategien) schneller und stärker in den Mittelpunkt des Veränderungsprozesses.*

Selbstorganisation

Überdies fokussierten traditionelle OE-Strategien eher auf Themen der Binnenorganisation und gingen tendenziell von der Vorstellung aus, Wandel sei eher rational und planbar und ohne große Widerstände gegen Veränderungen. Mittlerweile ist klar, dass es keine einfache

»Komplexitätsbeherrschung« gibt und Steuerbarkeit und Planbarkeit organisationaler Veränderungsprozesse mit Grenzen besetzt sind. Solche Einsichten unterstreichen die *Wichtigkeit von Selbstorganisationsprozessen von Organisationen als sozialen Systemen.* Auf der Ebene des einzelnen Mitarbeiters korrespondiert dies mit der Stärkung der Selbstverantwortung. »Unternehmergeist« ist gefragt. Mitarbeiter können sich immer weniger darauf zurückziehen, ihre Aufmerksamkeit auf den eigenen Arbeitsplatz zu konzentrieren. Vielmehr müssen sie »über den eigenen Tellerrand« schauen, immer häufiger abteilungsübergreifend kooperieren und sich für die Gesamtabläufe der Organisation öffnen.

Antizipation des Entwicklungsprozesses

Nicht linear verlaufende Veränderungsprozesse im Rahmen einer OE beinhalten viele Aspekte, wie man sie auch aus Forschungen zum »komplexen Problemlösen« kennt. U. a. ist bekannt, wie wichtig eine ungefähre *Vorstellung auf einer Makro-Ebene bereits zu Beginn des schwer vorhersagbaren Entwicklungsprozesses* ist und was zum Gesamtverlauf des OE-Prozesses typischerweise gehören wird.

Organisationen brauchen zudem – über den Entwurf des Gesamtverlaufs eines OE-Prozesses auf der Makro-Ebene hinaus – eine Vorstellung auf einer Zwischen-Ebene, wie die Entwicklung und Implementierung einer spezifischen Veränderungsstrategie (z. B. via Projektmanagement, Teamentwicklung) prozessual gestaltet werden kann. Eine solche Vorstellung beinhaltet sowohl einen Plan zur Strukturierung des OE-Gesamtablaufs über den avisierten Zeitraum als auch für die Gestaltung einzelner Maßnahmen (z. B. Meilensteine, Sequenzen einer Teamentwicklungsmaßnahme, Ablauf eines Coachingprozesses).

Lernen aus Erkenntnissen

OE ist durchaus eine Hilfe zur Bewältigung organisationaler Probleme und bedient sich gerne der Problemlösungspsychologie. In einem OE-Prozess haben es die Organisationsmitglieder dabei mit komplexen, teilweise intransparenten und dynamischen Situationen zu tun. Da es sich bei OE um einen längerfristigen Prozess mit unterschiedlichen

Themen und verschiedenen Gruppen von Beteiligten handelt, ist es sinnvoll, ein Schema bzw. prozedurales Wissen zu haben, das zur angemessenen Reduktion der Verlaufskomplexität beiträgt.

Phasenmodelle stellen ein solches »prozedurales« bzw. strategisches Handlungswissen im Umgang mit komplexen Problemen bzw. Situationen zur Verfügung. Die Abarbeitung von Phasen als grober Leitfaden für einen Entwicklungsprozess unterstützt das Lernen in der Zeit, eine mögliche Weiterentwicklung von Personen, Gruppen und Organisationen dadurch, dass die zu bearbeitende Situation immer konkreter, der Lösungsweg überschaubarer und planbarer wird. Es ist dabei klar, dass es sich nicht um ein »normatives« Phasenmodell oder das Verständnis von einem »sequentiellen Prozess« handelt. Vielmehr sind die Phasen miteinander vernetzt und rückgekoppelt und der Verlauf des Prozesses ist nicht prognostizierbar. Der gesamte Prozess wird durch ein Netz von zirkulären Rückkopplungsschleifen zwischen potenziell allen Phasen gesehen.

Rückkopplungsschleifen, also das Lernen aus Erkenntnissen, sind dabei wichtige und notwendige Bestandteile dieser Modelle. Sie können notwendig werden, weil plötzlich ein anderes Problem mit höherer Priorität auftaucht, oder weil Maßnahmenplanungen sich als zu oberflächlich und ungenau herausstellen, oder weil der erste Durchlauf mit zu hohen Kosten verbunden ist, oder es bei der Kontrolle der Durchführung hapert. Bestimmte Phasen können somit ggf. mehrmals durchlaufen werden.

Problemlösefähigkeit
Die Gesamtheit dieses Zusammenspiels macht das »Systemische« aus. Werden gar alle Phasen mehrmals »abgearbeitet«, wäre der gesamte Problemlösungskreislauf als »Zyklus« erkennbar. Das komplexe Problemlösen im Rahmen einer OE erfordert folglich ein vernetztes Denken und Handeln, zumal Phasenübergänge mit kritischen, instabilen Situationen verbunden sein können.

Wenn das Ziel der OE wie oben dargestellt u. a. in der Befähigung zur Selbstorganisation besteht, dann wäre es für Organisationen sinnvoll, eine *generelle Problemlösefähigkeit* (wie unten beschrieben) auch für weitere zukünftige Problem- und Herausforderungssituationen zu erwerben.

EFQM Excellence Modell und OE – eine gewinnbringende Ergänzung

Vor dem Hintergrund der bisherigen Erläuterungen soll im Folgenden der Nutzen des EFQM Excellence Modells als ergänzendes Instrument der Organisationsentwicklung aufgezeigt werden.

Ganzheitliche Unternehmensbewertung als Ausgangspunkt für den OE-Prozess

Das EFQM-Modell bietet den Rahmen für eine ganzheitliche Bewertung und Steuerung der Organisation. Alle Elemente, die das Funktionieren der Organisation ausmachen, werden hier in Beziehung zueinander gesetzt und darauf überprüft, ob sie reibungslos ineinandergreifen. Insofern kann das EFQM-Modell problemlos mit einzelnen Führungsinstrumenten verbunden werden, die für die Erfordernisse und Aufgaben der Organisation wichtig sind.

Das EFQM-Modell eignet sich aufgrund dieser Anwendung sehr gut zur Erstellung einer Ausgangsdiagnose über den Ist-Zustand. Das Ergebnis dieser Ausgangsdiagnose (üblicherweise durchgeführt in Form einer Selbstbewertung – zumindest einer moderierten und geleiteten Selbstbewertung) ist ein Bewertungsbericht, der neben einer quantifizierten Bewertung immer auch die Darstellung der jeweiligen Stärken und Verbesserungspotenziale enthält. Aus diesen ermittelten Stärken und Potenzialen wird anschließend eine Teilmenge als Projekte herausgegriffen, mit Zielen versehen und mit Vorgehensweisen kombiniert und anschließend bis zum nächsten Turnus gezielt weiterentwickelt.

Eine Organisation erhält insofern ein hervorragendes Instrument an die Hand, um die erste Episode nach *Lewins dreiteiligem Episodenschema* anzugehen, das »Auftauen« eines bestehenden Zustandes und somit der Sicht der »alten Welt«. Zudem erhält die Organisation aber auch die Ansatzpunkte, die als Bestandteile des OE-Prozesses ausgewählt und umgesetzt werden können.

Kontinuierliche Bezugsgröße für Unternehmens- und Strategieentwicklung sowie auch der zugehörigen Ausrichtung und Weiterentwicklung

Das EFQM-Modell bietet eine offene, praxisorientierte Grundstruktur. Mithilfe des EFQM-Modells kann eine Organisation u. a.

⇨ ihren Standort auf dem Weg zu Excellence bestimmen,
⇨ ihre zentralen Stärken und möglichen Defizite bezüglich ihrer eigenen Vision und Mission herausfinden,
⇨ bestehende und geplante Initiativen klar positionieren, dabei aufwendige Duplizität beseitigen und Defizite identifizieren.

Diese Aspekte sind für OE bedeutsam vor dem Hintergrund, dass die *Weiterentwicklung von Organisationen ein permanenter Prozess ist, Zukunftsperspektiven der Visionen oder mittelfristigen Unternehmensstrategien in den Mittelpunkt rücken und bereits zu Beginn eine Vorstellung über den Entwicklungsprozess vorhanden sein sollte.*

Neben der schon oben angesprochenen Eignung zur ganzheitlichen Organisationsdiagnose ist das EFQM-Modell auch hervorragend als Instrument zur strategischen Ausrichtung einer Organisation geeignet. Über die Auswahl der Stärken und Verbesserungspotenziale als Projekte können bewusst und zielgerichtet langfristige Orientierungen aufgebaut und abgearbeitet werden. Insbesondere die inhaltlichen Verknüpfungen einzelner Kriterien des EFQM-Modells untereinander liefern gute Anhaltspunkte, ob Maßnahmen strategisch sinnvoll aufgestellt sind und die Strategien selbst geeignet sind, langfristig und zukunftsweisend zu helfen.

Die Nutzung des EFQM-Modells ist langfristig orientiert und eignet sich somit hervorragend als permanentes Begleitinstrument. Dadurch gibt es den Organisationsmitgliedern jenen Halt und jene Orientierungspunkte an die Hand, die von diesen im Rahmen von OE-Prozessen gewünscht bzw. gefordert werden.

214

Förderung des Unternehmertums im Unternehmen als Wesenszug moderner OE-Prozesse

Mit Blick auf die *Wichtigkeit von Selbstorganisationsprozessen von Organisationen als sozialen Systemen* lässt sich festhalten, dass das EFQM-Modell Unternehmertum von Mitarbeitern fördert, was sich alleine schon in dem Grundkonzept »Durch Mitarbeiterinnen und Mitarbeiter erfolgreich sein« widerspiegelt. Hier wird fokussiert, dass exzellente Organisationen eine Kultur der aktiven Mitwirkung schaffen, um einen angemessenen Ausgleich von organisations- und persönlichen Zielen zu erreichen und zudem Mitarbeiter dazu ermutigt, Gestalter und Botschafter des anhaltenden Erfolgs der Organisation zu sein. Solche Aspekte fließen implizit an mehreren Stellen in das EFQM-Modell ein. Zudem beinhaltet das EFQM-Modell aber auch explizite Kriterien, die Bezugspunkte für das Unternehmertum darstellen. So lautet z. B. 3c: »Mitarbeiterinnen und Mitarbeiter handeln abgestimmt, werden eingebunden und zu selbstständigem Handeln ermächtigt.«

Allerdings wird nicht konkret aufgezeigt, wie dies im Einzelnen erfolgen soll oder kann. Hier sollte eine Vertiefung über zielgerichtet eingesetzte OE-Instrumente stattfinden – sozusagen als komplementäre Ergänzung und Detailausgestaltung der zuvor ausgewählten priorisierten Stärken und Verbesserungspotenziale sowie der daran orientierten Maßnahmen.

Kontinuierliches Lernen, Weiterentwickeln und Lösen von Problemen für eine permanente Etablierung von OE-Prozessen

Lernen und Rückkopplungsschleifen sind selbstverständliche Bestandteile der RADAR-Logik und somit des Anwendungsbereichs des EFQM-Modells. Sie finden sich insbesondere im Bereich »Bewertung und Verbesserung« und dort insbesondere über »Lernen und Kreativität« sowie »Verbesserung und Innovation«. Diese systematischen Ansätze sind bereits hervorragend geeignet, Rückkopplungsschleifen bewusst aufzunehmen.

Es erscheint aber angebracht, dies mit weiterführenden OE-Instrumenten (z. B. Coaching, Kompetenzentwicklung) zu kombinieren und auf individueller Ebene fortzuführen. Erst dadurch wird jeder einzelne Mitarbeiter mitgenommen, was durch die Anwendung des EFQM-Modells so nicht explizit vorgesehen ist. Das Gleiche gilt für die generelle Problemlösefähigkeit von Organisationen. Über die RADAR-Logik wird dies ebenfalls aufgegriffen und systematisch abgeglichen. Wiederum stärker auf die organisationsbezogene Ebene orientiert. Auch hier bietet sich auf der individuellen Ebene (wozu auch gruppenbezogene Prozesse gehören können) an, passende OE-Instrumente (z. B. Teamentwicklung, Moderation, Wissensorganisation, Coaching) ergänzend und vertiefend einzusetzen.

Fazit

Das EFQM-Modell hat sich inzwischen zu einem Ansatz entwickelt, der in hervorragender Weise die verschiedensten Anwendungsmöglichkeiten in sich vereinigt. Insofern bedeutet die Anwendung des EFQM-Modells selbst bereits ein ganzes Stück weit Organisationsentwicklung. Veränderungen sind dabei nicht einfach, Patentrezepte für erfolgreiche Unternehmensentwicklungen nirgends erhältlich – aber es gibt auch keine Alternativen zu den kontinuierlichen Veränderungen. Lebenslanges Lernen wird zur Normalität – für Organisationen und Individuen. Eine fortgesetzte Anwendung und Kombination von EFQM-Modell und einem damit einhergehenden OE-Prozess, der insbesondere die menschlichen, sozialen und strukturellen Aspekte einschließt, erscheint derzeit eine extrem erfolg- und vielversprechende Vorgehensweise zu sein.

Literatur

[1]   BAUMGARTNER, I.; HÄFELE, W.; SCHWARZ, M.; SOHM, K.: *Organisationsentwicklungsprozesse, 5. Aufl., Bern, Stuttgart, Wien: Paul Haupt, 1998*

[2]   BAUMGARTNER. I.; HÄFELE, W.; SCHWARZ, M.; SOHM, K.: *OE-Prozesse. Die Prinzipien systemischer Organisationsentwicklung. 5. Aufl., Stuttgart: Lucius & Lucius Verlag, 2004*

[3]   BECKER, H.; LANGOSCH, I.: *Produktivität und Menschlichkeit – Organisationsentwicklung und Anwendung in der Praxis, 4. Auflage, Stuttgart: Ferdinande Enke, 1995*

[4]   BRUHN, M.: *Qualitätsmanagement für Dienstleistungen – Grundlagen, Konzepte, Methoden. 3. Aufl., Heidelberg, Berlin: Springer, 2001*

[5]   BRUNNER, C. B.: *TQM und organisationales Lernen im Krankenhaus. Konstanz: Hartung-Gorre, 2002*

[6]   DÖRNER, D.: *Die Logik des Misslingens: strategisches Denken in komplexen Situationen. Reinbek b. Hamburg: Rowohlt Verlag, 1989*

[7]   DÖRNER, D.; SCHAUB, H.; STROHSCHNEIDER, S.: *Komplexes Problemlösen – Königsweg der Theoretischen Psychologie? In: Psychologische Rundschau, 1999, 4, S. 198–205*

[8]   EUROPEAN FOUNDATION FOR QUALITY MANAGEMENT: *EFQM Excellence Modell. Brüssel, 2010*

[9]   EVERSHEIM, W. (HRSG.): *Qualitätsmanagement für Dienstleister – Grundlagen, Selbstanalyse, Umsetzungshilfen. Heidelberg, Berlin: Springer, 1997*

[10]   HAKEN, H.; SCHIEPEK, G.: *Synergetik in der Psychologie. Selbstorganisation verstehen und gestalten. 2. korr. Aufl., Göttingen u.a.: Hogrefe Verlag, 2010*

[11]   GLASL F.; LIEVEGOED B.: *Dynamische Unternehmensentwicklung – Grundlagen für nachhaltiges Change Management. 3. überarbeitete und erweiterte Aufl., Bern, Stuttgart, Wien: Haupt Verlag, 2004*

[12]   JÄCKEL, H.: *Organisationsentwicklung für Führungskräfte. In: Rosenstiel, L. von; Regnet, E.; Domsch, M. E. (Hrsg.): Führung von Mitarbeitern. Stuttgart: Schäffer-Poeschel, S.639–650*

[13]   JARITZ, A.: *TQM und Mitunternehmertum im Humanressourcenmanagement. München & Mering: Rainer Hampp Verlag, 1999*

[14]   PETZOLD, H. G.: *Integrative Supervision. Meta-Consulting & Organisationsentwicklung. Paderborn: Junfermann Verlag, 1998*

[15]   PUTZ-OSTERLOH, W.: *Wissen und die Bewältigung komplexer Entscheidungssituationen. In: Götz, K. (Hrsg.): Theoretische Zumutungen. Vom Nutzen der systemischen Theorie für die Managementpraxis. Heidelberg: Carl Auer Verlag, 1994, S. 79–96*

[16]   SCHEIN, E.: *Organisationskultur. Bergisch Gladbach: EHP Verlag, 2000*

[17]   SCHIEPECK, G. U. A.: *Kreative Problemlöseprozesse in Kleingruppen. In: Langthaler, W.; Schiepeck, G. (Hrsg.): Selbstorganisation in Gruppen. 2. durchges. U. erw. Aufl., Münster: LIT Verlag, 1997*

[18]   SCHIERSMANN CH.; THIEL H.-U.: *Organisationsentwicklung – Prinzipien und Strategien von Veränderungsprozessen. 3. durchgesehene Aufl., Wiesbaden: VS Verlag, 2011*

[19]   SERVATIUS, H.-G.: *Vom strategischen Management zur evolutionären Führung. Stuttgart: Poeschel Verlag, 1991*

[20]   SIEVERS, B. (HRSG.): *Organisationsentwicklung als Problem. Stuttgart: Klett-Cotta, 1977*

[21]   STAEHLE, W. H.: *Interessenkonflikte in Organisationsentwicklungsprozessen. In: Wunderer, R. (Hrsg.) (1979): Humane Personal- und Organisationsentwicklung – Festschrift für Guido Fischer zu seinem 80. Geburtstag. Berlin: Duncker & Humblot, 1979, S.25–40*

[22]   TREBESCH, K.: *50 Definitionen der Organisationsentwicklung – und kein Ende. In: Zeitschr. für Organisationsentwicklung (ZOE), Jg. 1, Nr. 2, 1982, S. 37–62*

[23]   WUNDERER, R.; GERIG, V.; HAUSER, R.: *Qualitätsorientiertes Personalmanagement – Das Europäische Qualitätsmodell als unternehmerische Herausforderung. München, Wien: Hanser, 1997*

[24]   ZECH, R.: *Zukunftskompetenzen. In: Götz, K. (Hrsg.): Bildungsarbeit der Zukunft. München; Mering: Rainer Hampp Verlag, 2002, S. 147–160*

Zusammenfassung

Das EFQM-Modell ist insbesondere geeignet, OE-Prozesse zu initiieren und auf den Weg zu bringen. Durch die Auslegung des EFQM-Modells und seiner Anwendung ist es zudem möglich, einen OE-Prozess dauerhaft zu etablieren, ihn zu begleiten und auch zu bewerten. Seine Anwendung ist insofern als eine Art Richtschnur oder Orientierungsrahmen nutzbar, die sozusagen die Leitplanken und die Mittelstreifen für die Abarbeitung des OE-Prozesses vorgeben.

Das EFQM-Modell bietet aber auch inhaltliche Anregungen und Ansatzpunkte, die für jeden OE-Prozess nützlich sind und ihn zusätzlich beschleunigen. So liefert es neben inhaltlichen Aspekten auf Ebene der Mitarbeiter (Stichwort Unternehmer im Unternehmen) auch Anregungen hinsichtlich der systematischen Integration von Rückkopplungsschleifen und somit des kontinuierlichen Abgleichs, ob der OE-Prozess sinnvoll verläuft.

Auf der Umsetzungsebene sind die angedachten Schritte dann mit spezifischen OE-Instrumenten zu unterfüttern. Diese lassen sich nicht direkt aus dem EFQM-Modell ableiten, was auch nie seine Intention war. Vielmehr ist dies als komplementärer und unterstützender Schritt zu verstehen.

Einsatz des Modells in ausgewählten Branchen und Anwendungsfeldern

EFQM im Gesundheitswesen

Unternehmen und Einrichtungen im deutschen Gesundheitswesen befinden sich in einem kontinuierlichen Wandel. Es gilt, zeitnah Strategien zu entwerfen, um dem Thema Qualitätsentwicklung zukunftssicher entgegentreten zu können. Das EFQM-Modell wird hierbei eine immer wichtigere Rolle spielen.

In diesem Beitrag erfahren Sie:
- welche Vorteile das EFQM-Modell für Krankenhäuser und Pflegeeinrichtungen hat,
- wie sich das EFQM-Modell vom KTQ-Modell für Krankenhäuser unterscheidet,
- welche Ansatzpunkte das EFQM-Modell für die Mitarbeiterbindung bietet.

FRANK VON PABLOCKI

Ausgangssituation

Das deutsche Gesundheitswesen und die in diesem Markt tätigen Unternehmen befinden sich in einem kontinuierlichen und unausweichlichen Wandel. Die gewaltigen Strukturveränderungen, die dort in den letzten Jahren bereits erfolgten (u. a. die Einführung von Lean-Management-Konzepten), und die noch bevorstehenden Veränderungen zwingen Unternehmen dazu, mit geplanten und gesteuerten Changeprozessen die Voraussetzungen für eine kontinuierliche Anpassung an die neuen Gegebenheiten zu schaffen und somit ihre Zukunftsfähigkeit sicherzustellen. [4] Der hohe Kostendruck nötigt die Unternehmen dabei zu einem dauerhaften ergebnisorientierten Handeln. Ferner zwingt der vielerorts diskutierte Fachkräftemangel zu einem ganzheitlichen Personalentwicklungsansatz, der z. B. Prämienmodelle und Mitarbeiterbeteiligung genauso einschließt wie Jahresgespräche oder den Einsatz von Headhuntern etc. In diesem Zusammenhang ist auch auf die hohe Komplexität der Dienstleistung in Bezug auf den Kunden hinzuweisen. So müssen in Bezug auf den einzelnen Kunden viele verschiedene Aufgaben zeitgleich erfüllt werden. Insofern besteht ein hoher Abstimmungsbedarf zwischen den einzelnen Mitarbeitern der unterschiedlichen Professionen und somit ein unausweichlicher Bedarf, die Managementprozesse strukturiert zu steuern.

Zusätzlich zu diesen Überlegungen muss bedacht werden, dass die Kunden einen immer kritischeren Blick auf die Leistungen von Unternehmen/Einrichtungen im Gesundheitssektor werfen, zum Teil mit einem durchaus berechtigten Anspruchsdenken im Sinne von Hotelleistungen. Außerdem steht das Thema Gesundheitswesen immer stärker im Fokus der Medien. Nicht zuletzt deshalb müssen die Unternehmen zeitnah Strategien entwerfen, um dem Thema Qualitätsentwicklung zukunftssicher entgegentreten zu können.

Das EFQM-Modell in Krankenhäusern

Das EFQM-Modell für Excellence setzt die Fähigkeit des vernetzten Denkens voraus. Diese Haltung ist im Gesundheitswesen noch nicht flächendeckend zu finden. Folglich erweist sich die Umsetzung des Excellence-Gedankens in einzelnen Organisationen als schwierig. Das »Spartendenken« – die Trennung in Medizin, Pflege, Verwaltung bzw. in Fachrichtungen oder Stationen/Abteilungen – herrscht immer noch vor. [1]

Die Komplexität der Aufgabe erfordert eine für den einzelnen Beteiligten erkennbare Struktur, die besonders in der schnellen Routine des Krankenhausalltags einen Wiedererkennungswert aufzeigen muss. Vor allem bei dem pflegerischen Personal – das die Mehrheit der Belegschaft stellt – sind Einbindungsstrategien ein wesentlicher Erfolgsfaktor. Folglich liefert das EFQM-Modell, ausgehend von der Führung über klar definierte Strategien bis hin zur Darstellung der Schlüsselkennzahlen, wertvolle Hinweise und Gedankenanstöße zur Zukunftssicherung.

224

Neben dem EFQM-Modell hat sich in Krankenhäusern das Zertifizierungsverfahren der Kooperation für Transparenz und Qualität im Gesundheitswesen (KTQ®) etabliert. Der Grundgedanke ist, dass Mitarbeiterorientierung und Führung für eine moderne Einrichtung des Gesundheitswesens unerlässlich sind (vgl. [2]). Dafür wurde eine umsetzungsorientierte Struktur entwickelt, die die Organisation auf der Basis eines umfangreichen Anforderungskatalogs zu den wesentlichen Prozessen befragt. Ausgangspunkt ist dabei der Bereich der Patientenorientierung, die die Wertschöpfungskette widerspiegelt. Abbildung 1 stellt die Grundstruktur des KTQ-Systems dar. Im Kern besteht das KTQ-Modell dabei aus einer strukturierten Selbstbewertung des Krankenhauses und einer anschließenden Fremdbewertung (Zertifizierung).

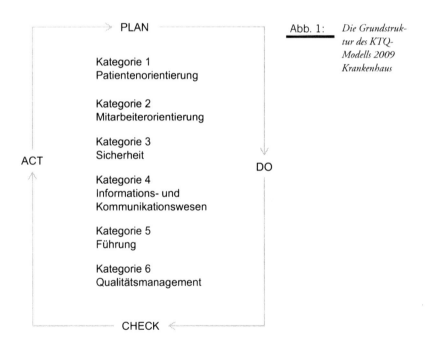

Abb. 1: *Die Grundstruktur des KTQ-Modells 2009 Krankenhaus*

Für eine erfolgreiche Zertifizierung müssen die Prozesse und Maßnahmen berufsgruppen- und hierarchieübergreifend sowie fachübergreifend dargestellt werden. [2] Die Frage danach, ob die Anforderungen der KTQ erreicht wurden und alle Abteilungen und Funktionsbereiche durchdrungen haben, steht bei der Umsetzung der einzelnen PDCA-Zyklen im Zentrum, die in jedem Kriterium gefordert werden. Dieses Vorgehen ist vergleichbar im Sinne der Befähigerkriterien im EFQM-Modell, allerdings wird dem Bereich der Ergebnisorientierung dabei weniger Rechnung getragen. Somit ist die Verknüpfung der Qualitätsentwicklungsprozesse in Bezug auf ein Managementmodell lediglich im EFQM-Modell zu finden. Die KTQ erhebt jedoch keinesfalls einen diesbezüglichen Anspruch. Tabelle 1 vergleicht die Ansprüche des EFQM-Modells mit denen der KTQ.

Tabelle 1: Der Vergleich des EFQM-Modells mit dem System der KTQ		
	KTQ 2009 Krankenhaus	**EFQM-Modell**
Gedanklicher Ausgangspunkt	Patientenorientierung = Wertschöpfungskette	Strategische Ausrichtung des Unternehmens inklusive der Vernetzung aller Managementprozesse.
Umsetzbarkeit	Leichter Einstieg durch die klar strukturierten Anforderungen.	Schwieriger Einstieg, da das Modell in seiner Komplexität erfasst werden muss.
Vernetzung	Einzelne Kriterien stehen für sich, eine Vernetzung ist nicht erforderlich.	Vorgehensweisen und deren Ergebnisse haben stets Rückwirkungen auf das Gesamtsystem.
Verbesserungsansatz	Der PDCA wird intern durchlaufen, erste Verbesserungen können schnell umgesetzt werden.	Das eigene Vorgehen und deren Ergebnisse werden konsequent mit externen Daten verglichen Verbesserungen werden erst später sichtbar.

Die Organisationen sollten trotz der oben aufgeführten Argumente prüfen, ob nicht doch eine Einführung des EFQM-Modells mit geeigneten Systemen zur Sicherung der operativen Prozesse sinnvoll und realisierbar ist. Der große Vorteil liegt schließlich in der Ergebnisorien-

tierung, die den Mitarbeitern aller Funktionsbereiche und Hierarchie-
stufen ein objektiveres Bild gegenüber der Leistungsfähigkeit des Krankenhauses liefern kann.

Das EFQM-Modell in Einrichtungen der stationären und ambulanten Altenhilfe

Organisationen, die sich mit der Pflege von alten und hilfsbedürftigen
Menschen beschäftigen, haben angesichts der jährlich stattfindenden
Überprüfungen durch die Heimaufsichten und den Medizinischen
Dienst der Krankenversicherung (MDK) eine vorgegebene Darstellung
ihrer Struktur-, Prozess- und Ergebnisqualität vorzuweisen. Dafür
muss sich jedes Unternehmen mit der Frage auseinandersetzen, ob es
geeignet ist, die Organisation so zu gestalten und zu steuern, dass die
gesetzlichen Anforderungen erfüllt werden können. Diese lassen sich
als »Mindeststandards« bezeichnen. Werden diese Mindeststandards
erfüllt, so ist die Qualität gesichert – aber noch nicht entwickelt [3].

Auch, wenn die Arbeit mit dem PDCA-Zyklus nach Deming
nachgewiesen werden muss, besteht besonders bei inhabergeführten
Unternehmen kein Zusammenhang zu planerischen und strategischen
Gedanken. Der kontinuierliche Verbesserungsprozess erstreckt sich
dabei in der Regel lediglich auf die operative Ebene. In diesem Zusammenhang ist es dringend erforderlich, das Spektrum der Ergebnissiche-
rung mit den internen Vorgehensweisen abzugleichen. Die langfristige
Bindung von Mitarbeitern entscheidet dabei über den Erfolg des
Unternehmens. Tabelle 2 zeigt mithilfe des EFQM-Modells mögliche
Ansatzpunkte für die Weiterentwicklung der Organisation in Bezug
auf die Mitarbeiter.

Tabelle 2: Ansatzpunkte zur Mitarbeiterbindung durch das EFQM-Modell	
Kriterium	**Mögliche Ansatzpunkte zur Mitarbeiterbindung**
1. Führung	Einbindung der Mitarbeiter in Entwicklungs- und Verbesserungsprozesse
2. Strategie	Ziele des Unternehmens transparent machen und verständlich kommunizieren
3. Mitarbeiterinnen und Mitarbeiter	Im Personalmarketing und der Mitarbeiterbindung strukturiert und kreativ vorgehen
4. Partnerschaften und Ressourcen	Das Wissen der Mitarbeiter ermitteln und die Wertigkeit für das Unternehmen verdeutlichen
5. Prozesse, Produkte, Dienstleistungen	Die Mitarbeiter in die Entwicklung der Prozesse und Produkte einbinden
6. Mitarbeiterbezogene Ergebnisse	Ermittlung der Zufriedenheit mit dem Unternehmen

Folglich besteht eines der herausragenden Ziele darin, eine Verknüpfung zwischen den Erfolgsfaktoren der Organisation und einer langfristigen Personalbindung herzustellen. Ausgehend von den Ergebniskriterien des EFQM-Modells bestehen große Entwicklungspotenziale für das Unternehmen. Auf der Grundlage der RADAR-Logik werden im Kriterium 3 (Mitarbeiterinnen und Mitarbeiter) sowie durch die Vernetzung innerhalb des Modells Fragen zur Personalpolitik strukturiert angesprochen. Die Durchführung von Mitarbeiterbefragungen und die Auswirkung der Ergebnisse auf das Unternehmen sind – genau wie bei allen anderen Interessengruppen – der Startpunkt, um langfristige Entwicklungen zu gestalten und aufzuzeigen. Die Überprüfung der strategischen Ziele und deren Erreichungsgrad schließen den Kreislauf.

Fazit

Aufgrund der schnellen Entwicklung im Gesundheitswesen ist es für alle beteiligten Organisationen unumgänglich, sich mit einer Vielzahl von Ergebnisdaten auseinanderzusetzen. Mittels einer Analyse von wesentlichen Kennzahlen können Rückschlüsse für ein strukturiertes Handeln im Sinne der Befähigerkriterien gezogen werden. Dafür benötigen besonders die KMU in dieser Branche ein ausgewogenes strategisches Vorgehen, das den gesetzlich-finanziellen Druck mit den unternehmerischen Möglichkeiten verbindet. Hierfür steht das EFQM-Modell jedem Unternehmen zur Verfügung.

Literatur

[1]   HAHNE, B.: *Qualitätsmanagement im Krankenhaus. Düsseldorf: Symposion Publishing, 2011*

[2]   KTQ GMBH: *KTQ-Manual/KTQ-Katalog 2009 Krankenhaus. Berlin: Fachverlag Matthias Grimm, 2009*

[3]   WALLRAFEN-DREISOW, H.; WEIGEL, R. (HRSG.): *EFQM in Einrichtungen der Altenhilfe. Stuttgart: Kohlhammer Verlag, 2004*

[4]   ZIERES, G.; RASCHE, C.: *Auf dem Weg zur Excellence. Potsdam: Iatros-Verlag, 2011*

Zusammenfassung

Krankenhäuser und Unternehmen der stationären und ambulanten Altenhilfe müssen sich mehr denn je zukunftsorientiert ausrichten. Gesetzliche Vorgaben in Verbindung mit einem immer höheren Kostendruck schaffen eine Grundlage, auf der die strategische Ausrichtung des Unternehmens kaum Fehler zulässt. Hinzukommt, dass sich qualifizierte Mitarbeiter den attraktivsten Arbeitgeber aussuchen können. Auf der anderen Seite stellen die Kunden in Bezug auf die Dienstleistungsangebote immer höhere Ansprüche.

Das EFQM-Modell bietet eine Struktur der Ergebnisorientierung, die in den meisten Unternehmen im Gesundheitswesen in dieser Art und Weise nicht angewandt wird.

Ziel des vorliegenden Beitrages ist es, auf die Vorteile der Anwendung des EFQM-Modells in Krankenhäusern und Pflegeeinrichtungen einzugehen. Des Weiteren wird das Zertifizierungsverfahren der Kooperation für Transparenz und Qualität im Gesundheitswesen (KTQ®), das sich besonders im Krankenhaussektor etabliert hat, mit dem EFQM-Modell verglichen. Es zeigt sich: Mit einem kontinuierlichen Mitarbeitermarketing werden die Unternehmen im Gesundheitswesen ihre Dienstleistung dauerhaft erbringen können. Krankenhäuser richten sich ganzheitlich ergebnisorientiert aus. Pflegeeinrichtungen platzieren sich mit EFQM dauerhaft am Markt.

EFQM aus Sicht der Automobilindustrie

Die Prozesse in der Automobilindustrie sind von einem hohen Reifegrad gekennzeichnet. Diverse Standards prägen das Zusammenwirken von OEM und Zulieferunternehmen. Welche Besonderheiten dieser Branche beim Einsatz des EFQM-Modells zu beachten sind, untersucht dieser Beitrag.

In diesem Beitrag erfahren Sie:
- welche besonderen Voraussetzungen in der Automobilindustrie vorliegen,
- warum ihre Standards und Prozesse eine gute Basis für den Excellence-Prozess bilden,
- wie das EFQM-Modell aus Sicht der Automobilindustrie funktioniert.

LIANE RÖHRDANZ

Bedeutung der Automobilindustrie für Deutschland

Die Fahrzeughersteller und deren Zulieferindustrie sind in Verbänden organisiert, in denen Standards für die Automobilindustrie erstellt und vereinbart werden (z. B. der VDA – Verband der Automobilindustrie). In Deutschland wurden im Jahr 2011 insgesamt 5,9 Millionen PKW hergestellt und ein Umsatz von 351 Milliarden Euro erzielt (VDA-Jahresbericht 2012). Damit ist jeder 7. Arbeitsplatz in Deutschland abhängig von der Automobilindustrie (VDA 2009).

Anforderungen an die Unternehmen in der Automobilindustrie

Wenn ein Fahrzeug neu konzipiert wird, müssen die Wünsche und Erwartungen der Kunden und Interessenspartner Jahre vorher prognostiziert werden. Um die Verkehrssicherheit auf den Straßen zu gewährleisten, stellen staatliche Behörden (z. B. Kraftfahrtbundesamt KBA) hohe Anforderungen an die Fahrzeughersteller (OEM – Original Equipment Manufacturer).

Fahrzeuge sind heute sehr komplexe Produkte mit tausenden von Einzelteilen, von denen viele Merkmale besitzen, die für die Sicherheit der Nutzer und für den Gebrauch des Fahrzeugs eine besondere Bedeutung haben.

Die OEMs sind verantwortlich für das Gesamtprodukt und müssen Verfahren betreiben, die die Qualität in der Lieferkette sicherstellen.

Typische Merkmale von Organisationen der Fahrzeughersteller

⇨ Komplexe Unternehmensstrukturen (Mehrmarkenkonzerne, hohe Anzahl von Fertigungsstätten)

⇨ Simultane Entwicklungsarbeit über alle Unternehmensbereiche mit Einbeziehung von Zulieferanten in paralleler Projektorganisation

⇨ mehrjährige Entwicklungszeiten für komplexe Fahrzeuge und deren Produktionseinrichtungen

⇨ Konzernvorgaben für Marken

⇨ Markenvorgaben für Fertigungsstätten

⇨ Standards über Produktionssysteme konzernweit

⇨ Abstimmungen von marken- und produktübergreifende Gleichteilesystematiken

⇨ Reifegradabsicherung

Merkmale von Unternehmen in der Zulieferkette

Die Unternehmen der Zulieferkette sind sehr unterschiedlich strukturiert, sie reichen von Direktlieferanten von komplexen Systemen (z. B. Cockpit, Frontend) über Direktlieferanten für Einzelteile bis Unterlieferanten beispielsweise in der 7. Ebene der Lieferkette.

Die Produkte variieren von elektronischen Bauteilen über mechanische Metallteile, chemische Flüssigkeiten, Spritzgussteilen bis zu Holz- und Lederwerkstoffen.

Um in dieser komplexen Lieferantenstruktur wirkungsvolle Anforderungen stellen zu können, müssen Anforderungssystematiken geschaffen werden, die aufeinander aufbauen und von allgemeinen zu immer konkreteren Inhalten führen.

Am Beispiel des Volkswagen Konzerns ist diese Anforderungssystematik dargestellt.

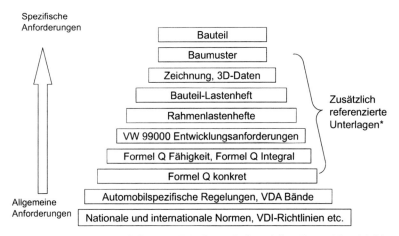

Spezifische Anforderungen

| Bauteil |
| Baumuster |
| Zeichnung, 3D-Daten |
| Bauteil-Lastenheft |
| Rahmenlastenhefte |
| VW 99000 Entwicklungsanforderungen |
| Formel Q Fähigkeit, Formel Q Integral |
| Formel Q konkret |
| Automobilspezifische Regelungen, VDA Bände |
| Nationale und internationale Normen, VDI-Richtlinien etc. |

Zusätzlich referenzierte Unterlagen*

Allgemeine Anforderungen

*Referenzierte Unterlagen z. B. Techn. Lieferbedingen, Prüfvorschriften, Konstruktionsrichtlinien

Abb. 1:   *Anforderungssystematik an Unternehmen in der Lieferkette*

Das EFQM-Modell aus Sicht der Automobilindustrie

Wie bisher aufgezeigt, gibt es einige Faktoren für Unternehmen aus der Automobilindustrie und der Lieferkette, die bei der Einführung des EFQM-Modells in den jeweiligen Unternehmen zu beachten sind.

Im Folgenden wird das EFQM-Modell aus dem Blickwinkel der Automobilindustrie betrachtet und dazu einige Besonderheiten erläutert.

Führung

Die Anforderungen zum Thema Führung sind für alle Organisationen gleich schwer oder gleich leicht umsetzbar, unabhängig von der Branche. Es kommt darauf an, ob es Führungskräfte der obersten Ebene gibt, die als Promotoren für das Thema auftreten und es entsprechend vorantreiben.

Strategie

Um das Kriterium Strategie aus Sicht der Automobilindustrie spiegeln zu können, müssen erst die Rahmenbedingungen betrachtet werden. Wie bereits dargestellt, gibt es sehr große Unternehmen – sowohl OEMs als auch Lieferanten – die global agieren und in Konzernverbünden organisiert sind. Dort können Unternehmensteile oder Werke, die sich nach dem EFQM-Modell ausrichten, ihre Strategien, Leitlinien, Zielsetzungen und Prozesse nicht völlig losgelöst selbst entscheiden, sondern müssen diese verständlicherweise an der Konzernstrategie und den Konzernvorgaben ausrichten. Hier gilt es, dass die bestehenden Spielräume geschickt durch die Führungskräfte gestaltet werden, um eigene Akzente zu setzen.

Lieferanten, die nicht in Unternehmensverbünden organisiert sind, können ihre Strategie dementsprechend selbständiger erarbeiten und gestalten.

Mitarbeiterinnen und Mitarbeiter

Bei der Umsetzung der Anforderungen aus dem Kriterium Mitarbeiterinnen und Mitarbeiter gibt es Überschneidungen mit Standards, die in der Automobilindustrie seit langem gefordert und umgesetzt werden (siehe u. a. DIN EN ISO 9001, ISO TS 16949 und VDA 6.3.). Wie dargestellt, ist die Herstellung von Fahrzeugen hoch komplex und muss sehr weitreichenden Sicherheitsanforderungen standhalten. Deshalb ist es erforderlich, dass eine systematische Qualifizierung des Personals gewährleistet ist.

Das EFQM-Modell geht im Kriterium Mitarbeiterinnen und Mitarbeiter jedoch über die normativen Forderungen wie beispielsweise »Wirksamkeit von Schulungsmaßnahmen« deutlich hinaus. Aus Sicht

234

der Branche ist dieses Kriterium also eine gute Grundlage, auf der aufgebaut werden kann, um Mitarbeiterinnen und Mitarbeiter in exzellenten Unternehmen zu entwickeln.

Partnerschaften und Ressourcen

Nur eines von insgesamt 32 Teilkriterien des Modells bezieht sich auf Partner und Lieferanten. Das Thema Lieferanten ist aus Sicht der Automobilindustrie deutlich unterrepräsentiert, da Zulieferer bei der Herstellung eines Fahrzeugs rund 80 Prozent der Werkschöpfung ausmachen.

Ebenfalls unterrepräsentiert sind die Anforderungen, die durch die Massenproduktion mit hohen Stückzahlen bedingt sind wie zum Beispiel logistische Aspekte.

Prozesse, Produkte und Dienstleistungen

Bei diesem Kriterium gibt es aus Sicht der Branche einige Besonderheiten. Bei der Prozess- und Produktentwicklung muss der Grad der Eigenständigkeit bzw. müssen die Vorgaben, die aus Konzernverbünden resultieren, berücksichtigt werden. Gleiches gilt für die Produkterstellung. Dabei kommt der Organisation jedoch zu Gute, dass viele Unternehmen Produktionssysteme eingeführt haben und damit bereits Aspekte des EFQM-Modells umgesetzt haben, ohne dies explizit so zu benennen. In der Regel sind diese Unternehmen in der Produkt- bzw. Dienstleistungserstellung gut aufgestellt, da dies ein ganz wesentlicher Bestandteil der vereinbarten Bedingungen zwischen dem Lieferanten und dem OEM ist. Auch die Fahrzeughersteller verstehen ihr Tagesgeschäft sehr gut und führen systematisch Prozessverbesserungen durch.

Eine weitere Besonderheit bezieht sich auf die Kundenbeziehungen und die Vermarktungsaspekte. Bei großen Unternehmen wird es sich um interne Kunden handeln, welches Auswirkungen auf die Kundenbetreuung und die Vermarktungsstrategie hat (z. B. konzerninterner Getriebehersteller liefert an ein fahrzeugbauendes Werk).

Ergebniskriterien

Nach der RADAR Bewertung ist die Wahrnehmung aus Sicht des Kunden ein besonders wichtiges Teilkriterium.

Bei großen Unternehmen der Automobilindustrie richten sich zumeist Unternehmensteile oder Fertigungsstätten am EFQM-Modell aus, d. h. es handelt sich dann in der Regel um interne Kunden. Dementsprechend müssen Kennzahlen zur Leistungsfähigkeit der Organisation aus Sicht der internen Kunden erhoben werden, daraus Trends, Ziele und Vergleichsdaten berücksichtigt und der Zusammenhang zu den Vorgehensweisen dargestellt werden.

Leicht umsetzbar ist dies, wenn die Daten ohnehin im Unternehmen vorhanden sind. Aufwendiger wird es, wenn die Zahlen »nur« erhoben werden, um in der Anwendung des EFQM-Modells dargestellt zu werden.

Eine besondere Herausforderung stellt auch die Wahrnehmung eines Unternehmensbereichs aus Sicht der Gesellschaft dar. Die Öffentlichkeit wird in der Regel das Unternehmen als Ganzes wahrnehmen und sich eine Meinung dazu bilden. Ein Unternehmens(teil) bereich hat hierbei deutlich weniger Möglichkeiten, sinnvolle Kennzahlen zu bilden, die sich auf dessen Einflussbereich beziehen.

Tabelle 1: Aspekte, die die Einführung des EFQM-Modells in der Automobilindustrie begünstigen oder erschweren	
Begünstigende Aspekte	**Erschwerende Aspekte**
Vorhandene Managementsysteme sind nutzbar (z. B. Qualität, Umwelt, Arbeitssicherheit)	Vorgaben aus dem Konzern schränken die Eigenständigkeit von Marken, Fertigungsstätten und Unternehmensteilen ein
Automobilspezifische Regelwerke sind vorhanden und geben Systematiken vor	Gewollte Rotation bei Führungskräften erschwert die kontinuierliche und konsequente Umsetzung des EFQM-Gedankens

Tabelle 1: Aspekte, die die Einführung des EFQM-Modells in der Automobilindustrie begünstigen oder erschweren (Fortsetzung)

Begünstigende Aspekte	Erschwerende Aspekte
Kontinuierliche Verbesserungsprozesse sind etabliert	Je größer das Unternehmen, desto herausfordernder ist die Umsetzung der EFQM-Kriterien in allen Bereichen und auf allen Ebenen
Unternehmensspezifische Produktionssysteme sind vielfach umgesetzt	
Wettbewerbsdruck in der Branche, der ständig Innovationen fordert	
Qualifiziertes Personal mit hoher Affinität zum Produkt	
Vorhandene Synergien und Best-Practice-Lösungen durch Konzernstrukturen sind nutzbar	

Zusammenfassung

Die Automobilindustrie ist ein bedeutsamer Wirtschaftsfaktor mit komplexen und hoch innovativen Produkten. In der Branche sind Standards und Regelwerke vorhanden, die eine gute Basis bieten, damit sich Unternehmen in Richtung »Excellence« weiterentwickeln können.

In großen Unternehmen, wie zum Beispiel bei den OEMs, können viele Ansätze des Modells angewendet werden, ohne dass die Bewertung für die gesamte Organisation durchgeführt werden muss.

Zusammenfassend lässt sich sagen, dass die Spiegelung des Unternehmens am EFQM-Modell eine erweiterte und vollständige Betrachtung bietet, um eine nachhaltige und langfristige Ausrichtung auf der Basis der Interessenspartner zu erzielen und entsprechende Handlungsstrategien zu erarbeiten.

Die Anwendung des EFQM-Modells in der Automobilindustrie bietet die Chance, alle Interessenspartner, d. h. die Eigentümer/Aktionäre, die Mitarbeiter, die Lieferanten, die Kunden und die Gesellschaft zu berücksichtigen, damit die Branche auch in Zukunft ihren hohen Stellenwert in der Wirtschaft aufrecht erhalten kann.

EFQM in der Finanzdienstleistungsbranche

Gerade in Zeiten, in denen Finanzdienstleister mit einem angeschlagenen Image kämpfen müssen, kann das Ausrichten des unternehmerischen Handelns am EFQM Excellence Modell helfen, nachhaltigen Geschäftserfolg zu sichern und verlorenes Vertrauen zurück zu gewinnen.

In diesem Beitrag erfahren Sie:
- warum das EFQM-Modell der gebeutelten Bankenbranche helfen kann,
- warum gerade die starken Vernetzungen und der hohe Stellenwert des Faktors Mensch das EFQM-Modell für die zahlengetriebene Bankenbranche attraktiv macht.

HEIKE SCHERENBERGER

Finanzdienstleister haben einen Vertrauensverlust erlitten

Noch vor einigen Jahren zog die Berufsgruppe der Banker bewundernde Blicke auf sich. Heute traut sich ein Angehöriger dieser Zunft kaum, seinen Beruf der Öffentlichkeit preiszugeben. Denn seit der Pleite der Lehman Brothers kämpft die Branche darum, das verlorene Vertrauen der Kunden zurückzugewinnen. Verstrickungen, Machenschaften und Abhängigkeiten im weltweiten Finanzgeschäft, die in Folge der Lehman-Pleite publik wurden, setzten der Branche zu. Laut einer repräsentativen Umfrage des Deutschen Bankenverbandes vom Oktober 2011 äußerten 47 % der Befragten, ihr Vertrauen allgemein in die Banken habe angesichts der Finanzmarktkrise »stark gelitten«. Lediglich 8 % gaben an, dass dies »überhaupt nicht« der Fall sei [1]. Zwar ist laut dieser Umfrage das Vertrauen der Kunden in seine eigene

Hausbank weniger beeinträchtigt als das zur Branche allgemein – persönliche Gespräche, die die Autorin mit Bankberatern geführt hat, offenbaren den Vertrauensverlust der Kunden. Stets wurde deutlich, wie verunsichert die Kunden in Beratungsgesprächen sind.

Angesichts dieser Situation: Gibt es einen besseren Zeitpunkt für die Finanzbranche, um sich nachhaltiger Unternehmensführung zuzuwenden? Hier kann das EFQM Excellence Modell sehr viel bieten.

»Mein Vertrauen in die Banken / in meine eigene Bank hat angesichts der Finanzmarktkrise ...«

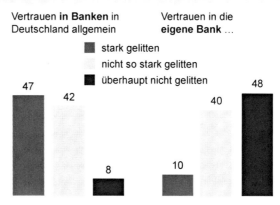

Abb. 1:   *Umfrageergebnis des Deutschen Bankenverbandes*

Das EFQM Excellence Modell bietet einen Weg, verlorenes Vertrauen zurückzugewinnen

Als offenes System, welches branchenübergreifend sowie größen- und strukturunabhängig einsetzbar ist, bietet das EFQM Excellence Modell Finanzdienstleistern, die bereits aufgrund der Einhaltungsverpflichtung der Mindestanforderungen an das Risikomanagement (MaRisk) diverse Führungsinstrumente eingeführt haben die Möglichkeit, dieselbigen in einen ganzheitlichen Rahmen zu integrieren. Darüber hinaus bietet es diverse, in 9 Kriterien gebündelte Ansatzpunkte, die weitere Impulse liefern können. Somit unterstützt das Modell den Finanzdienstleister dabei, nicht nur Risiken unter Kontrolle zu halten, sondern die richtige Balance zwischen Ergebnis-, Mitarbeiter- und Kundenorientierung sowie Coporate Social Responsibility zu finden. »Denn (im Modell) (...) werden alle Elemente, die das Funktionieren einer Organisation ausmachen, zueinander in Beziehung gesetzt und darauf überprüft, ob sie reibungslos ineinander greifen.[2]« Und wenn es einer Bank dann noch gelingt, ihre Managementausrichtung nach dem EFQM-Modell an seine Kunden und weitere Stakeholder einfach und verständlich zu kommunizieren, dann kann sie verlorenes Vertrauen zurückgewinnen und wieder zu einem attraktiven Geschäftspartner werden. Neben allen Vertrauensproblemen befinden sich die Banken zeitgleich seit einigen Jahren in einem harten Wettbewerb mit anderen Banken sowie Non- und Near-Banks. Dieser wird fast ausschließlich über einen Preiskampf ausgetragen. Auch vor diesem Hintergrund kann das EFQM-Modell neue Wege eröffnen.

Vernetzungen im Modell und die besondere Sichtweise auf den Faktor Mensch

Bei Finanzprodukten handelt es sich um intangible und für Kunden meist nur schwer verständliche Dienstleistungen. Deshalb sind Bankgeschäfte Vertrauenssache. Umso besorgniserregender ist es, dass diese Branche das Vertrauen der Kunden eingebüßt hat. Zwar leistet die Bankenaufsicht mit der stetigen Verschärfung der Mindestanforderungen an Compliance (MaComp) einen Beitrag dazu, dass Beratungsgespräche an Qualität gewinnen und transparenter werden und bemüht sich darum, mit der stetigen Verschärfung der MaRisk Bankenrisiken in den Griff zu bekommen. Doch das alleine reicht nicht aus. Vielmehr geht es darum, dass das Management der Banken noch genauer untersucht, wo Verbesserungsbedarf besteht. Es geht darum herauszufinden, wo Führungsinstrumente nur isoliert angewandt werden und nicht miteinander vernetzt sind und sich genau dadurch Risiken ergeben: Ertragspotenziale werden vergeben oder Mehrkosten entstehen. Da sich durch die einzelnen Kriterien und Ansatzpunkte des EFQM-Modells zahlreiche rote Fäden spinnen, bietet es dem Management bei dieser Aufgabe strukturierte Unterstützung.

241

Im EFQM-Modell gibt es eine zweite Komponente, die für Unternehmen im Allgemeinen, jedoch für Finanzdienstleister im Besonderen bedeutsam ist. Dazu muss man sich vor Augen führen, dass Banken im Vergleich zu anderen Organisationen notwendigerweise äußerst Zahlen-Daten-Fakten getrieben sind. Ein Unternehmen besteht jedoch nicht nur aus Zahlen, Daten, Fakten und Maschinen, sondern es sind die Menschen, die miteinander kommunizieren und es sind Menschen die versuchen, rationale Entscheidungen zu treffen. In Wirklichkeit entscheiden Menschen jedoch nur begrenzt rational. Sie besitzen allerdings die Fähigkeit ihre Intuition und ihr unbewusstes Erfahrungswissen in Entscheidungssituationen einzubeziehen, was in Anbetracht wachsender Komplexität und Dynamik, vor allem in der Finanzwirtschaft, ein echter Erfolgsfaktor sein kann. Gerade dieser Erfolgsfaktor muss bei Finanzdienstleistern noch explizit erschlossen werden. Das EFQM-Modell liefert hierfür gleich mehrfach Impulse. Denn es enthält vielfältige Ansatzpunkte, die die Bedeutung des Faktors Mensch herausstellen. So befasst sich das erste Kriterium des Modells »Führung« damit, was konkret die Führungsmannschaft einer Organisation tun sollte. Das dritte Kriterium widmet sich umfassend der Ressource Mensch. Außerdem lassen die Formulierungen der Ansatzpunkte in den übrigen Kriterien wie »verstehen«, »erkennen«, »kommunizieren«, »anwenden« erkennen, worauf es ankommt: Diese Verben weisen darauf hin, dass es die Menschen sind, die etwas exzellent tun müssen und diese Aufgabe nicht durch »Systeme« erledigt werden kann. Auch das modelleigene Bewertungsschema RADAR fragt nach dem Faktor Mensch. Etwa im Bereich »Umsetzung«, in dem geprüft wird, ob ein Verfahren von allen relevanten Beteiligten tatsächlich gelebt wird und ob diese die Fähigkeit besitzen, die Umsetzung im Zweifel situativ an das Umfeld anzupassen. Oder ob sie mittels »Lernen und Kreativität« Verbesserungen und Innovationen anstoßen. Und so bietet das EFQM-Modell auch für diese Herausforderungen des Managements eines Finanzdienstleisters Unterstützung.

Abb. 2: *Vernetzungen innerhalb des Modells und die Sichtweise auf den Faktor Mensch machen EFQM für die Finanzdienstleistungsbranche so interessant*

Wie kann sich ein Finanzdienstleister pragmatisch an das Modell annähern?

Für die Einführung des EFQM Excellence Modells bei einem Finanzdienstleister gilt das, was schon für die Umsetzung der MaRisk relevant ist: Der Grundsatz der Verhältnismäßigkeit. Je nach Größe, dem aktuellen Nutzungsgrad bisheriger Führungsinstrumente und natürlich der Ressourcenverfügbarkeit eines Hauses ist es sinnvoll, sich an eine Implementierung individuell heranzutasten, um den Umgang mit dem Modell stets nutzenstiftend zu gestalten. Die Erfahrung zeigt, dass bestimmte Faktoren für eine erfolgreiche Einführung besonders hilfreich sind: So sollte das EFQM Excellence Modell als Managementwerkzeug auch von der obersten Führungsmannschaft vertreten und genutzt werden. Es sollte von der Führung dabei als Rahmen allen unternehmerischen Handelns eines Unternehmens gesehen werden. Von einer »EFQM-Insellösung« ist abzuraten, um kostspielige Redundanzen zu vermeiden. Und obwohl die Formulierungen des EFQM-Modells für den Anwender einfach zu verstehen sind, empfiehlt es sich für ein Unternehmen in angemessenem Umfang EFQM-Know-how aufzubauen.

Die vier Erfolgsfaktoren bei der Implementierung des EFQM Excellence Modells:	
✓	Die Einführung des EFQM Excellence Modells wird individuell auf die Größe sowie die Ressourcenausstattung einer Organisation und den Nutzungsgrad bisheriger Führungsinstrumente abgestimmt.
✓	Das EFQM Excellence Modell wird von der Geschäftsleitung und den Führungskräften genutzt.
✓	Das EFQM Excellence Modell wird als Rahmen für das gesamte unternehmerische Handeln gesehen.
✓	Die Organisation baut in angemessenem Umfang EFQM-Know-how intern auf.

Abb. 3: *Vier Erfolgsfaktoren bei der Einführung des EFQM Excellence Modells*

Literatur

[1]   BUNDESVERBAND DEUTSCHER BANKEN, OKTOBER 2011: *Vertrauen in Banken/ Zufriedenheit von Bankkunden; Oktober 2011 (Umfragen-Stichprobe: 1.044 wahlberechtigte Deutsche)*

[2]   EFQM: *EFQM Excellence Modell 2010, Brüssel 2009, S. 4*

244

Zusammenfassung

Finanzdienstleister befinden sich seit einigen Jahren in einem harten Wettbewerb, der durch die Finanzmarktkrise und das in diesem Zuge eingebüßte Kundenvertrauen noch anspruchsvoller geworden ist. Da das EFQM Excellence Modell einerseits die Möglichkeit bietet, bestehende Führungsinstrumente, die es in der Finanzbranche in umfänglicher Weise gibt, miteinander zu vernetzen und andererseits den Faktor Mensch im Unternehmen integrativ betrachtet, zeigt es der Zahlen-Daten-Fakten getriebenen Finanzbranche neue Wege auf, ohne die zweifelsfrei notwendige Ergebnisorientierung zu vernachlässigen. Für die Einführung des EFQM-Modells in einem Haus empfiehlt sich ein, dem Grundsatz der Verhältnismäßigkeit folgendes, individuelles Vorgehen. Außerordentlich hilfreich sind jedoch das besondere Involvement der oberen Führungsmannschaft, die Implementierung von EFQM als Rahmen statt als Insellösung, sowie der Aufbau von EFQM-Know-how in der einführenden Organisation.

EFQM und stakeholder-orientierte Markenführung

Exzellente Unternehmen berücksichtigen die Bedürfnisse ihrer Stakeholder. Eine wertvolle Hilfestellung für die Implementierung und Überprüfung entsprechender Aktivitäten leistet das EFQM-Modell. In Verbindung mit einer starken Marke ergibt sich daraus ein nachhaltig strategischer Erfolgsfaktor.

In diesem Beitrag erfahren Sie:
- warum Stakeholderorientierung für Unternehmen immer wichtiger wird,
- inwiefern sich mit dem EFQM-Modell Stakeholderprozesse steuern und messen lassen,
- warum eine starke Marke dabei ein grundlegendes Differenzierungsmerkmal ist.

THOMAS KRAUS

Ausgangssituation

Unternehmerisches Handeln wird heutzutage sehr genau beobachtet und aus Sicht unterschiedlichster Interessengruppen bewertet. Daraus entsteht ein Spannungsfeld, das zum einen von den Erwartungen dieser Interessengruppen geprägt ist, zum anderen von bestimmten Megatrends. Dazu zählen unter anderem Wachstumsphantasie, steigender Ertrags- und Kostendruck, knapper werdende Ressourcen, Klimawandel, Fachkräfte als Engpassfaktor und höhere Ansprüche an die Work-Life-Balance. Daraus folgt: Unternehmen werden nicht mehr nur an ihren betriebswirtschaftlichen Zahlen gemessen, sondern zunehmend auch danach beurteilt, inwieweit sie die Bedürfnisse ihrer Stakeholder – dazu zählen neben Aktionären und Gesellschaftern unter anderem Kunden, Mitarbeiter, Lieferanten und Geschäftspartner – berücksichtigen und gesellschaftliche Verantwortung übernehmen. Gleichwohl ist

247

der finanzielle Erfolg eines Unternehmens die Grundlage, um den veränderten Anforderungen gerecht zu werden. Gerade in einem globalen, hart umkämpften Marktumfeld mit vielen vergleichbaren Angeboten hängt der Geschäftserfolg entscheidend davon ab, ob es gelingt, die globalen Trends und die Bedürfnisse der Stakeholder in das eigene Geschäftsmodell zu integrieren.

Das EFQM-Modell steuert Stakeholderprozesse und macht sie messbar

Doch wie können Stakeholderprozesse in die Unternehmenspraxis implementiert und gelebt, wie die entsprechenden Aktivitäten gesteuert werden? Dafür bietet sich das EFQM-Modell für Excellence der European Foundation for Quality Management an. Ein wesentlicher Grundgedanke des EFQM-Modells ist das »Ursache-Wirkungs-Prinzip«: Jede Handlung hat messbare Folgen für das Unternehmen – positive oder negative. Daher werden sämtliche Prozesse und Maßnahmen – und damit auch die Bedürfnisse der Stakeholder – mit Zielen hinterlegt und einer ständigen internen und externen Prüfung unterzogen.

Diese stakeholderorientierte Unternehmensführung gewährleistet eine konstante Qualitätsverbesserung sowie ein Adjustieren von Strategie und Geschäftsmodell. Gleichzeitig bildet sie die Grundlage für die Definition von Markenwerten, die für die Positionierung eines Unternehmens von entscheidender Bedeutung sind.

Eine starke Marke unterstützt den nachhaltigen Unternehmenserfolg

Die Markenwahrnehmung, die Stakeholder gewinnen, generiert sich aus der Wechselwirkung von Markenversprechen, Markenerwartung und tatsächlichem Markenerlebnis. Starke Marken vermitteln Glaubwürdigkeit und bieten Differenzierungspotenzial. Sie haben markentypische Eigenschaften. In der Markentheorie verbindet man mit ihnen ein positives Image, eine hohe zielgruppenspezifische Bekanntheit, ein einheitliches und konstantes Erscheinungsbild, hohe Qualität und eine gewisse Tradition. Eine starke Marke bietet neben logisch nachvollziehbaren Leistungsvorteilen einen emotionalen Mehrwert für Kunden, Mitarbeiter und weitere Stakeholder und trägt damit maßgeblich zu einem nachhaltigen Unternehmenserfolg bei. Dieser emotionale Mehrwert kann auf Gefühlen wie Vertrauen, Sicherheit, Sympathie und Begeisterung beruhen und schlägt sich unter anderem in einer höheren Loyalität oder auch höheren Preisbereitschaft von Kunden nieder. Die Konsequenz ist, dass Markenunternehmen in der Regel in wirtschaftlich schwierigen Zeiten besser gegen konjunkturelle Schwankungen geschützt sind.

Im Dienstleistungssektor stellt die konsequente Markenführung eine Herausforderung dar, denn hier werden »unsichtbare« Produkte erzeugt. Kunden haben keine physikalischen Produkterlebnisse, sondern bewerten ein Unternehmen anhand von Attributen wie Servicequalität, Freundlichkeit und Verlässlichkeit.

Die Kunst besteht darin, für Kunden einen Mehrwert zu bieten, der sie dazu bewegt, sich für ein bestimmtes Dienstleistungsunternehmen zu entscheiden. An dieser Stelle kommt das kollektive Verhalten eines Unternehmens ins Spiel. Auf Basis von spezifischen Markenwerten, die gegenüber den Mitarbeitern klar kommuniziert und von diesen – intern und im Kundenkontakt – gelebt werden, wird eine Marke reproduziert und somit real und emotional erlebbar gemacht.

Eine integrierte, stakeholderorientierte Markenführung lebt von ihrer Glaubwürdigkeit

Der Erfolg einer integrierten, stakeholderorientierten Markenführung in der Praxis hängt maßgeblich davon ab, inwieweit es dem Management gelingt, die Ansprüche unterschiedlicher Stakeholder auszubalancieren. Eine Grundvoraussetzung dafür ist die Bereitschaft zum Dialog mit den Interessengruppen, bei dem Glaubwürdigkeit und Authentizität ebenso gefragt sind wie betriebswirtschaftliches Verständnis.

Um potenzielle Risiken und Chancen im öffentlichen Meinungsbild sowie technologisch-ökonomischen Umfeld frühzeitig zu identifizieren, analysieren und daraus Handlungsoptionen abzuleiten, empfehlen sich begleitende Disziplinen wie Issues Management und

Marktforschung. Sie tragen dazu bei, die Marke zu schützen und gegebenenfalls weiterzuentwickeln, indem eine aktive Auseinandersetzung mit wichtigen Trends erfolgt.

Eine integrierte, stakeholderorientierte Markenführung auf Basis des EFQM-Modells ist keine kurzfristige Imagemaßnahme, die je nach Gemengelage gepflegt oder vernachlässigt werden kann. Sie ist – glaubwürdig angewendet – vielmehr ein strategischer Hebel, der viele Möglichkeiten zur Differenzierung eines Unternehmens bietet und somit nachhaltig profitables Wachstum unterstützt.

Zusammenfassung

Unternehmen und Organisationen haben für eine erfolgreiche Geschäftsentwicklung die Bedürfnisse unterschiedlichster Interessengruppen zu berücksichtigen. Das EFQM-Modell ermöglicht eine ganzheitliche Sicht auf relevante Strukturen, Prozesse und Stakeholder und legt dadurch die Basis für eine nachhaltige Ausrichtung der Unternehmensstrategie. Verzahnt mit einer stakeholderorientierten Markenführung dient es dazu, kontinuierlich Verbesserungspotenziale und damit Differenzierungsmerkmale aufzuzeigen und für den Geschäftserfolg nutzbar zu machen.

Erfolgsfaktoren für Excellence im Dienstleistungsbereich

Das Management von Komplexität und die Gestaltung von menschlichen Beziehungen stellen besondere Herausforderungen dar, für die sich wichtige Erfolgsfaktoren beim Umgang mit Excellence-Themen nachweisen lassen. Dieser Beitrag gewährt Einblicke in ausgewählte Ergebnisse einer Studie.

In diesem Beitrag erfahren Sie:
- wie Kundennutzen und Wettbewerbsfähigkeit nachhaltig gesteigert werden können,
- warum das Verständis von Abhängigkeiten innerhalb einer Organisation so wichtig sind,
- wie dies durch Konzentration auf wichtige Schlüsselthemen gelingen kann.

JÜRGEN FREISL

In den letzten Jahren haben Komplexitäten, mit denen gerade Dienstleistungsorganisationen konfrontiert sind, drastisch zugenommen. Hierbei geht es um wichtige Managementthemen wie strategische Entscheidungen, die Frühwarnung oder die Aktivitäten in den Märkten [1]. Und simple Ursache-Wirkungs-Beziehungen gibt es dabei nur in der Theorie. In der Wirklichkeit regieren, wie in natürlichen Systemen, Beziehungsnetze und indirekte Wirkungen [2].

Der Umgang mit diesen Themen verlangt neue Managementmethoden, die eine nachhaltige Wettbewerbsfähigkeit einer Organisation gewährleisten [3]. Gerade hier zeigen sich in der Praxis Defizite.

Technokratisch geschult versuchen Führungskräfte mit einer linearen und kausalen Logik immer neue Wege zu finden, komplexe Systeme zu beherrschen. »Mehr desselben« lautet das Reaktionsmuster – mehr Spezialisierung, mehr Regeln, mehr Kontrolle, mehr Bürokratie [4].

Gängige Methoden und Partialkonzepte (wie zum Beispiel Business Process Reengineering oder Kostenmanagement) lassen in der Praxis oft erkennen, dass sie nicht wirklich geeignet sind, angemessen mit Komplexität umzugehen [5].

Es gilt, Zusammenhänge und Abhängigkeiten des Gesamtsystems zu verstehen und zu berücksichtigen, um so nachhaltige Strategien zu entwickeln [6]. Dabei ist zu akzeptieren, dass eine Organisation nicht mit der Regelmäßigkeit einer Maschine funktioniert [7]. Das geläufige Denken in linearen und kausalen Ursache-Wirkungsketten ist durch eine ganzheitliche und vernetzte Sichtweise zu ersetzen [8].

Auch Stimmen aus dem Qualitätsmanagement (wie Pfeifer, Conti, Malorny) betonen, dass die nächste Welle der Innovation die Integration des Qualitäts- und des System-Denkens sein sollte [2]. Im Fokus des systemischen Denkens stehen dabei relevante Elemente und deren Wirkungsbeziehungen.

Mit dieser Thematik hat sich eine wissenschaftliche Untersuchung beschäftigt. Mit der Entwicklung eines systemischen Modells zur Darstellung komplexer Zusammenhänge in unternehmerischen Strukturen und dessen empirischer und kausalanalytischer Untersuchung mit dem Modellierungstool GAMMA (Ganzheitliche Modellierung im Management) und dem Analyseinstrument NEUSREL (Neural Structured Relationships) wurden Erkenntnisse und Impulse für das Gestalten von Organisationen auf Basis eines systemischen Managements generiert und dabei wesentliche Treiber, Erfolgsfaktoren und Wirkungszusammenhänge identifiziert. Auf Basis der Analyse empirischer Daten von über 200 Organisationen wurden dabei auch relevante Beziehungsmuster in Dienstleistungsorganisationen bewertet und wichtige Variablen identifiziert [9].

254

Schlüsselthemen

Als wesentliche Variable kristallisieren sich die *Steuergrößen* »Führung« und »Strategie« heraus. Beide sind eng miteinander verknüpft (dies äußert sich durch eine signifikante Beziehungstärke in der empirischen Datenanalyse) und zeigen eine starke Wirkung auf die »Kundenprozesse« (direkt auf Kunden wirkende Kernprozesse: Dienstleistungsentwicklung, Marketing, Vertrieb, Dienstleistungserbringung, Service), was darauf hindeutet, dass es einen Erfolgsfaktor darstellt, wenn die Führung die Dienstleistungsprozesse für die Kunden aktiv fördert und steuert. Deutliche Wirkungen gehen von der »Strategie« zu »Mitarbeiterzufriedenheit« und »Kundenzufriedenheit« aus, was die Bedeutung der Strategie für Dienstleistungsunternehmen unterstreicht. Eine starke Rückbeziehung von »Geschäftserfolg« auf die »Strategie« (signifikante Beziehungsstärke in der empirischen Datenanalyse) bestätigt die Bedeutung des Elements Strategie. Um die Strategie bei Bedarf rechtzeitig anpassen zu können, sind gut funktionierende Feedback-Mechanismen notwendig. Die Güte des Geschäftserfolgs ist stark von der Güte der »Kundenprozesse« abhängig, was eine hohe Beziehungsstärke der beiden Variablen bestätigt (siehe folgende Abbildungen).

Als Variable mit starker Vernetzung und als wirksame *Hebel/Treiber* (starke Auswirkung auf andere Variable) zeigen sich »Control/Feed-

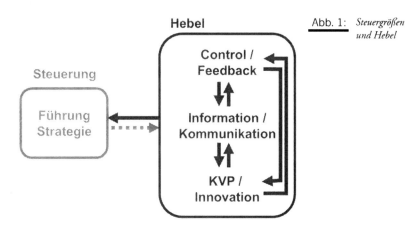

Abb. 1: *Steuergrößen und Hebel*

back«, »Information/Kommunikation« und »KVP (Kontinuierlicher Verbesserungs-Prozess)/Innovation«. Diese Variablen werden in ihrer Hebelwirkung von »Führung/Strategie« gesteuert.

Neben den Hebeln werden durch »Führung/Strategie« die Elemente »Kundenprozesse« und »Mitarbeiter/-zufriedenheit« gesteuert.

Diese Analysen bestätigen die Ergebnisse der PIMS® –Studien, welche als essentielle Variablen u. a. die Bereiche Kundennutzen, Attraktivität für Mitarbeiter und Ständiger Wandel identifiziert [10].

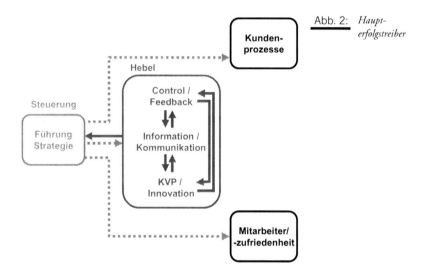

Abb. 2: *Haupt, erfolgstreiber*

Gestaltung des kontinuierlichen Wandels

Als starker Hebel und essentielle Variable wurde das Element »KVP und Innovation« in Verbindung mit »Information und Kommunikation« und »Control und Feedback« bereits dargestellt. Von diesem Element existieren prägnante Wechselwirkungen zu den Haupterfolgstreibern und auch zu allen anderen Variablen. Damit wird die Gestaltung eines kontinuierlichen Wandels zum Dreh- und Angelpunkt einer nachhaltig erfolgreichen Organisation vor allem im Dienstleistungsbereich mit sich ständig und schnell ändernden Bedingungen.

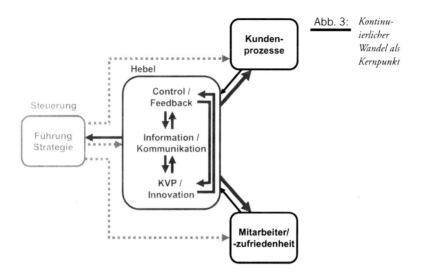

Abb. 3: *Kontinu-ierlicher Wandel als Kernpunkt*

Vernetzungen und Wirkungszusammenhänge

In den oben dargestellten Elementen mit ihren Verknüpfungen zeigen sich bereits wesentliche Vernetzungen und Wirkungszusammenhänge. Darüber hinaus ergeben sich weitere Zusammenhänge, die in ihrer Gesamtheit ein vollständiges Wirkungsgefüge einer Dienstleistungs-organisation ergeben.

Starke Wechselbeziehungen treten zwischen den Haupterfolgstrei-bern »Kundenprozesse« und »Mitarbeiter/-zufriedenheit« auf – genauso zwischen »Mitarbeiter/-zufriedenheit« und »Kundenzufriedenheit«. Die »Kundenzufriedenheit« wird auch direkt von den »Kundenprozes-sen« und den starken Hebeln (»Information und Kommunikation«, »Control und Feedback«, »KVP und Innovation«) beeinflusst, wie die Ergebnisse der Datenanalyse zeigen. Diese, die »Kundenprozesse« und die »Kundenzufriedenheit«, zeigen eine klare Wirkungsbeziehung zum »Geschäftserfolg«, der wiederum eine Rückbeziehung zu »Führung« und »Strategie« hat und damit den Kreislauf schließt.

Als weiteres, nicht zu vernachlässigendes Element kristallisiert sich das Management von »Partner und Ressourcen« heraus, welches in starken Wechselbeziehungen zu den Hebel-Elementen (»Information und Kommunikation«, »Control und Feedback«, »KVP und Innovation«) und zu den »Kundenprozessen« steht und damit deren Reifegrad mitbestimmt. Eine interessante Wechselbeziehung erscheint auch zwischen den Variablen »Mitarbeiter/-zufriedenheit« und »Image« (die in Abbildung 4 dargestellte Dicke der Pfeile stellen die jeweilige Beziehungsstärke dar).

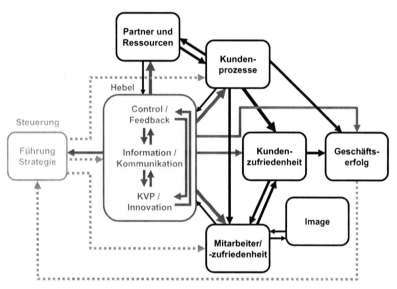

Abb. 4:   *Vernetzungen und Wirkungszusammenhänge*

Weiterführende Untersuchungen ergeben, dass die Variablen einer Dienstleistungsorganisation nicht nur bestimmte Funktionen (zum Beispiel Steuergrößen oder Hebel) für das Gesamtsystem einnehmen, sondern in Beziehungsnetzen als Mediatoren und Moderatoren wirken. Dabei sind die Wechselbeziehungen oftmals durch Interaktionen und Nichtlinearitäten gekennzeichnet. Typische Beziehungsstrukturen zwischen Variablen zeigt die Abbildung 5 anhand von drei Beispielen.

Abb. 5:   *Beziehungsmuster zwischen Variablen*

Eine klassische lineare Beziehung tritt zwischen »Control und Feedback« und der Strategischen Steuerung auf – ein sich erhöhender Reifegrad von »Control und Feedback« hat eine positive Auswirkung auf den Reifegrad der Strategischen Steuerung. Die Beziehung »KVP und Innovation« auf »Control und Feedback« zeigt ein ganz anderes Muster: Schon bei geringem Reifegrad und Verbesserung von »KVP und Innovation« ergibt sich eine Steigerung der Qualität von »Control und Feedback«, wobei sich ab einem bestimmten Wert ein Sättigungseffekt einstellt. Ein anderes Muster erscheint im dritten Bild: Die »Mitarbeiterzufriedenheit« hat erst ab einem bestimmten Level eine signifikante und starke Auswirkung auf die »Kundenzufriedenheit« und geht dann ebenfalls in einen Sättigungsbereich über.

Literatur

[1]   IBM: *Unternehmensführung in einer komplexen Welt, Global CEO Study, IBM 2010* *www.ibm.com/ceostudy/de*

[2]   JOACHIM ZÜLCH / JÜRGEN FREISL: *Die nächste Generation – Komplexität und Dynamik als Herausforderungen der Zukunft, Zeitschrift QZ, Carl Hanser 5 / 2012*

[3]   WEICHBRODT, RAINER: *Controlling Excellence mit dem EFQM-Cockpit - das Management-Expertensystem PAMELA®, Controller Magazin 1/2006*

[4]   WÜTHRICH, HANS, OSMETZ DIRK, KADUK STEFAN: *Musterbrecher – Führung neu leben, Gabler Wiesbaden 2006*

[5]   TÜRKE, RALF-ECKARD: *Governance – Systemic Foundation and Framework, Physica Heidelberg 2008*

[6]   SCHWANINGER, MARKUS: *Einführung in die Managementlehre, Haupt Bern Stuttgart Wien 2004*

[7]   SENGE, PETER: *Die Fünfte Disziplin, Klett-Cotta Stuttgart 2006*

[8]   LIETAER, BERNHARD: *Erhöhte Unfallgefahr – Ursachen der Krise, Zeitschrift brandeins Ausgabe 01/ 2009*

[9]   FREISL, JÜRGEN: *Entwicklung eines systemischen Managementansatzes zur Bewertung von Wirkzusammenhängen in unternehmerischen Strukturen mittels kausalanalytischer Methoden/Dissertation, Fakultät für Maschinenbau der Ruhr-Universität Bochum 2011*

[10]   MALIK, FREDMUND: *Strategie – Navigieren in der Komplexität der neuen Welt, Campus FRANKFURT / NEW YORK 2011*

Excellence entwickeln bei Gründung und in kleinen Unternehmen

Kleine Unternehmen haben es oft schwer, ihre Potenziale auszuschöpfen und sich langfristig zu behaupten. Was viele Unternehmer dabei verkennen: Unternehmerische Exzellenz fängt bei ihnen selbst an. Mit dem EFQM-Modell lassen sich die persönliche und unternehmerische Ebene verbinden und weiterentwickeln.

In diesem Beitrag erfahren Sie:
- warum Unternehmer nicht nur in, sondern auch an ihrem Unternehmen arbeiten müssen,
- wie das Modell der persönlichen Exzellenz bei der Entwicklung der Unternehmer hilft,
- welche Methoden sich für die individuelle wie auch unternehmerische Entwicklung eignen.

RICHARD SCHIEFERDECKER

Ausgangssituation

Schaut man sich die Entwicklung von Unternehmen von der Gründung aus an, zeigt sich folgendes Bild (vgl. [1]; [2]):

⇨ Eine geringe Anzahl von Unternehmen entwickelt sich so, dass sie schnell erfolgreich werden. Häufig werden sie von sogenannten Entrepreneuren gegründet, die als Hauptmotiv eine Geschäftsidee umsetzen wollen, über Managementerfahrung verfügen und in überdurchschnittlich hohem Maße Ressourcen einsetzen.

⇨ Auf der anderen Seite gibt es bei Gründungen eine hohe Anfangssterblichkeit: Nach drei Jahren ist bereits jedes dritte gegründete Unternehmen wieder verschwunden. Im Sinne einer natürlichen Selektion erfüllen sie nicht die Anforderungen an das Überleben im Markt.

⇨ Ein anderer Teil der Unternehmen entwickelt sich bis zu einem gewissen Grad und verbleibt dort. Ein durch die Unternehmensführung definierter Erfolg hat sich eingestellt und das Geschäftsmodell bietet kein weiteres Potenzial für die Entwicklung.

⇨ Der Rest der Unternehmen stockt irgendwann, obwohl sie das Potenzial zur weiteren Entwicklung hätten. Diese Unternehmen schöpfen ihre Leistungsfähigkeit – aus welchen Gründen auch immer – nicht aus.

Es stellt sich die Frage, wie man mit dem systematischen Einsatz des Excellence-Modells vom Beginn der Gründung an die Voraussetzungen schaffen kann, dass auch kleine Unternehmen

⇨ das Risiko der Anfangssterblichkeit reduzieren und

⇨ ihre Leistungspotenziale ausschöpfen können.

Unternehmerische Excellence fängt bei den Unternehmern an

Die Erfahrung mit kleinen und mittleren Unternehmen aus Assessments im Rahmen des Ludwig-Erhard-Preises, aus Forschungs- und Beratungsprojekten sowie aus eigenem unternehmerischem Erleben zeigt: Die Unternehmer sind der entscheidende Einflussfaktor – gerade für die Entwicklung kleiner Unternehmen. Aber: Verstehen die Gründer bzw. Eigentümer dieser kleinen Unternehmen ihre Rolle auch richtig?

Der amerikanische Managementberater Michael E. Gerber formuliert es treffend [3], wenn er in einem Unternehmen drei zentrale Rollen unterscheidet:

⇨ Die *Fachkraft* ist der Macher. Sie erbringt die Leistung für den Kunden draußen im Markt.

⇨ Der *Manager* sorgt dafür, dass die Fachkraft ihre Leistung für den Kunden erbringen kann. Er plant, strukturiert, schafft Ordnung und versucht, eine gewisse Vorhersagbarkeit für das Unternehmen zu schaffen.

⇨ Der *Unternehmer* ist der Visionär und Innovator, der aus alltäglichen Situationen außergewöhnliche Geschäftsgelegenheiten macht. Damit ist er aber auch verantwortlich dafür, gemeinsam mit Manager und Fachkraft das System zu implementieren, mit dem Ressourcen in Kundennutzen überführt werden können. Die wichtigste Aufgabe des Unternehmers ist also, sein Unternehmen »zu produzieren« [4].

Bei der Gründung eines Unternehmens sollten alle drei Rollen vertreten sein, was häufig aber nicht der Fall ist. Insbesondere ein Einzelgründer gründet oft als gute oder sehr gute Fachkraft mit einem gewissen unternehmerischen Gespür. Zu oft fehlen aber das richtige Verständnis für die Manager- und Unternehmerrolle und dann meist auch die damit verbundenen Fähigkeiten. Das Excellence-Modell bietet hier die Möglichkeit, sich systematisch mit allen relevanten Aspekten des Systems »exzellentes Unternehmen« auseinanderzusetzen. Aber wie bekomme ich als Gründer oder Inhaber eines kleinen Unternehmens Zugang dazu?

Verbindung von persönlicher und unternehmerischer Ebene

Wenn ich mich als Unternehmer als den entscheidenden Einflussfaktor für die Entwicklung meines Unternehmens verstehen will, muss ich die Betrachtung meines Unternehmens mit der meiner Person verbinden. So entstehen z. B. die unternehmerische Mission (Wofür ist das Unternehmen da?) und Vision (Wo will das Unternehmen hin?) aus der persönlichen Mission (Warum ist es gut, dass ich auf dieser Welt bin?) und Vision (Was will ich am Ende meines Lebens erreicht haben?).

Ein systematisches Vorgehen im Sinne der RADAR-Logik des EFQM Excellence Modells wäre jetzt z. B. der Einsatz von Methoden und Werkzeugen, die sowohl auf individueller als auch auf unternehmerischer Ebene funktionieren. Im Folgenden werden exemplarisch einige Ansätze genannt.

Persönliche Exzellenz als übergeordneter Regelkreis

So wie man für sein Unternehmen auf Basis des Excellence-Modells ein Managementsystem entwickelt, kann man das für sich selbst mit einem umfassenden Selbstmanagement tun. Das Excellence-Modell lässt sich dabei anpassen auf ein System der persönlichen Exzellenz mit vergleichbaren Kriterien für ein systematisches Selbstmanagement [5].

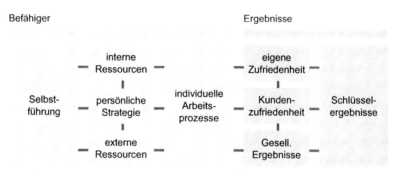

Abb. 1: *Modell der persönlichen Exzellenz (eigene Darstellung in Anlehnung an das EFQM Excellence Modell)*

Die Befähiger-Kriterien für persönliche Exzellenz sind

⇨ Selbstführung (persönliche Mission, Vision und Werte, individuelle Interessengruppen, persönliche Veränderungsfähigkeit),

⇨ persönliche Strategie (strategierelevante Informationen, Entwicklung und Umsetzung der persönlichen Strategie),

⇨ interne Ressourcen (in Analogie zum Mitarbeiter-Kriterium könnte man hier z. B. den Ansatz des inneren Teams von Friedemann Schulz von Thun wählen, einfacher dürfte aber die Auseinandersetzung mit den notwendigen individuellen Fähigkeiten, die über das rein Fachliche hinausgehen, sowie der eigenen Gesundheit und individuellen Energie sein),

⇨ externe Ressourcen (persönliche Partnerschaften, persönliche Finanzen, eigene Informationen und Wissen) und

264

⇨ individuelle Arbeitsprozesse (Effizienz der eigenen Aktivitäten, wie z. B. die der eigenen Aufgaben- und Zeitplanung, der Ablage oder der jährlichen Steuererklärung).

Die erreichten Ziele lassen sich beurteilen anhand
⇨ der eigenen Zufriedenheit (Wann bin ich mit mir zufrieden?),
⇨ der Zufriedenheit der Kunden (Wer sind eigentlich meine Kunden: reale Kunden, Partner, Familie etc.? Anhand welcher Kriterien kann ich deren Zufriedenheit beurteilen?),
⇨ der Ergebnisse für die Gesellschaft (ehrenamtliches oder soziales Engagement) sowie
⇨ der Schlüsselergebnisse (Kriterien für die eigene langfristige Entwicklung, wie Qualifikation, Reputation, Vermögen etc.).

Angemessene Methoden und Werkzeuge

Als Beispiele für konkrete Methoden und Werkzeuge, die sowohl für den persönlichen als auch den unternehmerischen Einsatz verwendet werden können, lassen sich folgende Ansätze nennen:
⇨ *Engpasskonzentrierte Strategie:* Sie wurde ursprünglich in den 1970er Jahren von Wolfgang Mewes entwickelt. Ausgehend von der Ist-Situation und den individuellen bzw. Unternehmensstärken werden ein Spezialgebiet, die Zielgruppe(n) und deren sowie die eigenen Engpässe analysiert und darauf aufbauend eine Innovations- und Kooperationsstrategie entwickelt, die das konstante Grundbedürfnis der Zielgruppe(n) befriedigt [6].
⇨ *Modell der logischen Ebenen:* Es wurde von Robert Dilts [7] ursprünglich für den persönlichen Einsatz entwickelt, zwischenzeitlich aber auch für den Einsatz in Unternehmen angepasst [8]. Das Modell schafft so eine Verbindung zwischen der eigenen Umgebung bzw. der des Unternehmens, Tätigkeiten, Fähigkeiten, Werten und Glaubenssätzen, der Identität, Vision, Mission und Zugehörigkeit.
⇨ *Business Model Canvas* [9] bzw. *Personal Business Model Canvas* [10]: Mit diesen Modellen lassen sich unternehmerische genauso wie per-

sönliche Geschäftsmodelle visualisieren, bewerten und verändern. Dabei beschreiben sie die Grundprinzipien, nach denen Werte geschaffen und vermittelt werden; die Bestandteile sind Kundensegmente, Nutzenversprechen, Kundenkanäle, Kundenbeziehungen, Umsatzströme, Schlüsselressourcen, Schlüsselaktivitäten (Prozesse), Schlüsselpartner und Kostenstruktur.

Literatur

[1]   BELLABARBA, A.: *Vorgehensweise zur Berücksichtigung des umfassenden Qualitätsmanagements bei Unternehmensgründungen.* Berlin: TU Berlin, Diss., 2003, S. 2

[2]   HAGEN, T.; METZGER, G.; ULLRICH, K.: *KfW-Gründungsmonitor 2012.* Frankfurt: KfW-Bankengruppe, 2012

[3]   GERBER, M. E.: *The E-Myth Revisited. Why Most Small Businesses Don't Work and What to Do About It.* New York: HarperCollins, 1995, S. 23-28

[4]   MERATH, S.: *Der Weg zum erfolgreichen Unternehmer. Wie Sie und Ihr Unternehmen neue Dynamik gewinnen.* Offenbach: Gabal Verlag, 2008, S. 43

[5]   SCHIEFERDECKER, R.; LEMBKE, G.: *Woher wissen Sie, was sie wissen sollten? In: wissensmanagement 7/2007.* Neusäss: Büro für Medien, 2007, S. 18–19

[6]   FRIEDRICH, K.; MALIK, F.; SEIWERT, L.: *Das große 1x1 der Erfolgsstrategie.* Offenbach: Gabal Verlag, 2009

[7]   DEERING, A.; DILTS, R.; RUSSELL, J.: *Alpha Leadership. Tools for business leaders who want more from life.* Chichester: John Wiley & Sons, 2002, S. 82–95

[8]   BRINKMANN, M.: *Strategieentwicklung für kleine und mittlere Unternehmen. Tools, Konzepte, Praxisbeispiele.* Zürich: Orell Füssli Verlag, 2002

[9]   OSTERWALDER, A.; PIGNEUR, Y.: *Business Model Generation. Ein Handbuch für Visionäre, Spielveränderer und Herausforderer.* Frankfurt/New York: Campus Verlag, 2011

[10]   CLARK, T.; OSTERWALDER, A.; PIGNEUR, Y.: *Business Model You. Dein Leben – Deine Karriere – Dein Spiel.* Frankfurt/New York: Campus Verlag, 2012

Zusammenfassung

Als einer der entscheidenden Einflussfaktoren bei kleinen Unternehmen müssen die Unternehmer ihre Rolle richtig verstehen. Sie sind häufig nicht nur dafür verantwortlich, die Leistung für den Kunden mit zu erbringen, sie müssen auch mit systematischer Arbeit an ihrem Unternehmen die weitere Entwicklung gestalten. Das kann durch eine Verbindung zwischen persönlicher und unternehmerischer Betrachtungsebene erfolgen, z. B. in Form eines – ganz in Analogie zum Excellence-Modell – auf sich selbst angewandten Modells der persönlichen Exzellenz. Mit geeigneten Methoden und Werkzeugen lässt sich sowohl die Person des Unternehmers als auch das Unternehmen im Sinne des Excellence-Gedankens weiterentwickeln.

EFQM systemisch denken und leben

Das Autorenteam unterstützt seit 20 Jahren Organisationen bei der Implementierung und Umsetzung von EFQM-Prozessen. Als systemische Coaches zeigen sie auf, wie systemische Haltungen und Interventionen die Begleitung von EFQM-Prozessen bereichern können.

In diesem Beitrag erfahren Sie:
- was EFQM und systemisches Denken verbindet,
- wodurch sich eine systemische Beratungshaltung auszeichnet,
- welche systemische Techniken sich für EFQM-Prozesse anbieten.

GITTE LANDGREBE, FRANZ KNIST

Systemische Beratungshaltung

Der Ansatz der EFQM zeichnete sich gegenüber anderen QM-Systemen von Anfang an unter anderem dadurch aus, dass er

⇨ den Beziehungsaspekt zwischen der Führung und allen beteiligten Interessengruppen hoch bewertet,

⇨ die zentrale Zielsetzung darin sieht, Lernen, Kreativität und Innovation der Organisation zu fördern,

⇨ vernetztes Denken voraussetzt und durch die Verbindungslinien zwischen den neun Kriterien des Modells hervorhebt,

⇨ nicht in Schwächen, sondern in Entwicklungspotenzialen denkt.

Diese zentralen Aspekte der EFQM korrespondieren unter anderem mit folgenden Prinzipien systemischer Beratung:

⇨ Zirkularität (anstelle in linearen Verläufen in Kreisläufen und Wechselwirkungen zu denken)
⇨ Lösungs- und Ressourcenorientierung
⇨ Neutralität und Transparenz
⇨ Wertschätzung

Um EFQM glaubwürdig zu vermitteln und die Potenziale in einer Organisation zur vollen Wirkung bringen zu können, sind diese systemischen Haltungen äußerst förderlich. Diese Haltungen sind mehr als erlernte Techniken; sie sind persönliche Überzeugungen der bzw. des Beratenden, z. B. dass Systeme selbst über zahlreiche Kompetenzen und Ressourcen verfügen, dass es für Probleme in der Regel mehr als eine Lösung gibt und dass vor allem Fragen wichtige Impulse für Veränderungsprozesse liefern.

Grundsätze des systemischen Ansatzes und exemplarische systemische Techniken

Zirkularität

Der Mehrwert des EFQM-Ansatzes gegenüber anderen QM-Ansätzen liegt in der »systemischen« Sicht der Unternehmensführung. Das Denken in Wechselwirkungen zwischen Befähiger- und Ergebniskriterien sowie Befähigern und Ergebnissen je untereinander löst linear-kausales Wenn-Dann-Denken im Qualitätsmanagement ab. Das zirkuläre Denken gibt auch ungeplanten Wirkungen Raum, da sie ebenfalls einen Nutzen und Sinn für das System und damit wichtige Informationen in sich bergen.

Zirkuläre Fragen
Mit zirkulären Fragen hilft der/die Berater/in dem Kunden oder einem Selbstbewertungsteam eine Außenperspektive einzunehmen, um neue Deutungs- und Handlungsoptionen zu entwickeln und neue Positionen zu finden. Gleichzeitig können sie Vernetzungen innerhalb des

Systems aufzeigen. Sie können vor allem auch dann nützlich sein, wenn keine Wahlmöglichkeiten bei der Lösungssuche gesehen werden.

⇨ »Was denken Sie, würden mir die Mitarbeitenden sagen, ist das zentrale Verbesserungspotenzial im Informationsfluss zwischen den Führungskräften?«

⇨ »Was glauben Sie, würden uns Ihre Kunden sagen, wenn wir sie fragen, wie Ihre Mitarbeitenden das Leitbild Ihrer Organisation leben?«

Hypothetische Fragen

Hypothetische Fragen – immer im Konjunktiv gestellt – erkunden Auswirkungen von Handeln. Sie machen es möglich, eine Vielzahl von Perspektiven und Optionen zu entdecken und diese auf ihre Nützlichkeit hin zu überprüfen. Diese können beispielsweise bei der Prioritätensetzung von Maßnahmen hilfreich sein. Zwei weitere Beispiele:

⇨ »Angenommen, Sie hätten die Maßnahme schon erfolgreich umgesetzt, was wäre dann anders? Wer würde das woran bemerken?«

⇨ »Angenommen, es gäbe eine zweite Führungsebene, welchen Einfluss hätte das auf Ihre Zeitressourcen?«

Lösungs- und Ressourcenorientierung

Der systemische Ansatz geht davon aus, dass ein System über alle Ressourcen verfügt, Lösungen für die eigenen Probleme selbst zu entwickeln. »Es ist die Aufgabe des Beraters, das System beim Aufspüren dieser Ressourcen zu unterstützen, wobei der Fokus auf der Konstruktion von Lösungen im Sinne von Erkennen und Verändern bestimmter Muster und Strukturen liegt, um so ein anderes Verhalten der Organisation möglich zu machen.«[1]
Der Blick auf die Stärken bekommt also mehr Gewicht als der auf die Schwächen einer Organisation.

Fragen nach Ressourcen

Ressourcen können erst dann genutzt werden, wenn sie sichtbar sind. Diese (wieder) zu entdecken und zu benennen, kann ein Ziel der Begleitung einer Selbstbewertung sein – gerade dann, wenn wenig Stärken gesehen werden. Fragen können sein:

⇨ »Was zeichnet Ihre Abteilung aus? Was noch? Was noch? Was noch?«

⇨ »Sie haben gesagt, dass Sie vor zwei Jahren in einer schweren Krise waren, wie haben Sie es geschafft, diese zu bewältigen?«

⇨ »Wenn ich Problem X lösen möchte, wer kann mir in Ihrer Organisation am besten weiterhelfen?«

Arbeit mit Skalierungen

Skalierungsfragen dienen in der Systemischen Beratung dazu, subjektive Wahrnehmung bewusst zu machen und abzurufen. Sie ermöglichen gerade die »weichen« Realitäten eines Systems zu beschreiben (Motivation, Zufriedenheit). Von daher sind sie in Befragungen von Kunden, Mitarbeitenden und anderen Interessengruppen üblich. Entscheidender als die erste Frage zur aktuellen Wahrnehmung (z. B. »Auf einer Skala von 0 bis 10, wie würden Sie Ihre Motivation im Moment einschätzen?«) sind aber die darauf aufbauenden lösungsorientierten Fragen. Sie dienen dazu, a) Unterschiede bewusst zu machen, b) wichtige Handlungs- und Gestaltungsoptionen zu erarbeiten und c) eine differenzierte Selbstbeobachtung anzuregen.

⇨ »Was wäre anders, wenn Sie einen Skalenpunkt mehr geben würden?«

⇨ »Welchen höheren Wert haben Sie bei sich schon erlebt und was war da genau anders?«

⇨ »Was haben Sie anders gemacht, um diesen höheren Skalenwert zu erreichen?«

Neutralität und Transparenz

Neutralität – auch Allparteilichkeit genannt – bedeutet, sich nicht auf die Seite einer Person oder Gruppe zu stellen und deren Ideen und Lösungsversuche einseitig zu bewerten. Wenn Haltungen und Verhalten des Auftraggebers nicht mit dem eigenen Wertesystem als Berater/in übereinstimmen, können »Ich-Botschaften« hilfreich sein.

Ich-Botschaften

Sinn der Ich-Botschaften ist es, eigene Wahrnehmungen, emotionale Reaktionen und vor allem Ambivalenzen transparent zu machen. Dadurch, dass ich Ambivalenzen zu meinem (!) Problem mache, erlebt sich der Auftraggeber nicht abgewertet und den Berater authentisch. Beispiele hierfür könnten sein:

⇨ »Ich fühle mich gerade hin und her gerissen. Wenn ich auf die Uhr schaue, komme ich unter Zeitdruck. Im Blick auf die Diskussion hier erlebe ich Sie sehr engagiert, dieses Thema gründlich zu besprechen.«

⇨ »Ich möchte Sie zum einen in diesem Anliegen unterstützen, sehe aber aufgrund meiner Beratungserfahrung auch den Aspekt X, den ich Ihnen nicht vorenthalten möchte.«

Wertschätzung

Wertschätzung dem anderen und sich selbst gegenüber ist eine Grundhaltung, aus der heraus alle systemischen Interventionen hervorgehen sollten. Die Fähigkeit zur Innovation und zum Lernen kommt – aus systemischer Sicht – nur dort zur Entfaltung, wo das bisher Geleistete gewürdigt wird. Viele Veränderungsprozesse in Unternehmen wie z. B. Umstrukturierungen, scheitern gerade an diesem systemischen Prinzip.

Würdigung des Bisherigen

Formal wird dieser Würdigung des Alten bei Selbstbewertungen durch die Beschreibung der Stärken Rechnung getragen, was aber an sich keine Garantie ist, dass diese auch im System gelebt und für die Leistungserbringenden erfahrbar wird. Hier könnten ebenfalls systemische Fragen hilfreich sein:

⇨ »Was gilt es aus Ihrer Sicht am Bisherigen besonders zu würdigen?«
⇨ »Welche Traditionen und Rituale möchten Sie nicht missen? Wo wäre der Ort, diese weiterhin zu leben?«

Würdigung durch Umdeutung (Reframing)

Die Intention einer Umdeutung ist es, dem Problem und unliebsamen Kräften eine neue Bedeutung zu geben, die wertschätzend belegt und neue Sichten und damit auch Handlungsmuster ermöglicht. Beispiele:

⇨ Statt »Keiner der Mitarbeitenden beteiligt sich an den neu eingerichteten Qualitätszirkeln« wäre folgende Umdeutung möglich: »Einige Mitarbeitende gehen sehr behutsam mit dieser Veränderung um«.

⇨ Statt »Team B verschließt sich meiner Idee« wäre eine Umdeutung: »Team B setzt sich intensiv mit Ihrer Idee auseinander und scheint eine Gefahr zu sehen«.

Eine Umdeutung kann auch durch eine Frage nach dem möglichen Nutzen einer als problematisch erlebten Situation erfolgen: Wenn Sie in einem Jahr auf diese – wie Sie es erleben – »Blockade« von Team X schauen und diese hätte im Nachhinein eine für die Abteilung ganz wichtige Funktion gehabt, was könnte das gewesen sein?

Literatur

[1] SCHALLER, M.: *Systemische Interventionen: Impulse zu Veränderungen? Abschlussarbeit April 2009. Online: www.train.at/train-werkstatt/abschlussarbeiten/Schaller.pdf*

274

Zusammenfassung

Der Ansatz der EFQM korrespondiert mit den Prinzipien systemischen Denkens und Handelns. Beide Ansätze haben den Anspruch, Wechselwirkungen in Organisationen bzw. Systemen sichtbar zu machen, zu verstehen und Entwicklungen durch »sinn-volle« Interventionen zu ermöglichen. Systemische Haltungen und Techniken bieten hier Handwerkzeug, Organisationen umfassend zu betrachten und als Berater zu begleiten.

Im Beitrag werden beispielhaft die systemischen Prinzipien Zirkularität, Lösungs- und Ressourcenorientierung, Neutralität und Transparenz sowie Wertschätzung vorgestellt und durch Interventionsbeispiele veranschaulicht.

Systemisches Arbeiten im Kontext von EFQM erweitert den Horizont bei allen Beteiligten, fördert deren Neugier und Kreativität und hält das Lernen somit aktiv und lebendig.

Mehr Erfolg bei M&A-Transaktionen durch EFQM-Assessments

Bis zu 80 % aller Fusionen und Übernahmen scheitern an der Inkompatibilität von Strategie, Führung oder Kultur. Wie lässt sich dieses Risiko minimieren? Die Autorin schlägt vor, die herkömmlichen Verfahren im Rahmen einer Due Diligence mit Assessments auf Basis des EFQM Excellence Modells zu verbinden.

In diesem Beitrag erfahren Sie:
- Assessments sind eine notwendige Ergänzung zu etablierten Verfahren einer Due Diligence.
- Eine Kombination verringert Fehlschläge und erhöht den Integrationserfolg.
- Der Einsatz von Assessments bei M&A würde die Akzeptanz des EFQM-Modells erhöhen.

FRAUKE CHRISTIANSEN

Due Diligence-Verfahren und deren Einfluss auf den Erfolg von Unternehmenszusammenschlüssen

Einführung und Begriffsklärung

Nachfolgend wird »Unternehmenszusammenschluss« als übergeordneter Begriff für »Mergers & Acquisitions« gebraucht, unabhängig davon, ob es sich um eine Fusion (engl. merger) oder eine Übernahme (engl. acquisition) handelt. Der Schwerpunkt des Beitrags liegt vielmehr auf der Gestaltung des vorausgehenden Bewertungsprozesses, der Due Diligence (DD). Diese mit »gebotener Sorgfalt« durchgeführte Prüfung dient der Wertermittlung eines Unternehmens. Die einzelnen Schritte des gesamten Merger-Prozesses zeigt schematisch Abbildung 1.

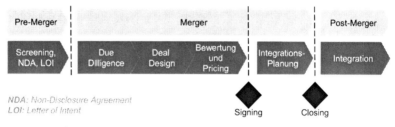

NDA: Non-Disclosure Agreement
LOI: Letter of Intent

Abb. 1:   *Phasen im Merger-Prozess*

Der Begriff »Assessment« bezieht sich in diesem Beitrag ausschließlich auf das Bewertungsverfahren auf Basis des EFQM Excellence Modells.

Grundlage und Formen der Due Diligence

Die DD erfolgt zu Beginn der Merger-Phase zu verschiedenen Aspekten, wobei nicht immer alle Varianten beauftragt werden:

Tabelle 1: Formen der Due Diligence	
Financial Due Diligence	Bewertung und Prognose zur Finanzlage des Zielunternehmens
Commercial Due Diligence	Bewertung der Nachhaltigkeit des Geschäftsmodells (Analyse der Supply-Chain, der Märkte, des Kundenstamms, der Wettbewerber, der Produkte, der Preise, etc.)
Legal Due Diligence	Analyse aller rechtlichen Themen, z. B. laufende Verfahren, Bewertung von Verträgen
HR Due Diligence	Analyse von Synergieeffekten auf Headcount-Ebene, Effekten aus Compensation & Benefits-Regelungen, Effekten aus arbeitsrechtlichen Maßnahmen etc.
Organizational Due Diligence	Bewertung der Organisationsstruktur und Anpassungspotenzial, Entwicklung von Strukturvorschlägen und Zeitplänen
Cultural Due Diligence	Analyse der Unternehmenskultur und der künftigen Erfolgsfaktoren
Technical Due Diligence	Bewertung des aktuellen technischen Zustands von Gebäuden und Maschinen, Ermittlung möglicher Modernisierungskosten
Environmental Due Diligence	Bewertung der umweltbezogenen Gegebenheiten und Standards des Firmengeländes, von Maschinen und Material
IT Due Diligence	Bewertung der Qualität und der Sicherheitsstandards von IT-Strukturen und IT-Systemen

Die DD-Teams kommen aus verschiedenen Organisationen (Kanzleien, WP-Gesellschaften, Beratungen). Sie konzentrieren sich in ihren Teilprojekten darauf, einen finanziellen Wert bzw. das finanzielle Risiko ihres Untersuchungsgegenstandes zu ermitteln. Letztendlich geht es immer um den Einfluss auf die relevanten Finanzkennzahlen (z. B. EBITDA), deren Prognose die Basis für oder gegen einen Zusammenschluss und entsprechend für die Preisermittlung bildet.

Ursachen für das Scheitern von Unternehmenszusammenschlüssen
Zahlreiche Studien zeigen, dass zwischen 50 bis 80 % der Zusammenschlüsse als nicht erfolgreich bewertet werden. Die Gründe sind vielfältig (siehe Abbildung 2)

	In der Merger-Phase begründet	In der Integrationsphase begründet
1 **Ziele, Vision, Kultur**	• Unzureichende Integration der verschiedenen Kulturen, Wertesysteme, Traditionen • Fehlende gemeinsame Vision	• Zu viele Beteiligte mit unterschiedlichen persönlichen Interessen • Konkurrenzkämpfe • Zu wenig Fokus auf gemeinsame Ziele
2 **Strategie, Führung**	• Schwache strategische Grundlage für einen Zusammenschluss • Überhöhte Erwartungen an Synergien • Wenig Erfahrung mit M&A • Unzureichende Führungsstruktur	• Ungleichgewicht zwischen Fortführung des Tagesgeschäfts und dem Integrationsprojekt
3 **Organisation, Mitarbeiter, Ressourcen**	• Zu viele, lang verhandelte Kompromisse bei der Gestaltung der neuen Struktur • Unzureichende Integration der Infrastruktur	• Verlust an Autonomie / Eigenständigkeit • Deutliche Defizite im "HR Management"
4 **Geschwindig-keit, Kommunikation**	• Unzureichende Kommunikation • Integrationsplanung zu spät begonnen • Unsicherheit auf beiden Seiten und Nicht-Beachtung derselben • Schlechtes Projektmanagement	• Unzureichende Kapazitäten im Integrationsprojekt • Fehlende Geschwindigkeit • Falsche Priorisierung der einzelnen Teilprojekte in der Integration
5 **Prozesse, Systeme**	• Vermeintliche Überlegenheit des Käufers in Unkenntnis der eigenen Situation • Zu geringer Fokus auf übergreifender optimierter Prozessgestaltung • Inkompatibilität von IT-Systemen	

Abb. 2:   *Gründe für das Scheitern von Zusammenschlüssen vor und während der Integration*

Aufschlussreich ist es, die Gründe nach dem Zeitpunkt ihrer Entstehung zu differenzieren: Scheitert ein Vorhaben an einer schlecht gesteuerten Integration oder an fehlenden Erkenntnissen aus der DD? Deren Fokus liegt auf der Ermittlung eines monetär bezifferbaren Wertes; dabei wird die Bedeutung folgender Aspekte unterschätzt:

⇨ Reifegrad der Prozesse und des Prozessmanagements
⇨ Zusammenhang zwischen Strategie, Prozessen, Ergebnissen im Sinne eines geschlossenen Managementsystems
⇨ Informationsgewinn durch Interviews
⇨ Fehlende Analyse des übernehmenden Unternehmens (und damit Gefahr eines »blinden Flecks«)

Insbesondere die ersten beiden Punkte bieten Einblick in die Funktionsfähigkeit und damit auch die Integrationsfähigkeit der Unternehmen.

Erweiterung der quantitativ-orientierten Due Diligence um eine qualitative Bewertung als Lösung

Bedarf nach kombinierten Verfahren

Die Zahl der M&A-Transaktionen steigt nach der Finanzkrise wieder an. Es lohnt sich also weiterhin, die Ursachen von fehlgeschlagenen Zusammenschlüssen zu analysieren und die daraus abgeleiteten Erkenntnisse bei der Planung neuer Zusammenschlüsse zu berücksichtigen – auch angesichts der Kosten einer DD im Millionenbereich und den Unternehmenswerten, die bei einem Misserfolg vernichtet werden. Mit einem zusätzlichen, qualitativen Assessment ist es möglich, den Reifegrad einzelner Aspekte gezielt zu bewerten und ein ganzheitliches Bild eines Unternehmens zu liefern. Innovationsfähigkeit, Strategie- oder Produktentwicklung lassen sich auf diese Weise besser einschätzen, da der Fokus des Assessments nicht auf der Frage *»Welche Strukturen und Prozesse sind vorhanden?«*, sondern auf der Frage *»Wie exzellent laufen die Prozesse?«* liegt.

280

Inhalt und Ablauf des Assessments im Rahmen eines kombinierten Verfahrens

Struktur des Assessments

Der Zeitaufwand wäre in etwa vergleichbar mit dem eines »Global Assessments«. Zusätzliche Zeit wird benötigt für die detailliertere Strukturierung des Prozesses, notwendige Abstimmungen mit Auftraggebern und anderen DD-Teams, wöchentliche Konsens-Meetings, den erhöhten Dokumentationsaufwand und die Abschlusspräsentation. Drei bis vier Wochen sind ein grober Anhaltspunkt.

Es ist keine übliche »Bewerbungsbroschüre« erforderlich, die erforderlichen Daten können im sog. Datenraum bereitgestellt werden bzw. sind dort mit großer Wahrscheinlichkeit sowieso vorhanden. Mit »Datenraum« wird im Allgemeinen eine elektronische Plattform bezeichnet, über die den beteiligten Kanzleien und Beratungen für den Zeitraum der DD die notwendigen Informationen zur Verfügung gestellt werden. Der Zugang zum Datenraum ist gesichert und wird personenbezogen vergeben. Interviews sollten – wie in anderen Assessments auch – in Zweierteams durchgeführt werden. Werden beide Unternehmen einem Assessment unterzogen, empfiehlt es sich, die Teams bei beiden Assessments die gleichen Themen bearbeiten zu lassen, um den anschließend notwendigen Vergleich effizient vornehmen zu können. Neben dem Teamleiter sollten wenigstens sieben bis acht Assessoren dem Team angehören.

Zeitpunkt des Assessments

Wird nur das Zielunternehmen bewertet, liegt der Zeitpunkt für das Assessment zu Beginn der DD. Bei einem Assessment beider Unternehmen sind zwei Zeitpunkte denkbar: zum einen in der DD, wenn die ermittelten Unterschiede und der Aufwand für die Integration in das Pricing mit einfließen sollen bzw. zu Beginn der Integrationsphase (nach dem »Signing«), wenn der Fokus auf einer erfolgreichen Integration liegt.

Anwendung des Modells und der Bewertungssystematik

Die Orientierung an den acht *Grundkonzepten der Excellence* bietet Vorteile: Für die Auftraggeber ist wichtig zu erfahren, wie die Prozesse des Unternehmens gestaltet sind, welchen Reifegrad Führung, Innovationsfähigkeit, Change Management, Strategieentwicklung etc. haben und nicht die Einzelbetrachtung von Trends und Kennzahlen in den Ergebniskriterien. Die Orientierung an den Grundkonzepten entspricht außerdem der Managementsicht auf das EFQM Excellence Modell. Eine detaillierte Punktevergabe ist allerdings nicht nötig, aber ein Vergleich zur Ausprägung der einzelnen Grundkonzepte zueinander ist hilfreich.

Dokumentation der Ergebnisse

Auch die Dokumentation orientiert sich an den Grundkonzepten, die ausführlich die Stärken und Verbesserungspotenziale darlegt. Sie sollte durch detaillierte Hinweise zur Planung der Integrationsphase sowie einer Gegenüberstellung der Ergebnisse (bei Assessments beider Unternehmen) ergänzt werden.

Vorteile einer ergänzenden bzw. kombinierten Bewertung

Die Vorteile einer Ergänzung der üblichen DD's um ein Assessment sind:

⇨ höhere Erfolgswahrscheinlichkeit der Integration bei geringeren Kosten
⇨ zusätzlicher Informationsgewinn
⇨ fundierte Kosten-/Preiskalkulation

Ein sehr gravierender Effekt kann auch sein, dass aufgrund zusätzlich gewonnener Erkenntnisse von einem geplanten Zusammenschluss abgesehen wird: »Fail early, fail cheap«.

Offene Fragen

Verfolgt man das Konzept eines kombinierten Verfahrens, sind weitere Aspekte zu detaillieren:
⇨ Durch wen erfolgt die Beauftragung (Unternehmen, Bank, Private-Equity-Gesellschaft)?
⇨ Wie wird die Kooperation mit anderen beauftragten Parteien gestaltet?
⇨ Was passiert, wenn beide Verfahren zu unterschiedlichen Einschätzungen kommen?
⇨ In welchem Haftungsumfang wird das Team tätig?
⇨ Wie ist ein solches Assessment zu bepreisen?

Fazit

Die Ergänzung der etablierten DD-Verfahren um ein Assessment erscheint nicht nur sinnvoll, sondern notwendig. Ursachen, die zum Scheitern von Zusammenschlüssen führen, könnten vermieden bzw. ihre Effekte verringert werden. Probleme, die erst in der Integration sichtbar werden, haben ihre Gründe in einer frühen Phase des Merger-Prozesses: isolierte Betrachtung einzelner Aspekte statt »Holistic View«, die fehlende Einschätzung der Prozessqualität und die Unkenntnis der für eine Integration relevanten Details. Für den Auftraggeber ist die bessere Prognose der zu erwartenden Kosten- und Preiseffekte überzeugend: eine bessere Abschätzung der Integrationskosten und die bei einem frühen Assessment realistischere Wertermittlung sprechen für ein kombiniertes Verfahren. Zu betonen ist auch die erhöhte Akzeptanz des EFQM Excellence Modells: Man würde dem Managementsystem eine neue Bedeutung verschaffen und es endlich vollständig von den herkömmlichen »QM-Methoden« entkoppeln.

Zusammenfassung

Zahlreiche Studien belegen, dass zwischen 50 bis 80 % der Fusionen und Übernahmen für gescheitert erklärt werden. Die Probleme sind vielfältig, treten meist in der Integrationsphase auf und haben ihre Ursache aber schon zu einem frühen Zeitpunkt im Merger-Prozess: in der Due Diligence (DD).

Deren Fokus liegt auf der Ermittlung eines monetär bezifferbaren Wertes isoliert betrachteter Aspekte (Commercial DD, Legal DD, HR DD, etc.). Es fehlt eine qualitativ-orientierte Analyse, die den Reifegrad und damit die Integrationsfähigkeit eines Unternehmens ermittelt. Assessments auf Basis des EFQM Excellence Modells bieten dazu einen neuartigen, erfolgverspre-chenden Ansatz.

Angesichts der Auswirkungen gescheiterter Zu-sammenschlüsse lohnt es sich, EFQM-Assessments in die DD zu integrieren oder ergänzend nach dem »Signing« vorzunehmen. Die Vorteile eines kombinier-ten Verfahrens liegen in der höheren Erfolgsrate der Integration bei geringeren Kosten, dem zusätzlichen Informationsgewinn durch Interviews statt Analyse nach Datenlage und damit auch einer fundierteren Wertermittlung.

Auch das EFQM Excellence Modell würde profitie-ren: Der Einsatz im bedeutenden M&A-Markt würde seine Popularität und Akzeptanz deutlich erhöhen.

Was kommt nach dem EFQM Excellence Modell?

Erste Unternehmen reizen die Möglichkeiten des EFQM-Modells bereits voll aus und suchen nach weiterführenden Entwicklungsmethoden. Ihr Prozessmanagement ist dabei enorm ausgereift, führt aber oft zu Inflexibilität und menschlicher Überlastung. Neue Ansätze zur Organisationsentwicklung sind daher notwendig.

In diesem Beitrag erfahren Sie:
- warum der Druck auf Unternehmen wächst, sich immer rascher und flexibler zu verändern,
- weshalb sich der Ansatz des EFQM-Modells weiterentwickeln muss,
- in welche Richtung diese Entwicklung in Zukunft gehen kann.

OLIVER ALEX, ANA CAROLINA ALEX

Vom Wandel unternehmerischer Organisationsstrukturen

Der Prozess der Industrialisierung, der um 1770 mit der Erfindung der mechanischen Webstühle in England begann, veränderte nicht nur die Lebensbedingungen der Menschen dramatisch, sondern setzte auch eine sich seither beschleunigende Entwicklung der Organisationsform von Unternehmen in Gang. Als sich durch die breite Einführung der Dampfmaschine ab 1800 die Produktionsmöglichkeiten von reiner Handarbeit in Manufakturen hin zu einer modernen maschinellen Massenproduktion in Fabriken veränderten, brach auch das Zeitalter der Organisationsentwicklung an. Es begann eine neue Phase der Industrialisierung und viele Unternehmer, Ingenieure und Wissenschaftler beschäftigen sich mehr und mehr mit der Optimierung der Arbeitsabläufe in den Fabriken. Vor allem waren es zwei US-Amerikaner, die hier bahnbrechende Entwicklungen anstießen, die bis heute wirken:

Henry Ford und Frederick Winslow Taylor. Während Ford, inspiriert von den mechanisierten Chicagoer Schlachthöfen, um 1900 die moderne, auf Fließbandfertigung basierende Massenproduktion des Automobils entwickelte, konzentrierte sich Taylor wenige Jahre später auf die wissenschaftliche Analyse der Rationalisierungsmöglichkeiten. Als Taylorismus bezeichnet man seitdem das Prinzip einer Prozesssteuerung von Arbeitsabläufen. Seine 1911 veröffentlichten »Principles of Scientific Management« [13] wirken sich bis heute auf die Organisationsentwicklung aus. Im Wesentlichen ging es ihm um die Trennung von planerischen Vorgaben durch Manager und die Zerlegung der Arbeit in kürzeste, von angelernten Arbeitern monoton-repetitiv auszuführende Handgriffe, was im Laufe der Jahre zu ausgeprägten funktionsorientierten Unternehmensstrukturen führte.

Diese Organisationsstrukturen waren während der stürmischen (auch durch billige Primärenergie befeuerten) Expansion der Weltmärkte ab Beginn des 19. Jahrhunderts deswegen besonders erfolgreich, weil die sogenannten Lieferantenmärkte, die durch eine hohe Nachfrage bei knappem Angebot geprägt waren, einen enormen Kaufsog auf die Unternehmen ausübten. Durch die monopolartigen Marktstrukturen kam es für die Unternehmen darauf an, bei maximalem Ausstoß ohne Rücksicht auf Kundenbedürfnisse auskömmliche Preise zu verlangen und kontinuierlich zu wachsen.

Besonders in Deutschland bestand die klassische funktionale Unternehmensstruktur aus den Säulen *Entwicklung* und *Fertigung,* die spätestens in den 1960er Jahren ergänzt wurden durch eine weitere Funktion, den *Vertrieb,* und zwar als Verteilerfunktion und Abgrenzung zum Markt bzw. um den Marktsog abzuschirmen. Im Prinzip ging es sehr erfolgreichen Weltunternehmen wie Mercedes Benz, Siemens, Bosch, AEG usw. darum, den Marktsog von ihrer Entwicklung und Fertigung fernzuhalten, wenn man so will, den Kunden zu »vertreiben«. Ob sich diese Intention möglicherweise in der Bezeichnung Vertrieb widerspiegelt, sei dahingestellt. Da diese Unternehmen nicht nur in nachfragegeprägten Märkten agierten, sondern zusätzlich den Sog durch bahnbrechende technische Entwicklungen weiter anheizten und sich so den klangvollen Ruf des »Made in Germany« weltweit erarbeiteten, ist der Erfolg dieser Organisationsstrukturen jedenfalls nachvollziehbar.

Mit der Veränderung der Märkte durch zunehmende Saturation, Verlangsamung der technologischen Innovationen und aufkommenden Wettbewerb zu sogenannten Kundenmärkten zeigten sich allerdings erstmals die Schwächen dieser Strukturen. Den Wendepunkt markiert die erste Ölkrise 1973, die die Marktveränderung zusätzlich durch Verknappung einer der wesentlichen Primärenergien beschleunigte.

Wie man am strategischen Dreieck (Abb.1) sieht, wurden durch diese Entwicklung Nachfrager und Verbraucher zu Kunden, weil sie nunmehr immer öfter eine Wahl hatten.

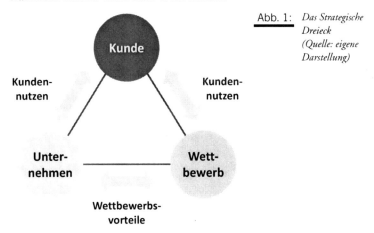

Abb. 1: *Das Strategische Dreieck (Quelle: eigene Darstellung)*

Dadurch veränderten sich die Spielregeln, jetzt kam es plötzlich darauf an, sich auf die Kundenbedürfnisse einzustellen und sich vom Wettbewerber abzuheben.

Demings Einfluss: Japanische Betriebe werden zu Vorzeigeunternehmen

Es waren die japanischen Unternehmen, die sich als erste nach dem Zweiten Weltkrieg prinzipiell dieser Marktsituation zu stellen hatten, da sie sich als Nachzügler in bereits etablierten Märkten durchsetzen mussten. Im Jahre 1950 hielt William Edwards Deming, amerikanischer Statistiker und Verfechter von Verfahren der Qualitätskontrolle, auf Einladung der Union of Japanese Scientists and Engineers (JUSE) mehrere »8-day courses on QC« (Quality Control). Diese Kurse beeinflussten die Entwicklung der statistischen Qualitätskontrolle (Statistical Quality Control/SQC) in Japan maßgeblich. Deming zu Ehren schlug 1951 die JUSE die Verleihung des Deming Prize vor, der an hervorragende TQM-praktizierende Unternehmen vergeben wird. Seitdem gehören japanische Unternehmen zu den führenden in der marktorientierten Organisationsentwicklung. Die ist besonders markant an Konosuke Matsushitas Bemerkung von 1978 (!) abzulesen, die Eingang in die einschlägige Literatur gefunden hat:

»Wir werden siegen, und der industrielle Westen wird verlieren. Es gibt nicht viel, was ihr im Westen dagegen tun könnt, denn die Ursache eures Niedergangs liegt in euch selbst. Eure Firmen basieren auf dem Taylor-Modell, euer ganzes Denken ist tayloristisch. Bei euch denken die Bosse, und die Arbeiter führen nur aus. Ihr seid zutiefst überzeugt, dass dies die beste Methode ist, zu managen.

Wir sind längst über das Taylor-Modell hinweg. Der heutige Wettbewerb ist so komplex und schwierig, das Überleben einer Firma ständig gefährdet, das Umfeld so unvorhersehbar, konkurrenzintensiv und riskant, dass dauerhafter Erfolg die allzeitige Mobilisierung der ganzen Intelligenz jedes einzelnen Mitarbeiters im Unternehmen erfordert.« [6]

Der Druck zur Veränderung wächst

Viele Unternehmen erkannten in den 1980er Jahren, dass sie sich verändern mussten, weg von einer Silo-Architektur hin zu schlanken Abläufen (Abb. 2), die den Kunden in möglichst kurzer Zeit (Time to Market) bei maximaler Produktivität und minimalen Fehlleistungskosten exakt das abliefern, was diese erwarten bzw. vereinbart hatten (neue Definition der Qualität).

Die zu überwindenden Kulturbarrieren waren gewaltig. Es ging nicht nur um die Auflösung von »Fürstentümern« und damit Umver-

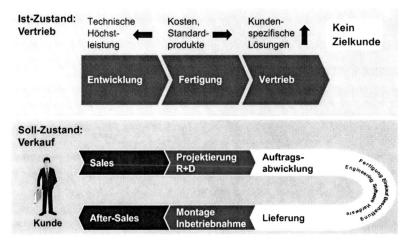

Abb. 2: *Von der Funktionsorganisation zum Geschäftsprozess (Quelle: eigene Darstellung)*

teilung von Macht, sondern auch darum, die hochgeschätzten Entwicklungsingenieure sozusagen von ihrem Thron zu stoßen und zu erkennen, dass die bis dahin unwichtigste Funktion Vertrieb nun zur überlebenswichtigen Funktion *Verkauf* umgestaltet werden musste. Hinzu kommt, dass erst langsam – zumindest in der Investitionsgüterindustrie – die Bedeutung des (After Sales) Service als der zweiten Schnittstelle zum Kunden erkannt wurde. Hier mussten ganz neue Strukturen und Dienstleistungsfunktionen aufgebaut werden: gleichsam weg von der bloßen Reparaturabteilung hin zum kundenorientierten Rundum-sorglos-Paket.

Als man Mitte der 1980er Jahre die außerordentliche Schwierigkeit dieses Wandels erkannte, versuchte man mit einem Ersatzprozess namens »Marketing«, diese Klippen zu umschiffen. Unter diesem Begriff verstand man seinerzeit: »Marketing hat die Aufgabe, die Funktionen eines Unternehmens produktspezifisch auf die Markterfordernisse auszurichten, um auf diese Weise in der Wahrnehmung des Nachfragers besser beurteilt zu werden als die Angebote der relevanten Konkurrenz.« [1] Nur in den wenigsten Fällen war dieser Ansatz erfolgreich und verkam überwiegend zu einer reinen Werbefunktion.

Obwohl die japanischen Modelle (Kaizen, TQM, TPS usw.) verfügbar waren und es genügend vielversprechende Ansätze für den systematischen Wandel aus westlichen Quellen gab (z. B. ISO seit 1947, wiedererstarkt seit Mitte der 1980er Jahre; Six Sigma durch Motorola 1987 etc.), wurden diese u. a. wegen des vorherrschenden »Not-invented-here«-Syndroms in den Unternehmen kaum umgesetzt. Es folgten Ansätze radikalen Wandels, wie z. B. »Business Reengineering« von Hammer und Champy (1993), die ebenfalls wenig erfolgreich waren. [5] Einzig in der Automobilindustrie gelang ein Durchbruch mit einer MIT-Studie, die 1993 von Womack, Jones und Roos unter dem Namen »The Machine that Changed the World« veröffentlicht wurde. [16] Es ging darum, eine Antwort auf die Überlegenheit der japanischen Automobilindustrie zu finden, und es war die Geburtsstunde der »Lean Production«, die auf dem »Toyota Production System« aufbaute. Bis heute wird daran gearbeitet, diese Ansätze flächendeckend in der Industrie umzusetzen.

Die USA erkennen: Qualitätsförderung ist ein nationales Anliegen

Parallel dazu verlief die Entwicklung auf Regierungsebene, als Anfang der 1980er Jahre in den USA Industrie und Regierung gemeinsam feststellen mussten, dass mangelnde Qualität der Produkte und Dienstleistungen die Hauptgründe für die zunehmende Produktivitätsabnahme und die Verschlechterung der internationalen Wettbewerbsfähigkeit sind. Man erkannte Qualitätsförderung als nationale Aufgabe und gründete hierfür 1987 eine Stiftung, die zu Ehren des damaligen US-Wirtschaftsministers den Namen »Foundation for the Malcolm Baldrige National Quality Award« trägt.

Der Malcolm Baldrige National Quality Award (MBNQA) wurde am 20.8.1987 per Gesetzgebungsverfahren vom Wirtschaftsministerium der USA geschaffen. Ziel war es, durch nachhaltige Qualitätsverbesserung die internationale Wettbewerbsfähigkeit der US-amerikanischen Wirtschaft zu steigern. Die Auszeichnung wird seither an

US-Firmen verliehen, die sich durch Qualitätsmanagement und den erreichten Qualitätsstandard auszeichnen.

Europa zieht nach

Schließlich handelte 1988 auch die Europäische Gemeinschaft (EG). Mit Unterstützung von Jacques Delors, dem damaligen Präsidenten der Europäischen Kommission, fanden sich die Vorstandsvorsitzenden von 14 europäischen Unternehmen zur Gründung einer European Foundation for Quality Management (EFQM) zusammen.

Mit dem systemischen EFQM-Modell für Excellence steht nunmehr seit 1992, als der »European Quality Award« (heute »EFQM Excellence Award«, EEA) zum ersten Mal vergeben wurde, ein europäischer ganzheitlicher Ansatz für die Organisationsentwicklung zur Verfügung, der anfangs allerdings nur zögerlich Verbreitung in den europäischen Unternehmen fand.

Anhand des Reifegrades der Unternehmen, die sich um den EEA im Laufe der Jahre bewarben, lässt sich erkennen, wie sich diese Unternehmen gemäß der RADAR-Logik des EFQM-Modells inzwischen entwickelt haben. In den 1990er Jahren waren die Unternehmen damit beschäftigt, ihr Prozessmanagement (Approach) aufzubauen und dieses anschließend systematisch umzusetzen (Deployment). Seit der Jahrtausendwende geht es mehr und mehr darum, das hohe erreichte Niveau zu halten und das Managementsystem durch Kreativität und Vergleiche zu optimieren und immer stärker in Einklang mit der Unternehmensstrategie und den Stakeholderinteressen zu bringen (Assessment and Refinement).

Mit anderen Worten ist hier eine Entwicklung erfolgt, die alle vier Quadranten des Demingkreises im Laufe der Jahre durchlief, sodass Spitzenunternehmen damit heute einmal komplett durch sind und nun in den Startlöchern stehen für eine weiterführende Entwicklung.

Warum sich das EFQM-Modell weiterentwickeln muss

Heute gibt es mindestens folgende Gründe, um darüber nachzudenken, wie sich dieser Ansatz weiterentwickeln muss:

1. Wir kennen bereits erste Unternehmen, die auf höchstem Niveau im Sinne des Modells exzellent sind und nach weiterführenden Entwicklungsmethoden suchen.

2. Das vor allem IT-gestützte Prozessmanagement ist inzwischen enorm ausgereift und wirkungsvoll. Während die globale Wertschöpfungskette noch in den 1980er Jahren relativ träge war, erreichten die Auswirkungen der im Jahr 2000 geplatzten »Dotcom-Blase« beispielsweise die Hersteller von Mobiltelefonen unmittelbar, die von Bestückungsautomaten nach einigen Wochen, die Halbleiterindustrie nach einigen Monaten und um einiges später dann die Hersteller elektronischer Bauelemente. Als die Bank Lehman Brothers am 15. September 2008 im Zuge der Finanzkrise insolvent wurde, kündigte Rio Tinto, eine der weltgrößten Bergbaugesellschaften, drei Wochen später massive Entlassungen an. Mit anderen Worten: Die aktuellen globalen Wertschöpfungsketten sind heute annähernd bestandsfrei vom Kunden zum Bergwerk in Echtzeit durchgetaktet.

   Allerdings wird in diesen hocheffizienten Abläufen zum einen der Mensch immer mehr zum Engpass an den nicht oder schwer zu automatisierenden Schnittstellen, zum anderen leidet zunehmend die vom Markt immer stärker geforderte Flexibilität.

   Abgesehen von einigen Ausnahmen wie dem Excellence-Modell folgt die Mehrzahl der Methoden nach wie vor einem mechanistischen Managementverständnis, das eher an die Zeit der Fließbänder erinnert. In Zukunft muss aber der Mensch noch wesentlich stärker in den Mittelpunkt gestellt werden, als es das Excellence-Modell bereits tut.

3. Wandel ist an sich nichts Neues, hat aber in den letzten Jahren an Intensität und Frequenz dramatisch zugenommen. Was gestern noch unmöglich war, kann heute schon Normalität sein. Daher

müssen sich die Unternehmen eher darauf einstellen, sich permanent neu zu erfinden, anstatt stabile Abläufe aufzubauen.

Vor diesem Hintergrund stellt Abbildung 3 dar, dass die Organisationsentwicklung in der heutigen Welt zu einem flexiblen, lernenden, netzwerkbasierten Organismus führen muss.

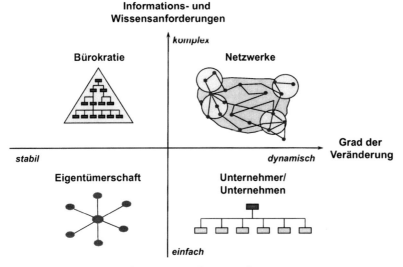

Abb. 3:   *Anforderungsgerechte Organisationsformen (Quelle: Savage [8])*

In welche Richtung sich der Excellence-Ansatz weiterentwickeln kann

Für die Unternehmen heißt es jetzt, langfristig zu denken und einen Weg zu finden, um flexibel, schnell und proaktiv mithalten zu können. Es reicht offensichtlich nicht aus, flache Strukturen zu haben oder den Fokus auf Team- oder Projektarbeit zu legen. Es heißt jetzt für die Unternehmen zu *vertrauen:* Macht abgeben, Mitarbeiter entscheiden lassen, aus der Kreativität und kollektiven Intelligenz der Mitarbeiter schöpfen. Das geht noch sehr viel weiter, als es Matsushita bereits 1978 gefordert hat. Vielmehr lässt sich im Anschluss an Reinhard K. Sprenger sagen: Schneller und radikaler Wandel in Unternehmen ist nur möglich, wenn die Mitarbeiter und Führungskräfte sich gegenseitig vertrauen. Im wirtschaftlichen Szenario der Gegenwart und Zukunft, mit seinen globalisierten, schnellen Märkten, flexiblen Arbeitsstrukturen und virtuellen Organisationsformen wird Vertrauen damit mehr und mehr zum Schlüsselerfolgsfaktor. [12]

Doch gehen wir einmal davon aus, dass dieses »Loslassen« von Hierarchien und somit die Abgabe von Macht nur ein weiterer Schritt in der Evolution der Unternehmensführung ist und die Zukunft noch viel radikaler sein wird, nämlich die totale Abgabe der Macht und das Wegfallen von Führung bzw. die Veränderung des Führungsverständnisses als Dienstleistung am Mitarbeiter. Vielleicht kann es in der Zukunft nur solche Unternehmen geben, die ihren Mitarbeitern die komplette Selbstständigkeit ermöglichen, um den ständig wechselnden Rahmenbedingungen und Anforderungen gerecht zu werden. Was wäre, wenn es keine Anweisungen, keine Abteilungen, Hierarchien, Gruppen, Regeln oder Ähnliches mehr gäbe? Wäre das Unternehmen bloß ein instabiles, komplexes System im Chaos? Oder könnte diese vermeintliche Desorganisation dem Unternehmen nicht auch maximale Flexibilität erlauben, um sich bei Veränderungen der Rahmenbedingungen rasch auflösen und neu aufstellen zu können und so besser mit neuen Gegebenheiten umzugehen? Das folgende Fallbeispiel zeigt auf, in welche Richtung diese Entwicklung gehen kann.

Führung durch Weglassen – Fallbeispiel Semco

Wenigstens ein Unternehmen hat es schon heute anscheinend geschafft, die konventionellen Strukturen abzuwerfen, um Raum für Flexibilität und Kreativität zu schaffen. »Management by (O)mission«, also »Führung durch Weglassen« ist das Leitbild, an dem sich die brasilianische Industriefirma Semco orientiert. 1980 hat Ricardo Semler die bis dahin traditionell organisierte, damals kurz vor dem Konkurs stehende Firma von seinem Vater übernommen. Seit dieser Übernahme ist bei dem Unternehmen nichts mehr, wie es mal war. Heute werden neben Pumpen auch Produkte wie Abwaschmaschinen für Großbetriebe, Apparate für Küchen, Lebensmittelverarbeitung und -handel (z. B. Maschinen zur Biskuitherstellung oder Kühltürme) bis hin zu digitalen Scannern, Abgasfiltern für Lkw und Anlagen zur Herstellung von Satellitentreibstoff produziert. Doch die bedeutendste Veränderung in dem Unternehmen war nicht die sukzessive Erweiterung der Produktpalette, sondern die Umgestaltung bestehender, traditioneller Strukturen zu einem bis heute außergewöhnlich »geführten« Unternehmen.

Ricardo Semler hat es geschafft, dem oft inhaltslosen Wort »Vertrauen« in seinem Unternehmen einen Sinn zu geben. Bei Semco gibt es weder eine vorgeschriebene Unternehmensphilosophie oder -politik noch eine Strategie oder gar Vorschriften. Semler vertraut auf den Menschenverstand seiner Mitarbeiter, getreu dem Motto: »Wenn ich meinen Mitarbeitern anvertraue, Geschäfte in meinem Namen zu machen, muss ich ihnen auch zutrauen können, selbst zu entscheiden, wie hoch beispielsweise die Reisekosten sein dürfen, oder wie viel Zeit sie im Büro verbringen.« [10]

Drei Grundsäulen tragen dabei zum Unternehmenserfolg bei:
⇨ das Demokratieprinzip,
⇨ Anreizsysteme und
⇨ Informationen.

Demokratieprinzip

Semler versucht, alle Mitarbeiter in die Unternehmensentscheidungen einzubeziehen. So entsenden alle Unternehmenseinheiten (außer dem Management) Komitees, die aus Vertretern aller Betriebsbereiche bestehen. Diese Komitees kommen regelmäßig mit den Topmanagern von Semco zusammen, um über Unternehmensbelange zu diskutieren. Somit wurde aus der klassischen, pyramidalen Organisationsstruktur ein Organisationskreis. Hauptziel der Änderung des hierarchischen Systems in einen Organisationskreis war es, den Managern die uneingeschränkte Entscheidungsmacht zu nehmen. Durch den Kreis entstehen drei hierarchische Ebenen. Im innersten Kreis befinden sich fünf Berater (Councelors), darunter auch Semler selbst. Diese Berater tragen die Verantwortung für das Unternehmen. Im zweiten, größeren Kreis, befinden sich die »Partner«, also die Führungen der acht Divisionen des Unternehmens. Alle anderen Mitarbeiter befinden sich im äußersten, größten Kreis der »Associates«. Generell sind die Associates niemandem unterstellt, jedoch bilden sich in dieser Gruppe Teams, die von einem sogenannten »Koordinator« geführt werden, der die Verbindung zwischen Partner und Associates und die einzige Vorgesetztenstelle der Associates ist. Um Entscheidungen noch mehr zu demokratisieren, werden wichtige Entscheidungen durch Wahlen, an denen jeder Mitarbeiter teilnehmen kann, getroffen. Manager bei Semco werden außerdem zweimal im Jahr durch die Belegschaft beurteilt und so auf ihre Eignung als Führungskraft im Unternehmen geprüft.

Auch werden neue Führungskräfte nur nach einem Gespräch mit den betroffenen Mitarbeitern und deren Zustimmung eingestellt.

Anreizsysteme

Die Selbstverantwortung, die jeder Mitarbeiter trägt, spiegelt sich auch im Gewinnverteilungssystem von Semco wider. So hat die Belegschaft Anspruch auf 23 % des Gewinns. Wie diese 23 % auf die Mitarbeiter aufgeteilt werden, ist deren Sache. Weitergehend entscheiden die Mitarbeiter selbst über die Höhe ihres Gehaltes, sie müssen es lediglich vor ihren Kollegen rechtfertigen. Auch die Stellenbezeichnung kann sich jeder Mitarbeiter selbst ausdenken, da Titel als Kompetenzanzeiger bei Semco fast keine Bedeutung mehr haben. Ferner gibt es bei Semco keine Spesenbegrenzungen oder Kontrollabrechnungen. Jeder darf selbst entscheiden, welche Hotelklasse er für seine Geschäftsreise wählt. Auch zu welchen Zeiten und wie lange gearbeitet wird, wird bei Semco, bis auf einige Ausnahmen, selbstverantwortlich geregelt. Müssen zeitliche Abfolgen aufgrund vorhandener Prozesse eingehalten werden, so wird das in den Teams selbstständig geregelt. Jeder Mitarbeiter bei Semco wird dazu ermuntert, alle 3 bis 5 Jahre den Tätigkeitsbereich zu wechseln (Job Rotation), um Langeweile entgegenzuwirken und zusätzliche

Qualifikationen zu erwerben. Um die Motivation noch mehr zu erhöhen, arbeiten die Teams an der Vollendung vollständiger Produkte und nicht nur an Einzelteilen. Eine Qualitätskontrolle fällt weg, jedes Team ist selbst für die Einhaltung der Qualität verantwortlich.

Informationen

Das Semco-System wird durch einen uneingeschränkten Informationsfluss im Unternehmen möglich. So bekommt jeder Mitarbeiter monatlich eine Bilanz, eine Gewinn-und-Verlust-Rechnung und eine Cashflow-Rechnung der jeweiligen Division. Und damit auch jeder wirklich versteht, was auf dem Papier steht, werden alle Mitarbeiter in Bilanzanalyse geschult. Auch die Gehälter von jedem Unternehmensmitglied werden offen kommuniziert. Das Gehalt geheim zu halten, ist laut Semler unnötig, da ja jeder das bekommt, was er verdient (sonst würde er vermutlich nicht mehr lange von der Mitarbeiterschaft geduldet werden).

Vollkommen eigenständige Mitarbeiter

Eine weitere Besonderheit des Unternehmens ist, dass jeder Mitarbeiter als NTI (Nucleus of Technological Invention) arbeiten kann. NTI sind Entwicklungs- und Produktionszellen, die bei Semco auf eigene Rechnung und ohne Überwachung Aufträge sowohl für Semco als auch für Wettbewerber fertigen, wobei Semco diese eigenständigen Mitarbeiter zum Beispiel durch gut ausgestattete Räumlichkeiten unterstützt. Mehr als die Hälfte der Mitarbeiter bei Semco sind heute Teil einer solchen selbstständigen Zelle. Sie sind somit Teilzeitangestellte oder arbeiten bei Semco als selbstständige Unternehmer. Somit können sich schnell Teams bilden mit neuen Aufgaben, die sich je nach den Umständen wieder neu bilden, um so höchst effizient den wechselnden Anforderungen am Markt gerecht zu werden.

Die Zahlen sprechen für das Unternehmen mit seiner außergewöhnlichen Organisation. So stieg der Umsatz nach der Umstrukturierung bis 1998 – vor dem Hintergrund einer Rezession und Hyper-inflation in Brasilien – um das Sechsfache, die Produktivität um das Siebenfache und der Gewinn um das Fünffache. Jährliche Wachstums-raten von 30 bis 40 % sind bei Semco normal und die Fluktuationsrate liegt unter einem Prozent!

Heute hat Semler sein Ziel erreicht, er hat sich in seinem eigenen Unternehmen (trotz eines Anteils von 94 %) überflüssig gemacht und lässt sich dort kaum noch blicken. Das muss er auch nicht, denn er hat recht behalten: Wenn er seinen Mitarbeitern Freiheit gibt, werden sie verantwortlich handeln.

Vor- und Nachteile der großen Freiheit

Verantwortung abzugeben, Hierarchien abzubauen und den Mitarbei-tern mehr zu vertrauen und zuzutrauen kann, wie das Beispiel Semco zeigt, sicherlich sehr produktiv sein. Große Vorteile sind hierbei, dass sich das Potenzial aller Mitarbeiter voll nutzen lässt (Kreativität und Wissen) und das Unternehmen sehr viel flexibler wird und sich somit auf neue Gegebenheiten und Anforderungen schnell einstellen kann. Außerdem ist ein Unternehmen, das den Mitarbeitern viel Freiheit lässt, ein attraktiver Arbeitgeber für die High Potentials von heute.

Jedoch können sich auch Nachteile ergeben. Beispielsweise kann die Übertragung von Verantwortung auf »einfache Mitarbeiter« ho-hen Druck bei diesen verursachen, was zu Krankheiten wie Burn-out führen kann. Außerdem ist das Effiziente an Führung, dass nicht jede Entscheidung diskutiert werden muss. Führungskräfte müssen und können schnell entscheiden, was in einem System ohne Führung nicht so einfach sein wird. Ferner gibt es auch Situationen, in denen sogar ein autoritärer Führungsstil angebracht ist, nämlich immer dann, wenn es um die Sicherheit der Mitarbeiter geht. Doch die größte Frage ist, ob die Menschen im Unternehmen fachlich und persönlich überhaupt reif genug sind, um eigenverantwortlich arbeiten zu können. So gibt es beispielsweise Menschen, die einfach nicht »von der Leine gelassen« werden wollen. Und dann natürlich auch die, die einfach nicht fähig sind, selbstständig zu arbeiten. Es ist an dieser Stelle interessant, den

Pygmalion-Effekt zu erwähnen. Geht man davon aus, dass sich die Menschen in Brasilien und Deutschland in ihrer Persönlichkeitsentwicklung nicht wesentlich voneinander unterscheiden, so ist es doch schon erstaunlich, dass Semler gerade in dem südamerikanischen Land so viele Mitarbeiter gefunden hat, die prima das Unternehmen mitgestalten. Vielleicht hat Semler diese Mitarbeiter nicht gefunden, sondern selbst »geschaffen«, indem er ihnen einfach zutraut, »erwachsen« und selbstverantwortlich zu handeln.

Es fragt sich daher, was die deutschen Führungskräfte von Unternehmern wie Semler lernen können. Womöglich ist es genau das: mehr zu *vertrauen* und zuzutrauen, weniger zu führen.

Literatur

[1] BACKHAUS, K.; VOETH, M.: *Industriegütermarketing*. München: Vahlen Verlag, 2009

[2] BUCKINGHAM, M.; COFFMAN, C.: *Erfolgreiche Führung gegen alle Regeln*. 2. Aufl., Frankfurt/Main: Campus Verlag, 2002

[3] CICHY, U.; MATUL, CHR.; ROCHOW, M.: *Vertrauen gewinnt – Die bessere Art, in Unternehmen zu führen*. Stuttgart: Schäffer-Poeschel Verlag, 2011

[4] GEO EPOCHE: *Die industrielle Revolution*, Nr. 30 - 04/2008

[5] HAMMER, M.; CHAMPY, J.: *Business Reengineering*. 2. Aufl., Frankfurt/Main; New York: Campus Verlag, 1994

[6] KOTTER, J. P.: *Matsushita, der erfolgreichste Unternehmer des 20. Jahrhunderts*. Wien/Frankfurt: Wirtschaftsverlag Carl Ueberreuter, 1997

[7] PINNOW, D. F.: *Unternehmensorganisationen der Zukunft*. Frankfurt/Main: Campus Verlag, 2011

[8] SAVAGE, C. M.: *5th Generation Management: Integrating Enterprises through Human Networking*. Bedford, MA: Digital Press, 1990

[9] SEMLER, R.: *Managing without Managers*. In: Harvard Business Review, Sept./Okt. 1989, S. 1–10

[10] SEMLER, R.: *Das Semco System: Management ohne Manager. Das neue revolutionäre Führungsmodell*. München: Wilhelm Heyne Verlag, 1993

[11] SHINN, S.: *The Maverick CEO*. In: BizED Magazine, Jan./Feb. 2004, S. 16–21

[12] SPRENGER, R. K.: *Vertrauen führt: Worauf es im Unternehmen wirklich ankommt*. Frankfurt/Main: Campus Verlag, 2002

[13] TAYLOR, F. W.: *The Principles of Scientific Management*. New York: Harper & Brothers, 1911

[14] WEBER, J. M.: *Die Angst vor dem Wunder*. In: Attems, R. (Hrsg.): Führen zwischen Hierarchie und..., Zürich: Versus Verlag, 2001, S. 157–165

[15] WEIBLER, J.: *Personalführung*. München: Vahlen Verlag, 2012

[16] WOMACK, J. P.; JONES, D. T.; ROOS, D.; CARPENTER, D. S.: *The Machine that changed the World*. New York: Macmillan Publishing Company, 1990

Zusammenfassung

In der Anfangszeit der Industrialisierung beruhten Organisationsentwicklungen eher auf Versuch und Irrtum sowie rücksichtsloser Profitmaximierung. Dabei hatte man prinzipiell alle Zeit der Welt, weil die Märkte eher dankbare Abnehmer denn fordernde Kunden waren. Angesichts des fortschreitenden Wettbewerbsdrucks wurden die Ansätze Mitte des letzten Jahrhunderts systematisiert und in den 1990ern bis heute mit dem systemischen Excellence-Modell der EFQM verfeinert.

Heute gibt es mindestens folgende Gründe, um darüber nachzudenken, wie sich dieser Ansatz weiterentwickeln muss:

⇨ Exzellente Unternehmen suchen bereits nach weiterführenden Entwicklungsmethoden.
⇨ Prozessmanagement ist inzwischen enorm ausgereift und wirkungsvoll. Angesichts durchgetakteter globaler Wertschöpfungsketten kann dies heute aber zu Inflexibilität am Markt und Überlastung der Mitarbeiter führen.
⇨ Der Wandel hat in den letzten Jahren an Intensität und Frequenz dramatisch zugenommen. Die Organisationen müssen sich daher eher darauf einstellen, sich permanent neu zu erfinden, anstatt stabile Abläufe aufzubauen.

Flache Strukturen und eine Ausrichtung auf Team- oder Projektarbeit reichen nicht mehr aus: Für die Unternehmen heißt es jetzt zu vertrauen, d. h., Macht abzugeben, Mitarbeiter entscheiden zu lassen und aus der Kreativität und kollektiven Intelligenz der Mitarbeiter zu schöpfen.

Excellence-Beispiele
Produzierende Unternehmen

Allresist – Mikroelektronik

Brigitte Schirmer, Matthias Schirmer

Erfolg hat nur, wer etwas tut, während er auf den Erfolg wartet
(Thomas Edison, Erfinder der Glühlampe)

Ausgangssituation

Allresist hat sich 2012 zum zweiten Mal um den Ludwig-Erhard-Preis beworben, dessen Grundlage das EFQM-Modell ist, und möchte in diesem bedeutenden Wettbewerb ganz weit vorn stehen.

Das Unternehmen suchte vor einigen Jahren nach einem nachhaltigen Managementsystem. Mit dem EFQM-Modell, das ökonomische und ethische Belange sinnvoll miteinander verbindet, wurde das passende System gefunden. Wie das Unternehmen das Modell mit zunehmender Begeisterung umsetzt und damit nachhaltig (wirtschaftlich, sozial und ökologisch) erfolgreich wurde, soll im Folgenden aufgezeigt werden.

Wer ist Allresist?

Allresist ist ein unabhängiger und eigenständiger Resisthersteller für die Mikroelektronik. Mit 10 Mitarbeitern entwickelt, produziert und vertreibt das Unternehmen lichtempfindliche Lacke (Photo- und E-Beam Resists). Die Kunden stellen hiermit Mikrochips her, die z. B. in Drucksensoren eingebaut in der Automobilindustrie eingesetzt werden.

Neben der Standardproduktion bietet das Unternehmen auch kundenspezifische prozessangepasste Produkte an. Diese werden in enger Kooperation mit den Kunden entwickelt. Verbunden mit einer sehr individuellen Technologieberatung werden Kunden dort abgeholt, wo sie das Resist-Know-how benötigen. Aus dieser Strategie haben sich viele langjährige und erfolgreiche Partnerschaften entwickelt. Dieses Alleinstellungsmerkmal der Spezialisierung auf Sonderkundenwünsche ist neben der konsequenten Anwendung des EFQM-Modells Erfolgstreiber der Unternehmensentwicklung.

Der Weg zu einem wirkungsvollen Managementsystem

Die Wurzeln für die nachhaltige Steuerung des Unternehmens wurden bereits bei der Unternehmensgründung verankert. Die Gründer wollten ein wirtschaftlich erfolgreiches Unternehmen in sozialer Verantwortung führen. Dies gelang in den ersten 12 Jahren, der wirtschaftliche Ertrag blieb jedoch bescheiden. Diese Situation erforderte weitergehende Gedanken zu einem betriebswirtschaftlich wirksameren Managementsystem. Beginnend mit Kernkompetenz- und SWOT-Analysen legte die Leitung Stärken und Potenziale offen und leitete die Notwendigkeit ab, sich auf die Kernkompetenzen zu konzentrieren und diese zu entwickeln. Ergänzend wurden 2004 eine Risikoanalyse und 2005 ein internes Rating eingeführt, um Schwachstellen zu identifizieren und zu korrigieren.

Mit Kennenlernen des EFQM-Modells 2006 und der Erarbeitung eines 12-Punkte-Strategiepapiers gemeinsam mit den Mitarbeitern begann die gezielte und systematische Unternehmensentwicklung.

Es dauerte eine Weile, bis das anfängliche Misstrauen und Unverständnis der Mitarbeiter (»was sollen wir denn noch alles tun?«) wich. Das Unternehmen führte EFQM-Workshops, regelmäßige Prozessbewertungen und einen Qualitätszirkel ein. Hierdurch wurden alle Mitarbeiter aktiv einbezogen, um ihr Unternehmen weiter zu entwickeln.

Das EFQM-Modell zwang alle Beteiligten, die Unternehmensprozesse in der Tiefe zu durchdenken. Die stringente Anwendung des PDCA-Zyklus führte im Team zu einer neuen Denkweise: »Es geht immer noch etwas besser«.

Inzwischen »steckt das EFQM-Modell in den Köpfen aller Mitarbeiter«. Mit seiner Einführung verbesserten die Mitarbeiter in Prozessbewertungen gezielt und systematisch ihre Prozesse. Die inzwischen sehr rentable Produktion läuft nahezu fehler- und reklamationsfrei, die Lieferzeiten für Produkte sind branchenunüblich kurz und betragen nur 2 Tage.

Die Bewerbung um den Qualitätspreis 2008 zeigte das gewachsene Verständnis des Modells, der 2. Platz war hierfür der Lohn. Darüber hinaus entstanden zahlreiche Lerneffekte durch die wertvollen Hinweise der Assessoren.

Was kam danach?

Mit neuem Input schärfte das Unternehmen seine Vision und entwickelte eine Langzeitstrategie mit Meilensteinen, die 10 Jahre weiter reicht und neben Umsatz- und Ertragszielen auch entwicklungstechnologische, Markt- sowie TQM-Ziele enthält. Die Ziele aus dem mit den Mitarbeitern erarbeiteten 12-Punkte-Strategiepapier überführte das Unternehmen in die vier Perspektiven der Balanced Scorecard und untersetzten diese mit Kennzahlen. Hiermit konnte die Vision (siehe Kasten) stringent umgesetzt werden.

Vision

Allresist ist 2015 die Nr. 1 für innovative kundenspezifische Photoresists und weltweit etablierter E-Beamresist-Produzent. Wachsenden Markterfolg erreichen wir mit begeisterten Mitarbeitern und durch exzellente Kundenpartnerschaften.

Diese Entwicklung ermutigte Allresist, sich im Jahr 2009 dem Wettbewerb um den Ludwig-Erhard-Preis zu stellen. Mit der Bewertung durch die Assessoren erhielt die Leitung eine objektive Außensicht auf das Unternehmen. Zur ihrer Überraschung reichte es bereits für eine Auszeichnung.

Mit den festgestellten Potenzialen bekam die Geschäftsführung sowohl eine Richtschnur als auch einen gewaltigen Motivationsschub für die weitere systematische Entwicklung: Neben vielen bereits ausgeprägten Stärken stellten die Assessoren fest, dass die Steuerung der wirtschaftlichen Ergebnisse noch Potenzial aufweisen. Nach intensiver Erörterung im Leitungskreis konnte das Controlling die Finanzkennzahlen verdichten. Auch wurde die Prozessperspektive durch die Kennzahl Produkt-Deckungsbeitrag ergänzt und zu ihrer Steuerung in die Balanced Scorecard integriert.

Ebenso war der Innovationsprozess zur Entwicklung neuer Produkte noch nicht ausreichend auf die Erfolgskontrolle ausgerichtet. Die Empfehlungen beherzigend, steuert das Unternehmen inzwischen die effiziente Vermarktung seiner innovativen Produkte mit herausfordernden Umsatzzielen in seiner Scorecard.

Darüber hinaus entwickelt Allresist derzeit mit 9 weiteren Partnern innerhalb des Projektes »INNOPEP« (www.innoep.de), ein vermarktungsfokussiertes Innovationsmanagement für kleine forschungslastige Unternehmen. Jeder der Partner teilt seine Erfahrungen und Best Practice-Lösungen, um KMU bei der Entwicklung und Umsetzung neuer Ideen wirksam zu unterstützen und sich selber weiter zu entwickeln. Nach Abschluss des Projektes wird Allresist Effizienz und Kapazität der Umsetzung innovativer Kundenwünsche wirksam erhöht haben.

In weiteren Wettbewerben, z. B. Deutschlands Kundenchampions und Mitarbeiterchampions, verglich sich das Unternehmen mit den Besten. Jeder dieser Wettbewerbe führte zu hohen Punktzahlen und Auszeichnungen und brachte Allresist ein Stück voran.

Die Geschäftsführer entwickelten weitere Steuermechanismen, die neben der Balanced Scorecard (BSC) auch Strategien zur Mitarbeiterbeteiligung beinhalten, um das Unternehmen auch auf diesem Gebiet gezielt in die geplante Richtung zu lenken. Über das 7-Stufen-Motivationskonzept (siehe Abbildung 1) gelang es, die Mitarbeiter ins Boot zu holen für eine betriebliche Partnerschaft für den gemeinsamen Erfolg.

Mit diesen positiven Erfahrungen und weiteren Erfolgen gewannen Allresist 2010 folgerichtig den Qualitätspreis Berlin-Brandenburg. Eine Bestätigung dafür, auf dem richtigen Kurs zu sein.

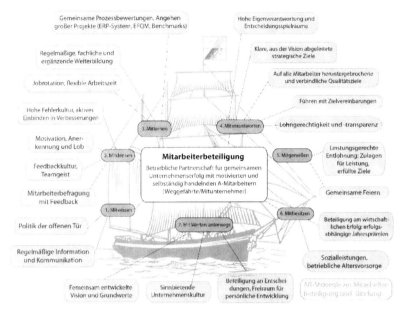

Abb. 1:   *Das 7-Stufen-Motivationskonzept*

Ende gut alles gut? Geht es weiter?

Für ein kleines technologieorientiertes Unternehmen sind Partnerschaften überlebensnotwendig, da das eigene Know-how und Equipment nicht ausreicht, um komplexe Innovationsideen umzusetzen.
Deshalb baute Allresist ein Netzwerk mit Kunden und Forschungsein-
richtungen auf. Die Basis hierfür sind unterschiedlich verteilte Kompetenzen und eine faire, auf gegenseitigen Erfolg (win win) ausgerichtete
Partnerschaft. Dem Unternehmen gelangen dadurch viele innovative
Produktentwicklungen, die rasch zu Produktrennern wurden und ihm
wachsende Marktanteile bescherten. Regelmäßige Befragungen der
Partner führten zu Verbesserungen.

Dies und die Benchmark-Vergleiche mit den Besten sowie die
Rückmeldungen der Assessoren halfen sehr dabei, das Unternehmen
systematisch weiter zu entwickeln. Dies wurde das Erfolgsrezept zu

stetigen Verbesserung. So wurde auf der Basis von Marktanalysen das Geschäftsmodell weiterentwickelt und eine technologische Roadmap erstellt, die mit der Forschungs- mit der Marketingstrategie vernetzt ist. Die Mitarbeiter sind in einem herausfordernden beruflichen Umfeld tätig, werden in regelmäßig fachlich weitergebildet und am wirtschaftlichen Erfolg beteiligt. Durch das hohe Mitarbeiterengagement gewinnt das Unternehmen viele neue Kunden, die an einer langfristigen Zusammenarbeit mit Allresist interessiert sind. Mit einem Exportanteil von 25% ist Allresist auch international anerkannt.

Weitere Resultate sind höherer wirtschaftlicher Erfolg, hochzufriedene Kunden, Mitarbeiter und Kooperationspartner. Auch haben wir uns für die Gesellschaft engagiert. Die Geschäftsführer sind aktive EFQM-Assessoren und arbeiten in Kammern und Verbänden, wie z.B. IHK, VQB und ILEP mit, auch ist die Geschäftsführerin Qualitätsbotschafterin des Berlin-Brandenburger Qualitätspreises 2012. Nach der Umweltzertifizierung wurde Allresist auch Umweltpartner des Landes Brandenburg und hat sich so ein gutes Image aufgebaut. Mit unserem erfolgreichen Weg wollen wir Anregung und Vorbild für andere Unternehmen sein.

Inzwischen wissen wir, dass wir alles richtig gemacht haben, denn Allresist ist 2012 Gewinner des Ludwig-Erhard-Preises.

Botschaft
Was ist unser Erfolgsrezept?
⇨ Für die stetige, systematische Entwicklung ein nachhaltiges Managementsystem (z. B. EFQM-Modell) konsequent nutzen, regelmäßig Leistungen in Benchmarks und Wettbewerben messen
⇨ Mit einem klugen Geschäftsmodell das richtige Marktsegment bearbeiten
⇨ Eine klare, messbare Vision erarbeiten, konsequent umsetzen und den Erfolg (z. B. BSC) überprüfen
⇨ Kunden als Partner erkennen und sie langfristig interessieren/halten
⇨ Mitarbeiter früh einbeziehen, ihr Potenzial gezielt entwickeln und nutzen, sie am wirtschaftlichen Erfolg beteiligen

Top-Benchmarks		
2009	Wissensbilanz (deutschlandweiter Wettbewerb bzgl. firmeneigener Wissensbilanzen mit den drei Themen: Wirtschaft, Wissenschaft und Wertschöpfung)	79%
2009	Exzellente Wissensorganisation deutschlandweiter Wettbewerb bzgl. Wissensmanagement	Platz 5 von 50
2010	Deutschlands Kundenchampions (deutschlandweiter Wettbewerb zum Umgang mit Kunden)	81% (Unternehmen bis 50 Beschäftigte)
2010	Qualitätspreis Berlin-Brandenburg (regionale Auszeichnung für hervorragendes Qualitätsmanagement auf Basis des EFQM-Modells)	1. Platz (Unternehmen bis 20 Beschäftigte)
2011	Internationales BSC-Kennzahlenbenchmark entlang den 4 Perspektiven der BSC: Finanzen, Prozesse, Kunden und Entwicklung/Mitarbeiter	Besser als 85% der Unternehmen (Unternehmen bis 50 Beschäftigte)
2012	Deutschlands Mitarbeiterchampions (deutschlandweiter Wettbewerb zum Umgang mit Mitarbeitern)	84% (Unternehmen bis 50 Beschäftigte)
2012	Ludwig-Erhard-Preis (höchste deutschlandweite Auszeichnung für nachhaltige Spitzenleistungen auf Basis des EFQM-Modells)	1. Platz (Unternehmen bis 15 Beschäftigte)

Kontaktdaten des Unternehmens
Frau Brigitte Schirmer Allresist GmbH Am Biotop 14 15344 Strausberg www.allresist.de

Endress+Hauser Conducta – Prozessautomation

Frank Decker, Stephan-Christian Köhler

Das Unternehmen

Endress+Hauser Conducta ist der Preisträger des Ludwig-Erhard-Preises 2011 in der Kategorie Mittelstand und zählt international zu den führenden Anbietern von Messstellen und Komplettsystemen für die Flüssigkeitsanalyse. Intelligente Lösungen helfen Kunden aus der Umwelt- und Prozessindustrie, ihre Anlagen sicher, zuverlässig, wirtschaftlich und umweltfreundlich zu betreiben.

Abb. 1: *Dr. Joachim Gauck, Laudator bei der Ludwig-Erhard-Preisverleihung (links), Dr. Manfred Jagiella, CEO Endress+Hauser Conducta (rechts)*

»Mit einer kundenorientierten Strategie, innovativen Produkten und dem Fokus auf Nachhaltigkeit und Exzellenz werden wir auch weiterhin mit unserer starken Mannschaft den Anforderungen im Markt gerecht werden. Die Verleihung des Ludwig-Erhard-Preises 2011 bestätigt uns in unserem Vorgehen.« Dr. Manfred Jagiella, CEO Endress+Hauser Conducta

Vom Produkt zur Lösung

Das breite Produktportfolio ist Basis für den Erfolg in den Branchen Chemie, Oil + Gas, Life Science und Biotechnologie, Lebensmittel, Wasser und Abwasser, Papier und Energie. Die Kundenerwartung, aus einer Hand Lösungen in der Flüssigkeitsanalyse erhalten zu können, führte zu einer Vielfalt von Sensoren, Messumformern und Armaturen. Hierbei haben sich sowohl die Anforderungen an die Sensorik als auch die Notwendigkeit der Einbindung in Feldbus-Systeme beliebiger Art stetig erhöht. Diese Aufgabenstellungen bewältigt ein hochmotiviertes und -qualifiziertes Team von mehr als 600 Mitarbeiterinnen und Mitarbeitern.

Marktorientierung als Schlüssel zum Erfolg

Der Markterfolg von Endress+Hauser Conducta beruht auf einem tiefgehenden Verständnis der Kundenwünsche, engagierten und erfahrenen Mitarbeitern in allen Bereichen und einer klaren Unternehmensstrategie. Der Innovationsprozess, bei dem die Anforderungen der Kunden im Vordergrund stehen, ist klar definiert.

Neben Marktanalysen bilden Kundenparlamente die Basis für ein gemeinsames Verständnis von zukünftigen Anforderungen. Dieses Vorgehen ermöglicht dezidiert, die Erwartungen und Wünsche der Kunden in ihrer Pluralität zu erheben. Auch ergeben sich Möglichkeiten für strategische Kooperationen, die in Win-win-Situationen münden: Unser Produkt-Portfolio wird durch bedarfsgerechte Produkte ergänzt und unsere Kunden erhalten Lösungen, die auf ihre Aufgaben hin zugeschnitten sind.

Neben einer klaren Definition ist die Verfügbarkeit entsprechender Technologien essenziell. Dafür wurde in den letzten Jahren die Zusammenarbeit mit Hochschulen und Forschungsinstituten intensiviert.

Dies ermöglicht auch, neue Mitarbeiter zu gewinnen, die das etablierte Team mit neuen Ideen ergänzen.

Neue Ideen und Produktansätze stellen einen erheblichen Wert dar, der geschützt werden muss. Mitarbeiter werden motiviert, durch Erfindungsmeldungen ihre Lösungen zu beschreiben. Diese werden entsprechend ihres strategischen Nutzens bewertet und bei positivem Ergebnis zum Patent angemeldet. Das Ergebnis ist ein Portfolio von über 600 lebenden Schutzrechten.

Plattformen

So wie Kundenparlamente, Kooperationen und Patent-Workshops dazu beitragen, die richtigen Produkte mit den richtigen Technologien zu entwickeln, trägt der konsequente Einsatz von Plattformen dazu bei, dies auch mit ökonomisch vertretbarem Aufwand zu tun. Alle neuen Messsysteme basieren auf der neuen Hardware- und Software-Plattform »Liquiline«. Diese stellt sicher, dass künftige Produkte mit kurzer Time-to-Market und hoher Qualität entwickelt werden können.

Das Äquivalent zur Liquiline-Plattform für Messumformer ist das »Memosens«-Interface für Sensoren. Dabei ersetzt die digitale Anbindung herkömmliche analoge Verfahren. Die Verbindung zwischen Sensor und Datenkabel geschieht über das induktive Stecksystem »Memosens«, das die Anwendung der Sensoren revolutionär vereinfacht. Um mit »Memosens« den Kunden weltweit nachhaltigen Nutzen zu bringen, hat sich Endress+Hauser Conducta entschlossen, dieses Konzept Wettbewerbern in Form von Kooperationen zugänglich zu machen.

Plattformen setzen ein konsequentes Wissens- und Projektmanagement voraus, wie es in den letzten Jahren bei Endress+Hauser Conducta etabliert wurde. Innerhalb des Innovationsprozesses sind Fertigung und Service von Beginn an eingebunden. So ist sichergestellt, dass Neuprodukte auf den vorgesehenen Fertigungslinien gebaut werden können und Erfahrungen mit aktuellen Produkten in Neuprodukte einfließen.

Produktionsprozesse werden durch kontinuierliche Verbesserungsmaßnahmen stetig optimiert, dadurch bleibt die Produktion – gerade am Standort Deutschland – konkurrenzfähig. Trotz aktiver Internationalisierung mit Produktionsstandorten in den Hauptmärkten wie China und Nordamerika werden nie die Wurzeln des Unternehmens vergessen. Ein klares Bekenntnis zum Standort Deutschland belegt die Investition von mehr als 20 Millionen Euro in Neubauten in Gerlingen und Waldheim.

Nachhaltigkeit

Die Produkte von Endress+Hauser Conducta sind in vielfacher Weise ressourcenschonend: Die Herstellung ist äußerst effizient und bei der Fertigung wird auf minimalen Energieverbrauch geachtet. Auch Kunden sparen durch den Einsatz der Messsysteme Rohstoffe, da die Ausbeute deutlich gesteigert wird. Die Kundenprozesse vereinfachen sich, da Wartungsaktivitäten durch den Einsatz von »Memosens« minimal gehalten werden. Und letztlich kann der Energieverbrauch beispielsweise durch den Einsatz von ionenselektiven Messstellen in Verbindung mit intelligenten Regelprozessen deutlich vermindert werden. So ist eine Reduzierung des Energieverbrauchs einer Kläranlage um 20 % durchaus realisierbar.

Auch intern wird auf nachhaltigen Umgang mit Ressourcen geachtet. Ein innovatives Energiemanagement führt zu einem ökologischen wie auch ökonomischen Nutzen. Basis ist ein Blockheizkraftwerk, das aus Gas sowohl Wärme als auch elektrische Energie erzeugt. Überschüssiger Strom wird ins öffentliche Netz eingespeist oder lädt bedarfsweise die Batterien des eigenen Elektroautos, das als Pool-Fahrzeug der Belegschaft zur Verfügung steht. Zusätzlich wird das BHKW als Notstrom-Aggregat genutzt, wodurch auf einen zusätzlichen Generator verzichtet werden kann.

Botschaft
Vor dem Hintergrund weltweit begrenzter Ressourcen helfen intelligente Produkte von Endress+Hauser Conducta, in unterschiedlichen Branchen die Umwelt zu schonen. Mit innovativer Gebäude- und Produktionstechnik und einem konsequenten Energiemanagement leistet das Unternehmen einen nachhaltigen Beitrag zum Erhalt unserer Umwelt.
Top-Benchmarks/Erfolgsfaktoren
Endress+Hauser Conducta ist konsequent an den strategischen Branchen ausgerichtet. Plattformkonzepte ermöglichen einfach kombinierbare Produkte als Lösungen für Märkte und Applikationen. Messumformer werden kundenauftragsbezogen im One-Piece-Flow ERP-gesteuert gefertigt.
Kontaktdaten des Unternehmens
Endress + Hauser Conducta GmbH + Co. KG Dieselstraße 24 70839 Gerlingen Telefon: 07156 209-0 www.conducta.endress.com/
Kontaktdaten der Ansprechpartner im Unternehmen
Frank Decker E-Mail: frank.decker@conducta.endress.com Telefon: 07156 209189 Stephan-Christian Köhler E-Mail: stephan.koehler@conducta.endress.com Telefon: 07156 209237

317

Ricoh – Elektronik

Klaus Garbers, Kerstin Thies

Der Excellence-Gedanke beschreibt Ansätze zum nachhaltigen Unternehmenserfolg. Dabei ist der Nachhaltigkeitsaspekt explizit in den Grundkonzepten der Excellence hinterlegt und wird in weiten Teilen im »Kriterium 8« hinsichtlich der Ergebnisse hinterfragt. Das nachfolgende Beispiel des Nachhaltigkeitsansatzes von Ricoh zeigt auf, wie die im Modell hinterlegten Konzepte in der Praxis eines großen Unternehmens umgesetzt werden.

Der ursprüngliche Wortsinn von Nachhaltigkeit lautet »Regenerierbare lebende Ressourcen dürfen nur in dem Maße genutzt werden, wie Bestände natürlich nachwachsen.«[1] Schon 1713 wurde angesichts eines zunehmenden Holzmangels dieser Begriff geprägt. Daraus wurde der aktuelle Nachhaltigkeitsbegriff abgeleitet: »Entwicklung zukunftsfähig zu machen, heißt, dass die gegenwärtige Generation ihre Bedürfnisse befriedigt, ohne die Fähigkeit der zukünftigen Generation zu gefährden, ihre eigenen Bedürfnisse befriedigen zu können.«[2]

Die Entwicklung des Begriffs »Nachhaltigkeit«

Der Begriff »Nachhaltigkeit« begegnet uns heute in vielen Zusammenhängen: »Nachhaltige Entwicklung«, »Nachhaltiger Konsum«, »Nachhaltiges Wirtschaften« oder »Bildung für Nachhaltigkeit«.

Es gilt das Prinzip, dass sich Nachhaltigkeit immer auf die Gestaltung anstehender Entwicklungen bezieht. Oder anders: Der Fokus liegt auf der Möglichkeit, durch heutige Handlungen zukünftige Handlungsbedingungen, insbesondere Potenziale und Restriktionen, beeinflussen zu können, positiv wie negativ.

Im Rahmen der Brundtland-Kommission 1983 und dem erstellten Abschlussbericht »Our Common Future« fand erstmalig die Verknüpfung ökologischer, ökonomischer und sozialer Aspekte als elementarer Bestandteil verantwortungsvollen Handelns statt. Es entstand das »magische Dreieck« des Nachhaltigkeitsgedankens. Dieses sagt aus, dass jedes Handeln gleichberechtigt alle drei Dimensionen berücksichtigen muss.

Abb. 1: *Die drei Dimensionen des magischen Dreiecks*

Umsetzung des Themas »Nachhaltigkeit« bei Ricoh

Ricoh ist Lösungsanbieter für digitale Bürokommunikation, Produktionsdruck und unternehmensweites Druck- und Dokumentenmanagement. Das Portfolio umfasst Hardware- und Softwarelösungen, professionelle Service- und Supportdienstleistungen sowie eine branchenbezogene Unternehmensberatung mit dem Ziel der Kosten- und Prozessoptimierung. Derzeit beschäftigt das Unternehmen weltweit ca. 110.000 Mitarbeiter/Innen, bei der Ricoh Deutschland GmbH sind ca. 3.500 Mitarbeiter/Innen angestellt.

Die Ricoh Company., Ltd. wurde 1936 von Kiyoshi Ichimura gegründet, der sich darauf konzentrierte, innovative Antworten auf Herausforderungen am Arbeitsplatz und in der privaten Umgebung zu finden. Dabei verlor er nie den Blick für die soziale Verantwortung des Unternehmens aus dem Auge. Vor siebzig Jahren war dies ein völlig neuer Gedanke. Er erkannte die Auswirkungen seiner Ideen auf die Welt, weshalb er sich von Anfang an für soziale und umweltfreundliche Nachhaltigkeit einsetzte.

Bis heute verfolgen wir in der Definition unserer Unternehmenswerte und -philosophie einen holistischen Ansatz, der gleichermaßen ökonomische, soziale und umweltrelevante Ziele beinhaltet und miteinander in Einklang bringt.

320

Das Wertesystem der gesamten Unternehmensgruppe wurde im Jahr 2003 neu definiert und ist seit 2004 in der Unternehmenscharta (CSR-Charta) festgelegt. Der seit 2004 gültige Ricoh-Verhaltenskodex (Code of Conduct) ist die Grundlage jeglichen Handelns aller Mitarbeiter von Ricoh. Der Code of Conduct umfasst folgende Prinzipien:

⇨ Integrity in Corporate Activities (Integrität bei Unternehmensaktivitäten), wertebasiertes unternehmerisches Handeln
⇨ Harmony with the Environment (Harmonie mit der Umwelt)
⇨ Respect for People (Respekt vor den Menschen)
⇨ Harmony with Society (Harmonie mit der Gesellschaft)

Diese klar definierten Prinzipien dienen als Grundlage für die langfristige Entwicklung des Unternehmens. Alle strategischen Entscheidungen werden grundsätzlich im Einklang mit dem Code of Conduct getroffen.

Dieser Bericht ist nach diesen Handlungsfeldern gegliedert. Er beschreibt im Detail die Richtlinien, Aktivitäten und Ergebnisse, die Ricoh Deutschland auf Basis der Anforderungen unserer Interessengruppen entwickelt hat.

CSR-Organisation

Der Vorstand von Ricoh trägt nicht nur die Verantwortung für einen langfristigen Geschäftserfolg, sondern auch für den Umweltschutz, für die Mitarbeiter und den gesellschaftlichen Einfluss des Unternehmens. Die geschaffenen organisatorischen Strukturen innerhalb der Unternehmensgruppe unterstützen sie bei der Wahrnehmung ihrer Aufgaben. Als eines der wichtigsten Mitglieder der europäischen Ricoh Family Group ist Ricoh Deutschland in die Organisationsstruktur von Ricoh Europe fest integriert.

CSR-Lenkungsausschuss von Ricoh Europe
Der CSR-Lenkungsausschuss von Ricoh Europe wurde im März 2008 gegründet. Er untersteht direkt dem Chairman und CEO von Ricoh

Europe. Dem Ausschuss gehören Vertreter der europäischen Zentrale sowie der wichtigsten europäischen Ricoh-Gesellschaften an.

CSR-Lenkungsausschuss von Ricoh Deutschland
Die Mitglieder des Ausschusses kommen aus allen Unternehmensbereichen, um eine interdisziplinäre Perspektive zu gewährleisten und eine möglichst große Vielfalt von Ansichten und Erfahrungen in die Arbeit des Gremiums einfließen lassen zu können.

Corporate Social Responsibility (CSR)

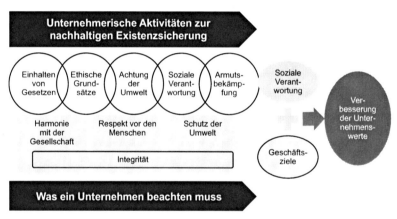

Abb. 2:   *Das CSR-Konzept*

Wertebasiertes unternehmerisches Handeln

Um sicherzustellen, dass Ricoh Deutschland den Anforderungen und Erwartungen der Interessengruppen entspricht, hat das Unternehmen eine Reihe von Richtlinien und Strategien entwickelt, um seine Unternehmensintegrität sicherzustellen. Diese umfassen die Einhaltung gesetzlicher Vorschriften, die Aufrechterhaltung von ISO-Standards, die Bewertung geschäftlicher Risiken und die Wahrung der Ricoh-Werte, wie sie in unserer CSR-Charta und dem Verhaltenskodex definiert sind.

322

Integriertes Managementsystem

Um den Anforderungen der Kunden, Lieferanten und anderen Interessengruppen hinsichtlich Qualität, Umweltschutz und Informationssicherheit gerecht zu werden, hat Ricoh Deutschland ein integriertes Managementsystem aufgebaut.

Das Managementsystem wurde in dieser Form 2001 eingeführt und seitdem schrittweise weiterentwickelt.

Risikomanagement und Risikoanalyse

Das Risikomanagement und die Risikoanalyse bilden ein wichtiges Element der Unternehmenssteuerung und sind integraler Bestandteil des Managementsystems von Ricoh Deutschland. Globale Risiken, die Auswirkungen auf die gesamte Unternehmensgruppe haben könnten, werden über das Total Risk Management bewertet und gesteuert.

Legal Compliance

Ein Bestandteil des Managementsystems hebt darauf ab, die Rechtssicherheit in allen Bereichen zu gewährleisten. Für Ricoh Deutschland als Vertriebs- und Serviceunternehmen ist vor allem das Wettbewerbs- und Vertragsrecht von besonderer Bedeutung.

SOX Compliance

Zu Beginn des Geschäftsjahres 2005/2006 wurde von der Ricoh Company festgelegt, dass alle Tätigkeiten eine Konformität mit dem Sarbanes-Oxley-Gesetz (SOX) erreichen müssen. Ricoh Deutschland wurde das erste Mal 2006 durch eine externe Prüfungsgesellschaft die Konformität mit den SOX-Kriterien bestätigt und zertifiziert.

Einklang mit der Umwelt

Ricohs Umweltstrategie ist tief in der Unternehmenskultur des Konzerns verwurzelt. Bereits in den 1970er Jahren wurde der Umweltschutz durch die Einrichtung des ersten »Environmental Office« in der Zentrale in Japan organisatorisch verankert. Umweltschutz ist einer der drei Unternehmenswerte, die in unserer Markenbotschaft dargestellt sind. Ricohs Konzept, wenn es um Nachhaltigkeit geht, zielt darauf ab, Umweltschutz aktiv zu betreiben und dabei gleichzeitig eine kundenorientierte Organisation zu sein, die innovativ und profitabel ist. Hierbei sind alle Unternehmensbereiche und Standorte mit eingeschlossen. Im Fokus stehen drei Umweltbereiche: Energieeffizienz/Klimaschutz, Ressourcenschonung/Recycling und die Vermeidung von Umweltverschmutzung und gefährlichen Stoffen.

Unsere Meilensteine im Umweltschutz sind folgende:
⇨ 1976: Gründung des ersten »Environmental Office« Ricoh Japan
⇨ 1992: Erste Auszeichnung mit dem Blauen Engel (FT5570)
⇨ 1995: Die Ricoh Produktionsstätte Gotemba erhält das erste ISO 14001 Zertifikat in Japan.
⇨ 2002: Ricoh tritt dem UN Global Compact bei.
⇨ 2005 bis heute: Ricoh zählt zu den 100 nachhaltigsten Unternehmen weltweit (Global 100) und erhält die höchste Note der IT-Branche im CSR Ranking von oekom research (B+).

Umweltfreundliche Produkte und Dienstleistungen
Die Zielwerte des Blauen Engel für Emissionen und Energieverbrauch sind für die Produktdesigner von Ricoh zielgebend und es wird alles daran gesetzt, diese Werte zu erreichen oder sogar zu unterschreiten.

1=1 PAY PER PAGE® GREEN
Das Geschäftsmodell von Ricoh basiert darauf, den Kunden maßgeschneiderte Lösungen anzubieten. Um dies zu gewährleisten, bietet Ricoh seinen Kunden an, eine umfassende Analyse der Istsituation durchzuführen, auf deren Basis eine individuelle Optimierung stattfinden kann. Über die 1=1 PAY PER PAGE® GREEN-Analyse zeigt Ricoh seinen Kunden auf, wie durch den optimalen Einsatz von modernen und energieeffizienten Bürokommunikationssystemen und einer individuellen Lösung für das unternehmensweite Druck- und

324

Dokumentenmanagement gleichzeitig die Umwelt geschont und Kosten reduziert werden können.

Ressourcenschutz und Recycling
Weltweites Umweltengagement bedeutet unter anderem auch den sparsamen Umgang mit Ressourcen und, neben umweltfreundlichen Verbrauchsmaterialien, auch ein sorgfältiges Recycling von Verpackungen und Produkten. Der Ricoh Comet Circle™ ist eine symbolische Darstellung des Recyclingkonzepts von Ricoh.

Concept of a Sustainable Society: The Comet Circle™

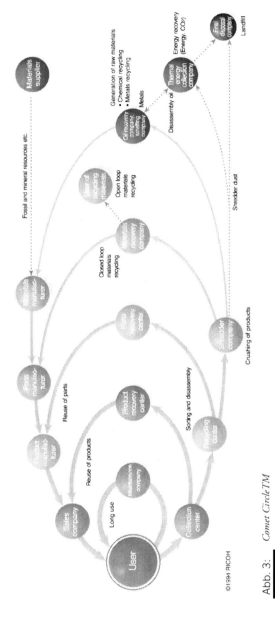

©1994 RICOH

Abb. 3:   Comet Circle TM

Umweltbox und Containerprogramm
Über ein spezielles Rückgabeprogramm können die Kunden von
Ricoh Deutschland die kostenlose Abholung ihrer Verbrauchsmaterialien in Auftrag geben. Nach der Rücknahme werden die Einheiten im
»National Green Center« überprüft und sortiert. Nicht verwendbare
Teile und stark beschädigte Einheiten werden in das Materialrecycling
überführt oder energetisch verwertet. Alle anderen Teile stellen einen
großen Ressourcenwert dar und können aufgearbeitet und der Wieder-
verwendung zugeführt werden.

Rücknahme und Aufarbeitung von Altgeräten (»Greenline«)
Ricoh Deutschland hat ein weitreichendes Konzept entwickelt und
umgesetzt, um gebrauchte Systeme wieder aufzuarbeiten und der Wie-
derverwendung zuzuführen. Über dieses Konzept optimiert Ricoh den
Produktlebenszyklus und trägt so aktiv zur Ressourcenschonung und
damit zum Umweltschutz bei.

Achtung des Menschen

Ricoh setzt auf kompetente und motivierte Mitarbeiter, die gut zu-
sammenarbeiten und sich für das Unternehmen einsetzen. Die Zielsetzung ist es, qualifiziertes Personal auf allen Funktionsebenen zu rek-
rutieren, zu entwickeln und zu halten. Es existieren für alle Positionen
ein strukturierter Auswahlprozess sowie ein definiertes Vorgehen zur
Einarbeitung neuer Mitarbeiter, inklusive der verschiedenen Feedback-
Prozesse.

Führungsleitlinien
Unser Ziel ist es, mit den Führungsleitlinien ein gemeinsames Grundverständnis von Führung bei Ricoh Deutschland zu schaffen. Wir sind
uns bewusst, dass die Qualität der Führung den Unternehmenserfolg
maßgeblich bestimmt. Wir setzen damit Standards für Führungsverhalten und geben uns verbindliche Rahmenbedingungen für den Einsatz von Führungsinstrumenten.

327

Mitarbeiterbeteiligung – MyChoice«

Ein Unternehmen, das seine Mitarbeiter aktiv an der Zukunftsgestaltung beteiligt, sie bei der Weiterentwicklung unterstützt und ihr Potenzial fördert, handelt wirtschaftlich und sozial. Nur solche Firmen werden sowohl intern als auch extern als attraktive Arbeitgeber – als Wunscharbeitgeber (Employer of Choice) – wahrgenommen. Der Betriebsrat und die Geschäftsleitung von Ricoh Deutschland begleiten und unterstützen diese Initiative und werden deren weitere Entwicklung verfolgen und fördern. Über »MyChoice« stellt Ricoh seinen Mitarbeiter/Innen u. a. Angebote in den Bereichen Gesundheitsförderung, soziales Engagement, Sport, Weiterbildung, Elternzeit, Rabatte und Altersvorsorge zur Verfügung. »MyChoice« ist so angelegt, dass sich alle Mitarbeiter/Innen von Ricoh Deutschland aktiv an der weiteren Ausgestaltung der Initiative beteiligen können und sollen.

Personalentwicklung – Ricoh Academy Germany

Wir haben den Anspruch, dass unsere Mitarbeiter immer die erforderlichen Kompetenzen haben – sowohl fachlich wie methodisch als auch sozial – die sie zur Erfüllung ihrer Aufgaben und Ziele benötigen.

Um das Aus- und Weiterbildungsprogramm für unsere Mitarbeiter zu optimieren und strukturierte und zielorientierte Trainings sicherzustellen, haben wir im Jahr 2001 die Ricoh Academy Germany gegründet.

Sozialer Beitrag für die Gesellschaft

Die Ricoh Company, Ltd. hat 2002 den UN Global Compact unterzeichnet und sich verpflichtet, die Einhaltung dieser Prinzipien bei all seinen Tätigkeiten zu befolgen. Ricoh arbeitet mit Umwelt-NGOs überall auf der Welt zusammen, wie z. B. Conservation International und WWF, um globale Aktivitäten zur Erhaltung von Wald-Ökosystemen zu fördern.

Freiwilligeninitiative

Ricoh fördert darüber hinaus soziales Engagement in Deutschland durch Mitarbeiterengagement in sozialen Projekten. Dazu werden Mitarbeiter im Rahmen der Ricoh Freiwilligeninitiative freigestellt. Zahlreiche weitere Aktivitäten tragen dazu bei, die soziale Verantwortung in Deutschland wahrzunehmen, z. B. Aktionstage, »Social Days«, Partnerschaften mit Schulen und Universitäten im Ausbildungsbereich, Tag der Ausbildung, Future Day, Sammelaktionen von Mitarbeitern sowie Spendenläufe (»Charity Run«).

Ausbildung bei Ricoh Deutschland

Wir bilden unsere Nachwuchskräfte selbst aus und legen dabei Wert auf eine qualifizierte Ausbildung mit Zukunft. Als Unternehmen treten wir so dem Fachkräftemangel entgegen und nehmen unsere soziale Verantwortung wahr. Ricoh Deutschland beschäftigt im Jahresdurchschnitt mehr als 120 Auszubildende. Damit liegt die Auszubildendenquote von Ricoh Deutschland deutlich über dem bundesdeutschen Durchschnitt.

Spenden

Im Rahmen seiner CSR-Aktivitäten unterstützt das Unternehmen verschiedene gemeinnützige Organisationen mit Geldspenden. Darüber hinaus spendet Ricoh Deutschland regelmäßig größere Summen in Zusammenhang mit den jährlichen Kundenbefragungen.

Fazit

Wir haben gelernt, eine CSR-Strategie zu entwickeln, die die Möglichkeiten und Potenziale der Ricoh Deutschland für die Gesellschaft systematisch ermittelt und umsetzt. Auf diese Weise stellen wir sicher, dass alle Aktivitäten in diesem Bereich dem Unternehmen und der Gesellschaft maximalen Nutzen bringen. Unser Unternehmen hat sich dadurch ein klares Alleinstellungsmerkmal und einen Wettbewerbsvorteil in der Branche erarbeitet.

Literatur

[1]   KONRAD OTT: *Läßt sich das Nachhaltigkeitskonzept auf Wissen anwenden? 1999*
[2]   QUELLE: *www.verbraucherbildung.de*

Botschaft
Ricohs Markenbotschaft: Wir setzen uns mit höchstem Engagement und mit echter Leidenschaft für die Unternehmenswerte von Ricoh ein: Umweltschutz, Vereinfachung von Leben und Arbeit und Förderung von Wissensmanagement. So unterstützen wir die Menschen bei der Verwirklichung ihrer Ideen.
Top-Benchmarks/Erfolgsfaktoren
Die Ricoh Deutschland GmbH hat im Jahr 2010 den Ludwig-Erhard-Preis gewonnen, war in 2011 Finalist beim European Excellence Award und hat einen Sonderpreis für Kundenorientierung erhalten. Diese Excellence-Preise werden an Organisationen vergeben, die eine ganzheitliche und nachhaltige Entwicklung als Organisation nachweisen können und Spitzenleistungen für ihre Kunden, Mitarbeiter, Shareholder und die Gesellschaft erzielt haben.
Kontaktdaten des Autors
Klaus Garbers Direct +49 (0)511 6742 - 1130 Fax +49 (0)511 6742 – 264 klaus.garbers@ricoh.de
Kontaktdaten des Unternehmens
Ricoh Deutschland GmbH Vahrenwalder Straße 315 30179 Hannover Direct +49 (0)511 6742 - 0 Fax +49 (0)511 6742 - 100 www.ricoh.de

ASSA ABLOY GmbH – Sicherheitstechnik

Siegfried Weber

ASSA ABLOY Sicherheitstechnik GmbH ist ein mittelständisches Unternehmen mit Sitz auf der Schwäbischen Alb in Baden-Württemberg, das sich durch ständiges Bestreben nach Verbesserung der Organisationsstrukturen auszeichnet.

Das Interesse an einer gezielten Weiterentwicklung des Unternehmens und die Bereitschaft sich mit »Neuem« auseinanderzusetzen war Basis zur Beschäftigung mit dem EFQM-Modell. Die zunächst vorsichtige Anwendung ist sehr schnell einer Begeisterung gewichen, die das Unternehmen in kürzester Zeit bis auf die Finalistenbühne des Ludwig-Erhard-Preises geführt hat.

Die EFQM-Einführung

Aufmerksam auf das EFQM-Modell wurde die Geschäftsleitung über die Einladung zur Teilnahme am Pilotprojekt »Exzellenz im Mittelstand« von Südwestmetall.

Der selbstgesteckte, zeitliche Rahmen für die Selbstbewertung war bewusst sehr kurz gewählt und dauerte vom ersten Kennenlernen des Modells bis zur »Committed to Excellence«-Anerkennung nur sieben Monate und weitere 30 Wochen bis zur erfolgreichen »Recognised for Excellence«-Abnahme.

Die Bewertung mit der auf der GOA-WorkBench® basierenden und für die Verbandsmitglieder kostenlosen Software »MinD.m+e« (Software für Unternehmensanalyse und Ratingvorbereitung in der Metall- und Elektroindustrie) war die ideale Vorbereitung auf das Assessment zur C2E Anerkennung. Sie ermöglichte es dem Unternehmen, sich intern in Bezug auf die Anforderungen des EFQM-Modells zu eichen.

Ergebnisse aus der Selbstbewertung / Verbesserungen

Schon bei der Selbstbewertung war zu erkennen, wie gut das Unternehmen bereits aufgestellt war. Dennoch konnten Verbesserungsmaßnahmen und –projekte definiert werden:

⇨ Beschleunigte Umsetzung der Produktzellenstruktur
⇨ Werksweiter Einsatz von Infotickern
⇨ Erarbeiten einer Qualifikationsmatrix
⇨ Messen an der Maschine
⇨ Validierung der Standortstrategie durch eine Kundenbefragung
⇨ Benchmarking und Unternehmensvergleich regional und überregional

Die drei Lernprojekte für die C2E-Abnahme seien hier kurz erläutert:

Die *Produktzellen* stellen die konkrete Umsetzung des Sub-Core-Prinzips (Interne Kunden-Lieferantenbeziehungen, welche durch KANBAN-Systeme miteinander verbunden sind) sicher und sind damit ein wichtiger Bestandteil des Production Leadership System PLS. Damit wird eine Reduzierung der Lieferzeit bei Erhöhung der Termintreue und Reduzierung des Bestandes (durch Erhöhung des Lagerumschlags) erreicht. Ziel ist eine Liefertreue von 100% bei einer Lieferzeit von 48 Stunden, einem Ergebnis von über 30% und einer Materialdurchlaufzeit von 30 – 39 Tagen (Strategie 100/48/30+).

Die *Infoticker* dienen der Visualisierung (visuelles Management). Sie sollen bei der Reduzierung der Lieferzeit, der Erhöhung der Transparenz und Optimierung der Liefertreue helfen. Die Informationen kommen so zeitnah zu den Mitarbeitern und sind damit die Grundlage der Zielerfüllung in der Produktion. Die Infoticker wurden im gesamten Produktionsbereich so installiert, dass sie von allen Mitarbeitern ständig leicht eingesehen werden können.

Seit der Installation fühlen sich die Mitarbeiter mehr als Teil ihres Teams, das ständig bestrebt ist, die Kundenziele zu erfüllen. So wurde erreicht, dass die Arbeit ständig optimiert wird. Durch Diskussionen über den Inhalt der Infoticker entstand ein weiteres, unerwartetes Er-

Abb. 1: *Infoticker zur Reduzierung der Lieferzeit und Erhöhung der Transparenz*

gebnis: Die Reduktion der Anzahl von Paketen pro Kunde sorgt für eine Einsparung von bis zu 350.000 Euro pro Jahr!

Es bestätigt sich eine alte Weisheit: »Qualität wird produziert und nicht kontrolliert«. Dementsprechend wurde bei ASSA ABLOY die Qualitätssicherung vor Ort unter dem Stichwort »*Messen an der Maschine*« konsequent umgesetzt.

In diesem Zusammenhang wurden Maschinen zur Bearbeitung von Werkstücken mit Messeinrichtungen versehen, die kritische Qualitätsparameter während oder direkt nach der Bearbeitung »in der Maschine« überprüfen und ggf. die Bearbeitungsparameter selbstständig nachjustiert und bei Bedarf nacharbeitet.

Über das Messen an der Maschine kann Qualität und Produktivität in mehrfacher Hinsicht optimiert werden:

1. Weil das Messen bereits während der Bearbeitung erfolgt, können unproduktive Zeiten durch nachfolgende Kontrollmessungen reduziert werden.
2. Da sich die Maschine »selbst kontrolliert«, können unbetreute Nachtschichten gefahren werden; damit kann der Personaleinsatz deutlich reduziert werden.
3. Durch die Erhöhung der Prozesssicherheit wird die Rate fehlerhafter Teile erheblich verringert.

Erkenntnisse

Die Adaption des EFQM-Modells ist ASSA ABLOY in kurzer Zeit sehr erfolgreich gelungen. Basis hierzu war die Bereitschaft sich auf das Modell einzulassen, um noch weitere Schritte zur Stärkung der Wettbewerbsfähigkeit zu realisieren. Darüber hinaus haben sich die Arbeiten in Erkenntnissen niedergeschlagen, die die Anwendung des Modells unterstützen bzw. fördern.

Das EFQM-Modell hat sich dabei in vielfacher Weise bewährt; es konnten damit Stärken und Potenziale sichtbar gemacht werden, die vorher nicht im Fokus standen. Die Weiterentwicklung der Unternehmensstrategie hat neue Impulse erfahren.

Ergebnisse

⇨ Das Instrument ist hervorragend geeignet, um in sehr kurzer Zeit tiefe und umfassende Kenntnisse in nahezu allen, auch komplexen Geschäftsprozessen zu erlangen. Insofern ist es auch hervorragend geeignet, im Sinne eines Leitfadens, neue Mitarbeiter einzuarbeiten.

⇨ Die vordergründig scheinbar hohe Komplexität des EFQM-Modells reduziert sich bei der Handhabung innerhalb kürzester Zeit. Insofern ist das System auch für kleine oder wenig geübte Organisationen geeignet.

⇨ Das EFQM-Modell deckt objektiv Stärken und Potenziale einer Organisation auf und gibt unmittelbar Anregungen zur Verbesserung. Hierbei werden in der Anwendung selbst solche Themenfelder ans Tageslicht gebracht, welche vorher nicht im Fokus standen bzw. den Beteiligten nicht bewusst waren.

⇨ Im Zuge der Erarbeitung der Bewerbungsbroschüre war feststellbar, dass das gesamte Team seinen Horizont umfänglich erweitern konnte. Jedes Teammitglied, gleich aus welchem Fachgebiet es kommt, profitiert erheblich davon, dass der Zusammenhang zwischen einzelnen Geschäftsprozessen bzw. Organisationseinheiten und deren Zusammenwirken transparent wird. Das so gebildete Team ist somit auch in anderen Aufgaben/Projekten hocheffektiv.

⇨ Da sich das Modell intensiv mit den Bedürfnissen der diversen Interessensgruppen auseinandersetzt, ist es zur Strategiefindung hervorragend geeignet. Liegt eine Strategie bereits vor, kann das Modell deren Eignung überprüfen.

Fazit

Für ASSA ABLOY hat es sich gelohnt, den nicht zu vernachlässigenden Zeitaufwand in das EFQM-Modell zu investieren. Ein »Open Mind« und der Wille zur Veränderung in der gesamten Organisation, insbesondere der Leitung, sind Erfolgsfaktoren. Zur schnelleren Integration und Umsetzung des EFQM-Modells empfiehlt es sich darüber hinaus eine Gruppe der Mitarbeiter zu Assessoren ausbilden zu lassen.

Botschaft
Das Geschäftsmodell zielt darauf ab, den weltweiten Kunden als kompetenter Partner mechanische und elektromechanische Lösungen für Schutz, Sicherheit und Komfort anzubieten. Die Vision verbindet die Begeisterungsanforderungen der Kunden, Eigentümer und Mitarbeiter auf höchstem Niveau.

Top-Benchmarks/Erfolgsfaktoren
Um hohen Kundennutzen/Kundenbindung zu erreichen, wurde die Vision 100/48/30+ definiert, welche eine 100% Termintreue bei 48 Stunden Lieferzeit und einer Materialdurchlaufzeit von 30 – 39 Tagen gewährleisten soll. Auf Basis dieses Ziels wurde die gesamte Organisation restrukturiert, d. h. ein kompletter Wandel von einer verrichtungsorientierten Organisation in eine objektorientierte Organisation. Hier finden Elemente aus dem Toyota-Produktionssystem der fraktalen Fabrik, sowie dem synchronen Produktionssystem Verwendung.   Das Werk wurde konsequent auf eine interne Kunden-Lieferanten-Beziehung umgestellt.

Kontaktdaten des Autors
Herr Siegfried Weber   ASSA ABLOY Sicherheitstechnik GmbH   Bildstockstraße 20   72458 Albstadt   E-Mail: Siegfried.Weber@assaabloy.de

Kontaktdaten des Unternehmens
ASSA ABLOY Sicherheitstechnik GmbH   Bildstockstraße 20   72458 Albstadt   Deutschland   Tel. +49 7431 123-0   Fax +49 7431 123-2 40   albstadt@assaabloy.de

Excellence-Beispiele Handel und Banken

ABB Stotz-Kontakt/Striebel & John Vertriebsgesellschaft mbH

CHRISTIANE STENZEL

Ausgangssituation

Die ABB Stotz-Kontakt / Striebel & John Vertriebsgesellschaft mbH (ASJ) verfolgt seit fünf Jahren den Excellence-Ansatz unter dem Motto »ASJ ist MehrWert«. Dabei wird alle zwei Jahre eine Selbstbewertung durchgeführt, aus der sogenannte »MehrWert«-Projekte entstehen.

Wie alles begann

Im Jahr 2007 beschloss der damalige Geschäftsführer: »Wir machen EFQM!« Daraufhin absolvierten fünf ASJ-Mitarbeiter ein externes Excellence-Training und ließen sich zu »MehrWert«-Agenten ausbilden. Des Weiteren wurde eine Projektleiterin benannt, die das Thema EFQM im Unternehmen in Vollzeit betreut.

Die Selbstbewertung der ASJ erfolgt in acht Schritten:
1. Einteilung der Teams (Zuordnung der Kriterien)
2. Bestandsaufnahme (die Kriterien werden mit Inhalten gefüllt)
3. Ausarbeiten eines Feedbackberichts
4. Selbstbewertungsworkshop
5. Zusammenfassen und Priorisieren der Verbesserungspotenziale
6. Vorstellen der Selbstbewertung vor dem Führungskreis
7. Maßnahmenplanung der ersten sieben EFQM-Verbesserungsprojekte
8. Start der Umsetzung

Die erste Selbstbewertung im Jahre 2008 erzielte ein Ergebnis von über 300 EFQM-Punkten.

Die Priorisierung der Stärken und Verbesserungspotenziale als Resultat jeder erfolgten Selbstbewertung mündet letztlich in einer Definition von »MehrWert«-Projekten, die kurz- und langfristig zur Weiterentwicklung des Unternehmens führen.

Die ersten »MehrWert«-Projekte

Beispiele für erste bereichs- und teamübergreifende Projekte sind:
⇨ Optimierung der Abstimmung der Vertriebs- und Produktstrategien mit den Herstellerwerken,
⇨ ergebnisorientierte Umsetzung und Messung der Unternehmensprozesse,
⇨ Einführung von Entwicklungsprozessen für Produkte und Dienstleistungen (systematische Erfassung der Verbesserungsvorschläge von Mitarbeitern und Kunden).

Halbjährlich findet ein EFQM-Review statt, bei dem alle »MehrWert«-Agenten und Führungskräfte den Stand der Projekte überprüfen und gegebenenfalls korrigierende Maßnahmen einleiten.

Anerkennung für hervorragende Unternehmensleistungen

Bei der zweiten Selbstbewertung im Jahr 2010 wurde das interne »MehrWert«-Agenten-Team um externe EFQM-Assessoren ergänzt, die auf Basis des Feedbackberichts Interviews durchführten und eine Bewertung abgaben. Die EFQM-Punktzahl konnte im Vergleich zu 2008 nochmals deutlich gesteigert werden. In der Folge wurde das 130 Mitarbeiter starke Unternehmen mit der Auszeichnung »Recognised for Excellence« (3 Star) belohnt und bei der LEP-Preisverleihung in 2011 prämiert (siehe Abb. 1).

Auszeichnung »Recognised for Excellence«

Was ist »MehrWert«?

Im Rahmen der Kommunikation rund um das Thema Excellence erwies sich der Begriff EFQM (Excellence-Modell) als zu kompliziert für die Mitarbeiter. Bei einer Jahresauftaktveranstaltung wurde daher ein Aufruf für einen neuen, einprägsamen Slogan gestartet. Aus den vielen eingereichten Ideen haben sich die Mitarbeiter mehrheitlich für den Begriff »MehrWert« entschieden (siehe Abb. 2).

Abb. 2:   *ASJ-Logo*

»MehrWert für Mitarbeiter«

Für jede Selbstbewertung werden neue »MehrWert«-Agenten aus
unterschiedlichen Unternehmensbereichen ausgebildet, die im Anschluss eigene Verbesserungsprojekte übernehmen. Zudem hat jeder
Mitarbeiter die Möglichkeit, an laufenden Projekten mitzuarbeiten.
Ein Beispiel für ein erfolgreiches Projekt ist die Einführung der »ASJ-
Führungsleitlinien«, die in kleinen Workshops von allen Mitarbeitern
entwickelt wurden. Die ASJ-Führungskräfte haben sich diesen Leitlinien verpflichtet und werden jährlich danach bewertet.

»MehrWert für Kunden«

Diese Aussage ist Schwerpunkt des Projektes »Neuausrichtung der
ASJ-Kernprozesse« (Vorverkauf – Verkauf – Kundenlogistik – Nach-
verkauf). War das Unternehmen bisher bereichsgesteuert, so ist die
Ausrichtung nun eindeutig prozess- und kundenorientiert. In dieses
Projekt wurden ebenfalls alle Mitarbeiter über Prozess- und Teamwork-
shops eingebunden.

»MehrWert für das Unternehmen«

Ein echter »MehrWert« für ein Unternehmen ist ein effizienter Strategieprozess. Aus diesem Grund wurde dieses Thema ebenfalls als ein
»MehrWert«-Projekt definiert und angegangen. Der ASJ-Strategiepro-
zess beschreibt unter anderem die nächsten Etappenziele auf dem Weg
zu einer vorausdenkenden und den Markt prägenden Vertriebseinheit.

Wo steht die ASJ heute?

Im Juli 2012 fand die dritte Selbstbewertung statt, bei der die
400-Punkte-Marke geknackt wurde. Diese Selbstbewertung hat gezeigt, dass die Maßstäbe bereits sehr hoch liegen. Das ist auch bei neu-
en Verbesserungsprojekten spürbar, an denen die Mitarbeiter immer
intensiver beteiligt sind.

Insgesamt sind bereits 49 von 135 Mitarbeitern – teilweise auch
als »MehrWert«-Agenten ausgebildet – aktiv in »MehrWert«-Projekten
involviert.

Herausforderungen

Der Wandel einer Organisation durch eine ganzheitliche Sicht und die sich daraus ergebenden Veränderungen sind nicht zu unterschätzen. Die Umgestaltung ist ein langwieriger Prozess, bei dem sich im Miteinander alle Facetten zeigen: Ignoranz, Gewohnheit, Unkenntnis, Vorurteile, Angst, Unsicherheit, aber auch Engagement, Offenheit, Freude, Erfolg und Spaß.

Erfolgsfaktoren

In einer Vertriebsorganisation sind die Mitarbeiter der entscheidende Erfolgsfaktor. Im ersten Schritt erkennt der Führungskreis die Herausforderungen, die mit dem Wandel zusammenhängen, steht hinter der ganzheitlichen Business-Excellence-Ausrichtung und bringt sich vielfältig ein. Im zweiten Schritt sind die Mitarbeiterinnen und Mitarbeiter einzubinden. Jede Art von Feedback oder Input der Mitarbeiterinnen und Mitarbeiter ist absolut ernst zu nehmen, damit alle diesen Wandel mittragen und unterstützen. Weitere Erfolgsfaktoren sind die notwendigen Ressourcen (Zeit und monetäre Investitionen).

Kontaktdaten der Autorin

Dipl.-Wirtsch.-Ing. Christiane Stenzel
ABB Stotz-Kontakt / Striebel & John Vertriebsgesellschaft mbH
Eppelheimer Straße 82
69123 Heidelberg
EFQM Projektleiterin
Marketing und Prozesse
Tel.: +49 6221 7011136
Mob.: +49 170 5756105
E-Mail: christiane.stenzel@de.abb.com

Kontaktdaten des Unternehmens

ABB Stotz-Kontakt / Striebel & John Vertriebsgesellschaft mbH
Eppelheimer Straße 82
69123 Heidelberg
Tel.: +49 180569 2002
www.abb.de/asj

Mit einem breiten Warenkorb im Bereich Elektroinstallationsmaterial und einem modernen Vertriebsmanagement ist die ABB Stotz-Kontakt / Vertriebsgesellschaft mbH führender Partner des deutschen Elektrofachgroßhandels und des Elektrofachhandwerks in Deutschland. Das Unternehmen gehört zum weltweit agierenden ABB-Konzern.
Anzahl der Mitarbeiter: 135
Branche: Energie- und Automatisationstechnik

Vereinigte Sparkassen Weilheim

HEIKE SCHERENBERGER

Das EFQM-Modell nutzen heißt agieren statt reagieren und sich unermüdlich hinterfragen

Im Herbst 2007 erhielten die Vereinigten Sparkassen einen umfangreichen Feedback-Bericht der LEP-Assessoren als Folge der Teilnahme am Wettbewerb zum Ludwig-Erhard-Preis. Welche Bedeutung das Feedback erhalten sollte, wurde bereits einen Tag nach Verteilung deutlich, als der Direktor der Bank, Hr. Direktor Josef Koch, sich bei der Projektleitung meldete: »Ich habe nun jeden Satz gelesen – anfangs war es nicht ganz einfach, jede Stärke und jedes Verbesserungspotenzial zu verstehen, aber eigentlich muss ich sagen – da ist überall etwas dran.« Kosten und Mühen für die Teilnahme am Ludwig-Erhard-Preis hatten sich also gelohnt. Schließlich waren die Vereinigten Sparkassen nie darauf aus eine Auszeichnung zu ergattern, sondern ihr Interesse galt einem qualitativ hochwertigen Feedback von neutralen Dritten.

Das Feedback mündete in diversen Verbesserungsmaßnahmen und -projekten, die dank der Beschäftigung mit dem EFQM-Modell aus einer Position der Stärke heraus angegangen werden konnten. So wurde beispielsweise die gesamte Vertriebsorganisation zukunftsorientiert aufgestellt und Produktions- und Stabsbereiche Zug um Zug unter Effizienzgesichtspunkten durchleuchtet. In den Vertriebsprozessen lag dabei der Fokus auf der Ausrichtung auf den Kunden. Dies erfolgte beispielsweise durch die Einführung von Spezialisten, die vom Kundenbetreuer als Co-Berater in Spezialfällen hinzu gezogen werden können oder durch die Einführung der Beratung in den Abendstunden von 17 – 20 Uhr, um nur zwei Stellschrauben zu nennen. In den Produktions- und Stabsbereichen stand die Verschlankung und Standardisierung der Prozesse im Vordergrund. Gleichzeitig musste sichergestellt werden, dass die Prozesse über alle genannten Bereiche hinweg gut ineinander greifen und die Zusammenarbeit reibungslos funktioniert.

Sowohl beim Eintreten der Finanzmarktkrise im Jahr 2008 als auch heute, im schärfer werdenden Wettbewerb, musste nie hektisch nach Lösungen gesucht werden, weil die Verbesserungspotenziale bereits bekannt waren und es »lediglich« darum ging, die Themen konsequent umzusetzen.

Und auch in der Umsetzungsphase war und ist das EFQM Excellence Modell ein ständiger Begleiter. Es wäre allerdings nicht angemessen zu behaupten, dass jedes Veränderungsprojekt leicht von der Hand gegangen wäre. Vielmehr wurden Reviews durchgeführt und an der einen oder anderen Stelle auch nachjustiert. Aber ist das nicht genau das, was das EFQM-Modell und die RADAR-Logik meinen, wenn es heißt »RADAR legt allgemein dar, dass eine Organisation die umgesetzten Vorgehen durch kontinuierliche Überprüfung und Analyse der erzielten Ergebnisse bewertet und verbessert sowie Lernprozesse aufrechterhält.« [1]

In der Sparkasse wird EFQM vom Zusatztool zum integrierten Managementansatz

Wurde mit dem EFQM-Modell in den Anfangsjahren in den Vereinigten Sparkassen noch in einer gesonderten Arbeitsgruppe und einzelnen Teilkriterien-Teams gearbeitet, dient das EFQM Excellence Modell heute dem Vorstand als Landkarte bei seinen unternehmerischen Entscheidungen. Der Weg wird dabei durch eine Vision gekennzeichnet: die beste Bank im Oberland zu werden. Hierfür wurde ein gleichnamiges Projekt ins Leben gerufen, welches ein Metaprojekt darstellt (Projektorganisation siehe Abb. 1). Darunter sind (Teil)projekte beauftragt, die von Führungskräften verantwortet werden und die dazu dienen, identifizierte Verbesserungspotenziale zu realisieren. Der Vorstand kommt im Kernteam in regelmäßigen Abständen zusammen, um einerseits die Fortschritte der beauftragten Teilprojekte und Verbesserungsmaßnahmen zu verfolgen und sich andererseits anhand der Auseinandersetzung mit dem EFQM Excellence Modell weitere Impulse einzuholen. Regelmäßig wird auch die gesamte Führungsmannschaft über die Fortschritte informiert, und mitunter zu bestimmten Themen

gezielt eingebunden. Die Erkenntnisse aus diesem Projekt nutzt der
Vorstand zusätzlich nahtlos im Strategieprozess.

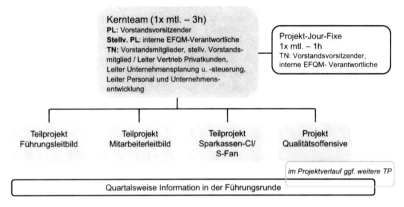

<u>Abb. 1:</u>   *Projektorganisation »Beste Bank im Oberland«*

Mit EFQM auf dem Weg in die Zukunft

Seit Jahren ist die Bankenbranche in einem Umbruch begriffen – der
Wettbewerb wird immer intensiver, und das Vertrauen der Bankkunden in die Banken ist aufgrund der internationalen Finanzkrise an-
geschlagen. So stehen auch die Vereinigten Sparkassen vor der Herausforderung einerseits Kostensenkungspotenziale zu erschließen – was bei
Führungskräften und Mitarbeitern schnell Ängste auslösen kann – und
andererseits der Verunsicherung der Kunden durch vertrauensvolle
Beratung entgegen zu wirken. Hierfür ist jedoch notwendig, dass Führungskräfte, wie Mitarbeiter als Fans hinter den Vereinigten Sparkassen
stehen. Mit Hilfe des EFQM Excellence Modell nutzen Vorstand und
Führungskräfte ein Instrument, welches dabei unterstützt, die richtige
Balance zwischen Ergebnis- , Mitarbeiter-, und Kundenorientierung zu
finden, um nachhaltigen Geschäftserfolg sicher zu stellen.

Literatur

[1]   EFQM: *EFQM Excellence Modell 2010, Brüssel 2009*

Botschaft
Das EFQM-Modell dient dem Vorstand der Vereinigten Sparkassen als Landkarte und Impulsgeber auf dem Weg zur Erreichung der Vision: Unsere Sparkasse - die beste Bank im Oberland! Die Entsendung von Mitarbeitern als EFQM-Assessoren gewährt Einblicke über den Tellerrand der S-Finanzgruppe hinaus.
Top-Benchmarks/Erfolgsfaktoren
Die Sparkasse hat leidenschaftliche Führungskräfte und Mitarbeiter, die den Schlüssel des Erfolges darstellen, denn Bankgeschäft ist Vertrauensgeschäft. Mit der Orientierung am EFQM-Modell gelingt es, die richtige Balance zwischen Ergebnis-, Mitarbeiter-, und Kundenorientierung zu finden.
Kontaktdaten des Autors
Heike Scherenberger atrato consulting Bauer & Scherenberger GbR Schyrenstraße 11 81543 München Geschäftsführerin 0177 840 46 07 h.scherenberger@atrato-consulting.com www.atrato-consulting.com
Kontaktdaten des Unternehmens
Vereinigte Sparkassen im Landkreis Weilheim i.OB Marienplatz 2-6 82362 Weilheim 0881 641 0 www.vereinigte-sparkassen.de 19 Geschäftsstellen, 4 SB-Geschäftsstellen, 1 Internetfiliale Finanzdienstleistungen 1,54 Milliarden Bilanzsumme (Stand: 31.12.2011) 435 Mitarbeiter (Stand: 31.12.2011)
Kontaktdaten des Ansprechpartners im Unternehmen
Claudia Höfler Personalentwicklung, stellvertretende Projektleitung Projekt »Beste Bank im Oberland« Personal und Unternehmensentwicklung 0881 641 0 oder -764 claudia.hoefler@vereinigte-sparkassen.de

348

Excellence-Beispiele
Behörden und Verbände

Amt für Volkswirtschaft

C.-ANDREAS DALLUEGE

Das Liechtensteiner Amt für Volkswirtschaft (AVW) nimmt im Wesentlichen die Aufgaben war, die in größeren Ländern ein Wirtschaftsministerium übernimmt. Dem Amt steht ein Amtsleiter im Range eines ständigen Staatssekretärs vor, der dem jeweiligen Wirtschaftsminister Rechenschaft ablegt.

Der Hauptfokus der Reorganisation 2011 lag auf der Integration des Amtes für Handel und Transport in das AVW. Dies war auch Anlass, die gesamte Organisation neu zu positionieren, um den Anforderungen an ein modernes, kundenorientiertes und effizientes Amt gerecht zu werden. Es verfügt heute über ca. 60 Mitarbeitende in 7 Abteilungen, die die wichtigsten volkswirtschaftlichen Felder abdecken.

Das AVW strebt nach Exzellenz

Alle Ämter sind verpflichtet mit Steuergeldern möglichst sorgsam umzugehen und gleichzeitig ein Optimum an Dienstleistungen für die BürgerInnen bereitzustellen. Dies bedeutet, bestehende Prozesse zu hinterfragen und laufend zu verbessern. Im internationalen Vergleich streben die Liechtensteiner Ämter eine Spitzenposition im Preis/Leistungsverhältnis an. Die hier zu Grunde liegende Einstellung lautet: *»Wer Steuern entrichtet, kauft sich dadurch Leistungen des Staates ein. Es ist unser Anspruch dafür den bestmöglichen Service zu bieten.«*

Als Behörde hat das AVW weder Umsatz- noch Gewinnziele. Allerdings ist in Zeiten zurückgehender Steuereinnahmen ein hoher Kostendruck entstanden, der nicht zu nachlassender Servicequalität führen darf. Ein ganzheitliches Managementkonzept wie das der Business Excellence unterstützt dies, indem es hilft, u. a. Sparpotenziale zu entdecken, Prozesse zu optimieren und damit den Staat zu entlasten. Dies ist nebst dem angestrebten Preis-/Leistungsverhältnis eines der wichtigsten Ziele für die kommenden Jahre.

Excellence beim AVW

Aufgrund seiner früheren Tätigkeit an der Universität Liechtenstein war der Amtsleiter des AVW, Christian Hausmann, sowohl mit dem EFQM-Modell als auch mit dessen Umsetzung und der verfügbaren Softwareunterstützung bestens vertraut und bereitete die EFQM-Einführung vor indem er half, die existierenden Assessmentfragen in die »Verwaltungssprache« zu übersetzen. Des Weiteren wurde seine persönliche Assistentin zur European Excellence Assessorin ausgebildet, um bei der Umsetzung interne Unterstützung leisten zu können.

Die Entscheidung bei der Umsetzung nicht selbst leitend aktiv zu werden fällte Hausmann bewusst auf der Basis des Top-Down/Bottom-Up-Ansatzes der davon ausgeht, dass der Anfang eines Exzellenz-Projekts immer Top-down ist, die Umsetzung aber Bottom-up erfolgen sollte.

Diesem Ansatz folgend gab es zu Projektbeginn eine Einführungsschulung für alle Abteilungsleiter aus sämtlichen Bereichen des Amts, die anschließend eine gemeinsame Selbstbewertung durchführten. Darauf aufbauend wurden zu den aufgedeckten Verbesserungspotenzialen Maßnahmen vorgeschlagen und diese dann von allen Mitarbeitenden bewertet, priorisiert und anschließend umgesetzt.

Nach einer einführenden Informationsveranstaltung für alle Mitarbeitenden des Amtes nahmen die Abteilungsleiter an einem softwaregestützten (GOA Easy Assessment) Selbstbewertungs-Workshop teil.

Dabei erarbeiteten sie Erfüllungsgrade und Handlungsbedarfe sowie priorisierte Themenschwerpunkte. Anschließend kommunizierten sie das Ergebnis an alle Mitarbeiter.

In einem zweiten Schritt hatten alle Mitarbeitenden die Gelegenheit, bei der Priorisierung der Verbesserungsinitiativen direkt mitzuwirken. Diese Mitwirkung erfolgte IT-gestützt (GOA Balanced Q-Card).

Dabei konnten sich die Mitarbeiterinnen und Mitarbeiter anonym zu 9 Verbesserungsthemen äußern. Neben einer quantitativen Bewertung konnten mögliche Verbesserungsthemen identifiziert und priorisiert werden.

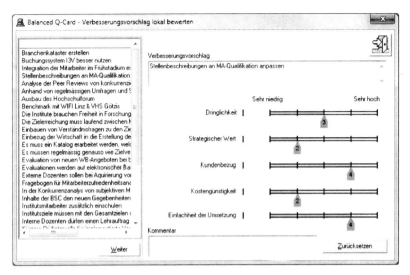

Abb. 1:   *Priorisierung der Verbesserungsinitiativen*

Die höchst bewerteten Projektvorschläge kamen zur Umsetzung; dabei
handelte es sich um:

1) *Bessere Informationsflussgestaltung im Amt*
   Ziele: Abstellen von Redundanzen auf Basis eines gemeinsamen
   gleichen Wissenstandes; Einheitliches Auftreten nach außen unter
   Vermeidung widersprüchlicher Aussagen.
2) *Aufbau einer systematischen Kundenzufriedenheitserhebung*
   Ziel: Prozessoptimierung mittels regelmäßigem Kundenfeedback.
   Dieses Projekt hilft, den Bürger als Kunden zu sehen und vermit-
   telt gleichzeitig den »Kunden« das Gefühl, »wichtig« zu sein und
   »Ernst« genommen zu werden.
3) *Aufbau eines systematischen Kundenbeschwerdemanagements.*
   Ziel: Verbesserung der Amtspraxis und der schnelleren Beschwerde-
   bearbeitung.

Die Umsetzung der Projekte dauerte 6-9 Monate und endete mit der erfolgreichen Abnahme einer Committed to Excellence Validierung (C2E).

Erkenntnisse und Ergebnisse

Das bisher Erreichte kommentiert Amtsleiter Christian Hausmann [1]: »Das Konzept des Excellence-Gedankens errichtet einen hervorragenden Orientierungsrahmen für alle Tätigkeitsbereiche des Amts. Die Systematik der Bewertung und die RADAR-Logik unterstützen einen ganzheitlichen Ansatz in den Verbesserungen. Der Support durch die GOA-WorkBench® bietet einen transparenten und einfachen Einstieg in die Selbstbewertung nach EFQM und führt logisch und effizient durch das Excellence-Modell. Die Softwareunterstützung hilft die Ressourcenbindung für die formellen Teil des Qualitätsmanagements zu minimieren; der Prozess läuft fast von allein. Trotzdem ist es wichtig und zielführend, wenn man sich beim ganzen Prozess von einem externen Experten begleiten lässt, der über eine fundierte Erfahrung zum Thema EFQM verfügt.

Die Einführung es Excellence-Gedankens in das Management hat dazu geführt, dass das AVW im Fürstentum Liechtenstein eine Spitzenstellung als Amt einnimmt und mittlerweile als eine stark serviceorientierte Institution wahrgenommen wird – und dies nicht nur seitens der Kunden, sondern auch der MitarbeiterInnen; mittlerweile möchten fast alle öffentlichen Angestellten möglichst beim AVW angestellt sein.«

lic.oec HSG Christian Hausmann ist seit 2009 Leiter des Amtes für Volkswirtschaft in Liechtenstein. Davor war er seit 2003 Geschäftsführer des KMU Zentrums an der Hochschule Liechtenstein. In dieser Funktion leitete er auch 2 EU-Projekte zum Thema EFQM (SAETO & TransSAETO). Hausmann studierte »Absatz und Handel« an der Universität St. Gallen (HSG) und gründete anschließend die Firma SWISS+LEVEL AG, die ein führender Anbieter von Messwerkzeugen für den Bau ist. Heute ist er Vorsitzender des Aufsichtsrats.

Wie geht es weiter?

Die erfolgreiche C2E Validierung führte dazu, dass auch andere Ämter sich für den Weg zur Excellence interessieren.

AVW selbst hat begonnen regelmäßige Selbstbewertungen durchzuführen, um daraus weitere Projekte zu lancieren, so zum Beispiel der Aufbau eines internen Kontrollsystems in allen Abteilungen mit großen Finanzflüssen.

Botschaft
Das Liechtensteiner Amt für Volkswirtschaft wurde in 2011 reorganisiert. Die Integration des Amtes für Handel und Transport in das AVW wurde dabei zum Anlass genommen, das ganze Amt neu zu positionieren, um den heutigen Anforderungen an ein modernes, kundenorientiertes und effizientes Amt gerecht zu werden.
Top-Benchmarks/Erfolgsfaktoren
Die Veränderungen wurden mit Hilfe einer Selbstbewertung nach EFQM kontrolliert und der Fortschritt gemessen. Dies gelang so gut, dass das AVW zum Zeitpunkt der Niederschrift europaweit das einzige Amt im Range eines Ministerium ist, das formell als »Committed to Excellence« anerkannt ist.
Kontaktdaten des Autors
Dipl.-Kfm. C.-Andreas Dalluege IBK Management Solutions GmbH Unterriethstraße 37 65187 Wiesbaden
Geschäftsführender Gesellschafter
Tel.: 0611 / 51 00 417 E-Mail: cad@ibk.eu www.ibk.eu
Kontaktdaten der Organisation
Amt für Volkswirtschatft Postfach 684 9490 Vaduz Fürstentum Liechtenstein http://www.avw.llv.li
Kontaktdaten des Ansprechpartners im Unternehmen
lic. oec. HSG Christian Hausmann Amtsleiter T +423 236 68 80 christian.hausmann@avw.llv.li

Schweizerische Post

C.-ANDREAS DALLUEGE

Wie die Praxis zeigt, ist der Einsatz von Business-Excellence-Modellen zumeist mit positiven Geschäftsentwicklungen verbunden – egal, ob sie bei privatwirtschaftlichen oder bei öffentlichen Einrichtungen zur Anwendung kommen. Ein gutes Beispiel hierfür ist die Schweizerische Post, die mit dem Poststellennetz 2007 den ESPRIX-Award und damit die höchste Schweizer Auszeichnung für erfolgreiche Unternehmen gewinnen konnte.

Als Bereich eines öffentlich-rechtlichen Unternehmens trägt Poststellen und Verkauf (PV) eine hohe soziale Verantwortung. Deshalb überprüft und verbessert PV die Leistungen ständig. Selbst- und Fremdbewertungen stehen seit 2001 regelmäßig ganz oben auf der Agenda. Auf ihrer Grundlage wird anhand des EFQM-Modells auf dem Weg in Richtung Excellence jährlich eine Standortbestimmung vorgenommen. Die Analysen werden als Treiber der Unternehmensentwicklung angesehen. Sie geben Anstoß zu kontinuierlichem Lernen, und ihre Ergebnisse werden direkt für konkrete Verbesserung genutzt.

Verändertes Kundenverhalten und rückläufige Verkaufszahlen im Schaltergeschäft stellen die Schweizerische Post seit einigen Jahren vor große Herausforderungen. Der Unternehmensbereich Poststellen und Verkauf – verantwortlich für die Führung des Poststellennetzes – hat diese Herausforderung frühzeitig angenommen: Seit 2001 entwickelt er das Poststellennetz schrittweise weiter, um dessen Wirtschaftlichkeit und Kundenorientierung zu steigern. Gleichzeitig verbesserte PV konsequent das Qualitätsmanagement, die Geschäftsführung und die Prozesse und stützte sich dabei auf Eigen- und Fremdbewertungen auf der Basis des EFQM-Modells.

Möglich wurde die breite interne Akzeptanz vor allem durch die Vorbildfunktion der gesamten Geschäftsleitung, die sich den Herausforderungen einer offenen und modernen Unternehmenskultur mit großem Elan stellte. Die meisten Mitglieder der PV-Geschäftsleitung sind heute zu Assessoren ausgebildet und garantieren damit, dass das Prinzip der steten Fortentwicklung auch im Arbeitsalltag erfüllt wird.

Der frühzeitige Einstieg in das EFQM-Modell für Excellence hat viel zum Gelingen der Netzentwicklung beigetragen. 2002 hielt die Geschäftsleitung von PV die Zeit für gekommen, ein umfassendes Managementsystem aufzubauen. Peter Maurer, Leiter Business Excellence bei Poststellen und Verkauf, war dabei von Anfang an einer der aktivsten Promotoren. Maurer war vor allem von der firmenspezifischen Anpassbarkeit des Modells begeistert: *»Das Sensationelle an EFQM ist, dass Sie innerhalb des Modells gestalten können, wie Sie wollen. Davon haben wir das Management überzeugt: Sie geben durch den Rahmen des Modells zwar etwas Freiheit auf, gewinnen aber durch die aufgezeigten Stärken und Verbesserungspotenziale ein Mehrfaches zurück. Das war ein unternehmenskulturelles Ereignis!*

Das Managementsystem respektive Prozessmanagement ist Sache der Führung. Es umfasst sämtliche Führungs-, Wertschöpfungs- und Supportprozesse. 2004 wurden in 60 Workshops die von der Geschäftsstrategie abgeleiteten Prozesse neu modelliert und anschließend geschult. Prozessarchitektur und Prozesshierarchie sind heute klar und nachvollziehbar, und die Normforderungen ISO 9001:2000 sind lückenlos mit dem Excellence-Prozessmodell verknüpft.

Seit 2006 führen wir jährlich eine Bewertung und Überprüfung durch und passen – falls nötig – Prozesse und Prozessarchitektur an. Regelmäßige interne Audits und Messungen helfen bei der operativen Steuerung und Verbesserung. Die Ergebnisse werden zielgruppengerecht aufbereitet und breit kommuniziert.«

Aber nicht nur das EFQM-Modell selbst konnte überzeugen, sondern auch die operative Unterstützung der Excellence-Einführung durch die Softwaremodule der GOA-WorkBench®. Peter Maurer war vor allem von der sehr flexiblen Gestaltung der Befragung beeindruckt: *»Bei der Evaluation von Auswerteinstrumenten für Selbstbewertungen war GOA das Tool, welches alle Anforderungen erfüllen konnte. Ein Kriterium war die Mehrsprachigkeit. Wir führen die Selbstbewertungen jeweils in den drei Landessprachen deutsch, französisch und italienisch durch. Ein zweites*

Kriterium war die einfache Anwendung, damit sich der Aufwand für die Schulung in einem kleinen Rahmen hält. Weiter wollten wir ein Tool einsetzen, welches uns ermöglicht, gleichzeitig schriftliche und elektronische Erhebungen durchzuführen und welches uns erlaubt, gleich nach der Bewertung die ersten Ergebnisse zu sehen. GOA hat für uns so die Durchlaufzeiten massiv verkürzt.

PV führt die jährlichen Überprüfungen (Assessments, Audits, Umfragen) softwareunterstützt durch und die Auswertung erfolgt ohne großen Zeitaufwand. Wir arbeiten innerhalb der Konsensmeetings jeweils mit dem Tool und können das Resultat anschließend direkt präsentieren. Aufwand und Ertrag stehen in einem sehr guten Verhältnis. Die in den Umfragen und Selbstbewertung gesammelten Vorschläge können anschließend direkt in ein weiteres Modul übernommen werden in der wir die einzelnen Vorschläge gewichten, priorisieren und visuell darstellen können. Damit kann dem Management eine Auflistung der wichtigsten Verbesserungsvorschläge präsentiert werden. Dies ergibt ein starkes Instrument für den Verbesserungsprozess.

Botschaft
Der Unternehmensbereich Poststellen und Verkauf der Schweizerische Post meistert erfolgreich die Herausforderung der Umstellung des Geschäftsmodells weg vom traditionellen Schalterbetrieb hin zu einem modernen Dienstleistungsbetrieb.
Top-Benchmarks/Erfolgsfaktoren
Die Veränderungen wurden mittels einer konsequenten Verbesserung des Qualitätsmanagement, einer Straffung der Geschäftsführung und der Neuausrichtung der Prozesse herbeigeführt. Die Änderungsanstöße hierzu kamen dabei aus Eigen- und Fremdbewertungen auf der Basis des EFQM-Modells.
Kontaktdaten des Autors
Dipl.-Kfm. C.-Andreas Dalluege IBK Management Solutions GmbH Unterriethstraße 37 65187 Wiesbaden
Geschäftsführender Gesellschafter
Tel.: 0611 / 51 00 417 E-Mail: cad@ibk.eu www.ibk.eu
Kontaktdaten des Unternehmens
Die Schweizerische Post Poststellen und Verkauf Viktoriastrasse 21 3030 Bern
Ansprechpartner im Unternehmen
Peter Maurer ist Leiter Business Excellence, Poststellen und Verkauf der Schweizerischen Post. Zu seinen Aufgaben gehören Change Management & Prozessmanagement und der Aufbau von Managementsystemen. Seine Ausbildung umfasst Techn. Grundausbildung, dem Betriebsfachmann EF, Business Excellence Coach, TQM Leader und EOQ.

Südwestmetall erprobt das EFQM-Modell im Mittelstand

WOLFGANG PFEFFER

Mehr als tausend Betriebe der baden-württembergischen Metall- und Elektroindustrie bündeln ihre wirtschafts-, tarif-, sozial-, arbeits- und bildungspolitischen Interessen im Arbeitgeberverband Südwestmetall. Die Größen der Mitgliedsunternehmen reichen von kleinen Unternehmen mit wenigen Beschäftigten bis zu Großunternehmen mit mehreren 10.000 Mitarbeitern. Die Unternehmen mit bis zu 500 Beschäftigten (81%) prägen die tägliche Arbeit der Verbandsmitarbeiter.

Südwestmetall unterstützt seine Mitglieder nicht nur in arbeits- und tarifrechtlichen Fragen, sondern auch in arbeitswissenschaftlichen Themenfeldern. Dazu stehen ihnen umfangreiche Vergleichsmöglichkeiten von personalwirtschaftlichen bis hin zu betriebswirtschaftlichen Vergleichsdaten zur Verfügung.

Die Vielfalt der Handlungsfelder (Aufbau- und Ablauforganisation, Personaleinsatz, Arbeitszeitgestaltung, Entgeltgestaltung, Qualifikation, Qualität, …) in den Unternehmen ist genauso groß wie die Auswahl an möglichen Vorgehensweisen und Werkzeugen.

Um zielgerichtet vorgehen zu können, wird ein Ordnungs- oder Handlungsrahmen (Modell) benötigt, der den Betrieben den abgestimmten und priorisierbaren Einsatz von Konzepten und Methoden ermöglicht.

So kann mit Effektivität (tun wir die richtigen Dinge) und Effizienz (tun wir es richtig) eine Organisation weiterentwickelt werden.

Abb. 1:   *Unterstützung der Unternehmen durch die Arbeitspolitik von Südwestmetall*

Südwestmetall hat folgende Fragestellungen untersucht:

⇨ Gibt es ein Modell, das alle Gestaltungsfelder in bewertbarer Form zusammenführt?

⇨ Ist ein solches Modell hinsichtlich seiner Anwendbarkeit für KMUs geeignet?

⇨ Ist es in seiner Basisbearbeitung »beraterfrei« anwendbar?

⇨ Kann es auf einer kostenfreien Plattform an die Unternehmen vermittelt werden?

⇨ Ist das Modell international anerkannt?

Die aufgeführten Anforderungen fanden wir im Excellence-Modell der European Foundation for Quality Management (EFQM) erfüllt.

Das Projekt »Exzellenz im Mittelstand« (ExiM)

Das verbandsinterne Projekt »Exzellenz im Mittelstand« (ExiM) unter-
suchte in fünf Unternehmen die Anwendbarkeit des EFQM-Modells.
Die Unternehmen sollten möglichst aus mehreren Branchen und Grö-
ßenklassen stammen, um ein valides Ergebnis zu erhalten. Nachfolgende Firmen haben am ExiM - Projekt teilgenommen:

Tabelle1: Pilotfirmen des Südwestmetall-Projektes ExiM		
Firma	Mitarbeiter-anzahl	Branche
L´Orange GmbH – Glatten	Ca. 1000	Hersteller von Einspritzsystemen
ASSA ABLOY Sicherheits-technik GmbH – Albstadt	Ca. 400	Hersteller für mechanische und elek-tromechanische Sicherheitslösungen für Schutz, Sicherheit und Komfort im Gebäude
E.G.O. Control Systems GmbH – Balingen	Ca. 200	Hersteller von Technologien, Kompo-nenten und Steuerungselektronik für Hausgeräte
HWG Inductohead GmbH – Reichenbach	Ca. 70	Lieferant für Systeme und Dienst-leistungen aller Arten der induktiven Wärmebehandlung
Welch Allyn GmbH & Co. KG – Jungingen	Ca. 70	Hersteller von medizinischen Dia-gnose-Geräten und Gesundheits-produkten
RICH Präzisions-Drehteile GmbH – Riederich	Ca. 40	Hersteller von Präzisionsdrehteilen

Über zwei- bis dreitägige Führungskräfte-Workshops wurde in den
Pilotfirmen eine Selbstbewertung nach dem EFQM-Modell mit Anwendung von MinD.m+e [1] durchgeführt.
Die Projektteilnehmer lernten das EFQM-Modell und seine Werkzeuge kennen und konnten die Vorgehensweisen adaptieren.

Um vergleichbare Ergebnisse zu erzielen, wurden die Projekte bei
allen teilnehmenden Firmen nach exakt derselben Vorgehensweise
durchgeführt. Immer war die oberste Führungsebene komplett integriert. Die Mitarbeitervertretungen der Firmen wurden über das Pilotprojekt informiert und waren teilweise bereits in den ersten Workshops

bzw. dann in den Verbesserungsprojekten eingebunden. Die Teamgrößen schwankten je nach Firma zwischen 4-16 Teilnehmern.

MinD.m+e

MinD.m+e ist eine Planungs- und Analysesoftware, die speziell auf die Bedürfnisse der Mitgliedsunternehmen der Arbeitgeberverbände der Metall- und Elektroindustrie zugeschnitten ist. Sie ermöglicht einen branchen- und größenbezogenen Benchmark von quantitativen und qualitativen Daten und Kennzahlen. Zur Beurteilung der finanziellen Ergebnisse nach EFQM stellt das Programm mit seinem Kennzahlenteil einen guten Benchmark dar. Die Software wurde um einen EFQM-Fragenkatalog, angepasst auf die Bedürfnisse von mittelständischen Unternehmen der Metall- und Elektroindustrie, erweitert. Die einfache Handhabung hat sich in allen Workshops bestätigt. Die Leitwirkung des Fragenkatalogs hat eine systematische Abarbeitung erleichtert. Dabei konnte sowohl die Bewertung als auch das Festhalten von Nachweisen und Maßnahmen durchgeführt werden.

Jeder Workshop schloss mit einem Ergebnisbericht und einer Vorschlagsliste über durchzuführende Verbesserungsprojekte ab.

Die Erkenntnisse aus den Selbstbewertungsworkshops aus allen Firmen bestätigen:
⇨ die Praxistauglichkeit der Vorgehensweise inklusive der Softwareunterstützung und
⇨ die Relevanz des EFQM-Ansatzes, da in allen Firmen die »richtigen« Projekte zur weiteren Verbesserung identifiziert werden konnten.

Die Orientierung an einem übergreifenden Managementmodell, die strukturierte Vorgehensweise und der offene Dialog haben *immer* eine Vielzahl von Verbesserungsvorschlägen generiert.

Die Unternehmen, die an dem Projekt »Exzellenz im Mittelstand« teilgenommen haben, bestätigten dessen Nutzen bei Netzwerktreffen und in Erfahrungsberichten [2].

In allen Firmen führte die Selbstbewertung nach dem EFQM-Modell zu einer positiven Resonanz. Überzeugt vom EFQM-Modell haben sie sich entschieden, dieses auch über das Projekt hinaus einzusetzen. Die Breite der Anwendung des Modells ist vielfältig: Sie reicht von der Einbindung des Modells in die jährlichen Strategiereviews und die Anwendung der EFQM-Bewertungslogik (RADAR) zur Umsetzung von Projekten über den Einsatz des Modells als Ordnungsrahmen und Priorisierungshilfe für neue Handlungsfelder bis dahin, sich mit dem Modell so intensiv und dauerhaft zu beschäftigen, dass eine hervorragende Wettbewerbsfähigkeit erreicht wird.

Auch für Südwestmetall hat sich das EFQM-Modell bewährt:
⇨ Die Eignung des Modells zur Darstellung des Reifegrades und von Verbesserungspotenzialen von Betrieben konnte nachgewiesen werden.
⇨ Ein gesamtheitlicher Bewertungsansatz ist gegeben.
⇨ Das EFQM-Modell stellt ein flexibles Modell dar, das für unterschiedliche Organisationsformen, Betriebsgrößen und Branchen geeignet ist.
⇨ Der Nutzen ist gerade auch für KMUs gegeben.
⇨ Die Anwendung und Nutzung ist ohne Lizenzgebühren oder Zertifizierungen möglich.
⇨ Südwestmetall kann den Einstieg in das EFQM-Modell unterstützen.
⇨ Die eingeführte Software MinD.m+e ist als unterstützendes Werkzeug zur Selbstbewertung geeignet.
⇨ Eine Vielfalt von verbandlichen Unterstützungs- und Dienstleistungen sind für KMU´s nutzbringend integrierbar.

Eine der Pilotfirmen wurde als Preisträger (Silbermedaille) des Ludwig-Erhard-Preises 2011 geehrt.

Die durchweg positiven Erfahrungen in allen beteiligten Firmen des Pilotprojektes ExiM haben nahegelegt, das sich Südwestmetall, als neues Mitglied der nationalen Initiative Ludwig-Erhard-Preis (ILEP), über das Projektende hinaus der Förderung des EFQM-Gedankens annimmt.

Literatur

[1]   FEGGELER, A.; PFEFFER, W.: *M+E Benchmark. In: angewandte Arbeitswissenschaft, (2009), Nr. 201, S. 37-51*

[2]   DALLUEGE, C.-A.; FRANZ,H.-W.; PFEFFER, W.; SCHNEIDER, H.-J.: *»Ein Verband erprobt die Anwendbarkeit des EFQM-Modelles«, in: ifaa-Taschenbuch (Hg), Exzellenz durch nachhaltige Unternehmensstrategien, Düsseldorf (2012), S. 130-193.*

Botschaft
Die Anwendbarkeit des EFQM-Modelles in Firmen unterschiedlicher Branchen und Größen der Metall- und Elektroindustrie wurde bestätigt. Der Ansatz ist geeignet eine ganzheitliche und systematische Überprüfung von Prozessen und Ergebnissen anhand definierter Kriterien zu ermöglichen. Alle beteiligten Unternehmen konnten die Ergebnisse auf allen Stufen der Modellanwendung nutzbringend umsetzen. Auch für Südwestmetall als Träger des Pilotprojektes hat sich die Modellanwendung bewährt. Es hat sich gezeigt, dass die angebotenen verbandlichen Dienstleistungen und Werkzeuge die Unternehmen auf dem Weg zur Excellence passgenau und zielgerichtet unterstützen.
Top-Benchmarks/Erfolgsfaktoren
Wesentlich ist die Bereitschaft der Geschäftsleitung sich mit dem Modell und dessen Bewertungskriterien vorbehaltlos auseinanderzusetzen. Gepaart mit Verbesserungs- und Veränderungsbereitschaft, führt das Modell nahezu unvermeidbar zu nachhaltigem Erfolg.
Kontaktdaten des Autors
Wolfgang Pfeffer Verbandsingenieur SÜDWESTMETALL Bezirksgruppe Reutlingen Schulstraße 23 72764 Reutlingen Abteilung Arbeitspolitik Tel. 0172/794 24 57 E-Mail: pfeffer@suedwestmetall.de www.suedwestmetall.de
Kontaktdaten des Verbandes
SÜDWESTMETALL Verband der Metall- und Elektroindustrie Baden-Württemberg e.V. Löffelstraße 22-24 70597 Stuttgart Tel. 0711/7682 0 www.suedwestmetall.de

367

Excellence-Beispiele Dienstleistungen

COPLANING – Handwerksleistungen

Walter Ludwig

Profil von COPLANING

COPLANING S.à.r.l. ist ein inhabergeführtes mittelständisches Unternehmen mit etwa 100 Mitarbeitern in Luxemburg, das hochwertige Fenster, Türen und Wintergärten in Bestandsimmobilien einbaut. Die Erfüllung des Kundenwunsches, Kundenbegeisterung, beste Beratung und der beste Service für den Kunden stehen bei COPLANING im Zentrum der Aktivitäten. Die Kundenbegeisterung schlägt sich in einer ungewöhnlich hohen Weiterempfehlungsquote nieder.

Alle Vorurteile, die man Handwerkern gegenüber landläufig hat, treffen auf COPLANING nicht zu. Das liegt daran, da die Inhaberfamilie Schmitz mit Vorbildfunktion und Inspiration führt und dabei auf Mitarbeiter baut, die sich als Mitunternehmer fühlen und verhalten. Nicht nur auf den Führungsebenen, sondern überall im Verantwortungsbereich und im Team.
COPLANING ist damit eine Organisation, die sich selbst über Jahre auf ein sehr hohes Niveau entwickelt hat.

Was kann das EFQM-Modell für COPLANING noch leisten?

Das EFQM-Modell für Exzellenz hat den Anspruch, nicht nur exzellente Unternehmen zu entwickeln, sondern auch zu erkennen – unabhängig von ihrem Arbeitsgebiet. Für ein Handwerksunternehmen war es das erste Mal, dass das EFQM-Modell zur Messung eines hohen Reifegrads eingesetzt wurde. Allerdings bestand die Gefahr, dass das Vorhaben auch scheitern konnte, falls sich das EFQM-Modell für die Abbildung der Handwerksleistungen als nicht tauglich erweisen sollte oder COPLANING sich weiter wähnte, als man tatsächlich war.

Für Günter Schmitz und seine Führungskräfte sind solche Fragen genau die Herausforderungen, denen man sich gerne stellt. Der Mut wurde belohnt. Nach einem umfassenden Assessment wurde das

Unternehmen »aus dem Stand« als Prize Winner für »Wertschöpfung für Kunden« ausgezeichnet und ist damit einer der berechtigten Anwärter auf den Gewinn der »Champions League«, den EFQM Excellence Award.

Das EFQM-Modell hat die bestehende, extrem hohe Leistung von COPLANING abgebildet und ist somit dem eigenen Anspruch nachgekommen. Andererseits hat die Vorbereitung des Assessments COPLANING durch eine kritische Betrachtung des eigenen Leistungsniveaus geführt. Die RADAR-Logik wird auch in Zukunft helfen, die eigene Leistung zu hinterfragen und sich weiterzuentwickeln, denn Stillstand ist für ein exzellentes Unternehmen tödlich. Ursache-Wirkungsbeziehungen von Vorgehen und deren Einfluss auf Ergebnisse und vice versa der Ergebnisse auf Vorgehen sind zentrale Diskussionspunkte des Hinterfragungsprozesses. Am Ende geht es um die Plausibilität, dass die Leistungen und Errungenschaften der Vergangenheit die Tragfähigkeit für die geplanten Ergebnisse und Anpassungen in den nächsten 3 Jahren bieten.

Das Beispiel COPLANING zeigt, dass Exzellenz sich selbst entwickeln kann. Es ist jedoch eine Herausforderung, auf einem derartig hohen Niveau noch Impulse zu erhalten, um sich weiterzuentwickeln. Die allzu menschliche Reaktion sich zurückzulehnen und sich auszuruhen, ist für die Familie Schmitz und ihre Führungskräfte nicht einmal den Gedanken wert, denn er ist für ein exzellentes Unternehmen hoch gefährlich.

Das EFQM-Modell und die Auszeichnung in 2011 haben COPLANING die Rückmeldung und Würdigung für das hohe erreichte Leistungsniveau gegeben. Mit der RADAR-Logik stellt das EFQM-Modell Denkstrukturen zur Verfügung, die Organisationen auf höchstem Niveau Impulse zur Weiterentwicklung geben. Exzellent zu werden ist eine Aufgabe, exzellent zu bleiben vielleicht die noch höhere Herausforderung.

Botschaft

Die exzellenten Leistungen hat COPLANING über Jahre selbst entwickelt. Das EFQM-Modell bildete die exzellente Leistung ab und bestätigte diese. Eine der größten Herausforderungen von COPLANING ist, exzellent zu bleiben und Impulse für Verbesserungen zu erhalten. Dazu nutzt COPLANING jetzt die RADAR-Logik des EFQM Modells, um die erzielten Leistungen zu hinterfragen und über die Struktur der RADAR-Logik Impulse für weitere Verbesserungen zu erhalten.

Top-Benchmarks/Erfolgsfaktoren

Alle Mitarbeiter von COPLANING sind konsequent auf die Kunden ausgerichtet und auf deren Begeisterung. Robuste auf den Kunden ausgerichtete Prozesse und konsequentes Management der Kundenbeziehung, die alle Mitarbeiter einbezieht, bilden die Grundsteine der Kundenbegeisterung. Die Inhaberfamilie Schmitz führt COPLANING mit kompromissloser Kundenorientierung, Inspiration, und dem Vorleben der Werte. Die Mitarbeiter von COPLANING verhalten sich als Mitunternehmer, die ihren Erfolg und den von COPLANING selbst in die Hand nehmen.

Kontaktdaten des Autors

Dr. Walter Ludwig
Excellence Coaching
Am Pfingstborn 7
61191 Rosbach
+491725727390
excel1@vodafone.de

Kontaktdaten des Unternehmens

COPLANING s.à r.l.
1, rue Nicolas Glesener
Z.A.C. Laangwiss
L-6131 Junglinster
Tel. (00352) 72 72 12 1
www.coplaning.lu

Kontaktdaten des Ansprechpartners im Unternehmen

Herr Armin Leinen, EFQM Representative
1, rue Nicolas Glesener
L-6131 Junglinster
Tel. (00352) 72 72 12 861
leinen.armin@coplaning.lu

Schenker Deutschland AG – Logistik

FRAUKE CHRISTIANSEN

Bei der erfolgreichen Positionierung in einem hart umkämpften Markt hilft die konsequente Orientierung am EFQM Excellence Modell als Managementsystem. Wie es dem Großunternehmen SDAG mit seinen verschiedenen Sparten und einer dezentralen Struktur gelingt, zeigt dieser Beitrag.

Der Weg zur Excellence in der Logistik

Erste Schritte

Der flächendeckende Einsatz des EFQM Excellence Modells bei der SDAG begann im Jahr 2001, zunächst in der Sparte Landtransport. Schwerpunkt waren regelmäßige Selbstbewertungen der rund 50 Geschäftsstellen der Sparte.

Die Schenker Deutschland AG

Das Unternehmen ist mit rund 15.200 Mitarbeitern an mehr als 100 Standorten und einem Umsatz von etwa 4,0 Mrd. Euro führender Anbieter für integrierte Logistik im deutschen Markt. Als Einheit der DB Schenker Logistics (einer Sparte der Schenker AG) unterstützt sie Industrie und Handel beim globalen Güteraustausch: im Landverkehr, in der Luft- und Seefracht, in der Kontraktlogistik und im SCM.

Bereits zu diesem Zeitpunkt bildete sich die Maxime heraus, durch die bis heute die Umsetzung des Managementsystems gekennzeichnet ist: den Führungskräften einen Orientierungsrahmen zu bieten, der für den eigenen Verantwortungsbereich hilft, Prioritäten zu setzen und den kontinuierlichen Verbesserungsprozess vor Ort voranzutreiben. Unternehmensweites Ziel ist es, mit Hilfe des Managementsystems Wettbewerbsvorteile zu erzielen bzw. auszubauen und die Innovationsleistung zu stärken. Der Gesamtvorstand betont immer wieder, dass es hierbei nicht »um einen weiteren Pokal für die Vitrine« gehe – externe Auszeichnungen könnten immer nur die Kür für die Pflicht im eigenen Hause sein.

Erfolg durch Kontinuität

Die erfolgreiche Anerkennung 2006 (Recognized for Excellence – 4 Stars, im European Excellence Award), aber auch die Rückmeldung der externen Assessoren und Erfahrungen aus dem Selbstbewertungsprozess waren Anlass für eine umfangreiche Überprüfung des gesamten Excellence-Ansatzes. Mit Unterstützung externer Berater/Assessoren wurde zunächst ein Zielzustand definiert und eine Planung entwickelt, die über die nächsten Jahre folgende Veränderungen im Prozess bewirken sollte:

⇨ den Einbezug aller Sparten und auch der Zentralbereiche in den Gesamtprozess,
⇨ eine adressatengerechte Straffung des bisherigen Selbstbewertungsprozesses,
⇨ eine fundierte und flächendeckende Ausbildung von Assessoren,
⇨ die Förderung des spartenübergreifenden Denkens innerhalb der Organisation,
⇨ die verstärkte Kommunikation und Verbreitung von Best Practices,
⇨ die stärkere Einbindung des (Top) Managements,
⇨ den Aufbau eines eigenen Bereichs für die Organisation und Koordination aller Business-Excellence-Aktivitäten.

Abb. 1: *Die Excellence-Pyramide der Schenker Deutschland AG*

Über den Standard hinaus

Zahlreiche Instrumente unterstützen Organisationen bei der Umsetzung des EFQM Excellence Modells. Viele davon zählen bei Organisationen mit hohem Reifegrad zum Standard. Für den Erfolg der SDAG sind folgende Aktivitäten maßgeblich und unterstützen den eindrucksvollen Weg des Unternehmens zur Business Excellence (Terminus der SDAG):

Breite Basis an Assessoren als Multiplikatoren
Seit 2007 wurden in zertifizierten Assessorentrainings knapp 200 Mitarbeiter ausgebildet (auch Vorstände und Bereichsleiter) – viele von ihnen arbeiten regelmäßig in einem oder mehreren Boxenstopps pro Jahr mit und können sich im Vorfeld in einem »Refresher-Training« noch einmal »fit« machen lassen.

Programm für Assessoren
Das Engagement der Senior-Assessoren (die Teamleiter), die meist zwei Einsätze pro Jahr haben, wird seit 2011 mit einer eigenen Quali-

fizierungsmaßnahme anerkannt und gefördert, so dass es für engagierte Assessoren eigene Entwicklungsmöglichkeiten gibt.

Bedarfsgerechter Selbstbewertungsprozess

2007 wurde in einem umfangreichen Review der Selbstbewertungsprozess auf einen Tag »netto« für die zu bewertende Einheit gestrafft und der Schwerpunkt auf die Aspekte gelegt, die vom Management der Einheit tatsächlich beeinflusst werden können. Dieser neue »Boxenstopp« wird – pilothaft erprobt – seit 2008 konsequent durchgeführt und jährlich überprüft.

Selbstbewertung auch für das Top-Management

Im Vergleich zu anderen großen Organisationen hervorzuheben ist auch der Boxenstopp, dem sich der Gesamtvorstand als eigene organisatorische Einheit 2011 gestellt hat. Der »Vorstandsboxenstopp« führte zu der wesentlichen Erkenntnis, dass besonders die Durchgängigkeit der Kommunikation bis auf die unterste Ebene sicherzustellen ist, um Vision, Ziele und Strategie im Unternehmen zu verankern. Ferner wurden die spezifischen Unternehmensziele so den Modellkriterien zugeordnet, dass das Modell für alle erkennbar »mit Leben« gefüllt wurde.

Business Excellence Team als Teil der Innovation

Das Business Excellence Team mit vier Mitarbeitern (davon einer ausschließlich für das EFQM Excellence Modell) ist – im Gegensatz zu vielen anderen Organisationen – dem Ressort »Innovation« zugeordnet. Dies untermauert auch die Absicht, das EFQM Excellence Modell nicht als weitere Methode innerhalb eines umfangreichen Qualitätsmanagements zu interpretieren, sondern als System zur Steuerung und Verbesserung des Gesamtunternehmens und als Treiber von Innovation.

378

Botschaft
Die SDAG meistert erfolgreich die Herausforderung, in einer stark ranking-orientierten, auf finanzielle Kennzahlen ausgerichteten Organisation einen Kulturwandel herbeizuführen: Feedback nutzen, Wissen teilen und somit gemeinsam das Unternehmen im Wettbewerb an der Spitze zu positionieren.
Top-Benchmarks/Erfolgsfaktoren
Wesentlich sind das klare Bekenntnis des Vorstands, eine hohe Anzahl an Multiplikatoren und der Fokus auf Verbesserung und Innovation. In allen Kriterien verzeichnet die SDAG kontinuierlich positive Trends und ist in den verschiedenen Sparten Nr. 1, mind. aber unter den Top 3 der Logistikunternehmen
Kontaktdaten der Autorin
Dipl.-Kauffrau Frauke Christiansen CHRISTIANSEN Coaching + Consulting Burgallee 15 61231 Bad Nauheim Inhaberin Tel. (mobil): 0173/547 32 68 E-Mail: fchristiansen@christiansen-eib.eu www.christiansen-eib.eu
Kontaktdaten des Unternehmens
Schenker Deutschland AG Langer Kornweg 34 E 65451 Kelsterbach Tel. 06107 - 74 0 www.dbschenker.com
Kontaktdaten des Ansprechpartners im Unternehmen
Dana Goldhammer Abteilungsleiterin Business Excellence & Projects Schenker Deutschland AG Zentrale Frankfurt a. M. Innovation Langer Kornweg 7 65451 Kelsterbach Telefon 06107 40585 602 dana.goldhammer@dbschenker.com

WISAG – Gebäudereinigung

JÜRGEN FREISL

Als infrastruktureller Dienstleister hat sich die WGR Gebäudereinigung der Herausforderung eines systematischen und nachhaltigen Managements gestellt. Die konkrete Umsetzung von Excellence-Themen soll anhand des Beispiels WGR Gebäudereinigung illustriert werden.

Zur richtigen Zeit kompetente und motivierte Mitarbeiter mit dem passenden Equipment für die Kunden bereitstellen – so lässt sich die Herausforderung der WGR mit ihren über 15.000 Mitarbeitern umschreiben.

Für die kontinuierliche Weiterentwicklung nutzt die WGR seit 2007 das Excellence-Modell der EFQM als Bewertungsinstrument und Impulsgeber. Um diesen Weg zur Excellence emotional zu unterstützen, stellte die WGR einen symbolischen Zusammenhang zwischen einem Elefanten und diesem Entwicklungsprozess her, für den ebenso Kraft, Ausdauer, ein gutes Gedächtnis, dickes Fell, Gutmütigkeit, Größe/ Wachstum usw. erforderlich sind. Übrigens: die WGR hat dazu die Patenschaft für das Elefanten-Baby Shila im Hamburger Zoo Hagenbeck übernommen und nennt ihre strategischen Maßnahmen, die aus den regelmäßigen Selbst-und Fremdbewertungen entstehen, »Elefanten«.

Abb. 1: *Shila – das Symbol für den Weg zur Excellence*

Zunächst lag der Fokus auf der Gestaltung von grundlegenden Ex-cellence-Themen. Für das Themenfeld »Führung/Strategie« definierte das Unternehmen einen normativen Rahmen in Gestalt von Grund-sätzen (Vision, Mission, Werte). Diese brach sie auf die strategische Ebene (Strategieprozess) und die operative Ebene herunter (Ziele, Auf-gabenschwerpunkte, Rahmen für die mitarbeiterbezogenen Prozesse). Der Strategieprozess wurde erweitert und wird jährlich aktualisiert. Der strategische Rahmen bildet die Grundlage für die operative Pla-nung und Steuerung, für welche das sogenannte Excellence-Barometer als Zielsystem mit Schlüsselkenngrößen dient. Zur Umsetzung des strategischen Rahmens hat das Unternehmen ein Managementsystem entwickelt, in welchem die »Kunden« und die »Mitarbeiter« die Säu-len bilden. Für die Struktur und Zusammenhänge der Aufgaben der Führungskräfte hat das Unternehmen eine sogenannte Management-Jahresuhr mit wesentlichen Führungsthemen definiert. Darin finden sich die wesentlichen Aufgaben der Führungskräfte (Strategieprozess, Führungskräftemeetings, Controllinggespräche, EFQM-Bewertung u. v. m.), sowie weitere wesentliche Themen für die Unternehmens-steuerung (z. B. Mitarbeiter- und Kundenbefragung, Vertriebs- und Arbeitsorganisations-Meetings, kaufmännische Meetings).

Für den Bereich Controlling/Feedback existiert ausgehend vom Excellence-Barometer (Zielsystem mit Schlüsselkenngrößen) ein ganz-heitliches Excellence-Berichtswesen mit Effektivitäts-Kenngrößen (wie z. B. Kundenzufriedenheit) und Effizienz-Kenngrößen (wie z. B. Qua-lifikations-Niveau der Mitarbeiter).

Im Bereich Information/Kommunikation wurden durchgängig syste-matische Meeting-Strukturen geschaffen.

Als wesentlicher Erfolgsbereich ist frühzeitig das Thema »Lernen und Verbessern« identifiziert und mit gezielten Maßnahmen unter-stützt worden. Beispiele hierfür sind die Schaffung des Bereichs Orga-nisationsentwicklung oder die Umsetzung von Prozessen für strategi-sche Veränderungen (»Elefanten«) und für den operativen KVP (zum Beispiel im Rahmen des Prozessmanagements). Für kundenbezogene Verbesserungen ist die WGR Vorreiter mit ihren kundenindividuellen

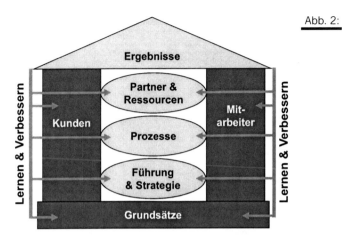

Abb. 2: *Das Managementsystem mit den Säulen Kunden und Mitarbeiter*

innovativen Reinigungsleistungen (z. B. t.op-Reinigung® oder Integrierte Reinigung®). Hierbei steht die von Kunden oft gewünschte »bedarfsgerechte Reinigung« im Mittelpunkt, welche mit flexiblen Problemlösungen auf kundenindividuelle Leistungen bei gleichbleibend hoher Qualität fokussiert.

Bereits im Managementsystem sind für die WGR als wesentliche Faktoren »Kunden« und »Mitarbeiter« definiert, die mit Excellence-Themen unterstützt werden. Basis für beide Bereiche bilden gemanagte Prozesse und deren Vernetzung durch eine hierarchie- und bereichsübergreifende Prozessorganisation.

Für die Mitarbeiter stehen dabei im Fokus die Mitarbeitergewinnung und vor allem die Personalentwicklung mit einem eigenen Programm – dem TOPFit-Excellence-Center, welches mit über 500 TOPfit-Trainern und Instruktoren aus eigenen Führungskräften das größte Qualifizierungsprogramm der gesamten Branche darstellt. Ein strukturiertes Anerkennungssystem in Zusammenarbeit mit den Kunden (beneFIT) findet seinen Platz im Rahmen des Mitarbeitermanagements. Bei diesem Programm nehmen die Mitarbeiter für besondere Leistungen Smileys auf ihrer »Sammelkarte beneFIT« von ihrer Führungskraft oder dem Kunden entgegen. Nach Erreichen einer bestimmten Anzahl von Smileys erhalten die Mitarbeiter zur Anerkennung Sachgeschenke.

Für die Kunden ist es eine individuelle »Rundum«-Betreuung vom Vertrieb über die Reinigungsleistung bis zum Service, die den Unterschied ausmacht. Auch dafür hat die WGR eigene Vorgehensweisen entwickelt, zum Beispiel TagNULL für jeden Projektstart (ein moderierter »Vertrauenstag« mit dem Kunden, der vor Auftragsstart Themen abstimmt, die nicht in den Verträgen stehen) oder den Leitstand für ein strukturiertes Feedback-System. Ein KVP und ein Voneinanderlernen werden hier über eigens installierte Best Practice-Portale gestaltet.

Fazit

Excellence spielt im Dienstleistungsbereich mit einer ständig steigenden Komplexität und dem Fokus Mensch eine besondere Rolle. Gerade hier ist es wichtig, die essentiellen Fokus-Punkte zu identifizieren und mit Excellence-Themen systematisch zu behandeln.

Das Praxisbeispiel der WGR bestätigt die Erfolgsbedingungen für eine nachhaltige und kontinuierliche Steigerung des Kundennutzens und der eigenen Wettbewerbsfähigkeit als Dienstleister:

⇨ Konzentration auf wichtige Schlüsselthemen
⇨ Berücksichtigung von Wirkungszusammenhängen und
⇨ Gestaltung eines kontinuierlichen Wandels.

Im Idealfall können die Erfolgsfaktoren so gestaltet und verknüpft werden, dass die Führung nicht im oder am System der eigenen Organisation arbeitet, sondern mit dem System, welches sich selbst organisiert.

Botschaft
Die Kernaufgabe – die Kunden erfolgreicher zu machen – wird dadurch erreicht, den Kunden zur richtigen Zeit kompetente und motivierte Mitarbeiter mit dem passenden Equipment bereitzustellen.
Top-Benchmarks/Erfolgsfaktoren
Um den wichtigen Faktor Mensch in den Mittelpunkt zu stellen, wurden ein Leitbild und ein Managementsystem mit den beiden Säulen »Kunden« und »Mitarbeiter« entwickelt und umgesetzt. Das in der Branche größte Qualifizierungsprogramm TOPfit, mit eigenen Führungskräften als Trainer und Instruktoren, bildet die Basis zur Bereitstellung einer exzellenten Dienstleistung für die Kunden. Für diese erfolgt eine individuelle »Rundum«-Betreuung vom Vertrieb über die Reinigungsleistung bis zum Service, welche den Unterschied ausmacht.
Kontaktdaten des Autors
Dr. Jürgen Freisl freisl Beratung Training Coaching Bürgermeister-Weeber-Straße 1 86989 Steingaden Homepage: www.freisl.com E-Mail: juergen@freisl.com Tel.: 08862/932222 Mobil: 0175/5275226 Fax: 08862/932223

Scherm – Logistik

HUBERT VOGL

Ausgangssituation

Trotz der in zahlreichen Audits bescheinigten Qualitätsfähigkeit kam
es bei dem Logistikdienstleister Scherm Tyre & Projekt Logistik (STP)
vor einigen Jahren zu einer existenzbedrohenden Krise aufgrund mas-
siver Probleme im Management eines Serienprojektes. Unvorherge-
sehene Verzögerungen in der Auftragsvergabe sowie Änderungen in den
Bedarfen seitens des Automobilherstellers hatten zur Folge, dass sich
die zeitlich eng terminierten Meilensteine nicht mehr halten ließen.
Auf Kundenseite stieg der Bedarf um nahezu 70 Prozent. Prozesse,
Systeme und nicht zuletzt die Mitarbeiter waren auf die gestiegenen
Mengengerüste nicht vorbereitet. Es kam zu mehrwöchigen Störungen
in der Versorgung der Montagelinien und hohen Reklamationskosten.
Die STP konnte nur durch die Bündelung aller abrufbaren Ressourcen
und mit einem konsequenten Krisenmanagement bestehen.

Für die Geschäftsleitung stand fest: Dieses Szenario darf sich nicht
mehr wiederholen! Es galt, Lösungsansätze zur Steigerung der Wirksamkeit der QM-Systeme im Ramp-up-Prozess zu erarbeiten und
umzusetzen. Da die Analyse gängiger Reifemodelle kein brauchbares
Vorgehen lieferte, entschied sich die Geschäftsführung für die Entwicklung eines eigenen, ganzheitlich strukturierten Reifemodells zur
nachhaltigen Steigerung der Leistungsfähigkeit in Serienanläufen. Das
Ergebnis dieser Überlegungen ist das Logistics Service Maturity Model
(LSMM), das auf den Grundpfeilern des EFQM-Modells aufbaut und
sich seit über 3 Jahren bewährt.

Automotive-Standards im Fokus

Im LSMM werden die Anforderungen aus der Automobilindustrie
angesprochen, auf die Aufgaben eines mittelständischen Logistikdienst-
leisters (mLDL) heruntergebrochen und punktuell als verbindliche An-

forderungskriterien in die Reifestufen integriert. Elf Handlungsfelder auf vier Ebenen wurden bei der STP identifiziert (Abb. 1). Durch diese Einbettung des Anlaufmanagementsystems auf allen Ebenen wird ein durchgängiger Prozessfluss mit einer optimalen Hebelwirkung der einzelnen Handlungsfelder sichergestellt.

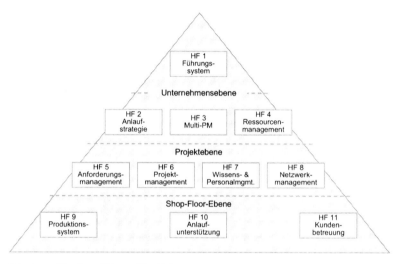

Abb. 1:   *Handlungsfelder im Überblick*

Reifegrade bringen den Erfolg

Im Regelfall laufen in Reifegrad 2 bereits grundlegende Prozesse, jedoch ist noch keine Stabilität erreicht. In Reifegrad 3 werden die noch fehlenden Kernprozesse als Standards im Unternehmen umgesetzt (Abb. 2).

Kleine und mittlere Unternehmen (KMU) haben hierbei das Problem, dass sie die Einführung der Prozesse nicht mit ausreichender Systematik angehen. Ihr Schwerpunkt liegt in der Umsetzung. Effektive Implementierungspläne werden dabei vernachlässigt, instabile Prozesse sind die Folge. Durch die Verknüpfung der Reifegrade mit der RADAR-Logik wird eine grundlegende Schwäche gängiger Reifemodelle für KMU behoben und exakt diese systematische Implementierung verlangt.

388

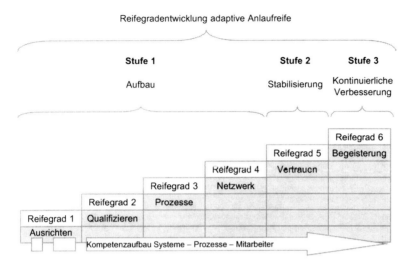

Abb. 2: *Reifegradentwicklung*

EFQM-Modell als Orientierungsrahmen

Das EFQM-Modell eignet sich mit seinen Grundkonzepten als Bewertungsmaßstab für mLDL auf ihrem Weg zur Anlaufreife. Ergebnisorientierung, Kundenausrichtung sowie Führung zeigen dabei den größten Einfluss (Abb. 3). Dies ist damit zu erklären, dass Serienanläufe einem hohen Termindruck ausgesetzt sind und sich nur durch ein konsequentes Führungsmanagement bewerkstelligen lassen.

Mit dem Reife-Radar auf Kurs

Für die Überwachung der Ergebnisse wurde bei der STP ein Reife-Radar aufgebaut, anhand dessen nicht nur der aktuelle Status in den Anlaufprojekten aufgezeigt, sondern zugleich auch eine Prognose der Anlaufreife für die nächsten anstehenden Meilensteine und Quality Gates erstellt wird. Dadurch wird – zusätzlich zur Ergebnisentwicklung in den Serienanlaufprojekten – eine gezielte Überwachung der Einhaltung und Wirksamkeit der als Standards definierten Vorgehensweisen in den einzelnen Handlungsfeldern ermöglicht. Prozesse, Systeme und

		Kalenderwoche:	01	02	03	04	⋮	35	36	⋮	45	46	47	⋮	52	01
		Serienanlaufphasen:	A	A	P	P	P	I	I	H	H	H	H	S	S	S
Perspektiven	**Kriterien**	**Indikatoren**														
Ergebnis	Zuverlässigkeit	Meilensteintrendanalyse														
	Professionalität	Quality Gates Passierungen														
		Fehlerkosten														
		Zielerreichung														
Kunden	Vertrauen	Kundenzufriedenheit														
		Reklamationen														
		Produktaudits														
		Prozessaudits														
		Einhaltung von Vorgaben														
		Prozesssicherheit														
	Professionalität	Methodenanwendung														
		Proaktive Kommunikation (ZDF)														
		Engpasssteuerung														
		Notfallkonzepte														
		Massnahmenverfolgung														
Prozess	Flexibilität	Bedarfsanpassungen														
		Umsetzung von Änderungen														
	Kosten	Durchlaufzeiten														
Mitarbeiter	Motivation	Einsatzbereitschaft														
	Zufriedenheit	Krankheitsquote														
		Betriebsklima														
	Qualifikation	Arbeitsfehler														
		Qualifikationsgrad														
		Kompetenzprofile														
Kooperation	Zuverlässigkeit	Termineinhaltungen														
		Informationsstände														
		Betriebsklima														

Robuster Prozess	Bedingt gesicherter Prozess	Nicht abgesicherter Prozess

Abb. 3:   *Reife-Radar zur Prozesssicherheit*

Mitarbeiter stehen damit im Fokus des Projektmonitorings. Auftretende Schwächen werden systematisch und rechtzeitig identifziert und über die bekannten Ursache-Wirkungs-Zusammenhänge behoben. Das im vorliegenden Fall bewertete Reife-Radar präsentiert die Ergebnisentwicklung für ausgewählte Bereiche (Abb. 4). Schon mit Erreichen des ersten Etappenziels (6 Monate) zeigten einzelne Indikatoren positive Entwicklungen. Grund hierfür ist in erster Linie die intensive

390

Auseinandersetzung mit den Handlungsfeldern und Erfolgsfaktoren auf Unternehmens-, Projekt- und Shop-Floor-Ebene.

Fortschrittsbremse Tagesgeschäft

Nach knapp 2 Jahren kam der eingeleitete Verbesserungsprozess ins Stocken. Die entfachte Aufbruchsstimmung fiel dem zusehends domi-

Per-spektiven	Kriterien	Indikatoren	Etappe 1	Etappe 2	Etappe 3	HF 1 FS	HF 2 AS	HF 3 MPM	HF 4 RM	HF 5 AM	HF 6 PM	HF 7 WPM	HF 8 NWM	HF 9 PS	HF 10 AU	HF 11 KB
Ergebnis	Zuverlässigkeit	Meilensteintrendanalyse	-	+	+	✓	✓		✓		✓					
	Professionalität	Quality Gates Passierungen	-	+	+	✓	✓		✓		✓				✓	
		Fehlerkosten	-	+	+	✓									✓	
		Zielerreichung	-	+	+	✓	✓	✓			✓				✓	✓
Kunden	Vertrauen	Kundenzufriedenheit	-	+	+	✓					✓	✓				✓
		Reklamationen	-	+	+	✓							✓		✓	
		Produktaudits	+	+	+	✓					✓				✓	✓
		Prozessaudits	-	+	+	✓					✓				✓	✓
		Einhaltung von Vorgaben	-	+	+	✓					✓	✓			✓	✓
		Prozesssicherheit	-	+	+	✓									✓	
	Professionalität	Methodenanwendung	-	+	+	✓						✓	✓		✓	✓
		Proaktive Kommunikation (ZDF)	-	+	+	✓						✓			✓	
		Engpasssteuerung	-	+	+	✓				✓		✓			✓	
		Notfallkonzepte	-	+	+	✓				✓		✓			✓	
		Massnahmenverfolgung	-	+	+	✓						✓			✓	
Prozess	Flexibilität	Bedarfsanpassungen	-	+	+	✓						✓			✓	
		Umsetzung von Änderungen	-	+	+	✓				✓	✓				✓	
	Kosten	Durchlaufzeiten	-	+	+										✓	
Mitarbeiter	Motivation	Einsatzbereitschaft	+	+	+		✓								✓	
	Zufriedenheit	Krankheitsquote	+	+	+				✓						✓	
		Betriebsklima	+	+	+	✓	✓				✓				✓	
	Qualifikation	Arbeitsfehler	-	+	+								✓		✓	
		Qualifikationsgrad	-	+	+							✓	✓		✓	
		Kompetenzprofile	-	+	+							✓	✓		✓	
Kooperation	Zuverlässigkeit	Termineinhaltungen	-	+	+								✓	✓	✓	
		Informationsstände	-	+	+								✓	✓		
		Betriebsklima	-	+	+	✓	✓							✓		

- kein positiver Trend erkennbar	+ Hebelwirkung erkennbar
+ positiver Trend nachweisbar	✓ Handlungsfeld zuordenbar

Abb. 4: *Reife-Radar für ausgewählte Bereiche*

nanter werdenden Thema »Tagesgeschäft« zum Opfer. Genau zu dem
Zeitpunkt, als es galt, die Prozessorganisation im Reifegrad 3 gesamt-
heitlich einzuführen und den Grundstein in Richtung Netzwerkfähig-
keit zu legen, traten alte Gewohnheiten wieder in Erscheinung:

⇨ vereinbarte Regeltermine wurden verschoben,
⇨ Maßnahmenpläne wurden nicht abgearbeitet,
⇨ definierte Regelwerke wurden nicht eingehalten,
⇨ Arbeitsabläufe wurden nicht zusammen mit den Mitarbeiterteams
  erarbeitet,
⇨ Kennzahlen wurden nur noch unregelmäßig analysiert und
  bewertet.

Aufgrund dieses Rückfalls konnten keine weiteren Reifegradfortschritte
mehr nachgewiesen werden. Erste Anzeichen für eine Betriebsklima-
verschlechterung zeigten sich. Von der einstigen Vision »Exzellenz im
Serienanlauf« traute sich niemand mehr so wirklich zu sprechen.

Führungskompetenz – der Schlüssel zum dauerhaften Erfolg

Die Analyse der Ursachen erbrachte schnell ein Ergebnis: Die Führungskräfte hatten Probleme, ihren Führungsaufgaben nachzukommen. Die größten Schwierigkeiten zeigten sich in der Beherrschung
des Zusammenspiels von Projektorganisation, Linien- und Prozessver-
antwortung. Kompetenzen wurden vermischt, Zuständigkeitsbereiche
nicht eingehalten. Das Führungssystem war nicht wirksam. Die STP
hatte damit die Fähigkeit, mittels der in Reifegrad 2 entwickelten
Qualifikationen die für Reifegrad 1 definierte Ausrichtung und Positionierung in der Praxis der Serienanläufe anzuwenden und umzusetzen,
nicht erreicht.

Die Herausforderung lautet proaktives Kommunikationsmanagement

In die Anlauforganisation sind eine Reihe von Mitarbeitern unterschiedlicher Ebenen eingebunden. Zusätzlich verlangt das LSMM

von den Führungskräften anspruchsvolle Vorgehensweisen. Die dazu notwendigen Kommunikationsprozesse werden schnell komplex. Sie müssen geplant, durchgeführt und ausgewertet werden. Permanentes Monitoring und Coaching sind dafür unabdingbar. Bei der STP ist hierfür die Geschäftsführung *persönlich* in der Verantwortung. Sie muss Regeltermine definieren, messbare und klar formulierte Ziele setzen, die Fortschrittsüberwachung auf Basis standardisierter Ergebnisberichte coachen sowie die Ermittlung des aktuell erreichten Reifegrades moderieren. Zusätzlich müssen Unternehmensentscheidungen vermittelt sowie Kundenwünsche integriert werden. Interessenskonflikte gilt es zu beheben, negative Trendentwicklungen zu stoppen. Proaktives Kommunikationsmanagement wird zur entscheidenden Schaltstelle.

Die Geschäftsführung benötigt für diese Aufgabe Zeit und noch mehr Geduld. Ein Reifeprozess kann nicht per Dekret erlassen werden, schon gar nicht, wenn das große Ziel »Exzellenz« heißt. Dieses Grundverständnis war bei der STP von Anfang an vorhanden. Die Geschäftsführung war sich ihrer Schlüsselposition im Rahmen der Reifegradentwicklung bewusst, die Dimension und Tragweite wurde jedoch unterschätzt. Aufgrund dieser Fehleinschätzung hat sie sich zu früh aus ihrer Steuerungsfunktion zurückgezogen und einen Teil der Aufgaben nicht mehr konsequent ausgeübt. Da die Führungskräfte nicht in der Lage waren, diesen »Freiheitsgrad« durch Kompetenz und Nachhaltigkeit zu kompensieren, konnte die erreichte Stufe im Reifeprozess nicht gehalten werden.

Wie das Fallbeispiel also zeigt, darf bei aller Notwendigkeit zur Systematik zu keinem Zeitpunkt außer Acht gelassen werden, dass der Mensch als zentraler Erfolgsfaktor in den Mittelpunkt des Reifeprozesses rückt. Der Exzellenz-Gedanke kann Unternehmen zu Spitzenleistungen befähigen. Auch das Arbeiten in einer exzellenten Organisation bringt für Mitarbeiter und Führungskräfte eine deutlich höhere Zufriedenheit. Die Kehrseite der Medaille ist aber ein hoher und dauerhafter persönlicher Einsatz der Führungskräfte – allen voran der Geschäftsführung. Bei der STP ist man sich dessen bewusst und wird den eingeschlagenen Reifeprozess konsequent fortführen.

Botschaft

Logistikdienstleister benötigen zur Entwicklung ihrer Anlaufreife eine klare Weg-beschreibung mit messbaren Kriterien. Nur so wird die Wirksamkeit der QM-Systeme gesteigert. Mit dem selbst entwickelten, auf den Grundpfeilern des EFQM-Modells aufgebauten Logistics Service Maturity Model (LSMM) bereitet sich die Scherm Tyre & Projekt Logistik (STP) auf die hohen Anforderungen des Ramp-up-Prozesses vor.
Voraussetzung für ein Halten des erreichten Reifegrades ist eine kontinuierliche Steuerungsfunktion der Geschäftsführung mit hoher persönlicher Präsenz.

Top-Benchmarks/Erfolgsfaktoren

Durch das LSMM-Modell konnte die Anlaufreife der STP deutlich gesteigert und der angestrebte Soll-Reifegrad pro Excellence Grundkonzept erreicht werden. Die Wechselwirkungen zwischen den Faktoren Handlungsfelder und Ergebnisse wur-den hergestellt. Kausalzusammenhänge sind nachweisbar. Es wurde deutlich, an welchen Stellschrauben die Wirksamkeit des QM-Systems priorisiert verbessert werden muss, um die in den Audits bescheinigte hohe Normenkonformität in der tatsächlichen Umsetzungsphase auf Unternehmens-, Projekt- und Shop-Floor-Ebene zu erreichen.

Kontaktdaten des Autors/Ansprechpartners im Unternehmen

Dr.-Ing. Hubert Vogl
Geschäftsführer
Tel.: +49 841 89 44291
Fax: +49 841 89 39715
Handy: +49 170 2264237
e-mail: hubert.vogl@scherm.com
www: www.scherm.com

Kontaktdaten des Unternehmens

SCHERM Tyre & Projekt Logistik GmbH
Probfeld 18
85123 Karlskron
Tel: +49 8450 939 10000
Fax: +49 8450 939 10011

Excellence-Beispiele
Gesundheits- und Bildungswesen

TGE – Pflege- und Bildungseinrichtungen

GUNDEKAR FÜRSICH, TOBIAS BÖCKER, CORNELIA HOLLWECK,
ANJA MÜLLER

Die TGE [1] vereint unter ihrem Dach Krankenhäuser, Alten- und
Pflegeheime und Bildungseinrichtungen. Hauptintention des hier
vorgestellten Projekts war es, die einzelnen Einrichtungen fit zu machen für die Anforderungen eines modernen Managements und entsprechend zukunftsfähige Managementtools einzuführen.

Das Leistungsangebot der TGE befindet sich in einem stetigen
Wettbewerb, sowohl mit öffentlichen wie auch privaten Anbietern.
Daher stand im Vordergrund sich auf die zukünftigen Herausforderungen des Marktumfelds gut vorzubereiten und daneben neu hinzuge-
kommene Einrichtungen in den Trägerverbund effizient zu integrieren.

Beweggründe für das Projekt waren:
⇨ Wir wollen auch in der Zukunft auf Erfolgsspur bleiben und
   ein einheitliches Managementniveau in allen Einrichtungen
   gewährleisten.
⇨ Wir wollen exzellente Leistungen erbringen im Dienst der
   Menschen, die sich an uns wenden.
⇨ Wir wollen die christlichen Werte der Schwestern vom Göttlichen
   Erlöser in den Einrichtungen erlebbar machen.

Am Ende des vierjährigen Projektes sollten fünf Einrichtungen das
EFQM-Level Commited to Excellence und drei Einrichtungen das Level Recognised for Excellence mit mindestens 300 Punkten erreichen.

Zu Beginn standen Statuserhebungen in den einzelnen Einrichtungen, die strukturell und organisatorisch auf unterschiedlichen Niveaus
aufgestellt waren. Auf der Basis der daraus gewonnenen Erkenntnisse
wurde ein Umsetzungskonzept, der »MEP« – Managemententwick-
lungsplan erarbeitet. Der MEP ist ein QM-neutrales Konzept, das es

Kongregation der Schwestern vom Göttlichen Erlöser
(Niederbronner Schwestern) Provinz Deutschland KdöR

TGE
gTrägergesellschaft mbH für die Einrichtungen der
Schwestern vom Göttlichen Erlöser
(Niederbronner Schwestern) Provinz Deutschland

Geschäftsführung   Aufsichtsrat

TGE-Akademie   Krankenpflegeschule

Zentrale Dienste: QM, Personal-, Finanzmanagement, Öffentlichkeitsarbeit, IT ...

100%	70%	100%	100%	100%
St. Theresien- KH Nürnberg	St. Josefs- KH Balserisches Stift Gießen	APH Theresia- num Fürsten- feldbruck	APH St. Josef Darmstadt	Berufliche Schulen Haus St. Marien Neumarkt

Begleitete Einrichtungen (Beauftragung der TGE durch die Provinzleitung)

APH St. Josef Obernzell	Wach- koma- station Obernzell	APH St. Elisabeth Bad Griesbach	KH Eberstein- burg (& Hospiz)	APH Maria Frieden Eberstein- burg

Abb. 1:   *Organigramm TGE*

ermöglicht, die EFQM-Komponenten zu realisieren und die Anforderungen von anderen, bereits vorhandenen QM-Systemen in den Einrichtungen, einzubeziehen.

Der MEP umfasst folgende Themen: Werte-/Führungsmanagement, Beauftragten-, Prozess- und Personalmanagement, Infrastrukturmanagement, Beschaffungsmanagement, Kommunikations- und Finanzmanagement, Innovations- und Verbesserungsmanagement.

Zu jedem Thema gab es einen Startworkshop mit den TQM-Verantwortlichen und den Geschäftsführungen, bei Bedarf auch spezifisch aufbereitet für die einzelnen Geschäftsfelder. In diesen Workshops wurden TGE-Grundkonzepte zu Themen wie Beschwerdemanagement, Vertragsmanagement, Qualitätspolitik erarbeitet, die dann von den Einrichtungen entsprechend angepasst und eingeführt wurden. Arbeitskreise schafften, unterstützt von der zentralen Projektleitung,

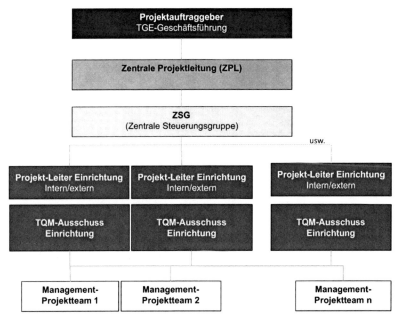

Abb. 2:   *Aufbau Projektmanagement*

die entsprechenden Projektstrukturen. Die inhaltlichen Themenstellungen wurden laufend erörtert und direkt gemeinsam umgesetzt. Zu Themen wie Strategieentwicklung und Zielsystem starteten in ausgewählten Einrichtungen jeder Sparte Pilotprojekte, um diese zu vertiefen und zu standardisieren.

Parallel zur laufenden Projektarbeit schlossen 29 neue EFQM-Assessoren aus den Einrichtungen ihre Ausbildung ab, die ihr Wissen bei den regelmäßig stattfindenden Assessments einbrachten. Die eigenen Mitarbeiter zu befähigen hat den Vorteil, dass das Know-how der Berater auf sie übertragen wird und sie fit sind für die Phase der Selbst- und Fremdbewertung. In dieser Phase des Projektes wurde nochmals ein detaillierter Projektplan erstellt.

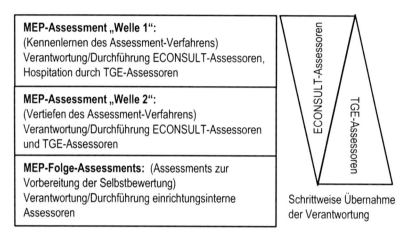

Abb. 3:   *Schrittweise Übernahme der Verantwortung*

Es folgten zwei Assessmentwellen unter Beteiligung interner und externer (Fa. ECONSULT) Assessoren. Die Ergebnisse der Assessments flossen in die weitere Maßnahmenplanung vor Ort ein. In den darauf folgenden EFQM-Selbstbewertungen hielten die Einrichtungen schriftlich fest, welchen Stand sie bei der Umsetzung der Managementthemen nach den EFQM-Kriterien erreicht haben.

Mit Unterstützung durch die Projektleitung wurden die Selbstbewertungen durchgeführt. Auf dieser Basis erhielt jede Einrichtung einen Katalog von Verbesserungspotenzialen vor allem in den Bereichen Zielsystem, Image und Prozesse, der Ausgangspunkt für die Ableitung und Priorisierung von Projekten war.

In den Einrichtungen, die das Level Recognised for Excellence anstrebten, leistete die Projektleitung vor allem Hilfe bei der Formulierung des Bewerbungsberichts. Ein weiterer Schwerpunkt war der Aufbau eines integrierten Zielsystems mit 7 Perspektiven. Diese sollen die Kriterien des EFQM-Modells TGE-spezifisch messbar machen.

Vor der Fremdbewertung, wurde in allen Einrichtungen der »Ernstfall« simuliert, um letzte Defizite zu identifizieren und Hilfestellungen anzubieten. Die Mitarbeiter vor Ort gewannen damit Sicherheit im

Tabelle 1: Selbstbewertung und Priorisierung

Kurz-Selbstbewertung Mustereinrichtung

Krit.	Frage	Status	Nutzen 1 2 3 4 5	Fähigkeit 1 2 3 4 5	Wert	Rang
Befähigerkriterien						
Führung						
1.	**Wie wird die Organisation geführt?**					
1.1	Wirken die Führungskräfte bei der Festlegung von Zielen und Werten für die Organisation mit?	Ein Träger- und Hausleitbild liegt vor und wurde von der Leitung erarbeitet bzw. vermittelt (Protokollnachweise). Die Festlegung genereller Ziele gemäß Wirtschaftplan werden federführend durch die Führungskräfte erstellt.	4	2	8	
1.2	Wirken die Führungskräfte als Vorbilder für die Mitarbeiterinnen und Mitarbeiter der Organisation?	Mitarbeiterbefragung ist in Auswertung; liegt bis Sommer 2011 vor.	3	2	6	
1.3	Überprüfen Führungskräfte selbstkritisch ihr Verhalten und entwickeln es weiter?	Führungskräfte werden aus dem in Arbeit befindlichen Organigramm hervorgehen und für diese werden dann - auch unter Beachtung des Erkenntnisgewinns aus der Mitarbeiterbefragung - entsprechende Fortbildungsmaßnahmen vereinbart.	2	2	4	
1.4	Sind die Führungskräfte für konstruktive Kritik offen?	Mitarbeiterbefragung ist in Auswertung; liegt bis Sommer 2011 vor.	4	4	16	
1.5	Sorgen die Führungskräfte dafür, dass für den Fall ihrer Abwesenheit klare Stellvertretungsregeln bestehen?	Stellvertretungen gehen aus dem Organigramm und den Stellenbeschreibungen hervor, welche derzeit in Arbeit sind.	3	2	6	
1.6	Vereinbaren die Führungskräfte Ziele mit ihren Mitarbeitern/Mitarbeiterinnen?	Standard MA Jahresgespräch ist zu erstellen.	4	5	20	
1.7	Unterstützen Führungskräfte die Mitarbeiterinnen und Mitarbeiter bei der Erreichung ihrer Ziele?	Standard MA Jahresgespräch ist zu erstellen.	4	5	20	
1.8	Übertragen die Führungskräfte Verantwortung und Kompetenzen an die Mitarbeiterinnen und Mitarbeiter?	Delegationen/Stellvertretungen gehen aus dem Organigramm und den Stellenbeschreibungen hervor, welche derzeit in Arbeit sind.	3	2	6	
1.9	Erkennen Führungskräfte die Leistung ihrer Mitarbeiterinnen und Mitarbeiter an; werden außerordentliche Leistungen honoriert?	Leitfaden Mitarbeiteranerkennung fehlt; derzeit gibt es Mitarbeiter des Jahres aber Kriterienkatalog ist noch festzulegen; außerdem gibt es Anerkennung wegen Geburtstag, Jubiläen etc.	3	3	9	
1.10	Zeigen die Führungskräfte den Mitarbeiterinnen und Mitarbeitern ihre Wertschätzung im täglichen Arbeitsablauf?	Mitarbeiterbefragung ist in Auswertung; liegt bis Sommer 2011 vor.	3	2	6	

401

Verfahren und stellten einen effizienten Ablauf der externen Validierung sicher.

Die TGE entwickelte ein Konzept für die Validierungen in den Einrichtungen – mit folgenden Prämissen: Ein Validator beurteilt durchgehend alle Einrichtungen, um eine Vergleichbarkeit zu haben. Er wird über die wichtigsten trägerweiten Ergebnisse und das übergreifende Verfahren informiert. Bei der Bewertung dürfen hauseigene Assessoren hospitieren und die Ergebnisberichte werden für den Träger zusammengefasst.

Mit dem Erlangen der Zertifikate war 2012 das Projektziel erreicht. Die Mitarbeiter, die Geschäftsführer der TGE und die Kongregation der Schwestern vom Göttlichen Erlöser waren stolz auf den Erfolg.

Die Reflexion des Verfahrens hat gezeigt, dass die gute Vorbereitung und die hohe Fachlichkeit der Fremdassessoren die Grundlagen für die optimale Ausführung der Assessments und die Motivation der Mitarbeiter waren. Die Ergebnisberichte liefern für die Einrichtungen selbst und den Träger wichtige Hinweise für die weitere Entwicklung.

In Zukunft geht es darum, Potenziale aus der Fremdbewertung und regelmäßigen Assessments umzusetzen. Der Projektfortschritt soll in Selbstbewertungsworkshops alle zwei Jahre überprüft und dabei Maßnahmen zur Weiterentwicklung abgeleitet werden. Schwerpunkt der Unternehmensführung liegt darauf, entschieden und verantwortlich einzutreten für eine Balance zwischen Wertorientierung und Wirtschaftlichkeit.

Botschaft
Die Einführung von MEP und EFQM hat einrichtungsübergreifende Standards geschaffen und alle Einrichtungen auf ein einheitliches Managementniveau gebracht. Wichtig ist der TGE, dass ihre Einrichtungen im Vergleich mit anderen zu den Besten in der Sparte gehören und sich dieses im QM-System ausdrückt.
Top-Benchmarks/Erfolgsfaktoren
Voraussetzung für den Gesamterfolg des Projektes war die hohe Akzeptanz bei den Geschäftsführungen der einzelnen Einrichtungen, bei Mitarbeitern in den Einrichtungen und eine optimale Beratung. Gerade bei einem Jahre andauernden Projekt ist die Motivation der Verantwortlichen vor Ort ein entscheidender Erfolgsfaktor.
Kontaktdaten des Autors
Gundekar Fürsich TGE – gTrägergesellschaft mbH Wildbad 1 92318 Neumarkt TQM-Koordinator 09181/3207615 fuersich@tge-online.eu www.tge-online.eu
Kontaktdaten des Unternehmens
TGE – gTrägergesellschaft für die Einrichtungen der Schwestern vom Göttlichen Erlöser (Niederbonner Schwestern), Provinz Deutschland Wildbad 1 92318 Neumarkt 09181/3207613 www.tge-online.eu Träger bzw. Managementbeauftragung von 3 Krankenhäusern, 5 Altenheimen, 1 Berufliche Schule mit Kindertagesstätte in ganz Süddeutschland 1600 Mitarbeiter
Kontaktdaten des Ansprechpartners im Unternehmen
Gundekar Fürsich TGE – gTrägergesellschaft mbH Wildbad 1 92318 Neumarkt TQM-Koordinator 09181/3207615 fuersich@tge-online.eu www.tge-online.eu

Anmerkung

[1]   *TGE-gTrägergesellschaft für die Einrichtungen der Schwestern vom Göttlichen Erlöser, Provinz Deutschland*

Hochschule Aschaffenburg

Ernst Schulten

Hintergrund

Im »Innovationsbündnis Hochschule 2013« vereinbarten die bayerischen Hochschulen für angewandte Wissenschaften und die Bayerische Staatsregierung 2008 die Fortsetzung eines grundlegenden Reformprozesses zur Strukturanpassung, Effizienzsteigerung und Verbesserung der Studienrahmenbedingungen. Die bayerischen Fachhochschulen haben diesen Reformprozess selbst und aktiv vorangebracht. [1]

Die Hochschule Aschaffenburg wurde 1994 als Abteilung der damaligen Fachhochschule Würzburg-Schweinfurt-Aschaffenburg gegründet und ist die jüngste bayerische staatliche Hochschule mit insgesamt knapp 2.700 Studierenden.

kQ: kooperative Qualitätsentwicklung

Ende 2009 trat die Hochschule Aschaffenburg dem Konsortium »kooperative Qualitätsentwicklung« (kQ) bei, einem Projekt bayerischer Hochschulen für angewandte Wissenschaften, dessen Ziel darin besteht, verteiltes Know-how und verteilte Ressourcen zu einem neuen Ansatz gemeinschaftlichen Qualitätsmanagements für kleine und mittelgroße Hochschulen zusammenzuführen. Der Gedanke: Die wichtige Arbeit des Qualitätsmanagements, die in verschiedene Arbeitspakete gegliedert wurde, kann in den verschiedenen Hochschulen über eine gemeinsame Plattform besser synchronisiert werden.

Vorbild ist das EFQM-Modell, das als Rahmen für die zu bearbeitenden Querschnittsaufgaben »Anforderungen, Kriterien und Methoden des Qualitätsmanagements«, »QM-Instrumentenpool«, »Prozessmanagement«, »Umsetzung von QM-Systemen an Hochschulen«, »QM-Informationssystem«, »Evaluationen« und »Umsetzung kooperativer Qualitätsentwicklung« dient. Auf Basis des EFQM-Modells können mithilfe eines Self-Assessments Fragen nach der Effektivität und Effizienz einer Hochschulabteilung gestellt werden.

Nutzen eines Self-Assessments

Die Selbstbewertung nach EFQM ist für eine Hochschule eine einfache und schnell zu implementierende, umfassende und zugleich sehr systematische Methode zur regelmäßigen Überprüfung von Tätigkeiten und Ergebnissen. In einem gemeinsamen Workshop lassen sich mithilfe einer vereinfachten Variante – dem Easy-Assessment-Ansatz – Aussagen über den Reifegrad, die Stärken und die Verbesserungspotenziale einer großen Hochschulabteilung treffen. Ihre besondere Stärke im Hochschulumfeld spielt die Methode aus, wenn es um die Anregung des Denkprozesses bzw. um die Hinterfragung von Handlungen geht. Dies vor allem auch deshalb, da es sich bei den Teilnehmern des Workshops meist um akademisches Personal handelt, das sowohl intrinsisch den Wunsch verfolgt, Organisation und Strukturen zu verbessern, als auch intellektuell und fachlich in der Lage ist, diese Verbesserung anzustoßen und umzusetzen.

Self-Assessment in einer Hochschulabteilung

Im Sommer 2011 wurde eine Selbstbewertung mit einer großen Abteilung der Hochschule Aschaffenburg durchgeführt. Die Selbstbewertung war ausgelegt auf einen drei halbe Tage dauernden Workshop mit allen Mitarbeiterinnen und Mitarbeitern dieser Abteilung und hatte folgende Agenda:

1. Erster Tag: Einführung in das Thema Excellence (EFQM-Konzept, Modell und Selbstbewertung) inklusive Selbstmotivation und Diskussion
2. Zweiter Tag: Zusammentragen der Stärken und Verbesserungspotenziale in kleinen Teams mithilfe einer auf die Hochschule angepassten Software für Selbstbewertungen
3. Dritter Tag: Offene Diskussion und Bewertung der Ergebnisse, im Anschluss Priorisierung der Handlungsmöglichkeiten und Definition von Verantwortungen und Schlüsselkennzahlen

Wertvolle Unterstützung bei der Arbeit leistete das Easy-Assessment-Modul des Umfragetools GOA-Workbench® [2], mit welchem die ca. 80 Interviewfragen im Vorfeld gut vorbereitet und im Workshop gemeinsam bearbeitet werden konnten. Ein wichtiger Aspekt bei der Durchführung ist die weitestgehende Anwesenheit der beteiligten Mitarbeiterinnen und Mitarbeitern und damit ihre vorübergehende Freistellung vom normalen Hochschulbetrieb.

Ergebnis des Self-Assessments

Das Ergebnis der hochschulinternen Selbstbewertungen war ein Bericht, der auf Basis der neun EFQM-Kriterien die Stärken und Verbesserungspotenziale der Hochschulabteilung sowohl textuell als auch mithilfe einer Spinnennetzgrafik darstellen konnte. Aus diesen Ergebnissen generierten die Mitarbeiterinnen und Mitarbeiter einige konkrete Verbesserungsmaßnahmen wie z. B. die Einrichtung eines Ideenboards zur Realisierung eines Vorschlagswesens auf der operativen Ebene. Das Vorschlagswesen wurde inzwischen in der Hochschulabteilung institutionalisiert, sodass auch Verbesserungsvorschläge vonseiten der Studierenden einbezogen werden können. So leisten beispielsweise die studentischen Hilfskräfte wertvolle Beiträge zu Verbesserungen in den Abläufen einer Hochschuleinheit. Zum anderen wurde ein aktives Beschwerdemanagement etabliert. Als Prozesskennzahl wurde definiert, dass Rückmeldungen auf Beschwerden binnen eines Tages zu erfolgen haben.

Anmerkungen

[1]   *Zielvereinbarung zur Ausgestaltung des »Innovationsbündnis Hochschule 2013« zwischen der Hochschule für angewandte Wissenschaften – Fachhochschule Aschaffenburg und dem Bayerischen Staatsministerium für Wissenschaft, Forschung und Kunst vom 20.07.2009*

[2]   DALLUEGE, C.-A.; FRANZ, H. W.: *IQM – Integriertes Qualitätsmanagement in der Aus- und Weiterbildung: Selbstbewertung für EFQM, CAF, DIN EN ISO 9001/4 und andere QM-Systeme, Bielefeld: wbv, 2011*

Botschaft
Das EFQM-Modell bildet ein ideales Framework für die Qualitätsarbeit in staatlichen Hochschulen. Eine Möglichkeit, die Effizienz und Effektivität einer Hochschuleinrichtung zu überprüfen, bildet das Self-Assessment.
Top-Benchmarks/Erfolgsfaktoren
Mit Hilfe des GOA Easy Assessments hat die Hochschule Aschaffenburg eine Vorgehensweise entwickelt, um den Reifegrad, die Stärken und die Verbesserungspotenziale einer großen Hochschulabteilung zu ermitteln.
Kontaktdaten des Autors
Ernst Schulten Hochschule Aschaffenburg Würzburger Str. 45 63743 Aschaffenburg 06021-4206-714 ernst.schulten@h-ab.de www.h-ab.de
Kontaktdaten des Unternehmens
Hochschule Aschaffenburg Würzburger Str. 45 63743 Aschaffenburg Tel. 06021-4206-0 www.h-ab.de

408

Bewerbungsunterlage und Tools für die Anwendung

cmxKonzepte GmbH & Co. KG: Bewerbung um den Ludwig-Erhard-Preis 2012

Gabriele Kohler

Auf den folgenden Seiten finden Sie die Original-Bewerbungsunterlage der cmxKonzepte GmbH & Co. KG zum Ludwig-Erhard-Preis 2012. Die Softwarefirma cmxKonzepte entwickelt vollständig webbasierte und zukunftsorientierte Lösungen, mit denen Bildungsangebote geplant, verwaltet, publiziert und auswertet werden können. 2011 erlangte das Unternehmen die Auszeichnung »Recognised for Excellence 3 Star« und 2012 »Recognised for Excellence 4 Star«.
Dieses Managementdokument wurde auf der Basis des EFQM Leitfadens erstellt.

Die cmxKonzepte GmbH & Co. KG pilotierte die Anwendung dieses Ansatzes als erster Anwender in Deutschland.

Diese Unterlage – welche der Initiative Ludwig-Erhard-Preis e. V. auch als Fallstudie dient – soll als praktisches Beispiel Anregungen für die Erarbeitung einer eigenen Bewerbungsbroschüre geben.

Sie finden diese Unterlage und weitere interessante Begleitmaterialien, wie z. B. den EFQM Leitfaden für Anwender zur Erstellung eines EFQM Management Dokuments, Kompetenzmatrix, Diagrammvorlage für den Ergebnisteil, auch als Datei im Downloadbereich zu diesem Buch unter www.symposion.de/freischaltcode.

Ihren individuellen Freischalt-Code haben wir auf der ersten Seite dieses Buchs für Sie abgedruckt.

Bewerbung der

um den Ludwig-Erhard-Preis

2012

LUDWIG ERHARD PREIS

Eine Fallstudie der Initiative Ludwig-Erhard-Preis e.V. in Zusammenarbeit mit der EFQM.

Namen und Zahlenmaterial sind weitgehend verfälscht.

Wir sind Natives.
Unsere Welt ist das Web.
Wir betreiben Cloud-Computing in Reinkultur.

413

Inhaltsverzeichnis

414

415

A. Schlüsselinformationen

1 cmxKonzepte GmbH & Co. KG

1.1 Von 2006 bis heute

Die cmxKonzepte GmbH & Co. KG mit Sitz in Legau, Bayern ging in 2011 aus der cmxKonzepte Andreas Fähndrich & Micheal Metz GbR hervor.

Diese wurde in 2006 von Andreas Fähndrich und Michael Metz gegründet. Zu diesem Zeitpunkt hatten beide Unternehmer schon knapp zwei Jahre zusammen gearbeitet und Webseitenlösungen realisiert. Ausschlaggebender Grund für den Zusammenschluss war dann das zunehmende Interesse an einer, für die Volkshochschule Kempten realisierten, technologisch fortschrittlichen und einfach zu bedienenden Webseitenlösung. Es bot sich an, die Nachfragen weiterer Volkshochschulen im Rahmen eines gemeinsamen Außenauftritts zu bedienen. Durch diesen Zusammenschluss wurden die Kompetenzen und Erfahrungen der beiden Gesellschafter aus den Bereichen Hard- und Software, Hosting und Webentwicklung gebündelt, was die zweiköpfige GbR zu einem professionellen und unabhängigen Komplettanbieter technologisch hochmoderner und stabiler Online-Lösungen auf der Basis der hausinternen Entwicklungsumgebung machte.

Beide Gesellschafter akquirierten und bedienten zu diesem Zeitpunkt jedoch hauptsächlich noch eigene Kunden. Erst in 2010 fokussierte man sich auf die gemeinsame Unternehmung und die Entwicklung webbasierter Lösungen für Bildungsanbieter. Diese Entscheidung war Folge der Anfrage der VHS-Kunden hinsichtlich einer webbasierten Verwaltungslösung. Die Anfrage von Richard Schönefeld (VHS-Leiter) lautete in 2009: „Unser Wunschtraum für die Zukunft ist eine Kombination von Verwaltungs- und Internetsoftware." Man nahm die Anfrage ernst und analysierte über einen Zeitraum von circa 7 Monaten verschiedene Volkshochschulen und deren Arbeitsweisen. Dabei spielten die Heterogenität hinsichtlich Rechtsform und Trägerschaft sowie Aufbau- und Ablauforganisation eine wichtige Rolle. Speziell berücksichtigt wurden auch personelle Ressourcen, der Autonomiegrad von Fachbereichsleitern bzw. örtlichen Leitern in Außenstellen und die Einbindung von Dozenten bzw. Kursleitern. Natürlich musste neben der Analyse und Einschätzung zur technischen Umsetzbarkeit auch die Nachfragesituation und Finanzierungmöglichkeiten untersucht werden. Eines stand fest: es existierten keine Rücklagen und aus den Einnahmen mit Webseitenkunden wäre der Finanzbedarf nicht deckbar gewesen. Es fanden sich jedoch 13 Volkshochschulen, die im sechsstelligen Bereich als „Investoren" monetäre Mittel zur Verfügung stellten. Sie glaubten an die Unternehmung und die Idee einer webbasierten Verwaltungslösung und gingen in Vorleistung. Im Gegenzug würde bei späterer Nutzung der Software die monatliche Nutzungspauschale bis zur Rückzahlung der Investitionssumme und darüber hinaus dauerhaft gemindert. Nachdem auch die personelle Unterstützung innerhalb des Netzwerkes gefunden war, fiel Ende 2009 die endgültige Entscheidung für die Entwicklung einer webbasierten Verwaltungssoftware für Volkshochschulen – dem heutigen cmxOrganize. Ein siebenköpfiger VHS-Beirat begleitet seitdem als heterogene Arbeitsgruppe (Pilot-VHSen) die Entwicklung. Weitere finanzielle Mittel konnten in 2011 durch die Erhöhung des Eigenkapitals mit Unterstützung durch Family & Friends akquiriert werden. Im April 2011 kam es dann zum Gesellschafterwechsel in Verbindung mit der Umfirmierung in eine GmbH & Co. KG. Herr Metz verließ das Unternehmen und Frau Kohler – bis dahin im Angestelltenverhältnis beschäftigt – nahm seinen Platz ein. Hr. Metz arbeitete in 2011 noch als Subunternehmer für die cmxKonzepte GmbH & Co. KG, um einen akuten Know-how-Verlust in seinen ehemaligen Aufgabenbereichen zu vermeiden. Gleichzeitig wurden teamintern die nötigen Kenntnisse aufgebaut. Dies geschah im Austausch mit Hr. Metz, unserer Steuerberatungskanzlei, dem Geschäftskundeberater unserer Hausbank, sowie durch die enge Zusammenarbeit mit den Kollegen im Rechenzentrum.

Heute wird die cmxKonzepte GmbH & Co. KG von den beiden geschäftsführenden Gesellschaftern Andreas Fähndrich und Gabriele Kohler geführt. Das aus sechs Personen bestehende Hochleitungsteam wird von Netzwerkpartnern und Freelancern unterstützt. Die Bündelung von Kompetenzen bei gleichzeitig geringer Kostenstruktur in Kombination mit dem Einsatz aktuellster und effizient genutzter Technologien garantiert in der noch jungen Phase des Unternehmens die notwendige Schlagkraft bei finanzieller Stabilität.

1.2 Vision, Mission, Werte

1.2.1 Vision

Wir erkennen und erschließen zukunftsweisende Technologien für Veranstaltungs- und Bildungsanbieter, verbessern so nachhaltig deren Wettbewerbsfähigkeit und erreichen durch eine ganzheitliche Betreuung eine exponierte Marktposition.

1.2.2 Mission

Wir sind ein Softwareanbieter, der Technologie so einsetzt und verfügbar macht, dass Geschäftsprozesse vollständig abgebildet werden können. Darüber hinaus positionieren wir uns nicht nur als Technologiedienstleister, sondern sehen auch die organisatorische Weiterentwicklung unserer Kunden als unseren Auftrag. Dazu nutzen wir den Excellence-Ansatz der EFQM.

1.2.3 Wertekanon

Verlässlichkeit ist die Basis für eine stabile Unternehmensentwicklung, welche wir durch die Verknüpfung von Know-how, Engagement & Vernunft erreichen. Wir sichern die Zukunft unseres Unternehmens, indem wir mit beiden Beinen fest auf dem Boden stehen und mit ganzem Herzen kompromisslos bei der Sache sind. Mit Disziplin und Leiden[sbereit]schaft bringen wir unser Know-how zum Einsatz und gehen dabei geplant und reflektiert vor. Das bedeutet für uns, dass wir

- die Bedürfnisse und Erwartungen unserer (potenziellen) Kunden kennen und danach streben, diese dauerhaft zu erfüllen bzw. im Hinblick auf Kundenbegeisterung zu übertreffen und vertrauensvolle Beziehungen aufzubauen.
- hartnäckig sind und versuchen die Welt zu verstehen, um die Realität informationstechnisch zu erfassen, den Dingen auf den Grund zu gehen und den Allgemeinfall abzubilden.
- unser Tun wissenschaftlich ausrichten, keinen kurzfristigen Trends folgen, auf höchstem technischem Niveau arbeiten, uns im Forschungsbereich bewegen und somit die Zeichen der Zeit hinsichtlich technologischer Entwicklungen frühzeitig und dauerhaft erkennen, aufgreifen und in unseren zukunftsfähigen Produkten umsetzen.
- durch die Entwicklung eigener Lösungen – unter Einsatz etablierter und leistungsfähiger Kerntechnologien – sowie den zielgerichteten Aufbau und Erhalt des hausinternen Know-hows unabhängig sind und unsere Arbeitsumgebung kontrollieren.
- Fehler als eine Begleiterscheinung sehen, die uns – gekoppelt an reflektierte Lernprozesse – hilft, mittel- bis langfristig Entscheidungs- und Handlungssicherheit zu erlangen und Kreativität und Mut als Motor für Innovationskraft zu erhalten.
- unsere Mitarbeiter/innen und Partner fördern & fordern und gezielt aufbauen.
- die Souveränität im Handeln und Freiräume in der Entwicklung durch finanzielle Stabilität auf der Basis eines vernünftigen und geplanten Vorgehens sichern. Daher steht das Wohl der Unternehmung über den monetären Einzelinteressen der Gesellschafter.

1.3 Geschäftsmodell

Die cmxKonzepte GmbH & Co. KG ist eine Unternehmung in deren Mittelpunkt die Entwicklung und der Vertrieb webbasierter Anwendungssoftware steht. Darüber hinaus bieten wir flankierende Zusatzleistungen, welche ergänzt werden durch individuelle Beratungs- und Zertifizierungsangebote.

1.3.1 Nutzenversprechen

Wir wollen unseren Kunden die tägliche Arbeit erleichtern und Freiräume schaffen, sowie die technologische Basis für nachhaltige Kooperationen bieten, damit neue Produkte und Services

418

realisiert, Ressourcen geteilt, Synergien genutzt, die Produktivität gesteigert und Kosten gesenkt werden können.

1.3.2 Wertschöpfung

Durch eigene Programmier-, Entwicklungs- bzw. Beratungsleistung erstellt ein schlagkräftiges Team die Produkte und Leistungen im Markt. Durch Hosting, Wartung und Service wird eine dauerhafte Wertschöpfung für den Kunden erreicht.

1.3.3 Ertragsmodell

Neben den einmaligen Einnahmen durch Softwareerwerb, die Inanspruchnahme von Trainings- oder Beratungsleistungen fließen dem Unternehmen dauerhafte Einnahmen aufgrund monatlicher Service- und/oder Nutzungspauschalen zu.

1.4 Produktportfolio

All unsere Lösungen sind rein webbasiert und bauen auf der hausinternen Online-Entwicklungsumgebung auf. Ausgehend vom Produktgrundstock der Vorgängerorganisation wurde ein stimmiges Produkt- und Dienstleistungsportfolio basierend auf den Kompetenzbereichen des Teams und der Partner erarbeitet.

cmx

Seit 2006 entwickeln wir moderne, hoch funktionale und benutzerfreundliche Webseiten-lösungen namens cmxWebpresence. Da die personellen Ressourcen jedoch oftmals gering und die Kernkompetenzen der Kunden in anderen Bereichen angesiedelt sind, stehen die einfache Datenpflege und bei Bedarf die einfache Datenübertragung von Veranstaltungsdetails aus der im Einsatz befindlichen Verwaltungssoftware in die Webseite im Mittelpunkt.

Zielgruppe: Angesprochen sind Unternehmen, Selbständige und Bildungsanbieter, die mit einem modernen Internetauftritt qualitativ hochwertig im Markt auftreten und bei Bedarf eine automatisierte Datenübertragung durch eine Anbindung an das derzeitige Verwaltungssystem realisieren möchten.

cmx

Mit cmxOrganize können Kunden seit 2011 ihre Veranstaltungen und Bildungsangebote außerordentlich flexibel verwalten, publizieren und auswerten. cmxOrganize wird – unabhängig von der lokalen IT-Infrastruktur und dem Betriebssystem – verschlüsselt über das Internet aufgerufen. So wird mobiles und vernetztes Arbeiten orts- und zeitunabhängig möglich. cmxOrganize besteht aus zwei zentralen Bausteinen:

- der webbasierten Verwaltungssoftware
- einer hochwertigen Internetpräsenz mit Echtzeitbuchungssystem

Wir bieten damit eine flexible Lösung, die sich den Bedürfnissen und Gegebenheiten anpasst bzw. angepasst werden kann. Darüber hinaus wird die lokale IT-Infrastruktur geschont und der Administrationsaufwand gesenkt.

Zielgruppe: Aufgrund der vielfältigen Einsparpotenziale und der innovativen, technologisch auf dem neuesten Stand befindlichen und vor allem online verfügbaren Software ist cmxOrganize für alle Bildungsanbieter interessant, bei denen

- eine Verwaltungssoftware neu eingeführt werden soll.
- ein Update der bestehenden Verwaltungssoftware nötig wird.
- Investitionen in neue Hardware erforderlich wären.
- ein Wechsel auf eine andere Verwaltungssoftware zur Diskussion steht.

cmxDisplay

In Verbindung mit cmxWebpresence und cmxOrganize haben wir eine Präsentationslösung entwickelt, die es unseren Kunden ermöglicht, ihre aktuell stattfindenden Veranstaltungen auf einem 32- oder 40-Zoll Bildschirm darzustellen. Über eine Schnittstelle werden die Veranstaltungsdaten vollautomatisch in eine Online-Datenbank übertragen und auf dem Display dargestellt. Zusätzlich können Texte und Bilder über aktuelle Gegebenheiten informieren.

Zielgruppe: Kunden, die cmxWebpresence oder cmxOrganize im Einsatz haben.

cmx

In drei aufeinander aufbauenden Modulen werden beratende Dienstleitungen zur Überprüfung des aktuellen Datenschutzes und Datensicherheitsniveaus, die Unterstützung bei der Erstellung eines Maßnahmenkatalogs, Hilfestellungen bei der Einführung und Umsetzung und eine abschließende Beurteilung des aktuell erreichten Sicherheitsniveaus angeboten.

Zielgruppe: Kunden, die cmxWebpresence oder cmxOrganize im Einsatz haben oder einführen.

420

cmx Fit für die Praxis!

Fit für die Praxis! Der Fokus bei diesem Trainingsangebot liegt auf der Umsetzung des EFQM-Modells in die Praxis. Ziel ist es, durch die Verknüpfung von Theorie und Praxis die Fähigkeit zu erlangen, die Organisation unter Anwendung des EFQM Excellence Modells voranzubringen.

Zielgruppe: Leitungs- und Führungskräfte, die sich über die Inhalte und Anwendungsmöglichkeiten des Modells informieren möchten, praxisorientierte Impulse für die Anwendung in ihrem Arbeitsumfeld erlangen wollen und sich bei der Unternehmensentwicklung am EFQM Excellence Modell orientieren möchten.

cmx

Dieses Beratungsangebot umfasst unterschiedliche Module wie Strategieworkshops, Change-management, Prozessmanagement, Zusammenarbeit mit Außenstellen, Aufbau von Kooperationen und Partnerschaften, EFQM-Selbstbewertung und Vorbereitung auf die Validierung im Rahmen von C2E oder ein Assessment. Selbstverständlich bedienen wir auch individuelle Anfragen, welche dann auf ihre Machbarkeit untersucht und angeboten werden.

Zielgruppe: Volkshochschulen, Bildungsanbieter und v.a. Kunden, die cmxOrganize im Einsatz haben oder einführen.

Für bayerische Volkshochschulen mit 75% durch den Bay. Volkshochschulverband gefördert

cmx

Dieses Angebot umfasst das Committed to Excellence (C2E) - Verfahren und Recognised for Excellence (R4E) - Assessments.

Zielgruppe: Volkshochschulen und Bildungsanbieter

cmx Webhosting

In Verbindung mit cmxWebpresence und cmxOrganize bzw. auch Individuallösungen, wie der E-Learning-Plattform bieten wir den Kundeninstallationen ein gutes Zuhause. Verschiedene Hostingpakete beinhalten unterschiedlich viel Speicherplatz bzw. Traffic sowie E-Mail-Konten, u.v.m. – je nach Bedarf und variabel aufstockbar.

Zielgruppe: Kunden, die cmxWebpresence, cmxOrganize oder eine Individuallösung im Einsatz haben.

cmx Individual

Neben den „fertigen" Lösungen bieten wir auch Individuallösungen an. So wurde in der Vergangenheit zum Beispiel eine Multiportal-E-Learning-Plattform entwickelt.

421

Produktschulung & Support

Für Kunden der Lösungen cmxWebpresence, cmxOrganize oder cmxIndividual bieten wir Schulungen und Support.

Schnittstellen

Als Schnittstellenprofis sorgen wir für dafür, dass Daten auf einfachem Wege ausgetauscht werden können. So haben wir für die Anbindung unserer Webseitenlösung bereits Schnittstellen zu neun verschiedenen Verwaltungslösungen etabliert, um Details der Bildungsangebote automatisiert im Internet darzustellen. Aus cmxOrganize heraus sprechen wir eine zunehmende Anzahl von Systemen und Softwareprodukten per Schnittstelle an. Hierzu zählen z.B. Kassen- oder Finanzbuchhaltungssoftware oder auch unterschiedliche Bildungsportale.

1.5 Mitarbeiter und Aufbauorganisation

Einen der wichtigsten Erfolgsfaktoren, um die zu bewältigenden Herausforderungen erfolgreich meistern zu können, stellt ein stabiles, leistungsfähiges und motiviertes Team dar. Wir sind stolz darauf, dass innerhalb kürzester Zeit ein hochprofessionelles Team, dessen Kompetenzen sich auf die strategischen Ziele ausrichten bzw. darauf abgestimmt ausgebaut werden, für die anstehenden Aufgaben etabliert werden konnte.

Das Organigramm beschreibt die Konstellation und aufbauorganisatorische Einbindung unserer Mitarbeiter inkl. der operativ tätigen Geschäftsführung. Zudem wird die Einbindung der Freelancer dargestellt. Anhand des Organigramms wird deutlich, dass der Großteil der operativen Leistung und des personellen Ressourceneinsatzes auf die Entwicklung, Programmierung sowie die Softwareeinführung mit Schulungen und der entsprechenden Supportleistungen entfällt.

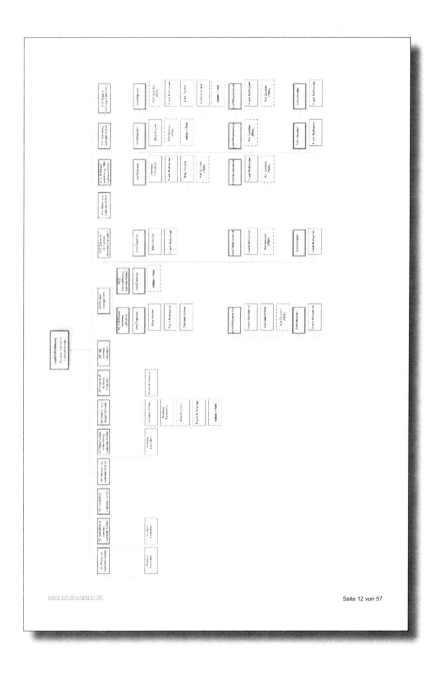

423

1.6   Partner und Lieferanten

Partner sind für uns Wegbegleiter und ein Erfolgsfaktor für eine erfolgreiche Unternehmens-entwicklung. Wir verfolgen mit Partnerschaften die Zielsetzung, Kompetenzen zu bündeln, Lösungen zu schaffen und gemeinsam mehr zu erreichen. Unsere zum Teil langjährigen Partnerschaften sind von Vertrauen geprägt und dienen dem gegenseitigen Nutzen. Sie sind auf Fairness, Verlässlichkeit, Loyalität und Langfristigkeit ausgerichtet. Sie tragen dazu bei, Produkte im Markt realisieren zu können bzw. diese zu verbessern. Partner stehen uns aber auch mit ihrer aktuellen Fachexpertise als Ratgeber zur Seite und helfen uns, fundierte Entscheidungen zu treffen, und schaffen Handlungsspielräume. Sie wissen um unsere Zukunftspläne, wenn dies für eine gemeinsame Ausrichtung relevant ist. Partnerschaften werden regelmäßig gepflegt aber auch auf ihre Sinnhaftigkeit und Notwendigkeit hin überprüft und ggf. offen beendet. Lücken im Partnernetzwerk, welche durch sich verändernde Rahmenbedingungen oder strategische Neuausrichtungen entstehen, gilt es zu schließen. Für 2011 bzw. 2012 stellte bzw. stellt sich die Partnersituation folgendermaßen dar:

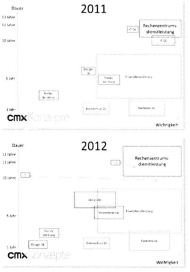

424

Für 2013 erwarten wir eine weitere Verschiebung, welche sich folgendermaßen darstellen wird:

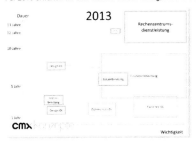

Lieferanten vs. Partner

Lieferanten sind – im Gegensatz zu Partnern – ohne große Hindernisse und Konsequenzen austauschbar. Es bestehen Lieferantenbeziehungen hinsichtlich einzelner Designleistungen, Printmedien, Bürobedarf, Hardware und Software, Vermietung, KFZ-Instandhaltung, Strom, Kommunikation (Internet/Telefon).

1.7 Interessengruppen

Die Interessengruppen wurden erarbeitet und in einem Portfolio geclustert. Dabei sind verschiedene Gruppen bzw. Akteure dem Unternehmen in den fünf gebildeten Themengebieten Kunden – Operations – Innovation – Bekanntheit – Datenlieferung unterschiedlich nah. Die besonders relevanten Interessengruppen gehören dem „Inner-Circle" an. Dabei gibt es Interessengruppen, die ein positives oder aber ein negatives Interesse am Bestehen und dem Erfolg unserer Organisation haben.

2 Kunden, Markt und Wettbewerbsumfeld

2.1 Kunden

Unsere Kunden sind derzeit vor allem deutsche Bildungsanbieter und Verbände bzw. sonstige Unternehmen, die unser Produktportfolio in Anspruch nehmen. Die größte Kundengruppe stellen Volkshochschulen mit 93% dar, wobei die AG-Mitglieder, Investoren und Verbände eine besonders wichtige Stellung einnehmen. Seit 2006 hat sich die Anzahl der Kunden von anfänglich zwei auf über 100 erhöht, wobei 80% von VHSen bzw. VHS-Landesverbände gestellt werden. Für 2017 streben wir eine Steigerung auf 300 Kunden – mit cmxOrganize – an.

2.2 Kundenstimmen

„Teilnehmer- und kundenfreundlich, nutzerorientiert, aktuell, zukunftsweisend - so wollen wir Volkshochschulen sein. [...]. Diese Kombination und die enge Zusammenarbeit mit anderen cmx-Usern bedeutet optimale Synergieausbeute, Arbeitserleichterung, Zeit- und Kostenersparnis, vor allem aber Teilnehmerzuwachs und Kundenbindung. Mit unserem neuen Internet-Auftritt haben wir einen sichtbaren und hörbaren Meilenstein in unserer VHS-Geschichte gesetzt - für Teilnehmer, Neukunden, aber auch für Kursleitende und uns VHS-Verantwortliche. Testurteil: sehr gut." (Sebastian König)

„Am Anfang war die Keilschrift, dann kam das Alphabet, MS-DOS und jetzt **cmx**... Als chronisch unterbesetzte und heillos überarbeitete VHS-Mannschaft hatten wir nur die Chance, mit Hilfe intelligenter Technik unsere VHS voranzubringen. Das Konzept hat uns nicht nur inhaltlich überzeugt – die Zukunft liegt in der Gemeinschaft und nicht in Insellösungen. Die Technik mit ihrer Logik und Komfort hat uns schlicht und einfach begeistert, Chapeau vor den emsigen Zauberern der cmx-Werkstatt, die Ideen, Wünsche und Vorstellungen mit sagenhafter Geschwindigkeit umsetzen!" (Sabine Hardtmann)

2.3 Marktpotenzial

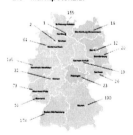

In Deutschland agieren derzeit knapp 1.000 selbständige Volkshochschulen, wobei die Bundesländer Bayern, Baden-Württemberg, Schleswig-Holstein und Nordrhein-Westfalen zahlenmäßig dominieren. Circa 64% der Volkshochschulen sind dabei kommunal getragen (Gemeinden, Kreise, Zweckverbände). 32% agieren unter der Trägerschaft eines Vereins und lediglich 4% treten als GmbH oder unter einer sonstigen Rechtsform im Markt auf.

426

Die Gesamtfinanzierung der Volkshochschulen beträgt jährlich knapp 900 Mill. EUR und setzt sich zusammen aus den Einnahmen mit Teilnahmegebühren, den öffentlichen Zuschüssen von Ländern und Kommunen sowie „anderen Einnahmen" durch SGB-Mittel, Bundesmittel, EU-Mittel und „sonstige Einnahmen" durch Vermietungen bzw. Spenden. Angesichts der teilweise schwierigen kommunalen Finanzsituation sind allerdings die kommunalen Fördergelder an die Volkshochschulen rückläufig.[1] Das zahlenmäßige Niveau war bisher stabil. Das könnte sich aber in den kommenden Jahren ändern, denn kleine Volkshochschulen oder Volkshochschulen ohne große Rückendeckung ihrer kommunalen Träger haben zunehmend Probleme, die personellen Kapazitäten zu stellen bzw. sich mit einem – dem Bildungsauftrag geschuldeten – breiten Angebot im Markt erfolgreich zu positionieren. Fusionen und Verbundlösungen könnten zur Tagesordnung werden.

Darüber hinaus gibt es deutschlandweit weitere 22.000 Bildungsanbieter inkl. Niederlassungen, die im Bereich der Erwachsenenbildung regelmäßig oder wiederkehrend organisierte Fort- und Weiterbildungen anbieten. Diese Zielgruppe ist bis 2017 nicht im Fokus unserer Aktivitäten.

2.4 Wettbewerb – Fokus VHS-Markt

2.4.1 Webseitenlösungen

Die Hauptwettbewerber sind die Firmen Karema (45% Marktanteil) und Intemo (20% Marktanteil), welche ihre Webseitenlösungen zusammen mit den eigenen Verwaltungsprogrammen vertreiben. Neben diesen beiden Anbietern existieren vor allem „selbstgestrickte" Einzellösungen engagierter VHS-Angehöriger, EDV-Bereichsleiter oder Dozenten bzw. regionaler Agenturen ergänzt durch kommunale Lösungen, bei denen die VHS als Unterpunkt des kommunalen Internetauftritts im Web vertreten ist (23% Marktanteil). Mit unserer Lösung bedienen wir 12% des VHS-Marktes. Hier ist anzumerken, dass in den vergangenen Jahren 45% unserer Webseitenneukunden von der Karema-Weblösung, 20% von der Intemo-Lösung und 35% von Einzellösungen auf uns umgestellt haben.

2.4.2 Verwaltungslösungen

Auch im Bereich der Verwaltungsprogramme dominiert die Karema den Markt. Der Anbieter erzielte einen Marktanteil von ca. 60%. Hier ist vor allem zu erwähnen, dass drei Bundesländern flächendeckend mit der Karema-Software arbeiten (verbandspolitische bzw. ministeriale Entscheidungen). Gefolgt wird die Firma Karema wiederum von der Intemo (20%).
Uns ist es in den letzten 1,5 Jahren gelungen, mit 60 cmxOrganize-Kunden auf den dritten Platz zu rangieren und damit in kürzester Zeit über 6% Marktanteil zu erzielen. Die restlichen 19% des VHS-Marktes decken Anbieter mit jeweils nur wenigen Kunden (bis max. 20) ab. Außerdem

---

[1] http://www.die-bonn.de/doks/2011/vhs-statistische-bericht-02.pdf

gibt es immer noch viele, vor allem kleinere Volkshochschulen, die mit kleinen Datenbanken bzw. mit Bordmitteln oder handschriftlichen Aufzeichnungen ihre VHS organisieren. Unsere cmxOrganize-Kunden wechselten von unterschiedlichen Anbietern zu uns:

- Intemo-Kunden: 5%
- Karema-Kunden: 14%
- Individuallösungs-Kunden: 31%
- Palago-Kunden: 50%

2.4.3 Ausblick

cmxWebpresence: Marktanteile im Bereich Webseiten gewinnen wir in den kommenden Jahren durch die Umsetzung von Einzelwebseiten, aber auch durch die Realisierung von Verbundlösungen (vgl. www.VHS-Dachau-Land.de). Diese Portale haben den Charme, dass Kursdetails aus den vor Ort im Einsatz befindlichen Verwaltungsprogrammen – egal welchen Anbieters – auf einer gemeinsamen Plattform mittels Schnittstellen publiziert und gebucht werden können.

cmxOrganize: Aufgrund unserer Produktspezifikation im Sinne einer *Gesamtlösung inklusive Webseite* wird zukünftig in doppelter Hinsicht Druck auf unseren Wettbewerb ausgeübt. Mit jedem Verwaltungsprogrammwechsler wird einerseits automatisch auch ein Webseitenkunde wegbrechen und andererseits werden kleine Individuallösungsnutzer, die ursprünglich „nur" auf der Suche nach einer neuen Webseite waren, aufgrund des attraktiven Preis-Leistungs-Verhältnisses gleich auf eine professionelle Gesamtlösung aus einer Hand wechseln. Für 2017 streben wir einen Marktanteil von 30% an. Die Marktanteile werden wir vor allem zu Kosten der Marktanteile der Firma Karema erlangen. Bereits heute sind 50% der aktuellen Interessenten Bestandskunden der Firma Karema. Diese werden sich nach anfänglich eher abwartender und beobachtender Haltung ab 2013/14 zunehmend für unsere Lösung entscheiden. Dann wird sich unser System soweit entwickelt und bewiesen haben, sodass es für eine große Anzahl von Karema-Kunden, die als Nutzer einer professionellen Software einen höheren Anspruch als Individuallösungswechsler haben, eine attraktive, wettbewerbsfähige Lösung darstellt.

428

3 Strategie

3.1 Strategieansatz

Wir verfolgen für die kommenden fünf Jahre eine Wachstumsstrategie auf der Basis marktorientierter Unternehmensführung.

Wachstumsstrategie bis 2017

Dem Wettbewerb auf den Fersen
durch Technologie- und Kostenführerschaft

Marktdurchdringung mit dem Fokus auf Bildungsanbieter in Deutschland durch Neukundenakquise sowie Kundenweiterqualifizierung

Nachhaltige Akquiseerfolge erzielen wir vor allem durch Leistungsvorteile Empfehlungen Persönliche Ansprache Kompetente, individuelle Betreuung

cmxOrganize	cmxWebpresence	cmxDisplay	cmxCreate	cmxPractice cmxCertificate	cmxSecure	cmx individual
KAM	Massengeschäft					Einzel-kunde

3.2 Kennzahlensystem

Die Erreichung unserer Zielsetzungen wird durch ein Kennzahlensystem gesteuert. Schlüssel-kennzahlen sind in der BSC festgeschrieben, andere im Prozessmanagement verankert.

Unsere BSC bildet sechs Perspektiven ab:

- Mitarbeiter & Lernen
- Markt & Kunden
- Prozesse
- Partnerschaften
- Finanzen
- Technologie & Innovation

Diese Perspektiven gilt es – mit Blick auf Vision, Mission und Werte und die strategischen Herausforderungen – in Balance zu halten und ein angemessenes Set an Kennzahlen zu definieren.

3.3 Strategische Herausforderungen

Unsere strategischen Herausforderungen sind:

- Gesundes Wachstum vorantreiben
- Produktportfolio stimmig weiterentwickeln
- Redundanzen im Bereich Personal schaffen
- Die richtigen Mitarbeiter und Partner finden und binden
- Infrastruktur weiter aufbauen und Arbeitsweisen und -abläufe effektivieren
- Neue Technologien identifizieren, bewerten und ggf. einsetzen
- Sicherheitslücken erkennen und schließen

4 Managementsystem

4.1 Strategische Vorgehensweise

Der für die kommenden fünf Jahre gezeigte Strategieansatz wurde auf der Basis unseres Hauses der Strategie entwickelt. Um zu gewährleisten, dass die verschiedenen Ebenen und Inhalte aufeinander aufbauend und verknüpft erarbeitet werden, gehen wir strukturiert und geplant vor.

430

Folgendes Schema spiegelt die einzelnen Schritte und Zusammenhänge im Rahmen des Strategieprozesses:

Nr.	Wer	Was	Wie oft	Input	Ergebnis	Maßnahme	Input für
1	GF	Befragung der MA, Partner & Kunden	monatlich, jährlich	Gesprächsleitfaden Fragebogen	Stimmungsbild Befragungsergebnisse	Ggf. Sofortmaßnahme Auswertung erstellen	3|7
2	Alle	Gespräche Recherchen	kontinuierlich	Aktuelle Themen bzw. Problemstellung	Informationen zu Themen und Meinungen	Doku je nach Bedarf	3|7
3	Alle	Markt- und Technologiebewertung	kontinuierlich	Gesprächserkenntnisse Befragungs- und Rechercheergebnisse	Bewertete Eigeneinschätzungen zu Markt, Technologie	Doku je nach Bedarf	6
4	Alle	Selbstreflektion	kontinuierlich	Selbstwahrnehmung	Bewusstsein bzgl. Stärken und Schwächen	Kompetenzmatrix aktualisieren	7|11
5	Alle	Fremdreflektion	kontinuierlich	Fremdwahrnehmung	Bewusstsein bzgl. Stärken und Schwächen	Kompetenzmatrix aktualisieren	7|11
6	GF	SWOT-Workshop I	halbjährlich	Bewertete Eigeneinschätzungen zu Markt und Technologie	Ist-Situation und Zukunftsperspektive	SWOT-Matrix erstellen	4|5|7|8|9|10
7	GF	VMW-Reflektionsgespräche	halbjährlich & bei gegebenem Anlass	SWOT-Matrix Ergebnisse aus 1|2|4|5	Bestätigung/Anpassung der VMW	VMW-Kanon aktualisieren	4|5|8|9|10
8	GF	U-Ziele-Workshop	halbjährlich & bei Bedarf	SWOT-Matrix VMW Bestehende U-Ziele	Bestätigung/Anpassung der U-Ziele	U-Ziele ggf. anpassen	9|10|12
9	GF	SWOT-Workshop II	halbjährlich & bei Bedarf	SWOT-Matrix VMW U-Ziele	Strategische Grundausrichtung	Marketingstrategie-ppt. ggf. aktualisieren	10|11
10	GF & MA	VMW- und Ziele-Strategiegespräche	halbjährlich & bei Anpassung	SWOT-Matrix VMW & U-Ziele Strat. Grundausrichtung	Inhalte sind bekannt, verstanden und werden mit getragen	ggf. Anpassungen vornehmen	2|3|4
11	GF & MA	SWOT-Workshop III	halbjährlich	Marketingstrategie Bewertete Einschätzungen zu Markt und Technologie Fremd- und Selbsteinschätzung Kompetenzmatrix Ideenmanagement BSC	Definition/Identifikation von Kompetenzlücken Ableitung von Maßnahmen/Inputs/KZ Personal-, und Partnermanagement Beschaffung F&E bzw. T&I Prozessmanagement Produktmanagement Finanzen Vertrieb Kommunikation Konditionen	SWOT-Matrix anpassen Kompetenzmatrix aktualisieren BSC aktualisieren Maßnahmen in Aufgaben übersetzen und im Aufgabensystem anlegen	12
12	GF & MA	SWOT-Workshop V	Nach Beendigung von Maßnahmen	Maßnahmen und Ziele	Reflektion des Beitrags zur Zielerreichung	ggf. Folgemaßnahmen ableiten und/oder Verfahren anpassen	Prozess

431

4.2 Prozessansatz

Mit Hilfe strukturierter Prozesse, welche an der Strategie ausgerichtet sind, arbeiten wir kontinuierlich darauf hin, die Anforderungen unserer Kunden nicht nur zu erfüllen, sondern unsere Kunden mit den von uns erbrachten Leistungen zu begeistern. Unser Prozessmodell in Form einer fragilen Wasserblume, die kontinuierlich von unten gespeist werden muss, veranschaulicht, welche Prozesse hierfür zum Tragen kommen.

4.3 Ansatz zur stringenten Zielekaskadierung

Zur stringenten Zielekaskadierung wurde ein Raster entwickelt. Dieses Raster stellt sicher, dass aus der grundlegenden strategischen Ausrichtung, den definierten Werten und den damit abgestimmten strategischen Herausforderungen, ein geeignetes Set an Kennzahlen für die BSC abgeleitet wird. Darüber hinaus werden den strategischen Ambitionen die entsprechenden

432

Erfolgstreiber gegenübergestellt und Kennzahlenebene die Promotoren und Inhibitoren reflektiert. So stellen wir bei der Operationalisierung einen durchgängigen Werte- und Strategiebezug sicher.

Ziel	30% Marktanteil mit cmxOrganize					
Strategie	Wachstumsstrategie 2017					
Perspektive	Partnerschaften	Finanzen	Technologie & Innovation	Mitarbeiter & Lernen	Markt & Kunden	Prozesse
Werteorientiertes strategisches Handeln	Partner werden aufgebaut, gefördert & gefordert. Sie sind auf Fairness, Verlässlichkeit, Loyalität und Langfristigkeit ausgerichtet, sind von Vertrauen geprägt und dienen dem gegenseitigen Nutzen	Finanzielle Stabilität gibt uns Souveränität im Handeln und Freiräume in der Entwicklung. Daher steht das Wohl der Unternehmung über den monetären Einzelinteressen der Gesellschafter	Unter Einsatz etablierter und leistungsfähiger Kerntechnologien entwickeln wir auf wissenschaftlichem und höchstem technischem Niveau eigene Lösungen. So erkennen wir frühzeitig und dauerhaft die Zeichen der Zeit hinsichtlich technologischer Entwicklungen, welche wir aufgreifen und in unseren zukunftsfähigen Produkten innovativ umsetzen	Mitarbeiterinnen werden gefördert und gefordert. Im Mittelpunkt steht der zielgerichtete Aufbau und Erhalt des hausinternen Know-hows	Wir kennen die Bedürfnisse und Erwartungen unserer (potenziellen) Kunden und streben danach, diese dauerhaft zu erfüllen. Bei im Hinblick auf Kundenbegeisterung zu übertreffen und vertrauensvolle Beziehungen aufzubauen	Mit Disziplin und Leiden[schaft]bringen wir unser Know-how zum Einsatz und gehen dabei geplant und reflektiert vor. Fehler helfen mittel- bis langfristig die Entscheidungs- und Handlungssicherheit zu erlangen. Wir sind hartnäckig und versuchen die Welt zu verstehen, um die Realität informationstechnisch zu erfassen, den Dingen auf den Grund zu gehen und den Allgemeinfall abzubilden
Strategische Ambition	Flexibilität Leistungssteigerung Kosteneinsparung	Kostenführerschaft	Technologieführerschaft	Hochkompetentes und motiviertes Kernteam	Exponierte Marktposition	Robustheit und Effizienz
Erfolgstreiber	Technologie- / Kompetenz- / Ressourcenzugewinn	Entwicklung der operativen Kosten	Fokus auf wettbewerbsfähige, nachhaltige, nicht-proprietäre Basistechnologien und Eigenentwicklung	Fähigkeit kompetente Menschen zu gewinnen, zu entwickeln und zu binden	Wettbewerbsvorteile durch Technologie & Service	Prozessoptimierung
Herausforderungen	Lücken identifizieren und richtige Partner finden und halten	Gesundes Wachstum	Erkennen und bewerten und nutzen erfolgsrelevanter Technologien	AG-Attraktivität herstellen Standortnachteil kompensieren	Imageaufbau: Bekanntheit steigern Webtechnologie etablieren	Prozessvitalität steigern
BSC-Kennzahlen	**Partnerzufriedenheit** Partnerbedarfsdeckung Interessenbekundung Net Promoter Score Treffen	**Umsatz** Deckungsbeitrag Liquidität Rückstellungen Marketingbudget Anerkennungskosten	**Innovationen** Imitationen Produktbezogene Performancesteigerung **Datenschutz-Datensicherheits-kosten**	**MA-Zufriedenheit** Überstunden Krankheitstage Nerv-Bewältigung Anerkennungen Besprechungen	**Marktanteil** **Kundenanzahl** Akquiseerfolge Neukunden Wechsler Kündigungen **Aktive Anfragen** **Empfehlungen** Cross-Selling Klein-VHS-Programm Events & Teilnahmen Persönlicher Kontakt **Kundenzufriedenheit** **Supportzufriedenheit** Spontanfeedbacks Supportumfang **Net Promoter Score** **Innovationsempfinden**	**Mannstunden/Woche** Supportstunden Supportbearbeitung Supportzufriedenheit Programmierleistung Prozessbezogene Performancesteigerung **Prozessvitalität** Freie Serverkapazität
Wesentliche Promotoren = Fördernde Kennzahl	Umsatz	Net Promotor Score Kundenanzahl KVP Index	Programmierleistung Prozessvitalität	Prozessvitalität Mannstunden Kundenzufriedenheit	MA-Partner-Zufriedenheit Performance Prozessvitalität	Innovationen MA-Partner-Zufriedenheit Partnerbedarfs-deckung
Wesentliche Inhibitoren = Konkurrierende Kennzahl	KVP Index	Mannstunden Kündigungen	Supportumfang	Neukunden	Mannstunden	Umsatz

433

4.4 Erfolge

Recognised for Excellence

EFQM
Recognised for excellence
3 star

Zu einem sehr frühen Zeitpunkt wurde bei der Gestaltung der Organisation der Ansatz des EFQM Excellence Modells als Orientierungsrahmen für nachhaltige Unternehmensentwicklung genutzt. Inzwischen können die ersten Früchte dieser frühen Arbeit geerntet werden, welche das Team mit Stolz für das Erreichte und der Motivation für das noch Unerreichte erfüllen. Das Unternehmen ist dankbar für die Orientierung und die Verbesserungspotenziale, die das erste externe Assessment aufgezeigt hat und freut sich über die in 2011 erlangte Auszeichnung „Recognised for Excellence".

Arbeitgeberattraktivität

Innerhalb kurzer Zeit ist es uns gelungen als attraktiver Arbeitgeber ein hochprofessionelles Team für die anstehenden Aufgaben zu gewinnen.

Überproportionale Sichtbarkeit im Markt

Die systematische Ansprache aller potenziellen Kunden im VHS-Markt zum Thema Business Excellence erfolgte im April 2012 mit dem Versand eines Informationsschreibens und je einen LEP-Ergebnisband aus dem Jahr 2011. Dies führt dazu, dass wir nicht nur als IT-Unternehmen, sondern als Anbieter in Erscheinung treten, der einen ganzheitlichen Ansatz vertritt und Softwareeinführung als OE-Prozess identifiziert hat. Diese Ausrichtung wird von keinem Wettbewerber in dieser Form verfolgt und im Produktportfolio abgebildet.

434

Teil-kriterium	Titel	Vorgehen	Umsetzung	Bewertung & Verbesserung	Nachweise
1b – 3	Forecasting	Die GF hat ein CRM-System und ein EXCEL-Sheet entwickelt.	Zu erwartende Umsätze und Kundenzusagen werden aus dem im CRM dokumentierten Informationen abgeleitet und in monetäre Planzahlen im Forecast überführt.	Plan und Ist werden abgeglichen und die Treffsicherheit überprüft. Daraus leitet sich ein Lernprozess ab.	cmxOrganize Wirtschaftsplan
1b – 4	Risikomanagement	Die GF erarbeitet relevante Risiken im Rahmen der Ausarbeitung der SWOT-Analyse.	Mindestens halbjährlich bzw. bei gegebenem Anlass wird die SWOT-Analyse von der GF überarbeitet und die identifizierten Risiken neu eingeschätzt bzw. unter Einbeziehung der Mitarbeiter und deren Fachexpertise ausgearbeitet, bewertet, priorisiert und adäquate Maßnahmen abgeleitet.	Die nachträgliche Betrachtung der ursprünglich vorgenommenen Risikobewertung führt bei der GF zu einem verbesserten Risikobewusstsein.	SWOT-Analyse Verschiedene Risikobewertungen, wie die Einschätzung von Sicherheitslücken
1b – 5	Datenerhebung	Die GF erhebt unterschiedlichste Daten hinsichtlich der Leistungen der Organisation, um darauf die strategischen Entscheidungen zu stützen.	Verantwortlich für die Datenerhebung und -interpretation ist GK. Genaueres hierzu findet sich in 2b.	Die Folgerichtigkeit der aus den Daten gezogenen Schlüsse werden z.B. im Rahmen von Expertenbefragungen (Mitglieder der VHS-AG) reflektiert und Relevanz und Zielwerte.	Statistiken, Berichte, Auswertungen in cmxOrganize
1b – 6	Vertrauensbildung	Die GF ist im engen Austausch mit ihren Kunden.	In regelmäßigen persönlichen Gesprächen, Arbeitsgruppentreffen und Anwendertreffen wird transparent über Aktuelles und Geplantes, Risiken und Vorgehensweisen diskutiert.	Die Risiken und Vorgehensweisen werden ad hoc kommentiert und ggf. Änderungen in Einschätzung oder Vorgehen zur Überprüfung gebracht.	Protokolle
1c – 1	Interessen-gruppen-management	Die GF erarbeitete ein Portfolio der relevanten Interessensgruppen und deren Bedürfnisse und Erwartungen.	Die identifizierten Interessengruppen werden mindestens halbjährlich bzw. bei Bedarf auf Vollständigkeit und Anspruchshaltung überprüft bzw. ergänzt. Hierzu werden verbale oder schriftliche Feedbacks (z.B. aus Befragungen, Gesprächen, Tickets) herangezogen.	Vergleiche mit bewerteten Unternehmen fanden aus der Assessorentätigkeit heraus statt.	Portfolio der Interessengruppen, Anspruchsmatrix
1c – 2	Partizipation	Die GF fördert das Einbringen von Ideen durch Kunden und Partner zur innovativen Entwicklung des Unternehmens und dessen Produkte.	Die GF steht in persönlicher Interaktion mit brancheninternen Freelancern, Arbeitsgruppenmitgliedern und weiterer Kunden und fördert durch persönliche Gespräche, persönliche Rückmeldungen auf E-Mails oder das Organisieren von Treffen die Bereitschaft sich einzubringen.	Aufgrund der Anregung seitens der cmxOrganize-Kunden wurde im Juni 2012 erstmalig ein Anwendertreffen durchgeführt. Die eingehenden Vorschläge werden systematisch im Ticket- und Aufgabensystem dem Kunden zugeordnet und vom System zahlenmäßig ausgewertet.	Auswertungen aus cmxOrganize, Statistik
1c – 3	Innovationsimage	Die GF erarbeitet innovative Lösungen.	Auf der Basis der alltäglichen Problemstellungen der Kunden werden innovative Lösungen erarbeitet. Dabei kommen zukunftsorientierte Technologien zum Einsatz.	Die Feedbacks der Kunden und Interessengruppen dienen der Reflexion des Innovations- und Attraktivitätsgrades.	Befragungsergebnisse Anzahl aktiver Interessensbeurkundungen bei / mit uns arbeiten zu wollen (cmxOrganize)

www.cmxkonzepte.de

435

Teil-kriterium	Titel	Vorgehen	Umsetzung	Bewertung & Verbesserung	Nachweise
1b – 3	Forecasting	Die GF hat ein CRM-System und ein EXCEL-Sheet entwickelt.	Zu erwartende Umsätze und Kundenzusagen werden aus dem CRM dokumentierten Informationen abgeleitet und in monetäre Planzahlen in den Forecast überführt.	Plan und ist werden abgeglichen und die Treffsicherheit überprüft. Daraus leitet sich ein Lernprozess ab.	cmxOrganize Wirtschaftsplan
1b – 4	Risikomanagement	Die GF erarbeitet relevante Risiken im Rahmen der Ausarbeitung der SWOT-Analyse.	Mindestens halbjährlich bzw. bei gegebenem Anlass wird die SWOT-Analyse von der GF überarbeitet und die identifizierten Risiken neu eingeschätzt bzw. unter Einbeziehung der Mitarbeiter und deren Fachexpertise ausgearbeitet, bewertet, priorisiert und adäquate Maßnahmen abgeleitet.	Die nachträgliche Betrachtung der ursprünglich vorgenommenen Risikobewertung führt bei der GF zu einem verbesserten Risikobewusstsein.	SWOT-Analyse Verschiedene Risikobewertungen, wie die Einschätzung von Sicherheitslücken
1b – 5	Datenerhebung	Die GF erhebt unterschiedlichste Daten hinsichtlich der Leistungen der Organisation, um darauf die strategischen Entscheidungen zu stützen.	Verantwortlich für die Datenerhebung und -interpretation ist GK. Genaueres hierzu findet sich in 2b.	Die Folgerichtigkeit der aus den Daten gezogenen Schlüsse werden z.B. im Rahmen von Expertenbefragungen (Mitglieder der VHS-AG) reflektiert und Relevanz und Zielwerte.	Statistiken, Berichte, Auswertungen in cmxOrganize
1b – 6	Vertrauensbildung	Die GF ist im engen Austausch mit ihren Kunden.	In regelmäßigen persönlichen Gesprächen, Arbeitsgruppentreffen und Anwendertreffen wird transparent über Aktuelles und Geplantes, Risiken und Vorgehensweisen diskutiert.	Die Risiken und Vorgehensweisen werden ad hoc kommentiert und ggf. Änderungen in Einschätzung oder Vorgehen zur Überprüfung gebracht.	Protokolle
1c – 1	Interessen-gruppen-management	Die GF erarbeitete ein Portfolio der relevanten Interessengruppen und deren Bedürfnisse und Erwartungen.	Die identifizierten Interessengruppen werden mindestens halbjährlich bzw. bei Bedarf auf Vollständigkeit und Anspruchshaltung überprüft bzw. ergänzt. Hierzu werden verbale oder schriftliche Feedbacks (z.B. aus Befragungen, Gesprächen, Tickets) herangezogen.	Vergleiche mit bewerteten Unternehmen fanden aus der Assessorentätigkeit heraus statt.	Portfolio der Interessengruppen, Anspruchsmatrix
1c – 2	Partizipation	Die GF fördert das Einbringen von Ideen durch Kunden und Partner zur innovativen Entwicklung des Unternehmens und dessen Produkte.	Die GF steht in persönlicher Interaktion mit brancheninternen Freelancern, Arbeitsgruppenmitgliedern und weiterer Kunden und fördert durch persönliche Gespräche, persönliche Rückmeldungen auf E-Mails oder das Organisieren von Treffen die Bereitschaft sich einzubringen.	Aufgrund der Anregung seitens der cmxOrganize-Kunden wurde im Juni 2012 erstmalig ein Anwendertreffen durchgeführt. Die eingehenden Vorschläge werden systematisch im Ticket- und Aufgabensystem dem Kunden zugeordnet und vom System zahlenmäßig ausgewertet.	Auswertungen aus cmxOrganize, Statistik
1c – 3	Innovationsimage	Die GF erarbeitet innovative Lösungen.	Auf der Basis der alltäglichen Problemstellungen der Kunden werden innovative Lösungen erarbeitet. Dabei kommen zukunftsorientierte Technologien zum Einsatz.	Die Feedbacks der Kunden und Interessengruppen dienen der Reflexion des Innovations- und Attraktivitätsgrades.	Befragungsergebnisse Anzahl aktiver Interessensbeurkundungen bei / mit uns arbeiten zu wollen (cmxOrganize)

Teil-kriterium	Titel	Vorgehen	Umsetzung	Bewertung & Verbesserung	Nachweise
1c – 4	Partnerschaften	Die GF hat Partnerschaften als strategische Erfolgsfaktoren erkannt und daraus den Slogan Kompetenzen bündeln – Lösungen schaffen für sich abgeleitet sowie ein stabiles Partnernetzwerk aufgebaut.	Die Partnerschaften werden regelmäßig auf Wichtigkeit und Lücken hinsichtlich der strategischen Ausrichtung überprüft bzw. ergänzt.	Diese Vorgehensweise hat sich im Rahmen der Beschäftigung bei einem früheren Arbeitgeber als gut erwiesen und wurde übernommen.	Partnerportfolio Partnerleitbild Kompetenzmatrix SWOT-Analyse Gelebte Vernetzung in Online-Netzwerken und über Skype
1c – 5	Transparenz	Die GF hat das Thema „Transparenz zur monetären Situation" der Unternehmung als vertrauensbildende Maßnahme identifiziert und ist hierzu im Austausch mit den relevanten Interessengruppen.	Die GF erstattet den wichtigsten Kundenvertretern (VHS-AG / Investoren) einmal jährlich Bericht über die finanzielle Situation des Unternehmens und bespricht den Jahresabschluss bzw. die aktuelle Situation bei Bedarf mit dem Steuerberater und dem Betreuer der Hausbank.	Die aktuelle Fachexpertise der Partner ermöglicht die Überprüfung der aktuellen Vorgehensweise und gibt Anregungen für die Zukunft.	Besprechungen Monatliche BWA Kreditlinie Bilanz
1d – 1	Mitarbeiter-beteiligung	Die GF fördert die Autonomie der Mitarbeiter und bezieht diese je nach fachlicher Ausrichtung in festgelegten Rhythmen, ereignisbezogen oder routinemäßig in Entscheidungen ein.	Eigenverantwortliches und selbständiges Arbeiten in der Entwicklung wird von der GF gefördert und gefordert, Mitarbeiter werden in die Verbesserung der Abläufe und Produkte einbezogen.	Feedbacks aus dem Team ermöglichen die Kalibrierung auf das angemessene Maß.	Besprechungsprotokolle
1d – 2	Ideenmanagement	Die GF fördert die Mitarbeiter hinsichtlich der Entwicklung Ideen und des Einschlagens neuer Wege und Lösungsansätze – auch in der sozialen Interaktion.	Im Rahmen von z.T. mehrmals täglich stattfindenden Besprechungen werden Lösungsansätze kreativ erarbeitet. Jeder Ansatz wird geehrt und respektiert und überprüft. Das Arbeiten an Aufgaben in Teams dient dem Kennenlernen anderer Denkweisen und eröffnet Horizonte.	Aus Teamgesprächen wurde klar, dass die gewählte Vorgehensweise auf große Akzeptanz stößt. Es konnten damit bereits diverse positive Ergebnisse erzielt werden. Durch die Konfrontation mit multiplen Perspektiven werden Lernprozesse ermöglicht.	Exemplarische Darlegung
1e – 1	Veränderungs-bedarf erkennen	Die GF beobachtet den Markt, die technologischen Entwicklungen, gesetzliche und rechtliche Forderungen und Vorgaben.	Marktanalyse und -forschung wird durch GK, Beobachtung und Bewertung neuer Technologieentwicklung (HTML5, Schadsoftware) durch AF (Golem, neue Standards, Empfehlungen des W3C) und rechtliche bzw. gesetzliche Aspekte je nach Bezug betrieben.	In 2012 wurde erstmals HTML5 zum Einsatz gebracht und ein hochsensibles Frühwarnsystem für Hackerangriffe etabliert. Die Vorgehensweisen haben sich aufgrund jahrelanger Erfahrung als zielführend herausgestellt.	Zeit- und Entwicklungsnachweise im Ticketsystem

www.cmxkonzepte.de

437

Teil-kriterium	Titel	Vorgehen	Umsetzung	Bewertung & Verbesserung	Nachweise
1e – 2	Veränderungs-fähigkeit besitzen	Die GF hat die Bereitschaft zur Veränderung und besitzt das Know-how, den damit verbundenen Herausforderungen zu begegnen. Veränderungs- und Anpassungsfähigkeit ist der von der GF erkannte Schlüsselerfolgsfaktor. Ein kleines agiles kompetentes und schlagkräftiges Team, das auf der Basis seines Know-hows und der Erfahrungen schnell neues Wissen aufbauen kann, sowie flache Hierarchien und kurze Entscheidungswege ermöglichen die rasche Umsetzung von Veränderungsprojekten.	Schon die Firmengründung war die erste einschneidende Veränderung. Die GF verfügt über Projektmanagementerfahrung und setzt zusammen mit den Mitarbeitern wichtige Veränderungsmaßnahmen in Form von Projekten um. So wurden z.B. Instrumente, wie das Ticket- und Aufgabensystem geschaffen, um Veränderungen bewältigt zu bekommen. Budget- und Ressourcenplanung berücksichtigt mögliche Change-Szenarien.	Die Kompetenzmatrix dient der Bewertung und dem Erkennen fehlender Kompetenzen.	Ticket- und Aufgabensystem
1e – 3	Zukunftsfähigkeit sichern	Die Entwicklung basiert auf der objektorientierten und semantisch korrekten Abbildung der Wirklichkeit. Diese Vorgehensweise sichert die Erweiterbarkeit hinsichtlich zukünftiger Anforderungen.	Für die Objekte wurde ein Standard für deren Aufbau erarbeitet. Zusätzlich wird im Rahmen von Konzeptionsmeetings die korrekte Verwendung der entsprechenden Begriffe erarbeitet.	Anhand einiger Beispiele, wie der Umbenennung von Massenkommunikations-eintrag in Nachricht lassen sich die Lerneffekte der Vergangenheit belegen. Bereits in den ersten 1,5 Jahren wurde cmxOrganize aufgrund mannigfaltiger Anforderungen um dutzende Objekt erweitert.	Objekthistorie
1e – 4	Zukunftsfähigkeit sichern	Vertragliche Regelungen stellen erforderliche Anpassungen und Weiterentwicklungen sicher und schützen so vor Verweigerungshaltungen aufgrund gewohnter Vorgehensweisen.	Im Vertrag zu cmxOrganize ist enthalten, dass Anpassungen vom Kunden akzeptiert werden müssen, auch wenn es dadurch zu Veränderungen im Produkt kommt.	Dieser Passus wurde von Beginn an im Vertragswerk festgehalten, da rasante Veränderungen z.B. in der Oberfläche von Facebook uns für diese Thematik sensibilisiert hatten.	Vertragswerk
1e – 5	Zukunftsfähigkeit sichern	Die intensive Bindung der Kunden an Produkte sichert die nachhaltige Unterstützung.	Kunden wurden als Investoren bzw. F&E-Projektantragssteller und AG-Mitglieder zur erfolgreichen Produktentwicklung verpflichtet.	Da sich diese Vorgehensweisen als Bindungsinstrumente bestätigt haben, wird auch weiterhin nach Möglichkeiten dieser Art gesucht. So wurden z.B. erstmals in 2012 Freelancer aus dem VHS-Kunden-Kreis für Schulungsmaßnahmen akquiriert.	Umsetzungsquote der Investoren

438

2 Strategie

Teil-kriterium	Titel	Vorgehen	Umsetzung	Bewertung & Verbesserung	Zugehörige Dokumente
2a – 1	Auswertung von Befragungen und persönlichen Rückmeldungen	Formelle Befragungsergebnisse der Interessengruppen sowie informelle, unstrukturierte Feedbacks dienen bei der Strategieentwicklung und -anpassung als Input.	Aus den Rückläufen der Befragungen und den dokumentierten persönlichen Feedbacks werden aussagekräftige Statistiken / Auswertungen von der GF erstellt. Im Rahmen des Strategieentwicklungsprozesses werden die erhobenen und ausgewerteten Anregungen von der GF zur Weiterverarbeitung in den Prozess eingebracht.	Seit 2012 werden auch alle informellen, unstrukturierten Feedbacks gesammelt und dokumentiert. Um diese Ideen in Zukunft gezielt zu kanalisieren wird eine eigene E-Mail „idee@" etabliert und in cmxOrganize überführt. Intern können Ideen und Anregungen direkt in cmxOrganize festgehalten werden.	Befragungsergebnisse und E-Mails, Dokumentation im Aufgaben- und Ticketsystem, Auswertungen
2a – 2	Beobachtung externer Rahmenbedingungen	Die Ergebnisse aus der unter 1e geschilderten Marktbeobachtung, der technologischen Entwicklungen sowie Änderungen bei gesetzlichen und rechtlichen Forderungen und Vorgaben werden zur Strategieentwicklung herangezogen.	Aus den Recherchen werden priorisierte Themenlisten erarbeitet. Im Rahmen des Strategieentwicklungsprozesses werden die erhobenen und ausgewerteten Informationen von der GF zur Weiterverarbeitung in den Prozess eingebracht. So wurde z.B. aufgrund der frühzeitigen Information aus unserem Kundenkreis, dass Volkshochschulen EFQM-Maßnahmen durch den bvv gefördert bekommen und ggf. durch Änderungen im EBFÖG ein QM-System vorweisen müssen, die Beratergenehmigung von GK beim bvv angestoßen.	In den Teammeetings wird reflektiert, ob alle relevanten Informationsquellen berücksichtigt wurden und inwiefern unerwartete Strömungen auf die Organisation Einfluss nahmen.	Dokumentation in cmxOrganize mit Priorisierung, Teammeetingergebnisse
2b – 1	Verwendung der Datenerhebung	Die unter 1b -5 gezogenen Rückschlüsse werden für die Strategieentwicklung genutzt.	Kennzahlen der BSC, Ergebnisse von Fremdbewertungen oder Benchmarkdaten dienen als Basis der internen Leistungsbewertung.	Dieses Set an Daten wurde in 2009 aufgebaut und wird seitdem konsequent weiterentwickelt.	Auswertungen, Protokolle
2b – 2	Arbeiten entlang der Kernkompetenzen	Bereits bei der Gründung des Unternehmens und beim Aufbau des Produktportfolios wurden die vorhandenen und erforderlichen Kernkompetenzen ermittelt.	Die GF erhebt halbjährlich oder bei Bedarf zusammen mit den Mitarbeitern und Partnern die strategisch relevanten Kompetenzen und Bedarfe.	Seit 2012 existiert eine detaillierte Kompetenzmatrix, in welcher die vorhandenen und zukünftig erforderlichen Kompetenzbedarfe festgehalten und aktualisiert werden.	Kompetenzmatrix
2b – 3	Neue Technologien	AF prüft technologische Entwicklungen mit Blick auf die Auswirkungen hinsichtlich der eigenen Leistungsfähigkeit.	Aufgrund täglicher Recherchen in GOLEM oder Fachforen sowie durch Gespräche mit Mitarbeitern und Experten, wie z.B. dem Beratungszentrum, werden neue Technologien, deren Umsetzung unsere Leistung positiv beeinflussen könnte, ermittelt.	Ob die Umsetzung der Technologie tatsächlich den gewünschten Nutzen gebracht hat, wird mit Tests und Instrumenten zur Visualisierung überprüft. So wurde z.B. der Einsatz von Views wieder zurückgebaut und die Einführung von HTML5 als sinnhaft bestätigt.	HTML5, Benchmarksystem, Vorher-Nachher- Screens, Profilingsystem

Teil-kriterium	Titel	Vorgehen	Umsetzung	Bewertung & Verbesserung	Zugehörige Dokumente
2b – 4	Interne Benchmarks	Das Messen von Zeiten für Vorgänge dient der eigenen Leistungsbeurteilung und der Identifizierung von Verbesserungspotenzialen.	Das in 2012 in cmxOrganize etablierte Ticket- und Aufgabensystem, welches ein Vorgängersystem ohne Zeiterfassung abgelöst hat, wird von der GF und den Mitarbeitern im Support und im Bereich der Online-Schulungen eingesetzt, um Vorgänge und die dafür erforderlichen zeitlichen Ressourcen zu protokollieren.	Die Dauer eines Vorgangs wird vom System mit der Plandauer (bei Standardaufgaben, Angebotserstellung mit Zeit- und Kostenkalkulation vordefiniert) abgeglichen und die Differenz automatisch ausgerechnet. Diese Ergebnisse dienen z.B. der Kalibrierung bzgl. verbesserter Aufwandschätzung oder dem Erkennen von Schulungsbedarfen.	Auswertungsreport im Aufgaben- und Ticketsystem und Maßnahmenableitung
2c – 1	Strategie-Entwicklung	Die GF hat in 2012 einen Strategieentwicklungsprozess designed, der der Umsetzung der Vision, Mission dient und auf die Erreichung des Unternehmenszieles 2017 ausgerichtet ist.	Seit 2012 findet die Entwicklung und Anpassung der strategischen Ausrichtung durch GF in Zusammenarbeit mit den Mitarbeitern anhand des im Strategieprozess vorgegebenen Pfades statt.	Der Prozess wurde nach der Analyse verschiedener Strategieprozesse anderer Unternehmen durch Anpassung auf die eigenen Gegebenheiten entwickelt. Die einzelnen Schritte des Strategieprozesses werden inhaltlich und zeitlich protokolliert. Vorgehen, Aufwand und Ergebnisse werden im Team reflektiert und ggf. in Maßnahmen, wie der Anpassung des Prozesses, übersetzt.	Strategieprozess, SWOT-Analyse, Dokumentation in cmxOrganize
2d – 1	Strategie-umsetzung > Wege	Die Management-, Kern- und Unterstützungsprozesse sind erarbeitet und in einem Prozessmodell in Form unserer Prozessblume visualisiert.	Die Prozesse der Prozessblume sind als Vorgangsvorlagen in cmxOrganize hinterlegt. Diese enthalten die entsprechenden Aufgaben und sind ggf. bereits den zuständigen Personen zugewiesen. Bei Start eines Prozesses wird ein neuer Vorgang von der entsprechenden Vorlage abgeleitet und abgearbeitet.	Den Endpunkt des Prozesses bildet die Beurteilung / Bewertung. Jede Aufgabe aber auch jeder Vorgang wird qualitativ bewertet, um daraus Lernprozesse abzuleiten. In den Teammeetings ist dafür ein eigener Punkt auf der Agenda vorgesehen. Ein elektronisches Bewertungssystem in cmxOrganize befindet sich derzeit im Aufbau.	Protokollierung der Teammeetings in cmxOrganize
2d – 2	Strategie-umsetzung > Ziele	Die GF hat ein Kennzahliensystem erarbeitet und in einer BSC mit sechs Perspektiven abgebildet.	Die GF hat ein Kennzahliensystem erarbeitet und in einer BSC mit 6 Perspektiven als Zielsystem abgebildet. Das mittelfristige Unternehmensziel 2017 werden auf Jahresziele heruntergebrochen und deren Erreichung in den sechs relevanten Perspektiven durch die GF überprüft.	Im Rahmen der Strategieentwicklung wird die Eignung des Zielsystems zur Entfaltung der Strategie hinterfragt. Beispiele für Verbesserungen ist die Einführung der sechsten Perspektiven Ende 2011. Außerdem werden ab Ende 2012 zwei neue Schlüsselkennzahlen in der BSC zum Tragen kommen.	BSC Dokumentation aus dem Strategieprozess

3 Mitarbeiterinnen und Mitarbeiter

Teil-kriterium	Titel	Vorgehen	Umsetzung	Bewertung & Verbesserung	Zugehörige Dokumente
3a – 1	Mitarbeiter-kompetenzen	Die erforderlichen Mitarbeiterkompetenzen werden aus der Strategie abgeleitet.	Es wurde eine Kompetenzmatrix entwickelt, welche gemäß den strategischen Gegebenheiten an die aktuellen und zukünftigen Herausforderungen angepasst wird.	Bereits wenige Wochen nach der Einstellung von unserem neuen Mitarbeiter Hr. Roth gab es mehrere Schlüsselsituationen, die die Personalauswahl anhand seines Kompetenzprofils als richtig untermauerten.	Fallschilderung
3a – 2	Personalplanung	Die Personalplanung leitet sich aus der Strategie und den erforderlichen Kompetenzen ab.	Für die kommenden Jahre wurde von der GF eine jährliche Personalbedarfsplanung entwickelt. Auf der Grundlage dieser Planung wurden im 2012 bereits zwei neue nebenberufliche Mitarbeiter und zwei Freelancer akquiriert.	Der Grad der Auslastung bei gleichzeitig gestiegener Kundenanzahl konnte wie geplant hinsichtlich der Köpfe auf gleichem Niveau gehalten werden.	Personalplan
3a – 3	Mitarbeiter-recruiting	Für die Einstellung neuer Mitarbeiter wurde bereits in 2010 ein Recruitingprozess eingeführt.	Die GF führt die Einstellungen nach der definierten Vorgehensweise durch.	Der letzte Einstellungsprozess zeigte, dass der richtige Mitarbeiter gefunden wurde, der tatsächlich die gestellten Anforderungen erfüllt. Validität des Prozesses.	Recruitingprozess Protokolle
3a – 4	Mitarbeiter-feedback	Mitarbeiterfeedbacks wurden von der GF als fester Bestandteil in die monatlichen Teammeetings aufgenommen.	Jede Teammeeting-Agenda enthält sowohl die Frage nach erfolgreich bewältigten Situationen oder Aufgaben, die uns mit Stolz erfüllen können aber auch nach aktuell belastenden Elementen des täglichen Tuns, für die hochpriorisiert nach Lösungen gesucht wird. Darüber hinaus kann jeder Mitarbeiter Wünsche und Anträge einbringen.	Jeder Mitarbeiter nimmt diese Möglichkeit wahr und bringt sich aktiv ein.	Dokumentation in cmxOrganize
3b – 1	Kompetenz-entwicklung und Leistungs-verbesserung	Lücken zwischen erforderlichen und vorhandenen Kompetenzen werden mit Blick auf die Aufgabenbereiche der Mitarbeiter ermittelt und Bildungsbedarfe ab- bzw. Maßnahmen eingeleitet.	Erforderliche Kernkompetenzen werden primär im eigenen Team aufgebaut. Es wurde eine Kompetenzmatrix erarbeitet, welche neben der personale Kompetenz auch die Aktivitäts- und Handlungskompetenz, die soziale Kompetenz sowie die Fach- und Methodenkompetenz abbildet. Die von der GF mit den Mitarbeitern individuell erarbeitet Kompetenzspinne spiegelt die erforderlichen Kompetenzen und Ausprägungen in Anlehnung an das Aufgabenspektrum sowie die jeweilige Ausprägung gemäß Selbst- aber auch Fremdeinschätzung durch den Vorgesetzten wider. Darüber hinaus wird die Aufgabenerfüllung qualitativ bewertet.	Auf dieser Basis der identifizierten Gaps werden Kompetenzfördermaßnahmen eingeleitet, Rahmenbedingungen zur Leistungssteigerung geschaffen bzw. neue Herausforderungen unter Einbindung der Mitarbeiter festgelegt.	Kompetenzmatrix Bewertung der Aufgaben Weiterbildungskonzept

www.cmxkonzepte.de

441

Teil-kriterium	Titel	Vorgehen	Umsetzung	Bewertung & Verbesserung	Zugehörige Dokumente
3c – 1	Handlungsspiel-räume	Die Handlungsspielräume wurden zusammen mit den Mitarbeitern definiert und werden regelmäßig adaptiert.	Durch Stellenbeschreibungen und Fallbesprechungen erhalten die Mitarbeiter ein valides Gefühl ihrer Handlungsspielräume.	In Gesprächen zwischen VG und MA sowie in Teammeetings werden die Freiheitsgrade immer wieder neu diskutiert und Feedback zur Diskussion eingeholt.	Stellenbeschreibung
3c – 2	Aufgaben und Kompetenzen	Die GF fördert und fordert die Mitarbeiter in ihrem Aufgabenfeld selbständig tätig zu werden.	Die Mitarbeiter kennen ihre Aufgabenbereiche und die erforderlichen Kompetenzen. Jeder Mitarbeiter verfügt über eine Stellenbeschreibung, welche eine detaillierte Aufgabenliste enthält. Den Aufgaben sind in der individuellen Kompetenzmatrix die jeweils erforderlichen Kompetenzen zugewiesen.	Die Aufgabenliste eines Mitarbeiters wird flexibel an die Bedarfe der Organisation und deren strategischer Ausrichtung angepasst.	Kompetenzmatrix Aufgabenliste
3c – 3	Handlungsspiel-räume und gestalterische Einbeziehung	Die GF schafft eine Kultur, die die Mitarbeiter anregt kreative Ideen einzubringen und sich an der Entwicklung des Unternehmens zu beteiligen.	Die GF ermutigt die Mitarbeiter ihre Handlungsspielräume zu nutzen und sich an der kontinuierlichen Weiterentwicklung und Verbesserung unserer Produkte, Dienstleistungen und Prozesse zu beteiligen, indem auch diese Punkte in die Agenda der Teammeetings integriert sind.	Die Anregungen der Mitarbeiter werden in das Aufgabensystem in cmxOrganize übernommen, bewertet und umgesetzt.	cmxOrganize-Auswertung
3d – 1	Mediengestützte Kommunikation	Die Organisation ist aufgrund der räumlichen Verteilung ihrer Mitglieder zu einem großen Teil auf mediengestützte Kommunikation angewiesen, welche dem Austausch aber auch dem Wissenstransfer dient.	In der Organisation kommen vor allem digitale Medien zum Einsatz. Neben E-Mail und Nachrichtensystem wird für die Missverständnis freie Kommunikation Desktopsharing oder auch Videokonferencing bei Bedarf genutzt. Die schnelle Erreichbarkeit in dringenden Fällen sichern - nach außen nicht kommunizierte - Telefonnummern sowie die Verwendung von Instant Messaging via skype. Dokumente werden über die kontext- bzw. kundenspezifische Ablage in cmxOrganize ausgetauscht.	Alle etablierten Kommunikationskanäle werden von den Mitarbeitern fallspezifisch genutzt.	Dokumentierte Feedbacks der Mitarbeiter
3e – 1	Teamspirit	Teamgeist und wechselseitige Unterstützung wurden von der GF als zentraler Erfolgsfaktor für die Organisation identifiziert.	Teammeetings dienen gerade im verteilt agierenden und hauptsächlich virtuelle kommunizierenden Team dazu, den Kontakt aufrechtzuerhalten, das Zusammengehörigkeitsgefühl zu fördern, das Verständnis fureinander zu erhöhen und das gegenseitige Vertrauen zu stärken.	Die Teammeetings werden von den Mitarbeitern als Bereicherung empfunden.	Dokumentierte Feedbacks der Mitarbeiter

442

Teil-kriterium	Titel	Vorgehen	Umsetzung	Bewertung & Verbesserung	Zugehörige Dokumente
3e – 2	Mitarbeiter-anerkennung	Mitarbeiter erfahren die Anerkennung in ihrem Tun.	Es wurden verschiedene Mechanismen der Anerkennung installiert. Neben der persönlichen Gratulation zum Geburtstag, einer kleinen Weihnachtsaufmerksamkeit und der Ausrichtung eines Weihnachtsessens bekommen die Mitarbeiter im Rahmen des Teammeetings die Möglichkeit über ihre Erfolge zu berichten. Situationsbezogenes Lob wird den Mitarbeitern vor versammelter Mannschaft oder auch in Einzelgesprächen ausgesprochen. Dies basiert auf der Sammlung positiver Feedbacks durch Kunden per E-Mail oder im Rahmen persönlicher Gespräche. Darüber hinaus erhalten die Mitarbeiter Werbungsprämien für die Kundenwerbung. Die tolle Leistung bisher soll in 2012 natürlich auch durch die Einladung zur Preisverleihung des LEP in Berlin anerkannt werden.	Die Mitarbeiter bestätigen, dass ihnen diese Art der Anerkennung etwas bedeutet und bringen ein, wodurch sie sich anerkannt fühlen würden. Eine besondere Anerkennung ist z.B. die Teilnahme am jährlichen Strategie-ag im Rechenzentrum.	Dokumentierte Feedbacks der Mitarbeiter
3e – 2	Mitarbeiter-fürsorge	Die Geschäftsführung sorgt sich um das Wohl der Mitarbeiter.	Im Arbeitsvertrag ist geregelt, dass mehr als 20 Überstunden nur nach Rücksprache mit der GF aufgebaut werden dürfen. Das Gleichgewicht zwischen Arbeit und Familienleben fördern wir z.B. durch die Ermöglichung des Urlaubs in den Ferienzeiten und des Arbeitens im Homeoffice. Darüber hinaus übernehmen wir z.B. die Kosten für gesundheitsförderliche Maßnahmen.	Die Kostenübernahme (Yoga-Kurs) wurde aktiv durch GK in 2012 angeregt.	Dokumentierte Feedbacks der Mitarbeiter

444

4 Partnerschaften und Ressourcen

Teilkriterium	Titel	Vorgehen	Umsetzung	Bewertung & Verbesserung	Zugehörige Dokumente
4a – 1	Partnerakquise	Partner sind eine relevante Interessensgruppe hinsichtlich ihrer Beratungsleistung als Fachexperten, agieren als Innovationstreiber, ermöglichen die Portfolio- und Produktentwicklung oder dienen der Entlastung interner Ressourcen, wobei sie z.T. rasch, risikofrei und kostengünstig zum Einsatz gebracht werden können. Die GF pflegt und erweitert daher ein Netzwerk potenzieller Partner und hat im Rahmen des Partnermanagements ein Vorgehen für die Akquise erarbeitet. Dazu wurde in 2010 ein Prozess entwickelt, der das Partnermanagement organisiert.	Bereits seit vielen Jahren pflegt die GF ein Netzwerk an branchenrelevanten Kontakten (IT & VHS), baut dieses kontinuierlich aus. Gemäß der Vorgehensweise des Partnermanagementprozesses werden die Partner - unter Berücksichtigung der erforderlichen Kompetenzen oder Dienstleistungsqualität - aus dem Pool potenzieller Partner direkt durch die GF akquiriert.	Bereits heute liegen mehrere Interessensbekundungen von möglichen Freelancern hinsichtlich einer freiberuflichen Zusammenarbeit vor. Die beiden seit 2012 neu eingesetzten Partner konnten ebenfalls aus diesem Netzwerk heraus akquiriert werden.	Auswertung aus cmxOrganize Partnermanagementprozess
4a – 2	Zusammenarbeit mit Partnern	Die Organisation baut vertrauensvolle, nutzenstiftende und auf Stabilität ausgerichtete Beziehungen zu Partner auf, indem die GF systematisch den Kontakt zu den Partnern hält.	Persönliche Gespräche oder sogar Treffen finden mindestens jährlich zwischen GF und den Partnern statt. Im Rahmen dieser Gespräche werden die für diese Partnerschaft relevanten strategischen Überlegungen besprochen und reflektiert, um den weiteren gemeinsamen Weg zu besprechen. Partner werden aber auch zu relevanten Teammeetings oder Konzeptionsrunden eingeladen und so in aktuelle Entwicklungen einbezogen. Umgekehrt unterstützen wir z.B. auch Partner zu deren Fortkommen.	Im August 2011 wurde ein Termin beim Rechenzentrum realisiert, um die Wachstumspläne mit den Kollegen zu besprechen. Im Rahmen dieses Gesprächs wurde die zukünftig erforderliche Serverarchitektur besprochen, wodurch gegenüber den eigenen Planen Kosten eingespart werden können. Außerdem wurden verschieden Features in cmxOrganize oder Teile des Produktportfolios zusammen mit Partnern erarbeitet und in Kooperation angeboten. Andererseits beteiligen wir uns an der Entwicklung von Partnersoftware.	Partnermanagementprozess Partnerportfolio Produktportfolio
4a – 3	Partnerbewertung und –exit	Das Partnermanagement dient auch dazu, nicht weiter zu verfolgende Partnerschaften zu identifizieren, um keine unnötigen Ressourcen durch die Betreuung irrelevanter Partner zu vergeuden.	Jährlich wird im Rahmen des Strategieprozesses die Position der Partner im Partnerportfolio bewertet. Im Zeitverlauf wird die Wichtigkeit und die monetäre Relevanz der Partner bewertet. Sollte sich eine Partnerschaft als nicht mehr verfolgenswert entpuppen, wird diese in einem offenen Dialog beendet.	Von 2011 auf 2012 haben zwei Partner stark an Wichtigkeit verloren. Ihre Leistung rückte aufgrund des internen Know-how-Aufbaus (der immer im Vordergrund steht) in den Hintergrund. In 2013 wird man sich von einem Partner offen trennen. Ein weiterer Partner wird nur noch eine marginale Rolle einnehmen und auf absehbare Zeit komplett weggubrechen.	Partnermanagementprozess Partnerportfolio

Teil-kriterium	Titel	Vorgehen	Umsetzung	Bewertung & Verbesserung	Zugehörige Dokumente
4b – 1	Budget- und Investitions-planung	Finanzielle Stabilität ist die Basis für Souveränität im Handeln und Freiräume in der Entwicklung. Daher werden die Finanzen durch die GF im Rahmen der Budget- und Investitionsplanung gemanagt.	Die GF erstellt jährlich einen Budget- und Investitionsplan und bildet die monetären Planbeträge als Kennzahlen in der BSC ab. Neben dem Forecast, der kontinuierlich angepasst wird, wurde ein System mit Finanzkennzahlen und -zielwerten aufgebaut, welches sich aus dem Wertekanon und der Strategie ableitet.	Gemeinsam mit der langjährigen Steuerkanzlei überprüft die GF die Vermögens- und Ertragslage monatlich im Rahmen der BWA und mindestens einmal jährlich im Rahmen der Bilanzbesprechung.	BSC Wirtschaftsplan
4b – 2	Finanzübersicht und Forecasting	Die GF hat einen umfassenden Wirtschaftsplan aufgebaut, welche eine aktuelle Übersicht zur finanziellen Situation des Unternehmens ermöglicht.	Dieser kontinuierlich von der GF gepflegte Wirtschaftsplan stellt rollierend die zu erwartenden, geplanten bzw. tatsächlichen Ausgaben den zu erwartenden, geplanten bzw. realisierten Einnahmen gegenüber.	Ende 2011 haben sich die Planzahlen bis auf eine geringe Abweichung bestätigt.	Wirtschaftsplan
4b – 3	Debitoren- und Kreditoren-management	In einem wöchentlichen Turnus werden die Forderungen und Verbindlichkeiten der Organisation abgearbeitet.	Die GF kommt wöchentlich den offenen Verbindlichkeiten nach, erhebt die Forderungen und überprüft die offenen Posten, welche als nicht abgerechnet im Rechnungsstellungstool MyOffice gekennzeichnet sind, um ggf. das Mahnwesen einzuleiten.	Dieses System ist hoch effektiv. In 2011 konnten alle offenen Forderungen bis zum Februar des Folgejahres abgehandelt werden. Der Automatisierungsgrad ermöglicht eine effiziente Abarbeitung.	Listen mit zu stellenden Rechnungen und OPs im Rahmen der Verträge in MyOffice
4b – 4	Angebots-kalkulation	Angebote werden nach einem standardisierten Vorgehen erstellt.	Die GF arbeitet und verschickt innerhalb einer Woche nach Angebotsanforderung zusammen mit den umsetzenden Mitarbeitern die Kundenangebote. Die Grundlage bilden die geschätzten Stundenaufwand und die Einbeziehung eines adäquaten Puffers.	Die Treffsicherheit der Kalkulationsgrundlage wird durch den Abgleich der Plandauer pro Aufgabe im Vergleich zur tatsächlich benötigten Entwicklungsdauer in Verbindung mit dem eingeplanten Puffer hinterfragt. Dieser Abgleich wird automatisch im Vorgangssystem errechnet.	Auswertung aus cmxOrganize
4c – 1	Büroräume	Die GF hat ein Raumkonzept zur Raumbedarfsplanung entwickelt.	Auf der Basis der strategischen Personalplanung werden - unter Berücksichtigung der Nutzung von Homeoffices - die künftigen Raumbedarfe für die kommenden Jahre ermittelt.	Die kostengünstig von AF zur Verfügung gestellten Büroräume werden aufgrund der Möglichkeit des verteilten Arbeitens noch für die kommenden zwei bis drei Jahre genügend Platz für die Organisation bieten. Ein räumlicher Wechsel wäre jedoch ohne größeren Aufwand schnell und kostengünstig realisierbar.	Raumbedarfskonzept

Teil-kriterium	Titel	Vorgehen	Umsetzung	Bewertung & Verbesserung	Zugehörige Dokumente
4c – 2	IT-Infrastruktur	Die erforderliche interne IT-Infrastruktur wird für den Firmensitz geplant.	AF und FR haben gemeinsam eine Bedarfs- und Verfügbarkeitsanalyse für den Standort Legau und ein Verfügbarkeitsstrategie erarbeitet. Aufgrund des webbasierten Arbeitens ist der Zugang zum Internet die wichtigste Ressource. Der Internetzugang über den Festnetzanschluss ist zu über 99,99% verfügbar. Bei Nichtverfügbarkeit besteht die Möglichkeit per UMTS auf das Internet zuzugreifen.	Dieses Konzept wurde aufgrund eines mehrstündigen Internetausfalls in 2011 erarbeitet.	SWOT-Analyse
4c – 3	Reisen	Die Reisetätigkeiten werden geplant.	Die Reisetätigkeiten sind auf die Verknüpfung von Terminen auf Reiserouten ausgerichtet.	Die Planung der Reisetätigkeiten ist inzwischen so ausgereift, dass nahezu jede Woche durch verknüpfte Termine auf einer Route geprägt ist.	Reiseplanung, Terminübersicht in cmxOrganize
4d – 1	Software-technologie	Die GF arbeitete vor Jahren das Technologieportfolio, welches die Basis für die Entwicklungstätigkeit darstellt, aus.	Bereits 2004 hat AF die hauseigene Online-Entwicklungsumgebung entwickelt. Bei der Auswahl der dafür verwendeten Technologien und zum Einsatz kommenden Programmiersprachen wurde von Anfang an auf die Verwendung von Basistechnologien gesetzt. Neuere Technologien, wie HTML5 werden kritisch von den Entwicklern hinterfragt und erst dann eingesetzt, wenn deren Nachhaltigkeit und der Nutzen für unsere Entwicklungen weitgehend gesichert ist.	Die ausgewählten Basistechnologien haben sich im Markt durchgesetzt und Trends überlebt. Die Verwendung von HTML5 hat bereits zu beeindruckenden Effekten in der Entwicklung geführt. Das Technologieportfolio wird kontinuierlich auf den Prüfstand gestellt.	Technologieportfolio, Fachberichte, Fallbasierte Effektbeschreibung
4d – 2	Hardware-technologie	Es wurde ein nachhaltiges und auf Flexibilität und Ausfallsicherheit ausgerichtetes Hardwarekonzept erarbeitet.	Seit 2011 erarbeitet AF zusammen mit FR unter Einbeziehung der Fachkompetenz des Rechenzentrums das Serverkonzept mit Blick auf die Erfordernisse bzgl. redundanter Hardware.	Nach derzeitigen Einschätzungen werden die aufgebauten Serverkapazitäten - unter Berücksichtigung der angepeilten Wachstumsstrategie - noch für die kommenden 12 Monate ausreichen. Jedoch wird die Kapazitätsauslastung routinemäßig wöchentlichen und bei signifikanten Leistungseinbrüchen ad hoc überprüft. In diesem Fall werden Analysen zur Ursachenforschung durchgeführt, um daraus adäquate Maßnahmen abzuleiten. Diese dienen dann entweder der Servererweiterung oder der Erweiterung der Rechenkapazität. In 2012 wurde die Serverüberlastung mit 4 verschiedenen Strategien entgegengewirkt: temporäres Aussperren des MSN-Bot, Fehlersuche und -behebung, Performanceverbesserung.	Hardwarekonzept, Auslastungsübersichten der Server

Teil-kriterium	Titel	Vorgehen	Umsetzung	Bewertung & Verbesserung	Zugehörige Dokumente
4d – 3	Technologie-entwicklung	Technologieentwicklung findet im Rahmen unserer eigenen Softwareentwicklung statt.	Unsere Kernkompetenz ist die Entwicklung von Software auf der Basis etablierter Technologien. Wir selbst entwickeln aber auch neue Technologien für unsere Kunden. Als ein Beispiel ist das Datenformat zur Datenübertragung zu nennen.	Derzeit wird geprüft, wie diese Vorgaben für die Übertragung von Objekten in der gesamten VHS-Welt zum Einsatz kommen können.	Ausführungen zum Datenformat
4d – 4	EDV-gestützte Prozessabwicklung	Im Vorgangssystem in cmxOrganize wurden die Kernprozesse abgebildet.	Die anstehenden Aufgaben werden im Rahmen standardisierter Prozesse mit Hilfe des Vorgangssystems abgearbeitet.	Die Vorgehensweisen werden noch bei der Abarbeitung auf ihre Effizienz und Effektivität hin überprüft.	cmxOrganize Auswertungen
4e – 1	Datenschutz und Datensicherheit	Die GF hat sich mit externer Unterstützung dem Thema Datenschutz persönlich angenommen und eine Datenschutzrichtlinie erstellt.	Mit Blick auf datenschutzkonformes Arbeiten wird seit 2011 zusammen mit einem externen Datenschutzbeauftragten und Partner das Datenschutzkonzept für die Organisation erarbeitet.	Die Weiterführung dieses Prozesses und der Sensibilisierung mündete in der Sicherheitsüberprüfung und -konsolidierung unserer Software.	Datenschutzordner Sicherheitsmatrix
4e – 2	Erfahrungswissen und Fachwissen	Der Aufbau von Fach- und Erfahrungswissen im Team wird durch die GF durch die Gewährung von Freiräumen gefördert.	Recherchierte und aufbereitete Informationen werden in Erkenntnisse und Wissen überführt und in persönlichen Gesprächen aber mindestens in den Teammeetings kommuniziert. Fachwissen wird im Rahmen von Besprechungen oder Schulungen vermittelt bzw. von den Mitarbeitern aufgrund von problemorientierten Recherchen selbst aufgebaut. Die größere Herausforderung liegt jedoch darin, das über Jahre aufgebaute Erfahrungswissens der Teammitglieder zum gegenseitigen Nutzen einbringen zu können. Daher fördert die GF den Aufbau von Wissen durch die Ermöglichung von Teamarbeit sowie der Reflexion von Entwicklungsstrategien. Multiple Perspektiven öffnen den Blick und das Verständnis für andere Herangehensweisen.	Die Ergebnisse der Teamarbeit werden regelmäßig im Entwicklerteam reflektiert.	Exemplarische Beschreibung einer Lernsituation Weiterbildungskonzept
4e – 3	Kunden-informationen	cmxOrganize-Kunden erhalten die aktuellen, relevanten Produktinformationen	Bereits bei den Schulungen werden die User auf den Gebrauch der Produkt- und Schulungs-Unterlagen bzw. des aktuellen Bereich mit den entsprechenden Produktneuerungen hingewiesen und die Unterlagen live zur Anwendung gebracht.	Ab 2012 werden Produktinformationen nicht mehr als per E-Mail verschickt, sondern im System immer auf dem aktuellen Stand zur Verfügung gestellt.	cmxOrganize Unterlagen Lernzielkatalog

447

Teil-kriterium	Titel	Vorgehen	Umsetzung	Bewertung & Verbesserung	Zugehörige Dokumente
4e – 4	Kundenkenntnisse	In 2012 hat die GF entschieden cmxOrganize selbst als Kontakt- und Kundendatenbank des Unternehmens zu nutzen.	Dem Vertriebsprozess entsprechend werden alle Interessenten und die dazugehörigen Ansprechpartner in cmxOrganize eingepflegt und von allen Mitarbeitern um zusätzliche Informationen ergänzt. Außerdem werden die erweiterten Eigenschaften gepflegt und die relevanten Dokumente und Dateien beim entsprechenden Datensatz abgelegt. Diese Informationen stehen alle Mitarbeitern und Freelancern aus dem Support zur Verfügung.	Unser eigenes cmxOrganize löste in 2012 das hausinterne – im Vergleich rudimentäre – Vorgängersystem und das System MyOffice, welches erhebliche Performanceprobleme an den Tag legte, ab.	cmxOrganize Kundenbeispiel
4e – 5	Ideen- und Innovations-management	Es wurde ein Vorgehen zum Sammeln und Priorisieren von Ideen erarbeitet.	Ideen werden gesammelt und seit 2012 systematisch in cmxOrganize erfasst. Im Rahmen der Bewertung findet eine Einschätzung der Ideen hinsichtlich ihrer Dringlichkeit und Wichtigkeit, Relevanz aber auch Machbarkeit sowie des reellen bzw. wahrgenommenen Innovationsgrades statt, um daraus die Priorität für die Umsetzung abzuleiten.	Zurückgestellte Ideen werden themenbezogen oder mindestens halbjährlich erneut bewertet oder endgültig verworfen.	Dokumentation in cmxOrganize
4e – 6	Schutz intellektuellen Eigentums	Die GF achtet darauf, dass das intellektuelle Eigentum der Organisation geschützt wird.	Die GF reflektiert seit Beginn der Entwicklung von cmxOrganize die Möglichkeiten der Verschleierung sensibler Informationen.	Auf der Grundlage dieser Überlegungen wurde z. B. die konkrete Struktur zu weiten Teilen verschleiert.	Beispiel in cmxOrganize

5 Prozesse und Dienstleistungen

Teil-kriterium	Titel	Vorgehen	Umsetzung	Bewertung & Verbesserung	Zugehörige Dokumente
5a – 1	Prozess-management	In 2012 wurde eine Vorgehensweise zum „Prozessdesign" erarbeitet.	Die in der Prozessblume anschaulich dargestellten Management-, Kern- und Unterstützungsprozesse wurden gemäß der definierten Vorgehensweise zusammen mit den an den jeweiligen Prozessen beteiligten Mitarbeitern designed und - wenn sinnvoll - als Vorgangsvorlagen in das Vorgangssystem eingepflegt.	Als Reflektionswerkzeug hinsichtlich des Prozessdesigns dienen der Grad der Erfassung aller relevanten Schritte und deren logische Abfolge.	Prozesslandkarte Prozess „Prozessdesign" Archivierte Stände
5a – 2	Prozess-verbesserung	In 2012 wurde zusammen mit dem Prozessdesignprozess auch die Vorgehensweise zur sich anschließenden Prozessüberarbeitung etabliert.	Die Prozesse werden bei jedem Durchlauf reflektiert und eventuell fehlende Prozessschritte bzw. für einen Prozessschritt erforderliche, aber nicht zur Verfügung gestellte Informationen identifiziert.	Die Vorgehensweise wird entsprechend der gewonnenen Erkenntnisse angepasst. In 2012 wurde z.B. der cmxOrganize-Einführungsprozess aufgrund der kontinuierlichen Reflektion mehrmals angepasst und weitere Eigenschaften in Vorgangs- und Aufgabensystem hinzugefügt. Für alle Prozesse wird seit 2012 der Prozessvitalitätsindex bestimmt und gezielt (jährlich) weiterentwickelt.	Archivierung bzw. Protokollierung Prozessüberarbeitungs-prozess Prozessvitalität
5a – 3	Innovations-grad und -nutzen	Es wurde eine klare Vorgehensweise zur Erhebung des Kundennutzers unserer Produktinnovationen erstellt.	Im Rahmen von Kundeninterviews wird die Lastreduktion in identifizierten Lastbereichen durch unsere Produktinnovation(en) hinterfragt.	Die im Juni 2012 etablierte Möglichkeit zur stapelverarbeiteten Kopie beliebiger Objekte reduziert gerade bei der Erstellung des neuen Programms den Kopieraufwand bei Veranstaltungen in Einzelfällen um bis zu 99%.	Demonstration der unterschiedlichen Vorgehensweisen mit / ohne Stapelverarbeitung
5b – 1	Softwareentwick-lungs- und -einführungs-prozess	Software wird nach einer klar definierten Vorgehensweise entwickelt und eingeführt.	Seit 2007 werden nach der Anforderungsanalyse alle nötigen und in der Realität existierenden Objekte und deren Verknüpfungen sowie deren Attribute erfasst und deren Semantik erarbeitet. Dann werden die Objekte nach festen Regeln umgesetzt. Strukturierten internen Testphasen hinsichtlich Funktionalität und Qualität wechseln sich ab mit entsprechender Mängelbehebung, bis die Software den gewünschten Qualitätsgrad erreicht hat und ausgeliefert werden kann.	Für die Testphasen kommen verschiedene Werkzeuge zum Einsatz. Diese werden zielgerichtet für die Zwecke der effektiven und effizienten Qualitätssteigerung entwickelt. Beispiele sind: Profiling, Protokollierung, systeminterner Benchmark oder auch Debugging Modes.	Softwareentwicklungs- und -einführungsprozess
5b – 2	Nutzung Daten für die Software-entwicklung	Markt- und Kundenanforderungen bilden die Basis, um die individuellen Bedürfnisse mit allgemeingültigen Lösungen zu befriedigen und Produkte kontinuierlich zu verbessern.	Kunden- und Marktbedarfe werden systematisch erhoben und fließen in die jeweiligen Entwicklungsprozesse ein.	Die Anforderungen stellen einen wichtigen Treiber dar. So wurde in 2009 auch die Entwicklung von cmxOrganize angestoßen.	Befragungsergebnisse Aufgaben- und Ticketsystem

449

Teil-kriterium	Titel	Vorgehen	Umsetzung	Bewertung & Verbesserung	Zugehörige Dokumente
Sb – 3	Dienstleistungs-entwicklungs-prozess	Dienstleistungen werden gemäß dem Dienstleistungsentwicklungsprozess entwickelt.	Auf der Basis der Kundenbedarfe werden seit 2011 Dienstleistungen inhaltlich entwickelt, in Pre-Tests evaluiert, um dann im Markt angeboten zu werden.	In der Durchführung ermittelte Anforderungen und Verbesserungsvorschläge fließen nicht nur in die Verbesserung der Dienstleistungen, sondern bilden auch die Grundlage für die Reflektion der Marktreife einer Dienstleistung.	Dienstleistungs-entwicklungsprozess
Sc – 1	Vertriebs- und Kundenent-wicklungsprozess	Für die Akquise potenzieller Kunden bzw. die Bindung und Weiterentwicklung von Bestandskunden wurde ein Vertriebsprozess entwickelt.	Seit 2009 kommt die Vorgehensweise von der Leadgenerierung bis hin zur Weiterentwicklung des Kunden gemäß der trizyklischen Salesspirale zum Einsatz.	Der Prozess umfasst Leistungsindikatoren, welche sich aus der Strategie ableiten. Der Akquise- und Entwicklungserfolg wird kontinuierlich durch den Forecast und somit Wirtschaftsplan überprüft.	Trizyklische Salesspirale Aktionsplan Wirtschaftsplan
Sd – 1	Produkt-optimierung mit Interessens-gruppen	Interessensgruppen werden in die Produktoptimierung einbezogen.	Zu Beginn der Entwicklung von cmxOrganize wurde in 2009 eine siebenköpfige heterogene VHS-AG ins Leben gerufen, welche in die (Weiter-)Entwicklung der Software und der flankierenden Dienstleistungen einbezogen wird. Darüber hinaus werden seit 2012 regelmäßige Anwendertreffen organisiert.	Die Feedbacks der regelmäßigen Arbeitsgruppen- und Anwendertreffen dienen als Input für die Produktoptimierung.	AG-Protokolle
Sd – 2	Kundenschulungen	Kunden werden durch Schulungen in den Umgang mit unserer Software und besonders umfangreich in cmxOrganize eingewiesen und bekommen den Mehrwert der Software aufgezeigt.	In Inhouse-Schulungen werden die Anwender von Mitarbeitern oder Freelancern geschult. Durch diese Schulungen werden die Fähigkeiten vermittelt, die Software effektiv und effizient anzuwenden.	Die Durchführung der Schulung wurde in den letzten Monaten mehrfach optimiert. Auslöser waren sowohl Weiterentwicklungen der Software, als auch Rückmeldungen von Kunden. Die Auswertung der Supportanfragen hat wesentlich zu Komplettierung der Inhalte der Schulung beigetragen.	Support-Auswertung Schulungsplanung Rückmeldung von Kunden zu Schulungen
Se – 1	Kundenbindung	Für die wichtigen Schlüsselkunden wurden Maßnahmen zur Kundenbindung und -motivation ausgearbeitet.	Jährlich werden im Rahmen von Anwendertreffen Ehrungen von bzw. durch Artikel auf der Homepage die Anerkennung von Multiplikatoren bzw. Referenzkunden durchgeführt.	Die Kundenbindung wird kontinuierlich gemessen. Die erreichte Kundenbindung bestätigt unsere Vorgehensweise.	Indikator Kundenbindung
Se – 2	Kundenbefragung	Ein segmentierter Kundenbefragungsprozess regelt die Meinungseinholung.	Meinungen von Kunden werden über verschiedene Instrumente und zu unterschiedlichen Zeitpunkten bei unterschiedlichen Kundengruppen eingeholt. Neben persönlichen Feedbacks werden auch Befragungen per Fragebogen durchgeführt.	Die Trefflichkeit der Fragebögen wird sowohl im Team als auch mit Kunden diskutiert. Aus den Diskussionen wurden Änderungen im Vorgehen abgeleitet.	Fragebogen Auswertungen

C. Ergebnisse

Wir streben danach, Kunden, Mitarbeiter und Partner zu begeistern. Um zu hinterfragen, inwieweit uns dies gelingt, verwenden wir bei unseren Befragungen eine 10er-Skala mit veränderter Bedeutung:

1	=	Erwartungen gar nicht erfüllt	sehr schlecht	die Leistung war unangemessene
9	=	Erwartungen voll erfüllt	sehr gut	es wurde alles Erdenkliche geleistet
10	=	Erwartungen übertroffen	wow	es wurde Unmögliches möglich gemacht

Die meisten Unternehmen nutzen die 10 mit der Wertigkeit unserer 9. Uns ist bewusst, dass diese veränderte Skalierung die Vergleichbarkeit erschwert. Trotzdem Vergleichen wir uns mit Preisträgern und herausragenden Organisationen und übernehmen deren Werte ohne Abzug – im Bewusstsein, dass diese Werte dann eine noch größere Herausforderung darstellen.

6 Kundenbezogene Ergebnisse

6a Wahrnehmungen

Wir befragen regelmäßig unsere Kunden und messen deren Zufriedenheit. Besonders wichtig ist für uns der Kundenzufriedenheitsindex, der für uns eine Schlüsselkennzahl darstellt.

Wir führen zwei Befragungen zu unterschiedlichen Zeitpunkten durch:

- Im Anschluss an die Softwareeinführung
    1. Inwieweit haben unsere Schulungen Sie befähigt unsere Lösung zu nutzen?
    2. Wie nützlich ist die Dokumentation für Sie?
    3. Wie Anwenderfreundlich empfinden Sie unser Produkt?
    4. Inwieweit erfüllen die Leistungen unseres Produktes Ihre Erwartungen?
    5. Wie gut war unser Support -unter Berücksichtigung der Dringlichkeit - für Sie erreichbar?
    6. Wie angemessen wurde - unter Berücksichtigung der Dringlichkeit auf Aufragen - reagiert?
    7. Wie kompetent wurden Ihre Anfragen bearbeitet?
    8. Wie empfanden Sie die Freundlichkeit der Personen unseres Unternehmens, mit denen Sie Kontakt hatten?
    9. Wie innovativ empfinden Sie unser Produkt?
    10. Wie fair empfinden Sie den Preis für unsere Leistung? Sind wir unser Geld wert?
    11. Inwieweit hat unser Einführungsprozess Ihre Erwartungen erfüllt?

- Nach einem Jahr im Echtbetrieb
    1. Inwieweit haben unsere Schulungen Sie befähigt unsere Lösung zu nutzen?
    2. Wie nützlich ist die Dokumentation für Sie?
    3. Wie Anwenderfreundlich empfinden Sie unser Produkt?
    4. Inwieweit erfüllen die Leistungen unseres Produktes Ihre Erwartungen?
    5. Wie gut ist unser Support -unter Berücksichtigung der Dringlichkeit - für Sie erreichbar?
    6. Wie angemessen wird - unter Berücksichtigung der Dringlichkeit auf Aufragen - reagiert?
    7. Wie kompetent werden Ihre Anfragen bearbeitet?
    8. Wie empfinden Sie die Freundlichkeit der Personen unseres Unternehmens, mit denen Sie Kontakt haben?
    9. Wie innovativ empfinden Sie unser Produkt?
    10. Inwieweit erleichtert Ihnen unser Produkt die tägliche Arbeit erleichtern und schafft Freiräume?
    11. Wie wahrscheinlich ist es, dass Sie unsere Lösung über den aktuellen Nutzungszeitraum hinaus einsetzen?

Die Fragen sind auf die strategischen Ambitionen und unser Nutzenversprechen abgestimmt. Der Fragenkatalog wird jährlich hinsichtlich Vollständigkeit und Aussagekraft überprüft. Besonders wichtig ist für uns im VHS-Markt ist die Mund-zu-Mund-Propaganda. Daher widmet sich die letzte Frage der Weiterempfehlungsbereitschaft. Daraus leitet sich der Net Promotor Score ab. So wissen wir auch, dass selbst Kunden, die nicht zu 100% zufrieden sind, uns trotzdem weiterempfehlen.

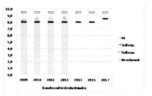

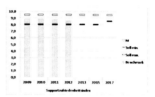

Diese Kennzahl stellt eine Schlüsselkennzahl dar.

Jährlich werden alle Neu- und Bestandskunden am Telefon befragt. Dies erfolgt persönlich durch die Geschäftsführung. In den kommenden Jahren wird die Vollerhebung bei den Bestandkunden in eine stichprobenhafte Teilerhebung überführt. Aufgrund der Stabilisierung der Leistungserbringung wird der Minimalwerte angehoben und der Zielekorridor ab 2017 schmäler.

Diese Kennzahl repräsentiert speziell die Wahrnehmung der Fragen 5 - 8 der Kundenbefragung, die sich auf die Leistungserbringung zum Kernprozess „Support" beziehen. Aufgrund der Stabilisierung der Leistungserbringung wird der Minimalwerte angehoben und der Zielekorridor ab 2017 schmäler..

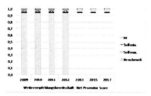

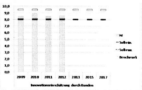

Diese Kennzahl stellt eine Schlüsselkennzahl dar.

Diese Kennzahl stellt eine Schlüsselkennzahl dar.

Da hier keine Möglichkeit vorliegt, Benchmarkzahlen zu beschaffen, werden wir diese ab September 2012 selbst generieren, indem wir die Kundenbefragung erweitern: Folgende Fragen werden aufgenommen:

- Welche weiteren Softwareanbieter kennen Sie?
- Wie schätzen Sie deren Innovationsgrad ein?

452

6b   Leistungsindikatoren

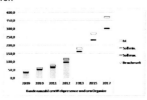

Diese Kennzahl stellt eine Schlüsselkennzahl dar.

In 2011 hat ein Wettbewerber die Geschäftsaufgabe bekannt gegeben, weshalb wir mehr Anfragen aus dem Markt erhalten und bedient haben, als ursprünglich erwartet. Mit einer Wiederholung wird dieses Phänomens wird nicht gerechnet.

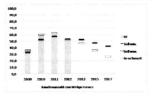

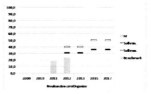

Diese Kennzahl stellt eine Schlüsselkennzahl dar.

Bei dieser Kennzahl ist ein rückläufiger Trend angestrebt. Ziel ist es, zukünftig auch reine Webseiten-Neukunden nur noch auf cmxOrganize umzusetzen. Darüber hinaus sollen Bestandskunden sukzessive von cmxWebpresence auf cmxOrganize überführt werden. So kann die Entwicklerenergie auf ein Produkt konzentriert werden, wovon auch die Kunden profitieren werden.

Die Zahl der cmxOrganize-Kunden setzt sich zusammen aus den Neukunden und den Webseitenwechslern, die vom Produkt cmxWebpresence auf die Verwaltungssoftware inkl. Webseitenlösung schwenken. Die Geschäftsaufgabe des Wettbewerbers zeigt sich hier 1:1.

Ab 2015 sollen Neukunden nur noch auf cmxOrganize aufsetzen.

Aufgrund der kontinuierlichen Produktverbesserung, der verbesserten Dokumentation und der Reife des Einführungsprozesses, ist es möglich die Zielwerte für der Neukundenumsetzungen auf bis zu 50 zu erhöhen.

453

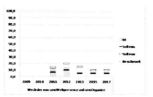

Nach der Geschäftsaufgabe eines Wettbewerbers wechselten unerwartet viele VHSen nahezu ad hoc zu cmxOrganize. Mit einer Wiederholung wird dieses Phänomens wird nicht gerechnet.

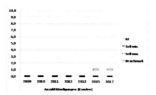

Bislang hat noch kein VHS-Kunde gekündigt. Dieses Niveau wollen wir auch zukünftig halten.

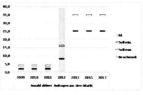

Diese Kennzahl stellt eine Schlüsselkennzahl dar.
Bis 2011 hatten wir kaum aktive Anfragen aus dem Markt. Die Akquisetätigkeit ging hauptsächlich von uns aus. In 2012 erhielten wir dagegen unverhältnismäßig viele Anfragen. Dies ist zum einen auf das Interesse an cmxOrganize aber zum anderen auch auf die Sichtbarkeit im Sinne des erlangten Verbreitungs- und Bekanntheitsgrades zurückzuführen. Auch für die Zukunft erwarten wir stabil hohe Werte für die aktiven Anfragen.

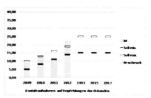

Diese Kennzahl stellt eine Schlüsselkennzahl dar.
Mund-zu-Mund-Propaganda ist im kollegial-vertrauensbasierten VHS-Markt eines unserer wichtigsten Werbeinstrumente. Daher erfragen wir bei den aktiven Kontaktaufnahmen aus dem Markt auch danach, wie der Interessent auf uns aufmerksam wurde. Diese Kennzahl belegt die Bereitschaft der Weiterempfehlung, welche wir mit dem Net Promotor Score erheben. Angesichts der anfänglichen „Kinderkrankheiten", die eine neue Software mit sich bringt, haben unsere Kunden aber dennoch unsere Erwartungen hinsichtlich der Weiterempfehlung übertroffen.

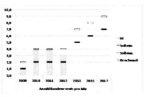

Seit 2012 finden zusätzlich zu den AG-Treffen auch Anwendertreffen für cmxOrganize statt. Mit Blick auf eine sinnvolle Gruppengröße und der deutschlandweiten Verbreitung sind regionale Anwendertreffen geplant.

Bis 2011 hatten wir nur AG-Treffen mit einer immens hohen Teilnahmequote. Diese sank in 2012 mit der Einführung der Anwendertreffen für cmxOrganize-Kunden im Produktivbetrieb - ist aber weiterhin auf hohem Niveau.

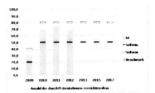

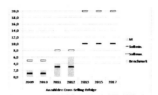

Eines der probatesten Mittel, um unsere Produkte zu bewerben, stellt die Livepräsentation dar. Dafür organisieren wir Info-Tage oder nehmen an Messen (Messestand und Vortragsslot) teil. Dieses Format wird besonders gerne zur unverbindlichen Vorinformation genutzt. Darüber hinaus präsentieren wir unsere Software aber auch Vor-Ort beim Interessenten. Hier nehmen zumeist die Entscheider und die Anwender teil.

Nach anfänglich geringen Cross-Selling-Möglichkeiten ist das Produktportfolio inzwischen so entwickelt, dass sich verschiedene Produkte - die jetzt auch alle Ihre Pilotphasen hinter sich haben - sinnvoll ergänzen und entweder direkt im Bundle oder in Folge angeboten werden können. Darauf begründet sich auch die Erhöhung der Zielwerte für die kommenden Jahre.

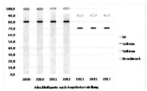

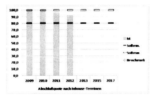

Die Abschlussquote nach Angebotserstellung wir bisher extrem hoch. Nahezu alle Angebotsanfragen waren mit einer ernsthaften Kauf-/Mietabsicht verbunden und hatten nur selten Einfluss auf die Kaufentscheidung. Mit der Einführung von cmxOrganize hat sich die Lage hier etwas verändert. Interessenten erfragen Angebote zum Vergleich verschiedener Anbieter und die Entscheidung hängt von vielen Faktoren ab, weshalb auch die Abschlussquote nach unten gehen wird.

Konnte im Akquiseprozess eine Vor-Ort-Präsentation durchgeführt werden, ist die Abschlussquote sehr hoch. Zum einen wird ein derartiger Termin nur bei vorhandenem Interesse wahrgenommen und zum anderen gelingt es uns die Menschen zu Begeistern.

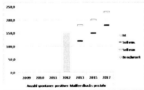

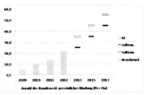

Diese Kennzahl wird erst seit 2012 erhoben.

Dass wir werden als Teil der VHS-Welt und nicht als externer Dienstleister wahr- und angenommen werden, zeigt sich in der hohen Zahl an Kunden bzw. VHS-Mitarbeitern, die uns das „Du" anbieten.

455

7 Mitarbeiterbezogene Ergebnisse

7a Wahrnehmungen

Diese Kennzahl stellt eine Schlüsselkennzahl dar.

Die Mitarbeiterzufriedenheit wird jährlich im persönlichen Gespräche erfragt und ist kontinuierlich auf hohem Niveau. Auch hier verwenden wir die o.g. 10er-Skala. Der Benchmark stammt von einem Preisträger des LEP aus der Kategorie Kleinstunternehmen (beste Passung).

456

7b   Leistungsindikatoren

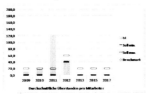

Die in 2011 eingetretene, unerwartet hohe Nachfrage nach cmxOrganize (Geschäftsaufgabe eines Wettbewerbers) führte zu einem erhöhten Arbeitsaufwand, welcher von den Mitarbeitern mit getragen wurde. Dies spiegelt sich in der Zahl der Überstunden wider. Das Ziel, die Überstunden in 2012 wieder auf ein angemessenes Niveau zu reduzieren ist erreicht.

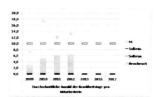

Die Zahl der Krankheitstage ist seit Jahren sehr niedrig. Als Benchmark dienen offizielle Statistikdaten.

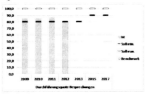

Besprechungen (virtuell oder in Präsenz) dienen dem persönlichen und fachlichen Austausch, der Absprache organisatorischer Belange und dem Know-how-Transfer. Vor allem die monatlichen Teammeetings sind bei aller Virtualität und dem verteilten Arbeiten sehr wichtig für den Teamzusammenhalt. Diese werden ergänzt durch tägliche Morgenbesprechungen.

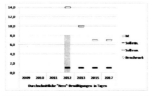

Für die Teammeetings wurde in 2012 der neue Agendapunkt „Das nervt mich" aufgenommen. Hier kommen die Punkte systematisch zur Sprache, die als Belastung empfunden werden. Ziel ist es, diese so schnell als möglich bzw. innerhalb von 14 Tagen zu beseitigen. Da sich diese Punkte derzeit häufig noch auf Aspekte rund um cmxOrganize beziehen und deren Beseitigung nur mit beschränkten Ressourcen einhergeht, sind die 14 Tage teilweise durchaus erforderlich. Da diese Aspekte in der Zukunft nicht mehr Thema sein werden, ist der Zielwert für die auf eine Woche herabgesetzt.

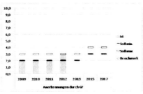

Mitarbeiter erfahren Anerkennung in Ihrem Tun und als Person, z.B. durch öffentliches Lob in Besprechungen.

457

8 Gesellschaftsbezogene Ergebnisse

8a Wahrnehmungen

Wir befragen jährlich unsere Partner aus den Bereichen Design, Excellence, Datenschutz und Rechenzentrumsleistung. Dies erfolgt schriftlich. Die Rücklaufquote beträgt 100%. Folgende Fragen wurden unter Berücksichtigung unserer Werte und strategischen Herausforderungen bzw. Ambitionen in den Fragebogen – welcher jährlich hinsichtlich Vollständigkeit und Aussagekraft überprüft wird – aufgenommen:

1. Inwieweit wird im Rahmen unserer Partnerschaft eine Win-Win-Situation erreicht?
2. Inwieweit glauben Sie, dass unsere Ziele konform gehen?
3. Inwieweit ist unsere Partnerschaft von Fairness geprägt?
4. Inwieweit sind wir für Sie ein verlässlicher Partner?
5. Inwieweit ist unsere Partnerschaft von Dauerhaftigkeit geprägt?
6. Wie schätzen Sie die Bedeutung unserer Partnerschaft in den kommenden Jahren ein?
7. Wie gut schätzen Sie die Zahlungsmoral unserer Organisation ein?
8. Wie hoch ist die Wahrscheinlichkeit, dass Sie uns als Partner weiterempfehlen?

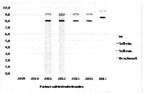

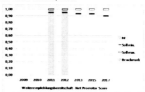

Diese Kennzahl stellt eine Schlüsselkennzahl dar.

Als zukünftiger Benchmarkpartner konnte die Initiative Ludwig-Erhard-Preis e.V. gewonnen werden. Diese wird uns hier ihre Werte zur Verfügung stellen.

Der Net Promotor Score bezieht sich auf die Weiterempfehlungsbereitschaft der Partner - wichtig für die Akquise neuer Partner durch Partner.

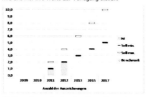

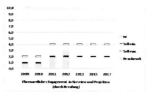

Die Darstellung zeigt den kumulierten Wert über die gesamte Organisation über die Jahre dar. Jährliche soll ein bis zwei neue Auszeichnung erhalten werden. Die Obergrenze von 2 stellt den Schutz vor zu hoher Arbeitsbelastung dar.

Die Darstellung zeigt den kumulierten Wert über die gesamte Organisation über die Jahre dar Die Obergrenze von 4 soll die Ernsthaftigkeit des Engagements unterstreichen. Die GF agiert im Beirat einer Einrichtung zur regionalen Bildungsförderung bzw. als Lokale Repräsentantin der ILEP und nahm auch deren Mandat zum 2a-Workshop an.

458

8b   Leistungsindikatoren

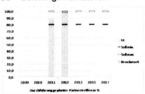

Durchführung geplanter Partnertreffen in %

Partnertreffen dienen (virtuell oder in Präsenz) dem persönlichen und fachlichen Austausch, der Absprache organisatorischer Belange und dem Know-how-Transfer. Darüber hinaus steht z.B. die Entwicklung gemeinsamer Produkte bzw. Dienstleistungen im Mittelpunkt. Außerdem werden gesetzliche oder auch technologische Entwicklungen besprochen und die Ziele abgeglichen. Daher sind die jährlichen Partnermeetings für unsere Zielerreichung besonders wichtig.

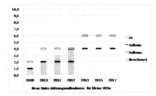

Neue Unterstützungsmaßnahmen für kleine VHSn

Kleine Volkshochschulen sind weit verbreitet und die monetären Mittel teilweise sehr knapp. Häufig kommen kostenlose oder -günstige Internetauftritte (Individual-lösungen) zum Einsatz kommen. Da ein Internetauftritt jedoch das Image maßgeblich prägt, wollen wir hier eine Alternative auf professionellem Niveau bieten und zum Imagewechsel der Volkshoch-schulen beitragen. Deshalb haben wir beispielsweise Sonderpreise und Mietmodelle etabliert. Die Darstellung zeigt den kumulierten Wert über die Jahre.

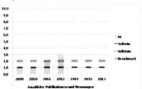

Anzahl der Publikationen und Nennungen

Diese Kennzahl spiegelt die Anzahl der von uns initiierten Publikationen bzw. Nennungen. Hierzu zählen Artikel auf unserer Webseite, in der VHS-Fachpresse in der relevanten Presse. „Kontinuierlich vertreten ohne aufdringlich zu wirken" ist hier unser Motto.

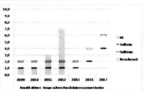

Anzahl derer Ausprachen durch Interessenvertreter

Seit 2011 sprechen uns Vertreter verschiedener Interessensgruppen, wie z.B. Vertreter der Volkshoch-schulverbände zunehmen an, um sich z.B. über unsere Aktivitäten oder technologische Möglichkeiten zu informieren. Diese Kennzahl verdeutlicht, dass wir die nötige Sichtbarkeit erlangt haben und als kompetenter Anbieter im Markt wahrgenommen werden.

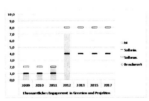

Ehrenamtliches Engagement in Gremien und Projekten

Die GF engagiert sich im Förderverein des Hohen Schlosses und als Mitglied der ILEP e.V.

459

9 Schlüsselergebnisse

9a Erfolgsmessgrößen

Auch wenn es sich hier schon um die Schlüsselergebnisse handelt, sind bestimmte Schlüsselergebnisse als Schlüsselkennzahlen höher priorisiert als andere, da diese besonders steuerungsrelevant sind.

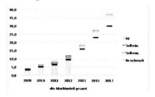

Der Marktanteil geht bis 2017 – solange der Fokus auf dem VHS-Markt liegt – direkt einher mit dem Marktanteil von cmxOrganize.

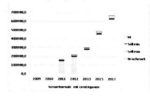

Diese Kennzahl stellt eine Schlüsselkennzahl der Erfolgsmessung dar.

Das Produkt cmxOrganize wird in Zukunft das zentrale Produkt sein, von dem alles ausgeht und mit welchem die Cross-Selling-Erfolge maßgeblich verbunden sind.

Diese Kennzahl stellt eine Schlüsselkennzahl der Erfolgsmessung dar.

Die Umsatzziele wurden durchgängig erreicht bzw. übertroffen. cmxOrganize ist unsere Cash-Cow und wird hauptsächlich den Gesamtumsatz bestimmen.

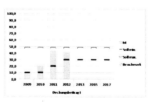

Der leichte Rückgang in 2012 ist auf Investitionen, wie z.B. in die Serverkapazität und die Themen Datenschutz und Datensicherheit zurückzuführen.

In Abhängigkeit von den Einführungen steigt der Umsatz innerhalb einer gewissen Spannbreite an. In Kürze werden die monatlichen Nutzungspauschalen die Fixkosten decken.

460

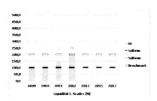

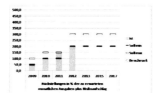

Diese Kennzahl stellt eine Schlüsselkennzahl der Erfolgsmessung dar

Die Liquidität ist für uns das Blut in den Adern der Organisation. Um auch für unerwartet an uns herangetragene Forderungen gewappnet zu sein oder Zahlungsrückständen (Ferienzeiten) entgegenwirken zu können, haben wir den Zielwert auf 100-200% der monatlichen Fixkosten definiert. Dies schafft Vertrauen – v.a. bei unseren Mitarbeitern und Partnern.

Unsere Rückstellungen sind die Reißleine und sichern nicht nur bekannte Forderungen oder Investitionen, sondern auch unerwartete Kostenblöcke ab. Minimalziel ab 2012 ist es, dass die laufenden Fixkosten für mindestens zwei Monate voll abgedeckt sind. Dies schafft Vertrauen – nicht nur bei unseren Mitarbeitern, sondern vor allem auch bei unseren Kunden.

9b   Schlüsselleistungsindikatoren

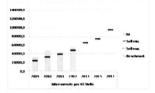

Diese Kennzahl stellt eine Schlüsselkennzahl der Erfolgsmessung dar.

In der Startphase wurden viele Aufwendungen benötigt, um die Infrastruktur der Organisation aufzubauen und cmxOrganize zur Marktreife zu führen. Da sich das Unternehmen immer noch im Aufbau befindet und ein Großteil der erbrachten Leistung in der Entwicklung angesiedelt ist, erzielen wir derzeit geringer Umsätze pro Mitarbeiter als der Branchendurchschnitt. Der Umsatz pro Mitarbeiter beträgt in 2012 in der IT-Branche 80.500 EUR (http://www.handwerk-kompakt.de/branchenbriefe-und-entwicklung/branchenbrief-it-service/) Dieses Niveau werden wir in 2016 erreicht haben.

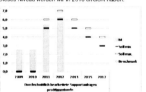

Diese Kennzahl spiegelt das Verhältnis aller Supportanfragen zu der Gesamtzahl der zur Verfügung gestellten Supportstunden. Außerdem spiegelt sie die Last für den einzelnen Supporter. Der in 2012 erzielte Auslastungsgrad soll ab dem kommenden Jahr abnehmen. Hierzu leisten z.B. die Robustheit und die Reife des Systems, die verbesserte Dokumentation sowie das Aufstocken der Supportstunden ihren Beitrag.

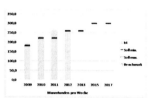

Diese Kennzahl stellt eine Schlüsselkennzahl der Erfolgsmessung dar.

Seit 2009 befindet sich die Organisation im Wachstum. Mit der strategischen Entscheidung, cmxOrganize zu entwickeln, war es unumgänglich die personellen Kapazitäten kontinuierlich zu erhöhen. In 2011 wurde aufgrund der erhöhten Umsetzungsrate (vgl. Marktanteil cmxOrganize) der maximale Zielwert überschritten (vgl. Überstunden). Für die kommenden Jahre ist ein weiterer Ausbau der Mannstunden geplant, um die steigende Anzahl der Neukunden bedienen zu können.

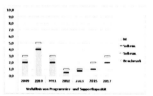

Hier wird das Verhältnis zwischen Support- und Entwicklungsleistung dargestellt. Je höher der Wert, umso entwicklungslastiger ist die Organisation im Schwerpunkt tätig. In der Grafik ist zu erkennen, dass vor allem hinsichtlich der Entwicklung vom cmxOrganize bis zum Markteintritt in 2011 die Entwicklung im Vordergrund stand. Seitdem gewinnt der Support an Gewicht. Dies wird auch in 2013 noch der Fall sein, bevor dann die Entwicklungsleistung wieder gleichauf mit dem Support zieht bzw. diesen übersteigt.

462

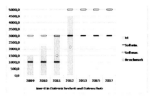

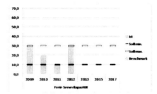

Diese Kennzahl stellt eine Schlüsselkennzahl der Erfolgsmessung dar.

Unseren Kunden ist der Aspekt des Datenschutzes und der Datensicherheit besonders wichtig. Deshalb legen wir besonderen Wert darauf, in diesem Bereich vor allem den Anforderungen des BDG nachzukommen. Kontinuierlich arbeiten wir seit 2009 an diesem Thema. Neben der Beschaffung von Hardware wurden hier auch Entwicklungen in der Software getätigt, ein Datenschutzhandbuch erstellt sowie die erforderliche Sensibilisierung (auch mit Partnern) durchgeführt. Außerdem verfügen wir – über die gesetzlichen Anforderungen hinaus – über einen externen Datenschutzbeauftragten.

Die Kunst hinsichtlich der freien Serverkapazität liegt einerseits darin, Stoßzeiten abzupuffern und genügend Kapazität für Neukunden vorzuhalten und andererseits keine unnötigen, mit Kosten verbundenen Überkapazitäten, zu schaffen. Anhand detaillierter Auslastungsanalyse und der Erfahrung hinsichtlich der Kapazitätsbedarfe unterschiedlich großer Kunden, gelingt es uns die freie Kapazität einem geeigneten Spektrum (zwischen 10 und 30 %) zu halten.

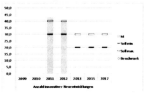

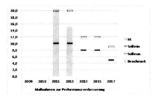

Diese Kennzahl stellt eine Schlüsselkennzahl der Erfolgsmessung dar.

Unter Innovation ist hier eine Entwicklungsleistung zu verstehen, die der Kunde als Weiterentwicklung wahrnimmt. Die obere Grenze wird definiert durch die Ressource „Programmierleistung" und das Maß an verträglichen und damit für den Kunden akzeptablen Veränderungen. Zu viel Innovation könnte bei den Kunden Irritation oder sogar Ablehnung auslösen, weshalb die Zielgrößen für die kommenden Jahre deutlich niedriger angesetzt sind.

Neben innovativen Entwicklungen werden Prozessverbesserungen angestoßen, die das Nutzerverhalten in der Anwendung der Software nicht beeinflussen. Diese Entwicklungen tragen z.B. dazu bei, dass sich Ladezeiten verkürzen oder Speicherbedarfe gesenkt werden können. Als cmxOrganize in 2011 in Echtbetrieb ging, mussten ad hoc viele Performanceverbesserungen vorgenommen werden. Mit steigenden Belastungen wurden auch in 2012 noch einige Stellen identifiziert zur Performanceverbesserung. Nach 1,5 Jahre im Echtbetrieb, wird mit einem Rückgang in diesem Bereich gerechnet. Trotzdem muss kontinuierlich an der Verbesserung gearbeitet werden, um das „Arbeiten in Echtzeit" an jeder Stelle zu erreichen.

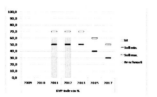

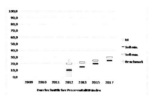

Diese Kennzahl stellt eine Schlüsselkennzahl der Erfolgsmessung dar.

Diese Kennzahl spiegelt den infrastrukturellen Aufbau im Hintergrund, der zur Stabilisierung der Software und zur Schonung von hardwareseitigen und personellen Ressourcen beiträgt. Der Löwenanteil in diesem Bereich ist in den kommenden Jahren geleistet, weshalb der KVP-Index als rückläufig einzustufen ist.

Diese Kennzahl wurde 2012 als Verbesserungsmaßnahme eingeführt. Das Verfahren sowie der Benchmarkwert wurden von einem führenden, international agierenden Softwarekonzern übernommen.

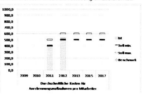

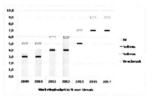

Die Kosten fallen z.B. die Übernahme der Yoga-Kurse und die Treffen im Rechenzentrum an. Diese Leistungserbringung soll pro Mitarbeiter im Durchschnitt auf diesem Niveau weitergeführt werden.

Die Akquiseerfolge der vergangen Jahre zeigen uns, dass mit dem getätigten Invest die angestrebten Marktanteile zu erreichen sind. Aufgrund der Ausweitung der Akquiseaktivitäten auf das gesamte Bundesgebiet ergeben sich auch höhere Marketingaufwendungen.

464

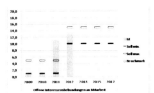

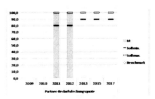

Hier handelt sich um „Offensivbewerbungen" von VHS-Mitarbeitern aus dem cmxOrganize-Kundenkreis, die Interesse an einer freiberuflichen Tätigkeit oder Festanstellung – zumeist in den Bereichen Schulung und Support – äußern. Unsere Erwartungen wurden in 2011 deutlich übertroffen. Das mögliche Kontingent konnten aber in 2011 (noch) nicht abgefragt werden. Somit war bis 2012 ein stattlicher Pool offener Anfragen entstanden, aus dem wir in 2012 vier Kolleginnen für die frei- bzw. nebenberufliche Mitarbeit akquirieren konnten.

Diese Kennzahl stellt eine Schlüsselkennzahl der Erfolgsmessung dar.

Mit dieser Kennzahl hinterfragen wir, inwieweit es uns gelingt, den Bedarf an Partnern auch zu decken. Es zeigt sich, dass es uns gelang, identifizierte Lücken vollständig zu füllen. Dafür nutzen wir einerseits den Pool der Interessensbekundungen und andererseits unser großes überregionales Netzwerk.

465

D. Abkürzungsverzeichnis

AF	Andreas Fähndrich
AG	Arbeitsgruppe
BAMF	Bundesamt für Migration und Flüchtlinge
BDSG	Bundesdatenschutzgesetz
BSC	Balanced Score Card
bvv	Bayerischer Volkshochschulverband
BWA	Betriebswirtschaftliche Analyse
CRM	Customer Relationship Management
C2E	Committed to excellence
DL	Dienstleistung
DIE	Deutsches Institut für Erwachsenenbildung
DIN	Deutsche Industrienorm
ISO	International Organization for Standardization
PAS	Publicly Available Specification
DEFTIS	Data Exchange for Training Information Systems
DVV	Deutscher Volkshochschulverband
EBFÖG	Erwachsenenbildungsförderungsgesetz
EDV	Elektronische Datenverarbeitung
EFQM	European Foundation for Quality Management
F&E	Forschung und Entwicklung
FMA	Freiberuflicher Mitarbeiter
FR	Frank Rothärmel
GF	Geschäftsführung
GK	Gabriele Kohler
HTML	Hypertext Markup Language
IHK	Industrie- und Handelskammer
ILEP	Initiative Ludwig-Erhard-Preis e.V.
IT	Informationstechnologie
KAM	Key Account Management
KVP	Kontinuierlicher Verbesserungsprozess
KZ	Kennzahl
LEP	Ludwig-Erhard-Preis
MA	Mitarbeiter
NBMA	Nebenberuflicher Mitarbeiter
OE	Organisationsentwicklung

QM	Qualitätsmanagement
R4E	Recognised for Excellence
SGB	Sozialgesetzbuch
SWOT	engl. Akronym für **S**trengths, **W**eaknesses, **O**pportunities und **T**hreats
UMTS	Universal Mobile Telecommunications System
U-Ziele	Unternehmensziele
VG	Vorgesetzter
VHS	Volkshochschule
VMW	Vision, Mission, Werte
vs.	versus
W3C	World Wide Web Consortium

467

cmxKonzepte

cmxKonzepte GmbH & Co. KG
Altusrieder Straße 17
87764 Legau

Organisatorischer Ansprechpartner:
Gabriele Kohler
0151 142 832 08
gf@cmxkonzepte.de

Technischer Ansprechpartner
Andreas Fähndrich
08330 21378-00
gf@cmxkonzepte.de

www.cmxkonzepte.de

Praktische Tools zum Download

GABRIELE KOHLER

Als ergänzende Begleitmaterialien zu diesem Buch finden Sie im Downloadbereich eine Auswahl bearbeitbarer Dateien und interessanter bzw. inspirierender Instrumente.

Hinweise zum Download und Ihren Freischaltcode finden Sie auf der ersten Seite dieses Buchs. Folgende Begleitmaterialien haben wir für Sie bereitgestellt:

1. Original-Bewerbungsunterlage der cmxKonzepte GmbH & Co. KG
Dateiformat: Microsoft Word 2007
Diese Datei darf als Vorlage zur Erstellung einer eigenen Unterlage genutzt werden und ergänzt die gedruckte Variante um eine Version in gut lesbarem Format. Die Nutzung als Trainingsunterlage ist der Initiative Ludwig-Erhard-Preis e.V. und deren lizenzierten Partnern vorbehalten.

2. EFQM-Leitfaden für Anwender zur Erstellung eines EFQM Management Dokuments
Dateiformat: PDF

Seit 2012 stellt die EFQM einen Leitfaden zur Erstellung eines EFQM Management Dokuments zur Verfügung. Diese Unterlage wurde durch eine Arbeitsgruppe der EFQM unter Beteiligung der Initiative Ludwig-Erhard-Preis e.V. erarbeitet. Die Basis bildeten Unterlagen aus Anerkennungsverfahren. Damit dokumentiert dieser Leitfaden eine Art von Good Practice und soll als nicht-verpflichtende Anleitung Hilfestellungen bieten und zur Vereinheitlichung von Bewerbungsunterlagen für Anerkennungsverfahren beitragen. Die cmxKonzepte GmbH & Co. KG pilotierte die Anwendung dieses Ansatzes als erster Anwender in Deutschland.

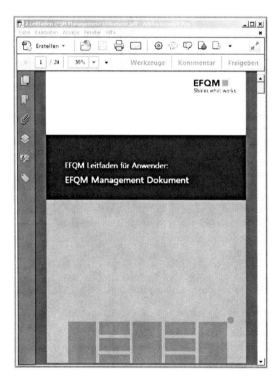

3. Grafikvorlage für Ergebnisdarstellung
Dateiformat: Microsoft Excel 2007

In der Bewerbungsunterlage wurden die erzeugten Excel-Grafiken für die Ergebnisdarstellung als Bildmaterial eingebettet. Dieses lässt jedoch keine Rückschlüsse darauf zu, welche Einstellungen zu treffen sind, damit die Ziel- und Benchmarkwerte auf dieses Art und Weise in einem Excel-Diagramm angezeigt werden. Die cmxKonzepte GmbH & Co. KG möchte zur Verbreitung des Excellence-Gedankens beitragen und stellt daher dieses Template zur Darstellung von Ergebnissen zur Verfügung.

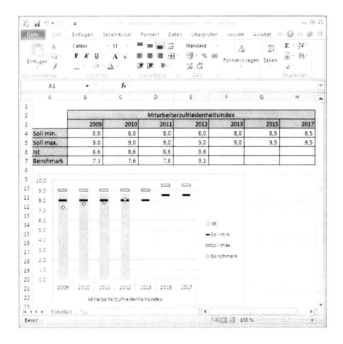

4. Prozessmatrix
Dateiformat: Microsoft Excel 2007

Neben der grafischen Lösung der Prozesslandkarte (Prozessblume), die für Kunden und Auditoren ein anschauliches Bild liefert, bietet die tabellarische Übersicht der wichtigsten Prozessparameter einen großen Mehrwert zur Steuerung der Prozesse.

5. Kompetenzmatrix
Dateiformat: Microsoft Excel 2007

In Anlehnung an den Kompetenzatlas von Heyse V. und Erpenbeck J. wurde eine Kompetenzmatrix für das Unternehmen und für jeden einzelnen Mitarbeiter erarbeitet. Die Kompetenzen wurden mit Blick auf das werteorientierte strategische Handeln Aufgabenbereiche und Technologien ausgewählt.

Ziel ist der Abgleich zwischen den Erwartungen aus der Sicht des Mitarbeiters und der Organisation zu den einzelnen Kompetenzbereichen sowie zwischen den angestrebten Soll-Zuständen und den aktuellen Ist-Ausprägungen. Eine gewichtete Soll-Ist-Abweichung deckt priorisiert Handlungsbedarfe auf. Darüber hinaus werden aber nicht nur Defizite, sondern auch Übererfüllungszustände sichtbar, welche als Hinweis auf Unterforderung bzw. Ressourcenverschwendung gesehen werden können.

Kompetenzmatrix cmxKonzepte GmbH & Co. KG	Unabhängig vor Bereich	Aufgabenabhängig	Einschätzung zur erforderlichen Ausprägung für die eigene Tätigkeit 1 = nicht erforderlich / vorhanden 2, 3, 4 = in geringem Maße erforderlich / vorhanden 5, 6, 7 = erforderlich / vorhanden 8, 9, 10 = in hohem Maße erforderlich / vorhanden	≥ 3 oder ≤ -3 Diskussion Einschätz	
Personale Kompetenz			**Soll-Selbst**	**Soll-Fremd**	**Δ**
Eigenmotivation	x		9	9	
Pflicht- und Verantwortungsbewusstsein	x		10	9	
Zuverlässigkeit	x		10	9	
Veränderungs- und Lernbereitschaft	x		10	9	
Selbstvertrauen und Souveränität		x	9	9	
Innovation und Kreativität		x	7	8	
interdisziplinäres bzw. ganzheitliches Denken		x	9	9	
Authentizität		x	10	10	
Aktivitäts- und Handlungskompetenz			**Soll-Selbst**	**Soll-Fremd**	**Δ**
Arbeitseifer und Engagement	x		8	8	
Belastbarkeit			8	8	
Beharrlichkeit		x	9	9	
Flexibilität und Improvisationsfähigkeit	x		10	8	
Umsetzungsfähigkeit		x	8	9	
Begeisterungsfähigkeit		x	10	9	

6. Interessengruppenportfolio
Dateiformat: Microsoft PowerPoint 2007

Auch mit einfachen Mitteln können die Dinge transparent auf den Punkt gebracht werden. Für die Darstellung der Interessengruppen wurde eine PowerPoint-Folie erstellt, welche die Nähe der Interessengruppen zur Organisation verdeutlicht und gleichzeitig die Beziehungen in Themenfelder clustert. Diese Folie kann als Anregung oder als Basis zur eigenen Ausarbeitung herangezogen werden.

474

7. Interessengruppenmatrix
Dateiformat: Microsoft Excel 2007
Das Interessengruppenportfolio gliedert zwar die Interessengruppen und stellt in Ansätzen deren Relevanz für das Unternehmen dar, zeigt aber nicht weiter auf, wie die Organisation mit den Interessengruppen in Austausch steht. Daher hat die Organisation in einer Interessen-gruppenmatrix aufgeschlüsselt, welche Interessen die jeweilige Partei verfolgt und wer in der Organisation diesbezüglich wie oft in Aktion tritt. Diese Matrix dient also dazu, die Relevanz und daraus abgeleitet die Intensität der Beziehung zu reflektieren und zu steuern.

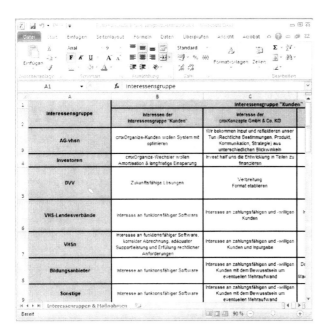